普通高等院校“十四五”规划教材
“互联网＋”融媒体系列教材

U0954897

# 审计学（第二版）

冀锋昌　孟宪胜／主编
陈文芳　董　浩　杨金凤／副主编

立信会计出版社
LIXIN ACCOUNTING PUBLISHING HOUSE

**图书在版编目(CIP)数据**

审计学 / 冀锋昌，孟宪胜主编. —2 版. —上海：立信会计出版社，2023.7

ISBN 978 - 7 - 5429 - 7395 - 5

Ⅰ. ①审… Ⅱ. ①冀… ②孟… Ⅲ. ①审计学 Ⅳ. ①F239.0

中国国家版本馆 CIP 数据核字(2023)第 133798 号

策划编辑　郭　光
责任编辑　郭　光
助理编辑　崔姝然
美术编辑　吴博闻

**审计学(第二版)**
SHENJIXUE

| | | | |
|---|---|---|---|
| 出版发行 | 立信会计出版社 | | |
| 地　　址 | 上海市中山西路 2230 号 | 邮政编码 | 200235 |
| 电　　话 | (021)64411389 | 传　　真 | (021)64411325 |
| 网　　址 | www.lixinaph.com | 电子邮箱 | lixinaph2019@126.com |
| 网上书店 | http://lixin.jd.com | | http://lxkjcbs.tmall.com |
| 经　　销 | 各地新华书店 | | |

| | | |
|---|---|---|
| 印　　刷 | 上海华业装璜印刷有限公司 | |
| 开　　本 | 787 毫米×1092 毫米 | 1/16 |
| 印　　张 | 22.5 | |
| 字　　数 | 550 千字 | |
| 版　　次 | 2023 年 7 月第 2 版 | |
| 印　　次 | 2023 年 7 月第 1 次 | |
| 书　　号 | ISBN 978 - 7 - 5429 - 7395 - 5/F | |
| 定　　价 | 56.00 元 | |

# 第二版前言

在国家治理体系和治理能力现代化进程中，审计发挥着越来越重要的作用。以习近平同志为核心的党中央，高度重视审计在服务“五位一体”总体布局和“四个全面”战略布局中的作用。2018年3月，中央审计委员会成立，习近平总书记亲自担任委员会主任。习近平总书记在中央审计委员会第一次会议上的讲话中指出，要落实党中央对审计工作的部署要求，加强全国审计工作统筹，优化审计资源配置，做到应审尽审、凡审必严、严肃问责，努力构建集中统一、全面覆盖、权威高效的审计监督体系，更好地发挥审计在党和国家监督体系中的重要作用；要加强对内部审计工作的指导和监督，调动内部审计和社会审计的力量，增强审计监督合力。中央审计委员会的成立，是推进国家治理体系和治理能力现代化的一场深刻变革，是推进审计管理体制改革的伟大创举，具有划时代的意义，给审计专业和行业带来了前所未有的发展机遇，同时也赋予了审计专业和行业极高的期望。如何构建审计知识体系、夯实审计基础素养，为党和国家培养能够适应各领域审计、监督、治理工作的新时代人才，是审计教育者的使命与责任。

本书阐述注册会计师财务报表审计的理论与实务内容，全书共十四章，包括：注册会计师审计概述；注册会计师管理；注册会计师职业规范与法律责任；审计目标、审计证据与审计工作底稿；计划审计工作；风险评估；风险应对；审计抽样技术；销售与收款循环审计；采购与付款循环审计；生产与存货循环审计；筹资与投资循环审计；货币资金审计；终结审计与审计报告。

自2020年本书出版以来，我国注册会计师审计环境发生了很大变化。注册会计师审计准则与国际审计准则持续趋同；中国注册会计师审计准则、质量管理准则及其应用指南于2021年、2022年陆续进行了修订，2021年颁发的《国务院办公厅关于进一步规范财务审计秩序促进注册会计师行业健康发展的意见》(国办发〔2021〕30号)，对审计规范执业提出了更高的要求；新修订的《中华人民共和国证券法》自2020年3月1日施行后，对会计师事务所和注册会计师的法律责任、业务资格限制的要求都发生了一系列的变化。为适应上述变化，本书本次修订根据截至2022年12月31日已经发布的准则及其应用指南对教材相关部分进行了全面的知识更新，这次修订的内容主要体现在以下章节：

第一章根据《中国注册会计师鉴证业务基本准则》调整了第三节；根据《中国注册会计师审计准则第1101号——注册会计师的总体目标和审计工作的基本要求》新增了第四节：注册会计师审计的基本要求。

第二章根据《中华人民共和国注册会计师法修订草案(征求意见稿)》《中华人民共和国证券法》对会计师事务所组织形式和执业资格作了补充；新增了政府监管的相关内容。

第三章根据《会计师事务所质量管理准则第5101号——业务质量管理》《会计师事务所质量管理准则第5102号——项目质量复核》《中国注册会计师审计准则第1121号——对财务报表审计实施的质量管理》《中国注册会计师职业道德守则第1号——职业道德基

本原则》《中国注册会计师职业道德守则第 2 号——职业道德概念框架》《中国注册会计师职业道德守则第 3 号——提供专业服务的具体要求》更新了质量管理准则、职业道德守则的相关内容，改写了法律责任一节。

第四章根据《中国注册会计师审计准则第 1101 号——注册会计师的总体目标和审计工作的基本要求》《中国注册会计师审计准则第 1301 号——审计证据》《中国注册会计师审计准则第 1131 号——审计工作底稿》，更新了管理层认定、审计证据、审计工作底稿的相关内容。

第五章根据《中国注册会计师审计准则第 1201 号——计划审计工作》《中国注册会计师审计准则第 1111 号——就审计业务约定条款达成一致意见》《中国注册会计师审计准则第 1101 号——注册会计师的总体目标和审计工作的基本要求》《中国注册会计师审计准则第 1221 号——计划和执行审计工作时的重要性 》更新了初步业务活动、计划审计工作、审计风险、重要性等内容。

第六章根据《中国注册会计师审计准则第 1211 号——重大错报风险的识别和评估》《企业内部控制基本规范》《〈中国注册会计师审计准则第 1211 号——重大错报风险的识别和评估〉应用指南》更新了了解被审计单位及其环境以及内部控制的内容。

第十四章根据《中国注册会计师审计准则第 1251 号——评价审计过程中识别出的错报》《中国注册会计师审计准则第 1501 号——对财务报表形成审计意见和出具审计报告》《中国注册会计师审计准则第 1503 号——在审计报告中增加强调事项段和其他事项段》《中国注册会计师审计准则第 1341 号——书面声明》《中国注册会计师审计准则第 1151 号——与治理层的沟通》等准则作了相应修改。

本书具有以下特点：

第一，反映最新知识。本书追求审计理论和实务的前瞻性，满足资本市场改革与发展对高质量会计信息的需求，保持我国审计准则与国际准则的持续全面趋同，中国注册会计师协会 2020 年、2021 年、2022 年修订的准则内容在本书中均已得到体现。

第二，兼顾理论体系的严谨性和实务的应用性。本书突出审计的基本理论和方法程序，力求既要透彻阐述注册会计师审计的基本概念和基本理论，又要让读者初步熟悉并掌握基本业务循环的审计实务。在基本理论中，本书根据现代风险导向审计模式，将风险识别、风险评估和风险应对的审计逻辑融入各交易循环审计的实务中，体现在审计循环中按照熟悉业务活动和凭证记录—了解被审计单位及其内部控制—初步评价内部控制—重大错报风险的识别与评估—控制测试—进一步评估内部控制以及重大错报风险—实施实质性程序这一审计流程。在风险的识别中，本书归纳总结了常见的错误与舞弊的征兆和表现。

第三，知识体系具有系统性和逻辑性。

第四，在编写体例上，本书设置了知识导航、学习目标、引入案例、例题、案例、课后复习题等栏目。首先，章首引入案例，通过案例激活、坚持问题导向，激发学生的学习兴趣；其次，循序渐进地讲解审计学的基本理论与方法，在各章中有针对性地穿插相关的案例和习题来培养学生的归纳能力与整理能力，以及发现问题、分析问题和解决问题的能力；最后，通过课后复习题帮助学生巩固所学知识。本书尝试以新欣股份公司的案例，通过具体编制审计工作底稿的形式，贯穿审计计划、风险评估、风险应对、销售与收款循环、采购与付款循环、生产与存货循环以及编制审计差异表和试算平衡表、审计报告大部分章节，较真实地模拟了财务报表审计流程。

本书另配教学大纲、教学课件、复习思考题、模拟试卷，任课教师可向出版社索取。

本次修订，由冀锋昌 、孟宪胜担任主编，陈文芳、董浩、杨金凤担任副主编。

再版之际，感谢使用本书的老师们的肯定和提出的宝贵建议，欢迎同行和读者继续批评指正。

感谢立信会计出版社郭光副社长、崔姝然编辑的技术指导。

编者

2023 年 7 月

# 目 录

# 第一章 注册会计师审计概述

**知识导航**

- 注册会计师审计概述
  - 注册会计师审计的产生和发展
    - 注册会计师审计的产生
    - 注册会计师审计的发展
    - 中国注册会计师审计的发展历程
  - 注册会计师审计的概念与职能
    - 注册会计师审计的概念
    - 注册会计师审计的职能
  - 注册会计师的鉴证业务和审计要素
    - 鉴证业务的概念
    - 鉴证对象与鉴证对象信息
    - 鉴证业务的类别
    - 审计业务的要素
  - 注册会计师审计的基本要求
    - 遵守审计准则
    - 遵守职业道德守则
    - 保持职业怀疑
    - 合理运用职业判断

## 学习目标

通过本章的学习，学生应了解中西方民间审计产生和发展的历史；理解审计的概念；掌握鉴证业务的概念及分类；了解注册会计师审计的基本要素和要求。

**引入案例**

### 英国南海公司事件

18 世纪初，随着殖民主义的扩张，英国海外贸易有了很大发展。1710 年，英国政府发行中奖债券，并用发行债券所筹集的资金创立了南海公司。该公司以发展南大西洋贸易为目的，获得了专卖非洲黑奴给西班牙和美洲的 30 年的垄断权，而该公司最大的特权是可以自由地从事海外贸易活动。但南海公司在创立的最初 10 年内，经营惨淡，业绩平平。为扭转这种局面，1719 年，英国政府做出准许将中奖债券总额资金的 70%（约 1 000 万英镑）与南海公司股票进行转换的决定。为了促使债务转换，公司的董事们开始散布各种所谓的利好消息，宣称南海公司在年底将有大量利润实现，并煞有介事地预计：在 1720 年的圣诞节，公司可能按面值的 60% 支付股利。这一消息的宣布，加之公众对股价上扬的预期，促进了债券转换，进而带动了股价上升。

到1720年3月，南海公司的股价从上年度的每股114英镑劲升至300英镑以上。自1720年4月起，南海公司的股票更是节节攀高；截至1720年7月，每股股价又狂飙到1 050英镑以上，半年涨幅高达700%。此时，公司老板雅各布·布伦特又想出了新主意：以高于面值数倍的价格发行可分期付款的新股。同时，南海公司将获取的现金转贷给购买股票的公众。这样随着南海公司股价扶摇直上，一场股票投机浪潮席卷全国。由此，170多家新成立的股份公司的股票以及原有公司的股票，都成了投机对象，股价平均暴涨51倍。

1720年6月，为了制止各类"泡沫公司"的膨胀，英国国会通过了《泡沫公司取缔法》，许多公司被解散，公众开始清醒过来，对一些公司的怀疑扩展到南海公司身上。从同年7月份开始，外国投资者首先抛出南海公司股票，随着投机热潮的冷却，南海公司股价一落千丈，从1720年8月25日到9月28日，南海公司股价从900英镑下跌到190英镑，到12月份仅为124英镑。同年底，政府对公司进行资产清理，发现其实际资本已所剩无几，那些高价买进南海公司股票的投资者遭受了巨大损失。

"南海泡沫"事件的爆发，震惊了公司投资人和债权人，数以万计的股东及债权人蒙受损失。当证实了百万英镑的损失将由自己承担时，他们一致向英国议会提出严惩欺诈者并给予赔偿损失的要求。政府逮捕了董事之一布伦特，另有董事自杀。

迫于舆论压力，英国议会于1720年9月成立由13人组成的特别委员会，对"南海泡沫"事件进行秘密查证。在查证中发现该公司的会计记录严重失实，明显存在着蓄意篡改数据的舞弊行为。于是特别委员会特聘请伦敦市彻斯特·莱思学校的会计教师查尔斯·斯内尔对南海公司的分公司索布里奇商社的会计账目进行审查。斯内尔通过对南海公司的会计账目的查询和审核，于1721年提交了一份名为《伦敦市彻斯特·莱思学校的习字教师兼会计师查尔斯·斯内尔对索布里奇商社会计账簿检查的意见》的查账报告书，指出了公司存在舞弊行为、会计记录严重不实等问题。但没有对公司编制虚假账目的目的表示自己的意见。英国议会根据斯内尔的查账报告，依据英国法律，将南海公司的董事雅各布·布伦特以及合伙人的不动产予以没收，将一名负直接责任的乔治·卡斯韦尔爵士关进了伦敦塔监狱。为此，查尔斯·斯内尔成为世界民间审计的先驱者，他编制的查账报告成为世界最早由会计师编制的审计报告。

在上述案例中，独立会计师查尔斯·斯内尔发挥了重要作用。那么，审计到底是做什么的？为什么需要审计？审计是如何产生的？审计发展到现在，在目的、对象、方法与技术上有何演变？本章将予以讲述。

## 第一节 注册会计师审计的产生和发展

### 一、注册会计师审计的产生

审计是社会经济发展到一定阶段的产物，它随着社会环境的变化经历了诸多演变。在经济社会发展过程中，财产的所有权和经营管理权逐渐分离，委托人和受托人之间产生了受托责任关系，进而才产生了审计。

注册会计师审计是商品经济发展到一定程度时，随着企业所有权与经营权的分离而产生的。一般认为，注册会计师审计产生于资本主义工业革命时代，而其萌芽则可以追溯到

16 世纪。

16 世纪时，威尼斯城的航海贸易日益发达并出现了早期的合伙企业。在合伙企业中，通常只有少数几个人充当执行合伙人，负责企业的经济管理，其他合伙人则只出资而不参与经济管理。非执行合伙人需要了解企业的财务情况和经营成果，执行合伙人也希望能证明自己经营管理的能力与效率，因此双方都希望能从外部聘请独立的会计专业人员来承担查账和监督工作。这些会计专业人员所进行的查账与监督，是注册会计师审计的最初萌芽。

18 世纪下半叶，资本主义工业革命开始以后，英国的生产社会化程度大大提高，导致企业所有权与经营权的进一步分离。企业主们雇佣职业经理人来管理企业经营活动，他们需要借助外部专业人员来检查和监督经理人员，于是出现了第一批以查账为职业的独立会计师。特别是股份公司兴起以后，企业财产所有权与经营权日趋分离，绝大多数股东只向企业出资而完全脱离了经营管理。因此，股东们要求由经理人员组成的管理层定期向他们提交财务报告，以便了解公司的财务状况和经营成果。而后，随着资本市场的迅速发展，企业融资渠道进一步拓宽，债权人、潜在的投资者等社会公众都迫切需要了解公司的财务状况和经营成果，以做出贷款、投资等相应的经济决策。因此，为确保财务信息的真实与公允，由独立会计师对股份公司的财务报告进行审计就显得极其必要。

1720 年，英国爆发了南海公司破产事件，公司股东和债权人遭受了巨大损失。会计师查尔斯·斯内尔受议会聘请对其会计账目进行了检查，并以“会计师”的名义出具了一份“查账报告书”，指出南海公司的财务报告存在着严重的舞弊行为，这标志着独立会计师——注册会计师的正式诞生。随后，为保护投资者和债权人的利益，监督股份公司的经营管理，英国议会于 1844 年颁布了《股份公司法》，规定股份公司必须设立监事来审查会计账簿和报表，并将审计结果向股东报告。1845 年又对该法律进行了修订，规定股份公司必要时可以聘请会计师协助办理审计业务。该法案使公司有聘请外部注册会计师的选择权，从而有力地促进了独立会计师职业的发展。期间，英国对一批独立会计师进行了资格确认。1853 年，爱丁堡会计师协会在苏格兰成立，标志着注册会计师审计职业的诞生。在随后的三十多年中，英国成立了十多个民间审计组织。1862 年修订的《公司法》又确定了注册会计师为法定的公司破产清算人，进一步明确了独立会计师的法律地位。民间审计以其独特的社会公正作用登上了经济监督的舞台，发挥着日益重要的作用。从 1882 年开始，会计师要经过严格的考试，才能被会计师协会接受为会员，考试科目也超过了以往簿记的范围，其中的主要科目是审计学，这大大提高了民间注册会计师的素质。到 19 世纪末，英国已经形成了一个比较系统、完整的民间审计组织体系。

## 二、注册会计师审计的发展

19 世纪，伴随着英国资本的输出，英国民间审计制度开始向世界传播。英国巨额资本流入美国，促进了其经济发展，带动了英国特许会计师远渡重洋到美国开展审计业务，推动了美国民间审计的迅猛发展。1886 年，美国公共会计师协会成立，1916 年该协会改组为美国会计师协会，到 1921 年美国大部分地区都实行了统一的注册会计师考试制度。1957 年，其又改名为美国注册会计师协会，成为世界上最大、最负盛名和最具影响力的民间审计专业团体之一。从 20 世纪开始，美国逐渐成为世界经济发展的中心，同时也是民间审计的先行者和领跑者。

**(一) 注册会计师审计对象的发展**

从审计对象的演变过程看,注册会计师审计经历了会计账目审计、资产负债表审计、财务报表审计三个阶段。

1. 会计账目审计阶段

该阶段大致从 19 世纪中叶至 20 世纪初,英国的详细审计模式占据主导地位,它要求对所有的经济业务、会计报表和会计凭证进行审核。此阶段注册会计师审计的主要特点有:审计逐渐从任意审计转变为法定审计;审计的目的在于查找会计差错与揭露舞弊行为,保护企业财产的安全完整;审计方法是对会计账目进行逐笔的详细审计;审计报告的所有人主要是企业股东。

2. 资产负债表审计阶段

该阶段大致包括 20 世纪的前 30 年。进入 20 世纪以后,美国成为全球经济中心,股份公司数量不断增加,规模不断扩大,需要花费大量时间和费用的详细审计已经无法适应企业发展的需要,此外,当时美国企业的融资方式主要是银行贷款等间接融资,银行等金融机构通常要求借款人提供经独立会计师审核的资产负债表,以判断企业的偿债能力。企业也希望借助于独立会计师对其资产负债表进行审计,以更好地获取银行信用,由此产生了独具美国特色的资产负债表审计。此阶段审计的基本特点有:审计对象由会计账目扩大到资产负债表;审计的主要目的在于通过审计资产负债表判断企业的信用状况;审计方法从详细审计初步转向抽样审计;审计报告的所有人除股东外,更突出了债权人的需要。

3. 财务报表审计阶段

这一阶段大致从 20 世纪 30 年代至今。1929 年到 1933 年,资本主义国家经历了最严重的经济危机,大批企业倒闭,投资者和债权人蒙受了巨大损失,这在客观上促使企业利益相关者从只关注企业的财务状况转变为关心企业盈利能力。1933 年美国《证券法》规定,在证券交易所上市的会计报表必须接受注册会计师审计,向社会公众公布注册会计师出具的审计报告。1934 年制定的《证券交易法》中,还规定所有准备上市的公司,必须向证券交易委员会报送经注册会计师审计的财务报表,自此美国进入财务报表审计阶段。此阶段审计的主要特点有:审计对象转变为全部财务报表及相关资料;审计的主要目的是对财务报表发表审计意见;审计范围扩大到测试相关的内部控制制度;抽样审计和计算机辅助审计技术逐渐被运用;审计报告的使用人进一步扩大,包括股东、债权人、潜在的投资者、证券交易机构、政府和社会公众;审计准则体系建立并不断完善;注册会计师资格考试和认证制度逐步推行。

**(二) 注册会计师审计模式的发展**

审计模式是由审计的导向性目标、审计范围和审计方法等要素的组合,它规定了如何分配审计资源、如何控制审计风险与规划审计程序、如何收集审计证据、如何形成审计结论等问题。审计环境的不断变化和审计理论水平的不断提高,促进了审计模式和方法的发展和完善。

从审计模式的演进过程看,注册会计师经历了账项导向审计、内控导向审计和风险导向审计三个阶段。

1. 账项导向审计阶段

该阶段大致从 19 世纪中叶到 20 世纪 40 年代。最初的账项导向审计以查错防弊为主要目的,详细审查公司的全部账簿和凭证,即检查各项分录的准确、账簿记录的加总和过账是否正确、总账和明细账是否一致。但随着企业规模日趋扩大，审计师已经无法全面审查企业的会计账目，客观上要求改变原有的审计模式。注册会计师开始转向以财务报表为基础进行抽查，审计方式由顺查法改为逆查法，即通过先审查资产负债表有关项目，再有针对性地抽查凭证进行详细检查。在此阶段，抽查的数量仍然很大，但由于采取判断抽样为主，审计师仍难以有效揭示企业财务报表中可能存在的重大错弊。

2. 内控导向审计阶段

20 世纪 40 年代后，随着经济的发展，财务报表的外部使用者越来越关注企业的经营管理活动，希望注册会计师全面了解企业的内部控制情况，审计目标逐渐从查错防弊发展到对财务报表发表审计意见。经过长期的审计实践，审计师发现内部控制制度与财务报表信息质量有很大的相关性。如果内部控制制度健全有效，财务报表发生错误和舞弊的可能性就小；反之就必须扩大审计测试范围，抽取更多的样本。为顺应这种要求并提高审计工作效率，账项导向审计逐渐发展为内部控制导向审计，即通过了解和评价被审计单位的内部控制制度，评估审计风险、制定审计计划并确定审计实施的范围和重点，在此基础上进行实质性测试，获取充分适当的审计证据，从而提出合理的审计意见。通过实施内部控制导向审计，提高了审计工作的效率和质量，但客观上也增加了审计风险。

3. 风险导向审计阶段

随着经济环境的变化，社会公众日益对注册会计师赋予更高的期望，要求注册会计师负更大的责任。20 世纪 70 年代以来，审计诉讼案件有增无减，深入研究防范和降低审计风险成为审计职业界的重要任务。为合理地防范和降低审计风险并降低审计成本，注册会计师审计逐渐从内部控制导向审计发展到风险导向审计。在此阶段，审计师在考虑审计风险时，既要关注和评估企业内部控制风险，又要关注和评估企业经营所面临的外部风险，通过风险的量化和模型化，确定测试时所需审计证据的数量，使审计风险的控制更加科学有效，适应社会高风险的特性，减轻审计责任，在提高审计效率和质量方面有巨大进步。

## 三、中国注册会计师审计的发展历程

### (一) 中国注册会计师审计的产生

中国注册会计师审计的产生始于辛亥革命以后。1918 年 6 月，会计学家谢霖上书北洋政府，要求推行中国注册会计师制度。同年 9 月，北洋政府农商部颁布了我国第一部注册会计师法规《会计师暂行章程》，向谢霖先生颁发了中国第一号会计师证书。谢霖先生创办的中国第一家会计师事务所——正则会计师事务所也获批准成立，标志着我国民间审计的诞生。1930 年，南京国民政府颁布了《会计师条例》，正式确立了会计师的法律地位，1933 年，又成立了全国会计师协会。在这个历史时期，国内涌现了一大批会计师事务所和与之配套的服务机构。例如，徐永祚创办了正明会计师事务所。被誉为“中国现代会计之父”的潘序伦博士创办了立信会计师事务所；成立了立信会计专科学校(今上海立信会计金融学院)，培养了一大批会计、审计方面的专业人才；创办了立信会计出版社，编写和出版了大量的会计、审计方面的著作。到 1947 年 8 月，我国有注册会计师 2 619 人。会计师事务所主要集中在上海、天津、广州等沿海城市，注册会计师主要是为企业设计会计制度、代理申报纳税、培训会计人才和提供其他会计咨询服务。

在中华人民共和国建立初期，注册会计师审计在经济恢复工作中发挥了积极作用。但是，后来由于推行苏联高度集中的计划经济模式，中国的注册会计师审计退出了经济舞台。

**（二）中国注册会计师审计的发展**

20世纪70年代末，我国实行了改革开放政策，为注册会计师制度的恢复重建创造了客观条件。随着外商来华投资日益增多，1980年12月14日中华人民共和国财政部（以下简称财政部）颁布了《中华人民共和国中外合资经营企业所得税法实施细则》，规定外资企业会计报表要由注册会计师进行审计，为恢复我国注册会计师制度提供了法律依据。1980年12月23日，财政部发布《关于成立会计顾问处的暂行规定》，对注册会计师的资格、业务范围等事项做了规定，迈出了注册会计师制度的第一步。1981年1月1日，财政部批准上海会计师事务所成立。1986年7月3日，国务院颁布《中华人民共和国注册会计师条例》，并于同年10月1日起实施。1988年11月15日，财政部领导下的中国注册会计师协会正式成立。1993年10月31日，第八届全国人大常委会第四次会议通过了《中华人民共和国注册会计师法》。在国家法律法规的规范下，我国注册会计师行业得到了快速发展，为改革开放、国有企业转换经营机制和社会主义市场经济体制的建立及有序运行发挥了积极的作用。

1996年10月4日，中国注册会计师协会加入亚太会计师联合会，并于1997年4月亚太会计师联合会第四十八次理事会上当选为理事。1997年5月8日，国际会计师联合会接纳中国注册会计师协会为正式会员。按照国际会计师联合会章程的规定，中国注册会计师协会同时成为国际会计准则委员会的正式成员。

1996年起，中国注册会计师协会逐步颁布了一系列的审计职业规范体系，这些准则在中国改革开放的关键时期起到了重要的作用，形成了具有中国特色的审计职业标准。随着中国加入WTO，全球化和科学技术的影响日益加深，企业组织结构、经营活动方式、会计判断和估计日益复杂，一些企业进行财务舞弊的动机日益增大，注册会计师面临的审计风险越来越大，需要出台新的准则予以指导，而部分准则项目已不能满足行业要求，需要及时加以修订。所以，财政部于2006年2月发布了48项中国注册会计师执业准则，决定自2007年1月1日起执行。

在2006年版《中国注册会计师审计准则》（以下简称审计准则）的基础上，根据审计发展需要，同时借鉴西方主要国家经验，我国财政部开始对审计准则展开新一轮修订调整，并于2010年11月印发了《中国注册会计师审计准则第1101号——注册会计师的总体目标和审计工作的基本要求》等38项准则（财会〔2010〕21号），自2012年1月1日起施行；同时废止了《中国注册会计师审计准则第1101号——财务报表审计的目标和一般原则》等35项准则。2016年12月，财政部发布了根据国际审计准则最新发展新制定的《CAS1504在审计报告中沟通关键审计事项》和修订的11项审计准则，并自2018年1月1日起实施，确保了中国注册会计师准则与国际审计准则的持续趋同，又分别于2019年、2020年、2021年、2022年对准则总体进行了修订。

## 第二节 注册会计师审计的概念与职能

### 一、注册会计师审计的概念

1973年，美国会计学会在《基本审计概念说明》中将审计定义为："审计是客观地获取和评价有关经济活动和经济事项的认定的证据，以查明这些认定与既定标准之间的符合程度，并将其结果传递给有利害关系人的系统化过程。”

美国会计学会前会长阿尔文·A. 阿伦斯(Alvin A. Arens)在《审计学：一种整合方法》中指出：审计是由有胜任能力的独立人员对特定的经济实体的可计量信息进行收集和评价证据，以确定和报告这些信息与既定标准的符合程度。以上两个定义被普遍认为是对审计最具有代表性的描述。综上所述可以总结出审计定义中包含的几个要素。

**(一) 胜任的独立人员**

首先，审计活动必须由独立的注册会计师实施和开展。这里的独立注册会计师应当不受经济利益和外来压力等因素的干扰，能够客观公正地发表意见，并如实将结果传递给信息使用者。其次，注册会计师必须具有专业胜任能力，这要求注册会计师掌握足够的专业知识和技能，能够在检查相关证据后得出适当的审计结论。

**(二) 经济活动和经济事项的认定**

经济活动和经济事项的认定是指被审计单位管理层对其自身的经济活动和经济事项所做出的各项陈述。通常审计定义中涉及的认定是指管理层对财务报表的认定，财务报表就是企业管理层对其所经营企业在一定时点和一定期间的财务状况、经营成果和现金流量等情况的陈述。这些认定是否真实公允，就需要审计师将这些认定与适用的财务报告编制基础进行比较，判断其相符程度加以验证。

**(三) 客观的证据**

审计的定义涉及的客观依据主要是指审计证据。审计证据就是用来证实或证伪被审计单位管理层所作的认定的证明。审计过程其实是一个有目的和有计划地收集、鉴定、综合和利用审计证据的过程。有了客观的证据，注册会计师才能确定被审计单位管理层的认定与既定标准是否相符，才能形成客观的审计结论、发表客观的审计意见。所以注册会计师在收集审计证据时，还要运用各种手段对审计证据加以分析和评价，以确定审计证据的充分性、相关性和可靠性。

**(四) 认定与既定标准的符合程度**

审计活动都是对被审计单位各项经济活动和经济事项的认定进行审查，在此基础上就其与既定标准的符合程度做出评价并发表意见，即审计的总体目标。在具体的审计实务中，审计还有具体目标。例如，对于财务报表审计来说，这里的“既定标准”指的是公认会计准则，即注册会计师在进行审计活动时，依据公认会计准则判断财务报表的编制是否符合公认会计准则的规定发表审计意见。

**(五) 有关使用者**

向依赖和利用审计意见的组织和人员传递结果是通过编制审计报告进行的。审计报告是向使用者传达审计结果的一种手段。这里的“有关使用者”指的是那些依据审计结果做出决策的各方，包括被审计单位的投资者、债权人、管理层、社会公众和政府管理部门。

**(六) 系统过程**

系统化的过程指的是审计过程应该是合理的、有序的和有组织的求证过程。在这个过程中，有明确的审计目标，有按照目标合理规划的审计程序，还有结构化的审计方法。审计实务中，必须制定明确的目标，然后按照目标安排审计计划、制定审计策略，有组织地、科学地收集证据、评价证据，最终得出结论并出具审计报告，完成审计工作。

## 二、注册会计师审计的职能

审计的职能是审计本身所固有的内在功能。它决定于社会经济条件和经济发展的客观需要，并随着社会经济的发展而不断加深和扩展。审计的三个基本职能是：经济监督、经济鉴证和经济评价。

**(一) 经济监督职能**

监督就是监察和督促。经济监督主要是通过审计，监察和督促被审计单位为履行受托经济责任而产生的全部或特定的经济活动，在规定的范围内沿着正常的轨道正常进行，促进遵守财经法纪和各项规章制度。同时揭露违法违纪，制止损失浪费，查明错误弊端，判断管理缺陷，进而追究经济责任。经济监督是审计的基本职能。

**(二) 经济鉴证职能**

鉴证就是鉴定和证明。经济鉴证是指审计人员对被审计单位的财务报表及其他经济资料进行检查和验证，确定其财务状况和经营成果的真实性、公允性、合法性，并出具证明性审计报告，为审计授权人或委托人提供确切的信息，以取信于社会公众。例如，注册会计师接受委托并通过财务报表审计出具的审计报告就体现了审计的经济鉴证职能。

**(三) 经济评价职能**

评价就是评定和建议。经济评价是指审计人员对被审计单位的经济资料及经济活动进行审查，并依据相应的标准对所查明的事实做出分析和判断，肯定成绩，揭露矛盾，总结经验，从而改善经营管理，寻求提高效率和效益的途径。审计人员对被审计单位的经营决策、计划、方案是否切实可行、是否科学先进、是否贯彻执行，内部控制系统是否健全、有效，各项经济资料是否真实、可靠，以及各项资源的利用是否合理、有效等方面所进行的评价，都可以作为提出改善经营管理建议的依据。在现代审计事务中，内部审计最能体现审计的经济评价职能。

# 第三节 注册会计师的鉴证业务和审计要素

## 一、鉴证业务的概念

根据《中国注册会计师鉴证业务基本准则》的规定，鉴证业务是指注册会计师对鉴证对象信息提出结论，以增强除责任方之外的预期使用者对鉴证对象信息的信任程度。

上述定义可从以下几个方面理解：

(1) 鉴证业务的用户是预期使用者，即鉴证业务可以用来有效地满足预期使用者的需求。

(2) 鉴证业务的目的是改善信息的质量或内涵，增强除责任方之外的预期使用者对鉴证对象信息的信任程度，即以适当保证或提高鉴证对象信息的质量为主要目的，而不涉及为如何利用信息提供建议。

(3) 鉴证业务的基础是独立性和专业性，通常由具备专业胜任能力和独立性的注册会计师来执行，注册会计师应当独立于责任方和预期使用者。

(4) 鉴证业务的“产品”是鉴证结论，注册会计师应当对鉴证对象信息提出结论，结论应当以书面报告的形式予以传达。

## 二、鉴证对象与鉴证对象信息

鉴证对象信息是指按照标准对鉴证对象进行评价和计量的结果。例如,责任方按照会计准则和相关会计制度(标准)对其财务状况、经营成果和现金流量(鉴证对象)进行确认、计量和列报(包括披露)而形成的财务报表(鉴证对象信息)。

在注册会计师提供的鉴证业务中,存在着不同类型的鉴证对象,相应地,鉴证对象信息也具有不同的形式,主要包括:

(1) 当鉴证对象为历史或预测的财务状况、经营成果和现金流量等财务业绩或状况时,鉴证对象信息是财务报表。

(2) 当鉴证对象为企业生产经营情况等非财务业绩或状况时,鉴证对象信息可能是反映效率或效果的关键指标。

(3) 当鉴证对象为设备运行状况等物理特征时,鉴证对象信息可能是有关鉴证对象物理特征的说明文件。

(4) 当鉴证对象为某种系统和过程时(如企业的内部控制或信息技术系统),鉴证对象信息可能是关于其有效性的认定。

(5) 当鉴证对象为遵守法律法规的情况等某种行为时,鉴证对象信息可能是对法律法规遵守情况或执行效果的声明。

鉴证对象信息应当恰当反映既定标准运用于鉴证对象的情况。如果没有按照既定标准恰当反映鉴证对象的情况,鉴证对象信息可能存在错报,而且可能存在重大错报。

## 三、鉴证业务的类别

### (一) 基于责任方认定的业务和直接报告业务

按照鉴证对象信息是否以责任方认定的形式为预期使用者所获取,鉴证业务可分为基于责任方认定的业务和直接报告业务。

在基于责任方认定的业务中,责任方对鉴证对象进行评价或计量,鉴证对象信息以责任方认定的形式为预期使用者获取。如在财务报表审计中,被审计单位管理层(责任方)对财务状况、经营成果和现金流量(鉴证对象)进行确认、计量和列报(评价或计量)而形成的财务报表(鉴证对象信息)即为责任方的认定,该财务报表可为预期使用者获取,注册会计师针对财务报表出具审计报告。这种业务属于基于责任方认定的业务。

在直接报告业务中,注册会计师直接对鉴证对象进行评价或计量,或者从责任方获取对鉴证对象评价或计量的认定,而该认定无法为预期使用者获取,预期使用者只能通过阅读鉴证报告获取鉴证对象信息。例如,在内部控制鉴证业务中,注册会计师可能无法从管理层(责任方)获取其对内部控制有效性的评价报告(责任方认定),或虽然注册会计师能够获取该报告,但预期使用者无法获取该报告,注册会计师直接对内部控制的有效性(鉴证对象)进行评价并出具鉴证报告,预期使用者只能通过阅读该鉴证报告获得内部控制有效性的信息(鉴证对象信息)。这种业务属于直接报告业务。

### (二) 合理保证的业务与有限保证的业务

按照鉴证业务的保证程度不同,鉴证业务可分为合理保证的鉴证业务和有限保证的鉴证业务。

合理保证的鉴证业务的目标是注册会计师将鉴证业务风险降至该业务环境下可接受的低水平，以此作为以积极方式提出结论的基础。例如，在历史财务信息审计中，要求注册会计师将审计风险降至该业务环境下可接受的低水平，对审计后的历史财务信息提供高水平保证（合理保证），在审计报告中对历史财务信息采用积极方式提出结论。这种业务属于合理保证的鉴证业务。

有限保证的鉴证业务的目标是注册会计师将鉴证业务风险降至该业务环境下可接受的水平，以此作为以消极方式提出结论的基础。例如，在历史财务信息审阅中，要求注册会计师将审阅风险降至该业务环境下可接受的水平（高于历史财务信息审计中可接受的低水平），对审阅后的历史财务信息提供低于高水平的保证（有限保证），在审阅报告中对历史财务信息采用消极方式提出结论。这种业务属于有限保证的鉴证业务。

**（三）审计、审阅与其他鉴证业务**

按照鉴证对象信息和保证程度的不同，鉴证业务可分为历史财务信息审计、历史财务信息审阅和其他鉴证业务。

历史财务信息审计是指鉴证对象信息为历史财务信息的合理保证的鉴证业务。注册会计师在提供审计服务时，对所审计信息是否不存在重大错报提供合理保证，并以积极方式提出结论。

历史财务信息审阅是指鉴证对象信息为历史财务信息的有限保证的鉴证业务。注册会计师在提供审阅服务时，对所审计信息是否不存在重大错报提供有限保证，并以消极方式提出结论。

其他鉴证业务是指除历史财务信息审计和审阅业务以外的鉴证业务。注册会计师在提供其他鉴证服务时，要根据鉴证业务性质和业务约定书的要求，提供有限保证或合理保证。

## 四、审计业务的要素

鉴证业务的要素包括鉴证业务的三方关系人、鉴证对象、鉴证标准、证据和鉴证报告五个方面。相应地，审计业务的要素为审计的三方关系人、财务报表（鉴证对象信息）、财务报告编制基础（标准）、审计证据和审计报告。

**（一）审计业务的三方关系人**

审计业务的三方关系人包括注册会计师、责任方（被审计单位管理层）和财务报表的预期使用者。

（1）注册会计师。注册会计师是执行审计业务的主体，负责执行审计业务，对财务报表（鉴证对象信息）提出审计（鉴证）结论。

（2）责任方（被审计单位管理层）。在基于责任方认定的审计业务中，责任方是指对财务报表（鉴证对象信息）负责的被审计单位管理层。

（3）财务报表的预期使用者。预期使用者是指预期使用鉴证报告的组织或人员。责任方可能是财务报表的预期使用者，但不是唯一的财务报表的预期使用者。在财务报表审计中，财务报表的预期使用者主要是指公司的股东和债权人。

**（二）财务报表**

在财务报表审计中，鉴证对象是指被审计单位的财务状况、经营成果和现金流量，而鉴证对象信息是指记录经济活动的载体，即被审计单位的财务报表。

**(三) 财务报告编制基础**

鉴证标准是指用于评价或计量鉴证对象的基准，当涉及列报时，还包括列报和披露的基准。财务报表审计中，可接受的财务报告编制基础即是标准，通常主要是指企业会计准则和相关会计制度。

**(四) 审计证据**

注册会计师对财务报表发表意见是建立在获取充分、适当证据基础上，审计证据是指注册会计师为了得出审计结论和形成审计意见而使用的必要信息。

**(五) 审计报告**

审计报告是指注册会计师根据审计准则的规定，在执行审计工作的基础上，对财务报表发表审计意见的书面文件，是注册会计师在完成审计工作后向委托人提交的最终产品。

## 第四节 注册会计师审计的基本要求

《中国注册会计师审计准则第 1101 号——注册会计师的总体目标和审计工作的基本要求》(2022)①，对注册会计师执行财务报表审计提出了四项基本要求。

### 一、遵守审计准则

注册会计师应当遵守与审计工作相关的所有审计准则。如果某项审计准则有效且所适用的情形存在，则该项审计准则与审计工作相关。

注册会计师应当掌握审计准则及应用指南的全部内容，以理解每项审计准则的目标并恰当地遵守其要求。

除非注册会计师已经遵守本准则以及与审计工作相关的其他所有审计准则，否则，注册会计师不得在审计报告中声称遵守了审计准则。

为了实现注册会计师的总体目标，在计划和实施审计工作时，注册会计师应当运用相关审计准则规定的目标。在运用规定的目标时，注册会计师应当认真考虑各项审计准则之间的相互关系，以采取下列措施：确定是否有必要实施除审计准则规定以外的其他审计程序；评价是否已获取充分、适当的审计证据。

除非存在下列情况之一，注册会计师应当遵守审计准则的所有要求：某项审计准则的全部内容与具体审计工作不相关；由于审计准则的某项要求存在适用条件，而该条件并不存在，导致该项要求不适用。

在极其特殊的情况下，注册会计师可能认为有必要偏离某项审计准则的相关要求。在这种情况下，注册会计师应当实施替代审计程序以实现相关要求的目的。只有当相关要求的内容是实施某项特定审计程序，而该程序无法在具体审计环境下有效地实现要求的目的时，注册会计师才能偏离该项要求。

如果不能实现相关审计准则规定的目标，注册会计师应当评价这是否使其不能实现总体目标。如果不能实现总体目标，注册会计师应当按照审计准则的规定出具非无保留意见

① 注：审计准则后面的数字为最新修订年份。

的审计报告，或者在法律法规允许的情况下解除业务约定。

注册会计师执行审计工作相关的准则包括鉴证业务基本准则和有关审计业务的具体准则、执业准则指南以及质量管理准则等。

## 二、遵守职业道德守则

注册会计师应当遵守与财务报表审计相关的职业道德要求，包括遵守有关独立性的要求。

注册会计师职业道德的基本要求是对注册会计师应具备的职业道德所作的原则性要求，包括诚信、独立客观和公正、专业胜任能力和应有的关注、保密、良好的职业行为等。

## 三、保持职业怀疑

在计划和实施审计工作时，注册会计师应当保持职业怀疑，认识到可能存在导致财务报表发生重大错报的情形。

职业怀疑是指注册会计师执行审计业务的一种态度，包括采取质疑的思维方式，对可能表明由于错误或舞弊导致错报的迹象保持警觉，以及对审计证据进行审慎评价。可以从四个方面理解职业怀疑。

1. 职业怀疑要求秉持一种质疑的理念

这种理念促使注册会计师在考虑相关信息和得出结论时采取质疑的思维方式。在这种理念下，注册会计师应具有批判和质疑的精神，做到：

(1) 不应不假思索全盘接受被审计单位提供的证据和解释。

(2) 不应轻易相信过分理想的结果或太多巧合的情况。

(3) 摒弃“存在即合理”的逻辑思维。

2. 职业怀疑要求对引起疑虑的情形保持警觉

这些情形包括但不限于：

(1) 相互矛盾的审计证据。

(2) 引起对文件记录或对询问答复的可靠性产生怀疑的信息。

(3) 明显不合商业情理的交易或安排。

(4) 表明可能存在舞弊的情况。

(5) 表明需要实施除审计准则规定外的其他审计程序的情形。

3. 职业怀疑要求审慎评价审计证据

注册会计师应做到：

(1) 质疑相互矛盾的审计证据、文件记录和对询问的答复以及从管理层和治理层获取的其他信息的可靠性。

(2) 在怀疑信息的可靠性或发现舞弊迹象时，注册会计师需要做出进一步调查，并确定需要修改哪些审计程序或追加实施哪些审计程序。

(3) 审计中的困难、时间或成本等事项本身，不能作为省略不可替代的审计程序或满足于说服力不足的审计证据的理由。

4. 职业怀疑要求客观评价管理层和治理层

注册会计师应做到：

(1) 不应依赖以往对管理层和治理层诚信形成的判断。

（2）即使注册会计师认为管理层和治理层是正直、诚实的，也不能降低保持职业怀疑的要求。

（3）不允许在获取合理保证的过程中满足于说服力不足的审计证据。

保持职业怀疑的作用是通过审计过程体现出来的，主要体现在三大环节，分别是风险评估程序、进一步审计程序和评价审计证据。同时，在这三大环节中，对于风险评估程序，注册会计师应当特别考虑舞弊风险。

## 四、合理运用职业判断

在计划和实施审计工作时，注册会计师应当运用职业判断。

职业判断，是指在审计准则、财务报告编制基础和职业道德要求的框架下，注册会计师综合运用相关知识、技能和经验，做出适合审计业务具体情况、有根据的行动决策。

职业判断是注册会计师行业的精髓。从本质上讲，会计和审计实务是由一系列判断行为构成的。对职业判断的概念可以从下列方面进行理解：

（1）职业判断是由专业人士做出的。做出职业判断的人员需要必要的知识、经验和专业技能，并保持应有的职业精神，即职业判断不能屈从于他人的意志，并且要客观、公正地表述其结论。

（2）职业判断是在法律法规和职业标准的框架下做出的。职业标准既包括注册会计师执业所必须遵守的审计准则体系和职业道德要求，也包括编制财务报告编制基础以及其他一些与注册会计师业务相关的职业规范。

（3）职业判断是一种在具有不确定情况下的决策过程。职业判断以判断事项具有某种程度的不确定性为前提，并且需要遵循一定的决策过程。这种决策通常针对复杂和困难的问题做出，并且决策结论可能对相关方产生一定的影响。

### （一）需要运用职业判断的重要领域

需要运用职业判断的重要领域包括下列几个方面：

（1）确定重要性，识别和评估重大错报风险。

（2）为满足审计准则的要求和收集审计证据的需要。

（3）为实现审计准则规定的目标和注册会计师的总体目标，评价是否已获取充分、适当的审计证据以及是否还需执行更多的工作。

（4）评价管理层在运用适用的财务报告编制基础时做出的判断。

（5）根据已获取的审计证据得出结论，如评价管理层在编制财务报表时做出的会计估计的合理性。

（6）运用职业道德概念框架识别、评估和应对影响职业道德基本原则的不利因素。

### （二）职业判断的决策过程

职业判断的决策过程通常分为五个步骤：

（1）确定职业判断的问题和目标。

（2）收集和评价相关信息。

（3）识别可能采取的解决方案。

（4）评价可供选择的方案。

（5）得出职业判断结论并做出书面记录。

### （三）职业判断质量的衡量

职业判断质量的衡量包括下列几个方面：

(1) 准确性或意见一致性：即职业判断结论与特定标准或客观事实的相符程度，或者不同职业判断主体针对同一职业判断问题所作判断彼此认同的程度。

(2) 决策一贯性和稳定性：即同一注册会计师针对同一项目的不同判断问题，所作判断之间是否符合应有的内在逻辑，以及同一注册会计师针对相同的职业判断问题，在不同时点所作判断是否结论相同或相似。

(3) 可辩护性：即注册会计师是否能够证明自己的工作，通常包括理由的充分性、思维的逻辑性和程序的合规性是可辩护性的基础。

## 课后复习题

**思考题**

1. 从国内外注册会计师产生与发展演进史中，你得到了哪些启示？审计产生的客观基础是什么？

2. 什么是注册会计师审计？如何理解审计的概念？

3. 什么是鉴证业务？其构成要素有哪些？

4. 结合鉴证业务的要素试总结审计的具体要素有哪些？

5. 注册会计师提供的鉴证业务有哪些？审计与审阅有何不同？

6. 凯特公司从2004年起，一直聘请恒信会计师事务所进行会计报表审计。在会计师事务所完成审计后，将已审计过的会计报表和审计报告提交给了股东大会。有一位股东告诉注册会计师："你们应对会计报表的公允性负主要责任。"试对这个观点进行分析评价。

# 第二章　注册会计师管理

**知识导航**

- 注册会计师管理
  - 注册会计师
    - 注册会计师的一般资格要求
    - 我国注册会计师的资格要求
    - 美国注册会计师的资格要求
  - 会计师事务所
    - 国外会计师事务所的组织形式
    - 我国会计师事务所的组织形式
    - 会计师事务所的组织结构与业务承接
  - 注册会计师行业管理
    - 注册会计师行业自律管理
    - 政府监管
    - 从事证券服务业务的特别监管

## 学习目标

通过本章的学习，学生应熟悉注册会计师的资格要求、会计师事务所的组织形式及特点；了解会计师事务所的组织结构及业务承接、行业自律和政府监管模式。

## 引入案例

### 欲戴王冠，必承其重

注册会计师和会计师事务所因其专业、光鲜的职业和品牌形象，备受社会公众青睐。正因为此，注册会计师和会计师事务所均有严格的资格准入门槛。财政部发布的《2017 年注册会计师行业发展和行业管理情况报告》显示：截至 2017 年 12 月 31 日，全国共有执业注册会计师 103 453 人，合伙人(股东)32 779 人。从学历结构来看，硕士以上学历占 5.98%，本科学历占 48.07%，大专及以下学历占 45.95%。截至 2017 年 12 月 31 日，共有会计师事务所 7 434 家(不含分所)；其中，普通合伙会计师事务所占 46.03%；特殊普通合伙会计师事务所占 0.83%，有限责任会计师事务所占 53.14%，具备从事证券期货相关审计业务资格共 40 家。

在审计业务收入方面，证监会发布的《2018 年证券审计市场分析报告》显示：2018 年度全国证券资格会计师事务所收入总额为 458.8 亿元，约占全国行业收入的 57.9%；其中审计业务收入 420.3 亿元，占收入的 91.6% 。值得注意的是，国际四大中国内地成员所(以下简称四大成员所)的客户数量占总体的 6.7%，按客户资产总额计算的市场份额达 82.6%。从上市公司年报审计收费来看，2018 年度上市公司年报审计收费共计 59.9 亿元，均值为

165.4万元，均值较2017年度增长6.5%；审计收费排名前十的会计师事务所审计收费合计为44.9亿元，占全部收费的75%。其中，四大成员所审计收费总额为21.5亿元，占全部上市公司审计收费的35.9%。

从财政部和证监会发布的上述报告可以看出，目前我国注册会计师行业无论从注册会计师人数、审计客户数量还是审计业务收入来看，均已具备一定的规模。那么，作为一名注册会计师，应当具备哪些素质和资格呢？会计师事务所的组织形式有哪些？本章将予以讲述。

## 第一节 注册会计师

注册会计师是指依法取得注册会计师证书并接受委托从事审计和鉴证业务、会计服务业务的执业人员。注册会计师是以会计师事务所为单位从事审计业务，其主要职责是对客户所公布的财务报表发表审计意见。注册会计师作为从事审计工作的专业人员，需要极强的专业素质，因此中国注册会计师协会对注册会计师的素质要求有严格的规定。《中国注册会计师职业道德守则第1号——职业道德基本原则》规定："注册会计师应当通过教育、培训和职业实践获取和保持专业胜任能力"。

### 一、注册会计师的一般资格要求

注册会计师的一般资格要求包括教育要求、考试要求、经验要求。教育要求：在大多数国家中，一般要求申请人具备大专以上学历，对必须修满的会计学课程的最低学历做了规定，其他非会计专业的毕业生可以通过一定的补习渠道修满这些学分。考试要求：只有具备了上述教育背景的申请人，才有资格参加考试。许多国家的职业团体都相继制定了完善的考试制度。经验要求：要想注册成为注册会计师，除了具备专业学历外，许多国家还规定申请人必须有一定的审计工作经验，一般规定必须参加审计工作若干年，通常为3～4年。

### 二、我国注册会计师的资格要求

#### （一）教育要求

根据《中华人民共和国注册会计师法》和《注册会计师全国统一考试办法》的规定，具备下列条件之一的中国公民，可报名参加考试：高等专科以上学校毕业的学历；会计或者相关专业中级以上专业技术职称。以上条件主要是针对取得注册会计师资格的学历和职称条件。

从业人员在取得注册会计师资格后，应当不断更新知识结构，提高专业素质和职业水平。因此，我国于1997年开始规范注册会计师后续教育，并于2006年重新颁布了《中国注册会计师继续教育制度》，对继续教育的内容、组织与实施、检查与考核做了有关规定，要求注册会计师应当及时接受后续教育，与行业共同发展。

#### （二）考试要求

1. 考试组织

财政部成立全国注册会计师考试委员会（以下简称全国考试委员会），全国考试委员会办公室（以下简称全国考试办公室）设在中国注册会计师协会。全国考试委员会组织领导全国统一考试工作，确定考试组织工作原则，制定考试组织工作方针、政策，审定考试大纲，确定考试命题，处理考试组织工作中的重大问题，指导地方考试委员会工作。

2. 考试范围

现行考试分两个阶段。第一阶段是专业考试，主要测试考生是否具备注册会计师执业所需的专业知识，以及是否掌握基本技能和职业道德要求。专业阶段考试共设《会计》《审计》《财务成本管理》《经济法》《税法》和《公司战略与风险管理》六个科目。第二阶段是综合考试，综合阶段考试并不是专业阶段考试的重复测试，而是要求考生在掌握专业阶段各科知识和基本技能的基础上，通过必要的经验积累，能够综合运用各科知识和相关技能对职业环境中的实务案例进行信息的筛选、甄别和判断，识别业务问题的性质、影响和要求，运用掌握的信息、知识进行深入的业务和财务分析及处理，以提出有效的意见、建议和解决方案。综合阶段考试还要求能够运用英语进行阅读理解、文字表达和业务处理。综合阶段考试设有职业能力综合测试科目。单科成绩合格者，其合格成绩在取得单科合格成绩后的连续四次考试中有效(从取得第一科合格成绩的那年算起，5 年为一考试周期，必须在连续 5 个考试年度内通过全部科目考试。考生在通过第一阶段的全部考试后，才能参加第二阶段的考试。两个阶段的考试每年各举行一次)。

**(三) 经验要求**

根据《中华人民共和国注册会计师法》的规定，通过注册会计师考试全科成绩合格者，均可取得注册会计师资格，包括在政府、企业、一切经济单位工作的人员均可按规定在取得注册会计师资格后，申请加入注册会计师协会成为非执业会员；如要执业，还必须按照规定，加入一家会计师事务所，具有两年审计鉴证业务工作经验，并符合其他条件。只有经批准注册后，发给财政部统一印制的注册会计师证书，方可成为执业注册会计师。注册由省级注册会计师协会办理，报财政部备案。

## 三、美国注册会计师的资格要求

注册会计师考试虽是全国统一考试，但对于考试资格的要求在各州通常是不同的。考试资格依照报考的州不同，而有不同的资格限制。

**(一) 教育要求**

主要包括对学历和学分的要求。学历要求：各州一般为会计专业的本科学士、硕士研究生学历；特拉华州和伊利诺伊州的最低学历要求为专科；佛蒙特州在最低学历上没有特别的限制。学分要求：大多数州规定必须修满 150 个学分(相当于大学五年、研究生水平)才有资格注册为注册会计师，个别州(如阿拉斯加州)可以允许 120 个总学分；具有一定的会计学分和商业学分，大部分州要求 24 个会计学分以上和 24 个商业学分以上；个别州要求相对较低，如缅因州无要求；有个别州(如阿拉斯加州)可以以 1 年会计师事务所工作经验代替所学会计学分。

**(二) 考试要求**

美国的注册会计师是在各州的执业会计委员会注册，但考试却是由美国注册会计师协会考试委员会统一组织，每年的 5 月和 11 月份在美国各地统一举行，历时为两天半，考试的科目有会计理论、商法、审计与鉴证和会计实务。上述考试的内容较难，一次性通过的比率很小，但考试成绩在 2 年内有效，这也就意味着考生可在 2 年内分次申请考试科目。

**（三）经验要求**

美国对注册会计师的工作经验要求并不统一，有些州要求具有包括审计工作在内的2年工作经验，有些州承认政府部门工作经验或内部审计工作经验，有些州甚至对工作经验不做要求。

美国和中国在参考审计准入制度最大的不同之处在于，美国没有一个全国统一标准，而是各州都有各自的申请和注册制度。

## 第二节 会计师事务所

会计师事务所是指依法注册登记，独立承办鉴证业务和相关服务的专业服务机构。会计师事务所由注册会计师组成，是注册会计师依法承办业务的机构，通常负责审计上市公司、非上市公司及非营利组织的财务报表。随着审计行业的快速发展，会计师事务所的规模不断扩大并产生了多种组织形式。

### 一、国外会计师事务所的组织形式

从世界各国会计师行业的发展来看，会计师事务所主要有以下组织形式。

**（一）独资事务所**

独资事务所是指由具有注册会计师执业资格的个人独立开创，并承担无限责任的事务所。西方国家允许会计师事务所采取独资组织形式。独资事务所的特征是：只有一个所有者，所有者对事务所的债务承担无限责任；在法律上不具备相对的法人资格。这种组织形式的事务所优点是：设立容易，执业灵活，对执业人员需求不多，能够在代理记账、代理纳税方面满足主要为小型企业的需要，虽然承担无限责任，但实际发生风险的程度相对较低。其缺点是：发展空间有限，难以承担大型审计业务，缺乏发展后劲，并且抗御风险能力低，发展到一定程度都转变为合伙制或有限责任制的组织形式。

**（二）合伙事务所**

合伙型事务所是指由两名或两名以上注册会计师作为所有者组成的会计师事务所组织，各合伙人以各自的财产对事务所的债务承担无限连带责任。该形式的特征是：有两名或两名以上所有者；除非债权人同意其免责或法律有相反的规定，否则合伙人对合伙的所有债务负连带责任；合伙人既可以分享利润，也要承担相应的损失。合伙型事务所的优点是：在风险牵制和共同利益的驱动下，促使事务所强化专业发展，扩大规模，提高规避风险的能力。其缺点是：任何合伙人的执业行为都会影响到整个事务所的生存和发展，任何一个合伙人在执业中的错误和舞弊行为，都可能给整个事务所和其他合伙人带来灭顶之灾，因此风险较大，并且建立一个跨地区、跨国界的大型事务所要经历一个漫长的过程。

**（三）有限责任合伙事务所**

有限责任合伙事务所以事务所全部资产对其债务承担责任，各合伙人对个人执业行为承担无限责任。具体来说，合伙人以个人名义对合伙事务所的债务、个人行为及其监督下的业务人员的行为负责。对于由其他合伙人或未在其监督或控制下的合伙代表人在从事合伙业务过程中的过错、不作为、疏忽或渎职行为而导致的合伙债务或责任不承担个人责任，除非他直接参加了该项业务，或在此行为发生时已经知道或收到了通知。它限制了合伙人的连带责任。有限责任合伙制的三大核心规则为合伙的灵活管理机制、单一的税负、合伙人的有限责任。目前国际“四大”会计师事务所和其他一些会计师事务所都采取有限责任合伙事务所的组织形式。

**(四) 职业公司型事务所**

职业公司型事务所主要集中在美国,我国并没有此类事务所。职业公司可以由一个或一个以上的股东发起成立,为客户提供职业服务。将注册会计师行业作为一个特殊行业对待,允许注册会计师根据特定的法律成立职业公司,并提供职业服务。不同的国家对职业公司的法律规定和由此导致的责任保护方面有很大区别。在美国,一些州议会通过立法,许可专业人士组建职业公司,而合伙人转变为公司的雇员。其特征为:职业公司名为公司、实际为合伙的新兴组织形式。它的产生是出于税收的目的,使合伙人获得雇员的地位,以抵扣为合伙人拨付的退休金准备。美国各州对职业公司会计师事务所的责任规定有很大不同,有些州规定职业公司与普通公司一样承担有限责任,而某些州却要求其承担无限责任。

**(五) 有限责任公司型事务所**

有限责任公司型事务所是指由注册会计师出资设立,并以其认购的公司股份对事务所承担有限责任,事务所以其全部资产对其债务承担有限责任的组织形式。其优点是:在风险牵制和共同利益的驱动下,促使事务所强化专业发展,扩大规模,提高规避风险的能力。其缺点在于任何一个合伙人的在执业中存在错误和舞弊行为,都可能给整个事务所和其他合伙人带来灭顶之灾。事务所承担有限责任可能使一些注册会计师忽视应有的职业谨慎,因此有的国家法律禁止会计师事务所采取此种组织形式。

## 二、我国会计师事务所的组织形式

根据 2021 年《中华人民共和国注册会计师法修订草案(征求意见稿)》的规定,会计师事务所应当采用普通合伙会计师事务所和特殊普通合伙会计师事务所的组织形式。但目前还存在有限责任公司型事务所。

有限责任会计师事务所是指由注册会计师发起设立、承办注册会计师业务并负有限责任的社会中介机构,事务所以其全部资产对其债务承担有限责任,出资人以其出资额对事务所承担有限责任。

有限责任会计师事务所的主任会计师由法人代表担任,法定代表人由股东担任,有限责任事务所的所有者仅以其出资额对事务所债务承担有限责任,造成权利与义务的不匹配,一旦事务所发生赔偿责任,很难引起执业人员足够的风险意识。有限责任会计师事务所组织形式的缺陷直接弱化了法律责任对注册会计师独立审计行为的约束。

设立有限责任会计师事务所必须符合的条件有:①不少于人民币 30 万元的注册资本金。②有 10 名以上在国家规定的职龄以内的专职从业人员,其中至少有 5 名注册会计师。③有 5 名以上符合规定条件的发起人。④有固定的办公场所。⑤审批机关规定的其他条件等。

**(一) 普通合伙会计师事务所**

普通合伙会计师事务所是指由两名或两名以上注册会计师组成的会计师事务所组织。各合伙人以各自的财产对事务所的债务承担无限连带责任。任何一个合伙人执业行为中的错误与舞弊都可能影响整个会计师事务所。

普通合伙会计师事务所的主任会计师由执行会计师事务所的合伙人担任。在合伙制下，注册会计师以无限责任的形式承担了业务或舞弊造成的风险，具有强大的赔偿能力，合伙制首先有利于提高注册会计师的违规成本，增强其风险意识和压力。其次，大大地增强了注册会计师的责任意识与风险意识。

设立普通合伙会计师事务所必须具备的条件有：①有两名以上符合财政部规定的注册会计师为合伙人，由合伙人聘用一定数量符合规定条件的注册会计师和其他专业人员参与会计师事务所工作。②有固定的办公场所和必要的设施。③有书面合伙协议。

### （二）特殊普通合伙会计师事务所

采用特殊普通合伙组织形式的会计师事务所，一个合伙人或者数个合伙人在执业活动中因故意或者重大过失造成合伙事务所债务的，应当承担无限责任或无限连带责任，其他合伙人以其在合伙事务所中的财产份额为限承担有限责任。合伙人在执业活动中非因故意或者重大过失造成的合伙事务所债务以及其他债务，由全体合伙人承担无限连带责任。

设立特殊普通合伙会计师事务所组织形式，应当有 15 名以上符合规定的合伙人、60 名以上的注册会计师，有书面合伙协议，以及财政部规定的其他条件。

## 三、会计师事务所的组织结构与业务承接

会计师事务所的组织结构是其内部管理机构的组成形式，我国会计师事务所的组织结构大致有两种，即所长负责制和董事会领导下的主任会计师负责制。在实行所长负责制的事务所里，所长对本所工作负全面责任，副所长协助所长工作；事务所可根据需要设置若干业务部门，分别负责不同的工作；设立主任会计师负责业务承接、人员安排、督促检查和报告初审等日常工作。在实行董事会领导下的主任会计师负责制的会计师事务所里，董事会为事务所最高权力机构，主任会计师负责日常业务，在机构设置上，因事务所规模、业务特点不同而有所差别。

2021 年修订的《中华人民共和国注册会计师法修订草案（征求意见稿）》规定，下列审计、鉴证业务应当由注册会计师承办：

（1）审查企业、公共部门、非营利组织或者机构的财务报表，出具审计报告。

（2）针对企业、公共部门、非营利组织或者机构内部控制设计与运行的有效性进行审计，出具审计报告。

（3）验证企业资本，出具验资报告。

（4）办理企业合并、分立、清算事宜中的审计业务，出具有关的报告。

（5）法律、行政法规规定的其他审计、鉴证业务。

注册会计师依法执行审计、鉴证业务出具的报告，具有证明效力。

会计师事务所除提供法律规定的鉴证服务外，还提供对财务信息执行商定程序、代编财务信息、税务服务、管理咨询和会计服务。注册会计师对相关服务不提供任何程度的保证。

对财务信息执行商定程序的目标是，注册会计师对特定财务数据、单一财务报表或整套财务报表等财务信息执行与特定主体商定的具有审计性质的程序，并就执行的商定程序及其结果出具报告。

代编财务信息的目标是，注册会计师运用会计而非审计的专业知识和技能，代客户编制一套完整或非完整的财务报表，或代为收集、分类和汇总其他财务信息。

税务服务主要包括税务代理和税务筹划。

管理咨询服务的范围较广，包括对公司的治理结构、信息系统、预算管理、人力资源管理等方面提供意见和建议。

会计服务除代编财务信息外，还包括对会计政策的选择和运用提供建议、担任常年会计顾问等。

在我国，注册会计师不能以个人名义承办业务，而必须由会计师事务所统一接受委托。接受委托时，应在业务约定书中明确承办业务的种类、范围，以及双方的责任，以避免客户对注册会计师所履行的职责误解。完成审计工作后出具的审计报告，除应由注册会计师本人签署外，还必须加盖会计师事务所的公章。注册会计师承办业务时，由会计师事务所按照收费标准统一收费。

## 第三节 注册会计师行业管理

注册会计师行业是一项非官方的、独立的自由职业。为了取信于社会，大部分国家注册会计师都通过一种方式组成一个全国性的行业自律组织——注册会计师协会。我国对注册会计师行业实行行业自律和政府监管相结合的管理体制。

### 一、注册会计师行业自律管理

#### （一）中国注册会计师协会的设立

中国注册会计师协会是依据《中华人民共和国注册会计师法》和《社会团体登记条例》的有关规定于 1988 年 11 月设立的社会团体法人，是中国注册会计师行业的自律管理组织，依法对全国注册会计师行业实行管理，依法接受财政部的监督、指导；依据《中华人民共和国注册会计师法》和《中国注册会计师协会章程》行使职责。

#### （二）中国注册会计师协会的性质及职能

中国注册会计师协会是中国注册会计师行业的自律性组织，履行自律管理职能的内容主要包括：制定职业的道德规范，并监督注册会计师和会计师事务所共同遵守；拟定执业准则、规则和工作制度；检查会计师事务所业务质量，制定会计师事务所同行检查和内部检查办法；协调行业内、外部关系，支持注册会计师和会计师事务所依法执业，维护其合法权益，努力改善注册会计师的职业环境；组织实施注册会计师全国统一考试，完善后续教育制度；组织和推动会员培训工作；及时向政府有关部门反映注册会计师的建议和意见；组织业务交流，开展理论研究，提供技术支持；开展注册会计师行业宣传；代表中国注册会计师行业开展国际交往活动，加强行业与国际组织、执业机构的交流与合作等。同时，注册会计师协会还履行一定的行政管理职责，如办理执业登记、CPA 的注册登记和其他财政部门委托或授权的其他事务。

### 二、政府监管

国务院财政部门和省级政府财政部门依法对注册会计师、会计师事务所和注册会计师协会进行指导和监督。

2021 年修订的《中华人民共和国注册会计师法修订草案（征求意见稿）》明确了监管责任，包括：①省级以上财政部门应当建立日常监管和重点检查相结合，以信用监管为保障的监督管理机制。②会计师事务所在出具审计、鉴证报告后，应当向财政部门报备相关执业信息。省级财政部门应当审核汇总本行政区域内会计师事务所年度的该报备信息，并报送给财政部。③省级财政部门应当汇总上年度本行政区域内注册会计师和会计师事务所名单，及其受刑事处罚、行政处罚、行业惩戒及整改情况等信息，并依法向社会公开；财政部应当汇总上年度从事特定实体审计业务的会计师事务所名单、特定实体审计执业情况，及其因从事特定实体审计业务而受刑事处罚、行政处罚、行业惩戒及整改情况等信息，并依法向社会公开。④财政部建立会计师事务所、注册会计师信用管理机制，会同相关部门推行严重失信主体名单管理制度和联合惩戒机制。⑤财政部建立注册会计师行业统一监管信息平台，对注册会计师考试组织实施、注册会计师注册审批、注册会计师任职资格检查、会计师事务所执业许可审批、跨境审计许可备案、会计师事务所报备等事项进行动态管理和实时监测。⑥省级财政部门可以委托设区的市级或者直辖市的区人民政府财政部门（以下简称市级财政部门）开展会计师事务所年度检查考核、会计师事务所报备、对会计师事务所和注册会计师的日常监督管理和重点检查等监督管理工作。

## 三、从事证券服务业务的特别监管

对于从事证券服务业务的会计师事务所，还受中国证券监督管理委员会（以下简称中国证监会）及其派出机构、证券交易所共同构成的“三位一体”综合监管。

1. 中国证监会及其派出机构

中国证监会是国务院直属机构，依照法律法规和国务院授权，统一监督管理全国证券期货市场，维护证券期货市场秩序，保障其合法运行。

中国证监会还设有股票发行审核委员会，委员由证监会专业人员和所聘请的会外有关专家担任。中国证监会除总部外，在省、自治区、直辖市和计划单列市设立36个证券监管局，以及上海、深圳证券监管专员办事处。

中国证监会依照法律法规和国务院授权，对会计师事务所的证券业务活动实行他同意监督管理；派出机构受证监会垂直领导，按照法律法规和证监会的规定，负责辖区一线监管工作，对辖区内会计师事务所的证券业务活动进行监督管理。

2. 证券交易所

证券交易所对注册会计师行业的监管主要体现在对会计师事务所为证券上市、交易等提供服务的行为进行监督管理。截至2021年9月3日，我国已设立深圳、上海、北京三个证券交易所。证券交易所受中国证监会监督和管理，是为证券集中交易提供场所和设施、组织和监督证券交易、实行自律管理的法人。

## 课后复习题

**思考题**

1. 我国注册会计师的资格要求与美国有何不同？
2. 试述会计师事务所的主要组织形式有哪些？
3. 在我国，特殊普通合伙会计师事务所设立的条件是什么？
4. 各国为什么要成立注册会计师协会？其性质与职能有哪些？

# 第三章　注册会计师职业规范与法律责任

**知识导航**

- 注册会计师职业规范与法律责任
  - 注册会计师执业准则体系
    - 鉴证业务准则
    - 相关服务准则
    - 质量管理准则
  - 注册会计师职业道德规范
    - 注册会计师职业道德基本原则
    - 注册会计师职业道德概念框架
    - 注册会计师对职业道德概念框架的具体运用
  - 注册会计师的法律责任
    - 法律责任与法律环境的变化
    - 注册会计师法律责任的成因
    - 注册会计师法律责任的认定
    - 注册会计师法律责任的种类
    - 中国注册会计师的法律责任

## 学习目标

通过本章的学习，学生应熟悉注册会计师执业准则体系内容；熟悉并掌握审计准则概念及主要内容；了解审计质量管理准则的主要内容；了解职业道德规范的基本内容；理解并掌握法律责任的内容。

**引入案例**

### 麦克森·罗宾斯药材公司审计案例

1938年初，长期贷款给麦克森·罗宾斯药材公司（以下简称罗宾斯药材公司）的朱利安·汤普森公司（以下简称汤普森公司），在审核罗宾斯药材公司财务报表时发现两个疑问：其一，罗宾斯药材公司中的制药原料部门，原是个盈利率较高的部门，但该部门却一反常态地没有现金积累，而且流动资金亦未见增加，甚至，该部门还不得不依靠公司管理者重新调集资金来进行再投资，以维持生产。其二，公司董事会曾开会决议，要求公司减少存货金额，但到1938年底，公司存货反而增加100万美元。汤普森公司立即表示，在没有查明这两个疑问之前，不再予以贷款，并请求纽约证券交易委员会进行调查。调查发现，罗宾斯药材公司是证券交易所登记的上市公司，公司在经营的十余年中，每年都聘请美国著名的普赖斯·沃特豪斯会计师事务所（以下简称沃特豪斯会计师事务所）对该公司的财务报表进行审计。在审计人员出具的审计报告中，每年都对该公司的财务状况及经营成果发表了“正确、适当”

等无保留的审计意见。调查人员对该公司 1937 年的财务状况与经营成果进行了重新审核，1937 年 12 月 31 日的合并资产负债表总资产为 8 700 万美元，但其中的 1 907.5 万美元的资产是虚构的，包括存货虚构 1 000 万美元、应收账款和销售收入各虚构 900 万美元、银行存款虚构 7.5 万美元；在 1937 年度合并损益表中，虚假的销售收入和毛利分别达到 1 820 万美元和 180 万美元。同时，调查人员对该公司经理的背景做了进一步调查，公司经理菲利普·科斯特及其同伙穆西卡等人，都是犯有前科的诈骗犯，他们都使用假名混入公司并爬上公司管理岗位，并将亲信安插在掌管公司钱财的重要岗位上，相互勾结，使他们的诈骗活动持续很久没能被人发现。

调查结果显示，罗宾斯药材公司的实际财务状况早已“资不抵债”，应立即宣告破产。而首当其冲的受损失者是汤普森公司，因它是罗宾斯药材公司的最大债权人。为此，汤普森公司指控沃特豪斯会计师事务所，汤普森公司认为其之所以给罗宾斯公司贷款，是因为依赖了会计师事务所出具的审计报告。因此，他们要求沃特豪斯会计师事务所赔偿他们的全部损失。在听证会上，沃特豪斯会计师事务所拒绝了汤普森公司的赔偿要求，会计师事务所认为，他们执行的审计，遵循了美国注册会计师协会在 1936 年颁布的《财务报表检查》(Examination of Financial Statements)中所规定各项规则。罗宾斯药材公司的欺骗是经理部门共同串通合谋所致，审计人员对此不负任何责任。最后，在证券交易委员会的调解下，沃特豪斯会计师事务所以退回历年来收取的审计费用共 50 万美元，作为对汤普森公司债权损失的赔偿。

罗宾斯药材公司案件的发生，使审计人员进一步认识到，建立科学、严格的审计程序，使审计工作规范化，能够有效地保护尽责的审计人员，免受不必要的法律指责。罗宾斯药材公司案件暴露了当时审计程序的不足：只重视账册凭证而轻视实物的审核；只重视企业内部的证据而忽视了外部证据的取得。因此，美国证券交易委员会颁布了新的审计程序规则，在规则中要求审计人员在审核应收账款时，如应收账款在流动资产中占有较大比例，除了在企业内部要核对有关证据外，还需进一步发函询问以从外部取得可靠合理的证据。在评价存货时，除了验看有关账单外，还要进行实物盘查。除此之外还要求审计人员对企业的内部控制制度进行评价，并强调了审计人员应对公共利益人员负责。与此同时，美国注册会计师协会所属的审计程序特别委员会，于 1939 年 5 月颁布了《审计程序的扩展》，对审计程序做了修改，使它成为公认的审计准则。

罗宾斯药材公司的案件，不但加速了美国公认审计准则的发展，而且还为建立在评价内部控制制度基础上的抽样审计奠定了基础。

通过上述案例，我们深刻地体会到在财务报表审计中没有审计准则可能产生的严重后果。注册会计师在执行鉴证业务时应遵循业务准则和职业道德准则，会计师事务所应当建立质量管理政策和程序。本章将对审计职业规范和审计人员的法律责任进行介绍。

## 第一节 注册会计师执业准则体系

注册会计师执业准则是用以规定注册会计师应具备的素质和专业资格，规范和指导其执业行为，衡量和评价其工作质量的权威性标准。执业准则有助于实现审计工作的规范化，提高审计工作质量，明确审计责任，维护注册会计师的合法权益，增进社会公众对审计工作结果的信任。

我国注册会计师执业准则体系包括《中国注册会计师业务准则》和《会计师事务所质量控制准则》，其中《中国注册会计师业务准则》又包括《中国注册会计师鉴证业务基本准则》和《中国注册会计师相关服务准则》(以下简称相关服务准则)。鉴证业务准则进一步细分为审计准则、审阅准则和其他鉴证业务准则；相关服务准则包括对财务信息执行商定程序、代编财务信息等方面的准则。

## 一、鉴证业务准则

### (一) 审计准则

审计准则用以规范注册会计师执行历史财务信息(主要是财务报表)的审计业务要求注册会计师综合运用审计方法，以对财务报表是否不存在重大错报漏报提供合理保证。审计准则是执业准则体系的核心内容。截至 2022 年 12 月 31 日，《中国注册会计师审计准则》共包括 45 项，具体内容如下。

1. 一般原则与责任(9 项)

《中国注册会计师审计准则第 1101 号——注册会计师的总体目标和审计工作的基本要求》(2022)

《中国注册会计师审计准则第 1111 号——就审计业务约定条款达成一致意见》(2022)

《中国注册会计师审计准则第 1121 号——对财务报表审计实施的质量管理》(2020)

《中国注册会计师审计准则第 1131 号——审计工作底稿》(2022)

《中国注册会计师审计准则第 1141 号——财务报表审计中与舞弊相关的责任》(2022)

《中国注册会计师审计准则第 1142 号——财务报表审计中对法律法规的考虑》(2022)

《中国注册会计师审计准则第 1151 号——与治理层的沟通》(2022)

《中国注册会计师审计准则第 1152 号——向治理层和管理层通报内部控制缺陷》(2022)

《中国注册会计师审计准则第 1153 号——前任注册会计师和后任注册会计师的沟通》(2010)

2. 风险评估及风险的应对(6 项)

《中国注册会计师审计准则第 1201 号——计划审计工作》(2022)

《中国注册会计师审计准则第 1211 号——重大错报风险的识别和评估》(2022)

《中国注册会计师审计准则第 1221 号——计划和执行审计工作时的重要性》(2019)

《中国注册会计师审计准则第 1231 号——针对评估的重大错报风险采取的应对措施》(2022)

《中国注册会计师审计准则第 1241 号——对被审计单位使用服务机构的考虑》(2022)

《中国注册会计师审计准则第 1251 号——评价审计过程中识别出的错报》(2022)

3. 审计证据(11 项)

《中国注册会计师审计准则第 1301 号——审计证据》(2022)

《中国注册会计师审计准则第 1311 号——对存货、诉讼和索赔、分部信息等特定项目获取审计证据的具体考虑》(2019)

《中国注册会计师审计准则第 1312 号——函证》(2019)

《中国注册会计师审计准则第 1313 号——分析程序》(2022)

《中国注册会计师审计准则第 1314 号——审计抽样》(2010)

《中国注册会计师审计准则第 1321 号——会计估计和相关披露的审计》(2022)

《中国注册会计师审计准则第 1323 号——关联方》(2022)

《中国注册会计师审计准则第 1324 号——持续经营》(2022)

《中国注册会计师审计准则第 1331 号——首次审计业务涉及的期初余额》(2022)

《中国注册会计师审计准则第 1332 号——期后事项》(2016)

《中国注册会计师审计准则第 1341 号——书面声明》(2022)

4. 利用其他主体的工作(3 项)

《中国注册会计师审计准则第 1401 号——对集团财务报表审计的特殊考虑》(2022)

《中国注册会计师审计准则第 1411 号——利用内部审计人员的工作》(2022)

《中国注册会计师审计准则第 1421 号——利用专家的工作》(2022)

5. 审计结论与报告(6 项)

《中国注册会计师审计准则第 1501 号——对财务报表形成审计意见和出具审计报告》(2022)

《中国注册会计师审计准则第 1502 号——在审计报告中发表非无保留意见》(2019)

《中国注册会计师审计准则第 1503 号——在审计报告中增加强调事项段和其他事项段》(2022)

《中国注册会计师审计准则 1504 号——在审计报告中沟通关键审计事项》(2022)

《中国注册会计师审计准则第 1511 号——比较信息:对应数据和比较财务报表》(2019)

《中国注册会计师审计准则第 1521 号——注册会计师对其他信息的责任》(2016)

6. 特殊领域审计(3 项)

《中国注册会计师审计准则第 1601 号——审计特殊目的财务报表的特殊考虑》(2022)

《中国注册会计师审计准则第 1602 号——验资》(2006)

《中国注册会计师审计准则第 1603 号——审计单一财务报表和财务报表特定要素的特殊考虑》(2021)

7. 特殊考虑(7 项)

《中国注册会计师审计准则第 1604 号——对简要财务报表出具报告的业务》(2021)

《中国注册会计师审计准则第 1611 号——商业银行财务报表审计》(2006)

《中国注册会计师审计准则第 1612 号——银行间函证程序》(2006)

《中国注册会计师审计准则第 1613 号——与银行监管机构的关系》(2006)

《中国注册会计师审计准则第 1631 号——财务报表审计中对环境事项的考虑》(2022)

《中国注册会计师审计准则第 1632 号——衍生金融工具的审计》(2006)

《中国注册会计师审计准则第 1633 号——电子商务对财务报表审计的影响》(2022)

**(二) 审阅准则**

《中国注册会计师审阅准则第 2101 号——财务报表审阅》用以规范注册会计师执行历史财务信息的审阅业务,要求注册会计师主要使用询问和分析程序,对审阅后的财务报表不存在重大错报提供有限保证,并以消极的方式提出结论。财务报表审阅的目标是在实施审阅的基础上,说明是否注意到某些事项,使其相信财务报表没有按照适用的会计准则和相关会计制度的规定编制，未能在所有重大方面公允反映被审阅单位的财务状况、经营成果和现金流量。注册会计师应当主要采用询问和分析程序获取充分适当的证据作为得出审阅结论的基础。

**（三）其他鉴证业务准则**

其他鉴证业务准则用以规范注册会计师执行历史财务信息审计或审阅以外的其他鉴证业务，根据鉴证业务的性质和业务约定书的要求，提供有限保证或合理保证。其他鉴证业务主要包括内部控制鉴证、预测性财务信息的审核等。具体包括两个准则，即《中国注册会计师其他鉴证业务准则第 3101 号——历史财务信息审计或审阅以外的鉴证业务》和《中国注册会计师其他鉴证业务准则第 3111 号——预测性财务信息的审核》。

## 二、相关服务准则

相关服务准则用以规范注册会计师执行除鉴证业务外的其他相关服务业务。相关服务业务主要包括对财务信息执行商定程序、代编财务信息、税务咨询和管理咨询等。在提供相关服务时，注册会计师不提供任何程度的保证。该准则包括《中国注册会计师相关服务准则第 4101 号——对财务信息执行商定程序》和《中国注册会计师相关服务准则第 4111 号——代编财务信息》。

## 三、质量管理准则

审计质量管理准则是指会计师事务所为确保审计质量符合审计准则的要求而制定和运用的控制政策和程序。

目前，财政部已发布三项质量管理准则，即《会计师事务所质量管理准则第 5101 号——业务质量管理》(2020)、《会计师事务所质量管理准则第 5102 号——项目质量复核》(2020)和《中国注册会计师审计准则第 1121 号——对财务报表审计实施的质量管理》。前两项从事务所层面进行规范，适用于包括财务报表审计在内的各项业务；第三项从执行审计项目的合伙人层面上进行规范，仅适用于财务报表审计业务。

**（一）业务质量管理的目标**

会计师事务所针对所执行的鉴证业务和相关服务业务，设计、实施和运行质量管理体系，为在下列方面提供合理保证：

(1) 会计师事务所及其人员按照适用的法律法规和职业准则的规定履行职责，并根据这些规定执行业务。

(2) 会计师事务所和项目合伙人出具适合具体情况的报告。

**（二）业务质量管理的要素**

在本准则的框架下，会计师事务所应当设计、实施和运行在全所范围内(包括分所或分部)统一的质量管理体系，针对下列八个要素而制定的政策和程序：①会计师事务所的风险评估程序。②治理和领导层。③相关职业道德要求。④客户关系和具体业务的接受与保持。⑤业务执行。⑥资源。⑦信息与沟通。⑧监控和整改程序。

1. 风险评估程序

会计师事务所应当设计和实施风险评估程序，以设定质量目标，识别和评估质量风险，并设计和采取应对措施以应对质量风险。

在识别和评估质量风险时，会计师事务所应当了解可能对实现质量目标产生不利影响的事项或情况，包括相关人员的作为或不作为、会计师事务所的性质和具体情况、会计师事务所业务的性质和具体情况。同时考虑可能对实现质量目标产生哪些不利影响，以及不利影响的程度。会计师事务所应当设计并采取应对措施，以应对质量风险。设计和采取应对措施的方式，应当根据并针对相关质量风险的评估结果及得出该评估结果的理由。会计师事务所采取的应对措施，应当包括本准则明确规定的应对措施。

2. 治理和领导层

会计师事务所应当制定政策和程序，培育以质量为导向的内部文化。这些政策和程序应当要求会计师事务所主任会计师或者同等职位的人员对质量管理体系承担最终责任。会计师事务所应当指定专门的合伙人（或类似职位的人员）对质量管理体系的运行承担责任。会计师事务所应当指定专门的合伙人（或类似职位的人员）对质量管理体系特定方面的运行承担责任。

3. 相关职业道德要求

会计师事务所应当制定政策和程序，以合理保证会计师事务所及其人员遵守相关职业道德要求，以及合理保证会计师事务所及其人员和其他受独立性要求约束的人员（包括网络事务所的人员）保持相关职业道德要求规定的独立性。

这些政策和程序应当使会计师事务所能够：①向会计师事务所人员以及其他受独立性要求约束的人员传达独立性要求。②识别和评价对独立性产生不利影响的情形，并采取适当的行动消除这些不利影响；或通过采取防范措施将其降至可接受的水平；或如果认为适当，在法律法规允许的情况下解除业务约定。③项目合伙人向会计师事务所提供与客户委托业务相关的信息（包括服务范围），以使会计师事务所能够评价这些信息对保持独立性的总体影响。④会计师事务所人员立即向会计师事务所报告对独立性产生不利影响的情形，以便会计师事务所采取适当行动。⑤会计师事务所收集相关信息，并向适当人员传达，以便：会计师事务所及其人员能够容易确定是否满足独立性要求；会计师事务所能够保持和更新与独立性相关的记录；会计师事务所能够针对识别出的、超出可接受水平的对独立性产生的不利影响采取适当的行动。

会计师事务所应当制定政策和程序，以合理保证能够获知违反独立性要求的情况，并能够采取适当行动予以解决。这些政策和程序应当包括：①会计师事务所人员将注意到的、违反独立性要求的情况立即报告会计师事务所。②会计师事务所将识别出的违反这些政策和程序的情况，立即传达给需要与会计师事务所共同处理这些情况的项目合伙人、需要采取适当行动的会计师事务所和网络内部的其他相关人员以及受独立性要求约束的人员。③项目合伙人、会计师事务所和网络内部的其他相关人员以及受独立性要求约束的其他人员，在必要时立即向会计师事务所告知他们为解决有关问题而采取的行动，以使会计师事务所能够决定是否应当采取进一步的行动。

会计师事务所应当每年至少一次向所有需要按照相关职业道德要求保持独立性的人员，获取其遵守独立性政策和程序的书面确认函。

会计师事务所应当制定下列政策和程序：①明确标准，以确定长期委派同一名合伙人或高级员工执行某项鉴证业务时，是否需要采取防范措施将因密切关系产生的不利影响降至可接受的水平。②对所有上市实体财务报表审计业务，按照相关职业道德要求和法律法规的规定，在规定期间届满后轮换项目合伙人、项目质量控制复核人员，以及受轮换要求约束的其他人员。

4. 客户关系和具体业务的接受与保持

会计师事务所应当制定有关客户关系和具体业务接受与保持的政策和程序，以合理保证只有在下列情况下，才能接受或保持客户关系和具体业务：①能够胜任该项业务，并具有执行该项业务必要的素质、时间和资源。②能够遵守相关职业道德要求。③已考虑客户的诚信，没有信息表明客户缺乏诚信。

如果在接受业务后获知某项信息，而该信息若在接受业务前获知，可能导致会计师事务所拒绝该项业务，会计师事务所应当针对这种情况制定保持具体业务和客户关系的政策和程序。这些政策和程序应当考虑：①适用于这种情况的职业责任和法律责任，包括是否要求会计师事务所向委托人报告或在某些情况下向监管机构报告。②解除业务约定或同时解除业务约定和客户关系的可能性。

5. 业务执行

会计师事务所应当制定政策和程序，以合理保证按照职业准则和适用的法律法规的规定执行业务，使会计师事务所和项目合伙人能够出具适合具体情况的报告。这些政策和程序应当包括：与保持业务执行质量一致性相关的事项、监督责任、复核责任。

会计师事务所在安排复核工作时，应当由项目组内经验较丰富的人员复核经验较少的人员的工作。会计师事务所应当根据这一原则，确定有关复核责任的政策和程序。

(1) 咨询。会计师事务所应当制定政策和程序，以合理保证：就疑难问题或争议事项进行适当咨询；能够获取充分的资源进行适当咨询；咨询的性质和范围以及咨询形成的结论得以记录，并经过咨询者和被咨询者的认可；咨询形成的结论得到执行。

(2) 项目质量控制复核。会计师事务所应当制定政策和程序，要求对特定业务实施项目质量控制复核，以客观评价项目组做出的重大判断以及在准备报告时得出的结论。

6. 资源

会计师事务所应当制定政策和程序，以合理保证拥有足够的具有胜任能力和必要素质并承诺遵循道德基本原则的人员，以使：①会计师事务所按照职业准则和适用的法律法规的规定执行业务。②会计师事务所和项目合伙人能够出具适合具体情况的报告。

关于业务委派，会计师事务所应当采取下列措施：

(1) 会计师事务所应当对每项业务委派至少一名项目合伙人，并制定政策和程序，明确下列要求：将项目合伙人的身份和作用告知客户管理层和治理层的关键成员；项目合伙人具有履行职责所要求的适当的胜任能力、必要素质和权限；清楚界定项目合伙人的职责，并告知该项目合伙人。

(2) 会计师事务所应当制定政策和程序，委派具有必要胜任能力和素质的适当人员，以便：按照职业准则和适用的法律法规的规定执行业务；会计师事务所和项目合伙人能够出具适合具体情况的报告。

7. 信息与沟通

针对获取、生成和利用与质量管理体系有关的信息，为了支持质量管理体系的设计、实施和运行，会计师事务所的信息系统能够识别、获取、处理和维护来自内部或外部的相关、可靠的信息，为质量管理体系提供支持；会计师事务所的文化认同并强化会计师事务所人员与会计师事务所之间，以及这些人员彼此之间交换信息的责任；会计师事务所内部以及各项目组之间能够交换相关、可靠的信息。

会计师事务所应当制定与下列方面相关的政策和程序：①会计师事务所在执行上市实体财务报表审计业务时，应当与治理层沟通质量管理体系是如何为持续高质量地执行业务提供支撑的。②会计师事务所在何种情况下向外部各方沟通与质量管理体系相关的信息是适当的。③会计师事务所进行外部沟通时应当沟通哪些信息，以及沟通的性质、时间安排、范围和适当形式。

8. 监控和整改程序

会计师事务所应当制定监控政策和程序，以合理保证与质量控制制度相关的政策和程序具有相关性与适当性，并正在有效运行。监控过程应当包括：持续考虑和评价会计师事务所质量控制制度；要求委派一个或多个合伙人，或会计师事务所内部具有充分、适当的经验和权限的其他人员负责监控过程；要求执行业务或实施项目质量控制复核的人员不参与该项业务的检查工作。

**【例 3-1】** 审计质量管理案例分析

ABC 会计师事务所的质量管理制度部分内容摘录如下：

(1) 项目合伙人对会计师事务所分派的业务的总体质量负责。项目质量管理复核可以减轻但不能替代项目合伙人的责任。

(2) 执行业务时，应当由项目组内经验较多的人员复核经验较少的人员执行的工作。

(3) 除内部专家外，项目组成员应当在执行业务过程中严格遵守会计师事务所的质量管理政策和程序。

(4) 质量管理部对新晋升的合伙人每年选取一项已完成的业务进行检查，连续检查三年；对晋升三年以上的合伙人每五年选取一项已完成的业务进行检查。

(5) 业务工作底稿可以采用纸质、电子或其他介质，如将纸质工作底稿的电子扫描件存入业务档案，应当将纸质工作底稿一并归档。

**问题：**

事项(1)至事项(5)，逐项指出 ABC 会计师事务所的质量管理制度的内容是否恰当。如不恰当，简要说明理由。

**解答：**

事项(1)：不恰当。项目质量管理复核并不减轻项目合伙人的责任，更不能替代项目合伙人的责任。

事项(2)：恰当。

事项(3)：不恰当。内部专家可能是会计师事务所的合伙人或员工，因此要遵守所在会计师事务所的质量管理政策和程序。

事项(4)：不恰当。会计师事务所应当周期性地选取已完成的业务进行检查，周期最长不得超过 3 年。

事项(5)：恰当。

## 第二节 注册会计师职业道德规范

为了规范中国注册会计师的职业行为，提高职业道德水平，维护职业形象，中国注册会计师协会制定了《中国注册会计师职业道德守则》和《中国注册会计师协会非执业会员职业道德守则》两大部分，自 2010 年 7 月 1 日起施行，并于 2022 年 10 月，对其进行了全面修订。其中，《中国注册会计师职业道德守则》包括五个组成部分：《中国注册会计师职业道德守则第 1 号——职业道德基本原则》《中国注册会计师职业道德守则第 2 号——职业道德概念框架》《中国注册会计师职业道德守则第 3 号——提供专业服务的具体要求》《中国注册会计师职业道德守则第 4 号——审计和审阅业务对独立性的要求》和《中国注册会计师职业道德守则第 5 号——其他鉴证业务的独立性要求》。中国注册会计师职业道德守则在全面规范注册会计师的职业道德行为的基础上，强调了注册会计师行业的社会责任和注册会计师的独立性问题，为注册会计师解决职业道德遇到的问题提供了方法指导。

注册会计师与职业道德有关的基本原则包括：诚信、独立、客观和公正、专业胜任能力和应有的关注、保密、良好职业行为。

## 一、注册会计师职业道德基本原则

### （一）诚信

诚信是指诚实、守信。诚信原则要求注册会计师应当在所有的职业活动中保持正直和诚实守信，并以公众利益为重。

注册会计师如果认为业务报告、申报资料或其他信息存在下列问题，则不得与这些有问题的信息发生牵连：

（1）含有虚假或误导性的陈述。

（2）含有缺乏充分根据的陈述或信息。

（3）存在遗漏或含糊其词的信息，而这种遗漏或含糊其词可能会产生误导。

注册会计师如果注意到已与有问题的信息发生牵连，应当采取措施消除牵连。在鉴证业务中，如果注册会计师依据执业准则出具了恰当的非标准业务报告，不被视为违反上述要求。

### （二）独立性

独立性是指不受外来力量控制、支配，按照一定之规行事。独立原则要求注册会计师在执行鉴证业务时，必须保持独立性。在市场经济条件下，投资者主要依赖财务报表判断投资风险，在投资机会中做出选择。如果注册会计师不能与客户保持独立性，而是存在经济利益、关联关系，或者屈从于外界压力，就很难取信于社会公众。

注册会计师执行审计和审阅业务及其他鉴证业务时，应当从实质上和形式上保持独立性，不得因任何利害关系影响其客观公正性。

会计师事务所在承办审计和审阅业务及其他鉴证业务时，应当从整体层面和具体业务层面采取措施，以保持会计师事务所和项目组的独立性。

### （三）客观和公正

客观是指按照事物的本来面目去考察，不添加个人的偏见，也不被他人的意见左右。公正是指公平，正直，不偏袒。

客观和公正原则要求注册会计师应当公正处事、实事求是，不得由于偏见、利益冲突或他人的不当影响而损害自己的职业判断。如果存在导致职业判断出现偏差，或者对职业判断产生不当影响的情形，注册会计师不得提供相关专业服务。

**（四）专业胜任能力和勤勉尽责**

专业胜任能力原则要求注册会计师通过教育、培训和执业实践获取并保持专业胜任能力。注册会计师应当持续了解并掌握当前法律、技术和实务的发展变化，将专业知识和技能始终保持在应有的水平，确保为客户提供具有专业水准的服务。注册会计师在运用专业知识和技能时，应当合理运用职业判断。

勤勉尽责要求注册会计师遵守执业准则和职业道德规范的要求，勤勉尽责，认真、全面、及时地完成工作任务。在审计过程中，注册会计师应当保持职业怀疑态度，运用专业知识、技能和经验，获取和评价审计证据。同时，注册会计师应当采取措施以确保在其授权下工作的助理人员得到适当的培训和督导。在适当情况下，注册会计师应当使客户和专业服务的其他使用者了解专业服务的固有局限性。

**【例3-2】** RH会计师事务所因未尽勤勉尽责受罚

2017年1月中国证监会对国内本土RH会计师事务所(以下简称RH所)进行了行政处罚，对RH所责令改正，没收业务收入39万元，并处以78万元罚款，对两名审计报告签字注册会计师给予警告，并分别处以5万元罚款。原因是RH所在审计亚太实业2013年年度财务报表过程中未勤勉尽责，出具的审计报告存在虚假记载。

认定的违法事实一：2012年、2013年亚太实业持有济南固锝电子器件有限公司(以下简称济南固锝)48%股权，账面余额22 377 904.37元，2013年12月31日亚太实业转让21%的股权。董事会决议通过议案，披露的股权转让价格为8 750 000.00元，定价依据为截至2012年12月31日亚太实业所持济南固锝股权的账面价值20 017 561.21元，2014年1月20日，亚太实业临时股东大会决议通过股权转让议案。亚太实业未根据前述定价依据对所持济南固锝48%股权对应的长期股权投资计提减值准备2 377 904.37元，导致其2013年虚增净利润2 377 904.37元，占当期净利润的90.54%。RH所在出具审计报告前知悉了亚太实业股权转让的事宜，在仅取得亚太实业大股东出具《承诺函》的情况下，未合理考虑该事项对长期股权投资减值准备的影响，未对相应错误予以识别和采取适当措施。

认定的违法事实二：2012年济南固锝将质量索赔款5 355 085.00元确认为营业外支出。2013年10月，鉴于质量索赔款未实际支付且具体赔偿金额尚不能合理确定，济南固锝认为2012年确认营业外支出时会计估计不准确，遂冲减2013年营业外支出5 355 085.00元。RH所在审计中发现该会计差错后，并未要求济南固锝按照《企业会计准则》进行追溯调整，而是要求济南固锝直接调减本期营业成本，虚增产成品5 300 000.00元，将剩余55 085.00元调整了未分配利润报表项目。该会计处理方式导致亚太实业2013年虚增净利润2 570 440.80元，占亚太实业当期净利润的97.87%。

RH所设定的重要性水平为120万元。2014年4月24日，RH所对亚太实业2013年年度财务报表出具标准无保留意见的审计报告。RH所2013年亚太实业财务报表审计业务的收费为35万元；对2013年济南固锝单独出具了审计报告，审计业务收费为4万元，共计收费39万元。

另外，2017年年初RH所因另一审计项目受到中国证监会行政处罚。因在两年内连续受到两次行政处罚，2017年2月20日财政部与证监会联合下文，按照规定，自2017年1月6日起暂停RH所承接新的证券业务，并要求其在两个月内完成整改。该次处罚后，导致部分客户与RH所解约，转聘其他所，造成的后果损失对业界影响巨大。(编者注：为避免产生不必要的误解，本文对部分涉及负面事件的相关事务所以化名称之，全书同；该部分详细资料可见中国证监会行政处罚决定书〔2017〕1号，财政部财会便〔2017〕3号）。

**（五）保密**

根据保密原则，注册会计师应当遵守下列要求：

（1）警觉无意中泄密的可能性，包括在社会交往中无意中泄密的可能性，特别要警觉无意中向关系密切的商业伙伴或近亲属泄密的可能性。

（2）对所在会计师事务所内部的涉密信息保密。

（3）对职业活动中获知的涉及国家安全的信息保密。

（4）对拟承接的客户向其披露的涉密信息保密。

（5）在未经客户授权的情况下，不得向会计师事务所以外的第三方披露其所获知的涉密信息，除非法律法规或职业准则规定注册会计师在这种情况下有权利或义务进行披露。

（6）不得利用因职业关系而获知的涉密信息为自己或第三方谋取利益。

（7）不得在职业关系结束后利用或披露因该职业关系获知的涉密信息。

（8）采取适当措施，确保下级员工以及为注册会计师提供建议和帮助的人员履行保密义务。

在下列情况下，注册会计师可能会被要求披露涉密信息，或者披露涉密信息是适当的，不被视为违反保密原则：

（1）法律法规要求披露，例如为法律诉讼准备文件或提供其他证据，或者向适当机构报告发现的违反法律法规行为。

（2）法律法规允许披露，并取得了客户的授权。

（3）注册会计师有职业义务或权利进行披露，且法律法规未予禁止，主要包括下列情形：①接受注册会计师协会或监管机构的执业质量检查。②答复注册会计师协会或监管机构的询问或调查。③在法律诉讼、仲裁中维护自身的合法权益。④遵守职业准则的要求，包括职业道德要求。⑤法律法规和职业准则规定的其他情形。

**（六）良好职业行为**

注册会计师应当遵守相关法律法规，避免发生任何损害职业声誉的行为。注册会计师在向公众传递信息及推介自己和工作时，应当客观、真实、得体，不得损害职业形象。注册会计师应当诚实、实事求是，不得有下列行为：

（1）夸大宣传提供的服务、拥有的资质或获得的经验。

（2）贬低或无根据地比较其他注册会计师的工作。

## 二、注册会计师职业道德概念框架

职业道德概念框架是指解决职业道德问题的思路和方法，用以指导注册会计师：识别对职业道德基本原则的不利影响；评价不利影响的严重程度；必要时采取防范措施消除不利影响或将其降低至可接受的水平。

**（一）对遵循职业道德基本原则产生不利影响的因素及防范措施**

可能对职业道德基本原则产生不利影响的因素包括自身利益、自我评价、过度推介、密切关系和外在压力。

(1) 自身利益导致的不利影响。如果经济利益或其他利益对注册会计师的职业判断或行为产生不当影响,将产生自身利益导致的不利影响。

(2) 自我评价导致的不利影响。如果注册会计师对其(或者其所在会计师事务所或工作单位的其他人员)以前的判断或服务结果做出不恰当的评价,并且将据此形成的判断作为当前服务的组成部分,将产生自我评价导致的不利影响。

(3) 过度推介导致的不利影响。如果注册会计师过度推介客户或工作单位的某种立场或意见,使其客观性受到损害,将产生过度推介导致的不利影响。

(4) 密切关系导致的不利影响。如果注册会计师与客户或工作单位存在长期或亲密的关系,而过于倾向他们的利益,或者认可他们的工作,将产生密切关系导致的不利影响。

(5) 外在压力导致的不利影响。如果注册会计师受到实际的压力或感受到压力(包括对注册会计师实施不当影响的意图)而无法客观行事,将产生外在压力导致的不利影响。

防范措施是指可以消除不利影响或将其降至可接受水平的行动或其他措施。应对不利影响的防范措施包括下列两类:一类是法律法规和职业规范规定的防范措施;另一类是在具体工作中采取的防范措施。

(1) 法律法规和职业规范规定的防范措施主要包括:①取得注册会计师资格必需的教育、培训和经验要求。②持续的职业发展要求。③公司治理方面的规定。④执业准则和职业道德规范的规定。⑤监管机构或注册会计师协会的监控和惩戒程序。⑥由依法授权的第三方对注册会计师编制的业务报告、申报资料或其他信息进行外部复核。

(2) 某些防范措施可以增加识别或制止不道德行为发生的可能性。由行业、法律法规、监管机构及工作单位规定的这类防范措施包括:①由所在的工作单位、行业及监管机构建立有效的公开投诉系统,使同行、工作单位及社会公众能够注意到不专业或不道德的行为。②明确规定注册会计师有义务报告违反职业道德守则的行为或情形。

**(二) 道德冲突的解决**

在遵循职业道德基本原则时,注册会计师应当解决遇到的道德冲突问题。在解决道德冲突问题时,注册会计师应当考虑下列因素:

(1) 与道德冲突问题有关的事实。

(2) 涉及的道德问题。

(3) 道德冲突问题涉及的职业道德基本原则。

(4) 会计师事务所或工作单位制定的解决道德冲突问题的程序。

(5) 可供选择的措施。

在考虑上述因素并权衡可供选择措施的后果后,注册会计师应当确定适当的措施。如果道德冲突问题仍无法解决,注册会计师应当考虑向会计师事务所或工作单位内部的相关人员咨询,寻求帮助解决问题。如果道德问题涉及注册会计师与某一组织的冲突或是组织内部的冲突,注册会计师还应当确定是否向该组织的治理层(如董事会)咨询。

如果某项重大冲突未能解决,注册会计师可以考虑向相关职业团体或法律顾问获取专业建议。如果以不提及相关方的方式与相关职业团体讨论所涉事项,或者在法律特权保护下与法律顾问讨论所涉事项,注册会计师通常能够在不违反保密原则的条件下获得解决道德问题的指导。在考虑所有相关可能措施后,如果道德冲突仍未解决,注册会计师应当在可能的情况下拒绝继续与产生冲突的事项发生关联。注册会计师可视情况确定是否解除业务约定或退出某项特定任务，或者完全退出该项业务，或者向所在会计师事务所或工作单位辞职。

## 三、注册会计师对职业道德概念框架的具体运用

注册会计师遇到的不利影响或可能对职业道德基本原则遵循产生不利影响的各种情形和关系，包括专业服务委托、利益冲突、应客户要求提供第二次意见、收费、利益诱惑（包括礼品和款待）、保管客户资产、对客观和公正原则的要求等。

### （一）可能对职业道德基本原则产生不利影响的因素

1. 自身利益产生的不利影响情形

（1）注册会计师在客户中拥有直接经济利益。

（2）会计师事务所的收入过分依赖某一客户。

（3）会计师事务所以较低的报价获得新业务，而该报价过低，可能导致注册会计师难以按照适用的职业准则要求执行业务。

（4）注册会计师与客户之间存在密切的商业关系。

（5）注册会计师能够接触到涉密信息，而该涉密信息可能被用于谋取个人私利。

（6）注册会计师在评价所在会计师事务所以往提供的专业服务时，发现了重大错误。

2. 自我评价产生的不利影响情形

（1）注册会计师在对客户提供财务系统的设计或实施服务后，又对该系统的运行有效性出具鉴证报告。

（2）注册会计师为客户编制用于生成有关记录的原始数据，而这些记录是鉴证业务的对象。

3. 过度推介产生的不利影响情形

（1）注册会计师推介客户的产品、股份或其他利益。

（2）当客户与第三方发生诉讼或纠纷时，注册会计师为该客户辩护。

（3）注册会计师站在客户的立场上影响某项法律法规的制定。

4. 密切关系产生的不利影响情形

（1）审计项目团队成员的主要近亲属或其他近亲属担任审计客户的董事或高级管理人员。

（2）鉴证客户的董事、高级管理人员，或所处职位能够对鉴证对象施加重大影响的员工，最近曾担任注册会计师所在会计师事务所的项目合伙人。

（3）审计项目团队成员与审计客户之间长期存在业务关系。

5. 外在压力产生的不利影响情形

（1）注册会计师因对专业事项持有不同意见而受到客户解除业务关系或被会计师事务所解雇的威胁。

（2）由于客户对所沟通的事项更具有专长，注册会计师面临服从该客户判断的压力。

（3）注册会计师被告知，除非其同意审计客户某项不恰当的会计处理，否则计划中的晋升将受到影响。

（4）注册会计师接受了客户赠予的重要礼品，并被威胁将公开其收受礼品的事情。

### （二）应对不利影响的防范措施

注册会计师应当运用判断，确定如何应对超出可接受水平的不利影响，包括采取防范措施消除不利影响或将其降低至可接受的水平，或者终止业务约定或拒绝接受业务委托。在运用判断时，注册会计师应当考虑：一个理性并且掌握充分信息的第三方，在权衡注册会计师当时可获得的所有具体事实和情况后，是否很可能认为这些防范措施能够消除不利影响或将其降低至可接受的水平，以使职业道德基本原则不受损害。应对不利影响的防范措施包括法律法规和职业规范规定的防范措施和在具体工作中采取的防范措施。

在具体工作中，应对不利影响的防范措施包括会计师事务所层面的防范措施和具体业务层面的防范措施。

1. 会计师事务所层面的防范措施

（1）领导层强调遵循职业道德基本原则的重要性。

（2）领导层强调鉴证业务项目组成员应当维护公众利益。

（3）制定有关政策和程序，实施项目质量控制，监督业务质量。

（4）制定有关政策和程序，识别对职业道德基本原则的不利影响，评价不利影响的严重程度，采取防范措施消除不利影响或将其降低至可接受的水平。

（5）制定有关政策和程序，保证遵循职业道德基本原则。

（6）制定有关政策和程序，识别会计师事务所或项目组成员与客户之间的利益或关系。

（7）制定有关政策和程序，监控对某一客户收费的依赖程度。

（8）向鉴证客户提供非鉴证服务时，指派鉴证业务项目组以外的其他合伙人和项目组，并确保鉴证业务项目组和非鉴证业务项目组分别向各自的业务主管报告工作。

（9）制定有关政策和程序，防止项目组以外的人员对业务结果施加不当影响。

（10）及时向所有合伙人和专业人员传达会计师事务所的政策和程序及其变化情况，并就这些政策和程序进行适当的培训。

（11）指定高级管理人员负责监督质量控制系统是否有效运行。

（12）向合伙人和专业人员提供鉴证客户及其关联实体的名单，并要求合伙人和专业人员与之保持独立。

（13）制定有关政策和程序，鼓励员工就遵循职业道德基本原则方面的问题与领导层沟通。

（14）建立惩戒机制，保障相关政策和程序得到遵守。

2. 具体业务层面的防范措施

（1）向已承接的项目分配更多时间和有胜任能力的人员，可能能够应对因自身利益产生的不利影响。

（2）由项目组以外的适当复核人员复核已执行的工作或在必要时提供建议，可能能够应对因自我评价产生的不利影响。

（3）向鉴证客户提供非鉴证服务时，指派鉴证业务项目团队以外的其他合伙人和项目组，并确保鉴证业务项目组和非鉴证服务项目组分别向各自的业务主管报告工作，可能能够应对因自我评价、过度推介或密切关系产生的不利影响。

（4）由其他会计师事务所执行或重新执行业务的某些部分，可能能够应对因自身利益、自我评价、过度推介、密切关系或外在压力产生的不利影响。

(5) 由不同项目组分别应对具有保密性质的事项,可能能够应对因自身利益产生的不利影响。

**(三) 专业服务委托**

1. 接受客户关系

在接受客户关系前,注册会计师应当确定接受客户关系是否会对职业道德基本原则产生不利影响。注册会计师应当考虑客户的主要股东、关键管理人员和治理层是否诚信,以及客户是否涉足非法活动(如洗钱)或存在可疑的财务报告问题等。

客户存在的问题可能对注册会计师遵循诚信原则或良好职业行为原则产生不利影响,注册会计师应当评价不利影响的严重程度,并在必要时采取防范措施消除不利影响或将其降低至可接受的水平。防范措施主要包括:

(1) 对客户及其主要股东、关键管理人员、治理层和负责经营活动的人员进行了解。

(2) 要求客户对完善公司治理结构或内部控制做出承诺。

如果不能将客户存在的问题产生的不利影响降低至可接受的水平,注册会计师应当拒绝接受客户关系。如果向同一客户连续提供专业服务,注册会计师应当定期评价继续保持客户关系是否适当。

2. 承接业务

注册会计师应当遵循专业胜任能力和勤勉尽责原则,仅向客户提供能够胜任的专业服务。在承接某一客户业务前,注册会计师应当确定承接该业务是否会对职业道德基本原则产生不利影响。

如果项目组不具备或不能获得执行业务所必需的胜任能力,将对专业胜任能力和勤勉尽责原则产生不利影响。注册会计师应当评价不利影响的严重程度,并在必要时采取防范措施消除不利影响或将其降低至可接受的水平。防范措施主要包括:

(1) 了解客户的业务性质、经营的复杂程度,以及所在行业的情况。

(2) 了解专业服务的具体要求和业务对象,以及注册会计师拟执行工作的目的、性质和范围。

(3) 了解相关监管要求或报告要求。

(4) 分派足够的具有胜任能力的员工。

(5) 必要时利用专家的工作。

(6) 就执行业务的时间安排与客户达成一致意见。

(7) 遵守质量控制政策和程序,以合理保证仅承接能够胜任的业务。

当利用专家的工作时,注册会计师应当考虑专家的声望、专长及其可获得的资源,以及适用的执业准则和职业道德规范等因素,以确定专家的工作结果是否值得依赖。注册会计师可以通过以前与专家的交往或向他人咨询获得相关信息。

3. 客户变更委托

如果应客户要求或考虑以投标方式接替前任注册会计师,注册会计师应当从专业角度或其他方面确定应否承接该业务。如果注册会计师在了解所有相关情况前就承接业务,可能对专业胜任能力和勤勉尽责原则产生不利影响。注册会计师应当评价不利影响的严重程度。

由于客户变更委托的表面理由可能并未完全反映事实真相,根据业务性质,注册会计师可能需要与前任注册会计师直接沟通，核实与变更委托相关的事实和情况，以确定是否适宜承接该业务。

注册会计师应当在必要时采取防范措施，消除因客户变更委托产生的不利影响或将其降低至可接受的水平。防范措施主要包括：

（1）当应邀投标时，在投标书中说明，在承接业务前需要与前任注册会计师沟通，以了解是否存在不应接受委托的理由。

（2）要求前任注册会计师提供已知悉的相关事实或情况，即前任注册会计师认为，后任注册会计师在做出承接业务的决定前，需要了解的事实或情况。

（3）从其他渠道获取必要的信息。

如果采取的防范措施不能消除不利影响或将其降低至可接受的水平，注册会计师不得承接该业务。

注册会计师可能应客户要求在前任注册会计师工作的基础上提供进一步的服务。如果缺乏完整的信息，可能对专业胜任能力和勤勉尽责原则产生不利影响。注册会计师应当评价不利影响的严重程度，并在必要时采取防范措施消除不利影响或将其降低至可接受的水平。

采取的防范措施主要包括将拟承担的工作告知前任注册会计师，提请其提供相关信息，以便恰当地完成该项工作。

前任注册会计师应当遵循保密原则。前任注册会计师是否可以或必须与后任注册会计师讨论客户的相关事务，取决于业务的性质、是否征得客户同意，以及法律法规或职业道德规范的有关要求。

注册会计师在与前任注册会计师沟通前，应当征得客户的同意，最好征得客户的书面同意。前任注册会计师在提供信息时，应当实事求是、清晰明了。如果不能与前任注册会计师沟通，注册会计师应当采取适当措施，通过询问第三方或调查客户的高级管理人员、治理层的背景等方式，获取有关对职业道德等原则产生不利影响的信息。

**（四）利益冲突**

注册会计师应当采取适当措施，识别可能产生利益冲突的情形。这些情形可能对职业道德基本原则产生不利影响。注册会计师与客户存在直接竞争关系，或者与客户的主要竞争者存在合资或类似关系，可能对客观和公正原则产生不利影响。注册会计师为两个以上客户提供服务，而这些客户之间存在利益冲突或对某一事项或交易存在争议，可能对客观和公正原则或保密原则产生不利影响。

注册会计师应当根据可能产生利益冲突的具体情形，采取下列防范措施：

（1）向某一客户提供交易咨询服务，该客户拟收购注册会计师的某一审计客户，而注册会计师已在审计过程中获知了可能与该交易相关的涉密信息。

（2）同时为两家客户提供建议，而这两家客户是收购同一家公司的竞争对手，并且注册会计师的建议可能涉及双方相互竞争的立场。

（3）在同一项交易中同时向买卖双方提供服务。

（4）同时为两方提供某项资产的估值服务，而这两方针对该资产处于对立状态。

（5）针对同一事项同时代表两个客户，而这两个客户正处于法律纠纷中。

（6）针对某项许可证协议，就应收的特许权使用费为许可证授予方出具鉴证报告，并同时向被许可方就应付金额提供建议。

(7) 建议客户投资一家企业，而注册会计师的主要近亲属在该企业拥有经济利益。

(8) 建议客户买入一项产品或服务，但同时与该产品或服务的潜在卖方订立佣金协议。

注册会计师应当评价其所产生不利影响的严重程度，运用职业判断确定是否有必要向客户具体披露利益冲突的情况，并获取客户明确同意其可以承接或继续提供专业服务。

下列披露和同意通常是必要的：

(1) 向受利益冲突影响的客户披露利益冲突的性质以及所产生的不利影响是如何应对的。

(2) 当采取防范措施应对不利影响时，由受影响的客户同意注册会计师继续提供该专业服务。

如果客户不同意注册会计师为存在利益冲突的其他客户提供服务，注册会计师应当终止为其中一方或多方提供服务。

当为针对某一特定事项存在利益冲突的双方或多方提供专业服务时，这些保密措施能够防止未经授权而披露涉密信息。这些措施可能包括：

(1) 在会计师事务所内部为特殊的职能部门或岗位设置单独的工作空间，作为防止泄露客户涉密信息的屏障。

(2) 限制访问客户文档的政策和程序。

(3) 会计师事务所合伙人和员工签署的保密协议。

(4) 使用物理方式和电子方式对涉密信息采取隔离措施。

(5) 专门且明确的培训和沟通。

除采取上述防范措施外，注册会计师还应当采取下列一种或多种防范措施：

(1) 由不同的项目组分别提供服务，并且这些项目组已被明确要求遵守涉及保密性的政策和程序。

(2) 由未参与提供服务或不受利益冲突影响的适当人员复核已执行的工作，以评估关键判断和结论是否适当。

如果利益冲突对职业道德基本原则产生不利影响，并且采取防范措施无法消除不利影响或将其降低至可接受的水平，注册会计师应当拒绝承接某一特定业务，或者解除一个或多个存在冲突的业务约定。

**(五) 应客户的要求提供第二次意见**

在某客户运用会计准则对特定交易和事项进行处理，且已由前任注册会计师发表意见的情况下，如果注册会计师应客户的要求提供第二次意见，可能对职业道德基本原则产生不利影响。

如果第二次意见不是以前任注册会计师所获得的相同事实为基础，或者依据的证据不充分，可能对专业胜任能力和应有的关注原则产生不利影响。不利影响存在与否及其严重程度，取决于业务的具体情况，以及为提供第二次意见所能获得的所有相关事实及证据。

如果被要求提供第二次意见，注册会计师应当评价不利影响的严重程度，并在必要时采取防范措施消除不利影响或将其降低至可接受的水平。防范措施主要包括：

(1) 征得客户同意与前任注册会计师沟通。

(2) 在与客户沟通中说明注册会计师发表专业意见的局限性。

(3) 向前任注册会计师提供第二次意见的副本。

如果客户不允许与前任注册会计师沟通，注册会计师应当在考虑所有情况后决定是否适宜提供第二次意见。

**(六) 收费**

会计师事务所在确定收费时应当主要考虑专业服务所需的知识和技能、所需专业人员的水平和经验、各级别专业人员提供服务所需的时间和提供专业服务所需承担的责任。在专业服务得到良好的计划、监督及管理的前提下，收费通常以每一专业人员适当的小时收费标准或日收费标准为基础计算。

收费是否对职业道德基本原则产生不利影响，取决于收费报价水平和所提供的相应服务。注册会计师应当评价不利影响的严重程度，并在必要时采取防范措施消除不利影响或将其降低至可接受的水平。防范措施主要包括让客户了解业务约定条款，特别是确定收费的基础，以及在收费报价内所能提供的服务、安排恰当的时间和具有胜任能力的员工执行任务。

在承接业务时，如果收费报价过低，可能导致难以按照执业准则和相关职业道德要求的要求执行业务，从而对专业胜任能力和勤勉尽责原则产生不利影响。如果收费报价明显低于前任注册会计师或其他会计师事务所的相应报价，会计师事务所应当确保在提供专业服务时，遵守执业准则和相关职业道德的要求，使工作质量不受损害并使客户了解专业服务的范围和收费基础。

或有收费可能对职业道德基本原则产生不利影响。或有收费是指收费与否或收费多少以鉴证工作结果或实现特定目的为条件。不利影响存在与否及其严重程度取决于下列因素：①业务的性质。②可能的收费金额区间。③确定收费的基础。④向报告的预期使用者披露注册会计师所执行的工作以及收费的基础。⑤会计师事务所的质量管理政策和程序。⑥是否由独立第三方复核交易和提供服务的结果。⑦收费水平是否已由独立第三方(如监管部门)做出规定。

注册会计师应当评价或有收费产生不利影响的严重程度，并在必要时采取防范措施消除不利影响或将其降低至可接受的水平。防范措施主要包括：

(1) 由未参与提供非鉴证服务的适当复核人员复核注册会计师已执行的工作。

(2) 预先就收费的基础与客户达成书面协议。

注册会计师不得收取与客户相关的介绍费或佣金。注册会计师为获得客户而支付业务介绍费，可能对客观和公正原则，以及专业胜任能力和勤勉尽责原则产生非常严重的不利影响，导致没有防范措施能够消除不利影响或将其降低至可接受的水平。因此，注册会计师不得向客户或其他方支付业务介绍费。

**(七) 利益诱惑(包括礼品和款待)**

利益诱惑是指影响其他人员行为的物质、事件或行为，但利益诱惑并不一定具有不当影响该人员行为的意图。利益诱惑范围广泛，小到注册会计师和客户之间正常礼节性的交往，大到可能违反法律法规的行为。利益诱惑可能采取多种形式，例如：礼品；款待；娱乐活动；捐助；意图建立友好关系；工作岗位或其他商业机会；特殊待遇、权利或优先权。

1. 一般规定

注册会计师提供或接受利益诱惑，可能因自身利益、密切关系或外在压力对职业道德基本原则产生不利影响，尤其可能对诚信、客观公正、良好职业行为原则产生不利影响。注册会计师应当运用职业道德概念框架，识别、评价和应对此类不利影响。

2. 意图不当影响行为的利益诱惑

注册会计师不得提供或授意他人提供任何意图不当影响接受方或其他人员行为的利益诱惑，无论这种利益诱惑是存在不当影响行为的意图，还是注册会计师认为理性且掌握充分信息的第三方很可能会视为存在不当影响行为的意图。

注册会计师不得接受或授意他人接受任何意图不当影响接受方或其他人员行为的利益诱惑，无论这种利益诱惑是注册会计师认为存在不当影响行为的意图，还是理性且掌握充分信息的第三方很可能会视为存在不当影响行为的意图。

如果注册会计师知悉被提供的利益诱惑存在或被认为存在不当影响行为的意图，即使拒绝接受利益诱惑，仍可能对职业道德基本原则产生不利影响。

下列防范措施可能能够应对上述不利影响：

（1）就该利益诱惑的情况告知会计师事务所的高级管理层或客户治理层。

（2）调整或终止与客户之间的业务关系。

3. 无不当影响行为意图的利益诱惑

即使注册会计师认为某项利益诱惑无不当影响行为的意图，提供或接受此类利益诱惑仍可能对职业道德基本原则产生不利影响。

下列防范措施可能能够将提供或接受此类利益诱惑产生的不利影响降低至可接受的水平：

（1）就提供或接受利益诱惑的事情，与会计师事务所或客户的高级管理层保持信息对称。

（2）在由会计师事务所高级管理层或其他负责会计师事务所职业道德合规性的人员监控的，或者由客户维护的记录中登记该利益诱惑。

（3）针对提供利益诱惑的客户，由未参与提供专业服务的适当复核人员复核注册会计师已执行的工作或做出的决策。

（4）在接受利益诱惑之后将其捐赠给慈善机构，并向会计师事务所高级管理层或提供利益诱惑的人员适当披露该项捐赠。

（5）支付与所接受利益诱惑（如款待）同等价值的价款。

（6）在收到利益诱惑（如礼品）后尽快将其返还给提供者。

**（八）保管客户资产**

除非法律法规允许或要求，注册会计师不得提供保管客户资金或其他资产的服务。注册会计师保管客户资金或其他资产，应当履行相应的法定义务。保管客户资金或其他资产可能对职业道德基本原则产生不利影响，尤其可能对客观和公正原则，以及良好职业行为原则产生不利影响。

注册会计师如果保管客户资金或其他资产，应当符合下列要求：

（1）将客户资金或其他资产与其个人或会计师事务所的资产分开。

（2）仅按照预定用途使用客户资金或其他资产。

（3）随时准备向相关人员报告资产状况及产生的收入、红利或利得。

（4）遵守所有与保管资产和履行报告义务相关的法律法规。

如果某项业务涉及保管客户资金或其他资产，注册会计师应当根据有关接受与保持客户关系和具体业务政策的要求，适当询问资产的来源，并考虑应当履行的法定义务。如果客户资金或其他资产来源于非法活动（如洗钱），注册会计师不得提供保管资产服务，并应当向法律顾问征询进一步的意见。

**（九）对客观和公正原则的要求**

在提供专业服务时，注册会计师如果在客户中拥有经济利益，或者与客户董事、高级管理人员或员工存在家庭和私人关系或商业关系，应当确定是否对客观和公正原则产生不利影响。

在提供专业服务时，对客观和公正原则的不利影响及其严重程度，取决于业务的具体情形和注册会计师所执行工作的性质。注册会计师应当评价不利影响的严重程度，并在必要时采取防范措施消除不利影响或将其降低至可接受的水平。防范措施主要包括：

(1) 退出项目组。

(2) 实施督导程序。

(3) 终止产生不利影响的经济利益或商业关系。

(4) 与会计师事务所内部较高级别的管理人员讨论有关事项。

(5) 与客户治理层讨论有关事项。

如果防范措施不能消除不利影响或将其降低至可接受的水平，注册会计师应当拒绝接受业务委托或终止业务。

在提供鉴证服务时，注册会计师应当从实质上和形式上独立于鉴证客户，客观公正地提出结论，并且从外界看来没有偏见、无利益冲突、不受他人的不当影响。在执行审计和审阅业务及其他鉴证业务时，为了达到保持独立性的要求，注册会计师应当分别遵守《中国注册会计师职业道德守则第 4 号——审计和审阅业务对独立性的要求》和《中国注册会计师职业道德守则第 5 号——其他鉴证业务对独立性的要求》的规定。

**（十）应对违反法律法规行为**

注册会计师在向客户提供专业服务的过程中，可能遇到、知悉或怀疑客户存在违反法律法规或涉嫌违反法律法规的行为。当注册会计师知悉或怀疑存在这种违反或涉嫌违反法律法规的行为时，可能因自身利益或外在压力对诚信和良好职业行为原则产生不利影响。注册会计师应当运用职业道德概念框架，识别、评价和应对此类不利影响。在应对违反法律法规或涉嫌违反法律法规的行为时，注册会计师的目标是：

(1) 遵循诚信和良好职业行为原则。

(2) 通过提醒客户的管理层或治理层（如适用），使其能够纠正违反法律法规或涉嫌违反法律法规行为或减轻其可能造成的后果，或者阻止尚未发生的违反法律法规行为。

(3) 采取有助于维护公众利益的进一步措施。

在了解和应对违反法律法规或涉嫌违反法律法规行为时，注册会计师需要运用专业知识、技能和职业判断。根据事项的性质和重要程度，注册会计师可以在遵循保密原则的前提下，向会计师事务所、网络事务所或专业机构的其他人员或者法律顾问进行咨询。

如果注册会计师识别出或怀疑存在已经发生或可能发生的违反法律法规行为，应当与适当级别的管理层和治理层（如适用）沟通。注册会计师应当根据管理层和治理层（如适用）的应对，确定是否需要出于维护公众利益的目的而采取进一步行动。

注册会计师可以采取的进一步行动包括：

（1）向适当机构报告该事项，即使法律法规没有要求进行报告。

（2）在法律法规允许的情况下，解除业务约定。

## 第三节 注册会计师的法律责任

### 一、法律责任与法律环境的变化

随着社会经济的发展，注册会计师的法律责任得到不断强化。20 世纪 80 年代之后，西方发达国家的法律环境发生了较大变化，注册会计师职业团体对于行业法律责任秉持的态度也有所改变。21 世纪之初，受到“安然”等事件的影响和冲击，注册会计师职业所承担的法律责任发生了显著变化，主要表现在下列方面。

1. 对注册会计师的法律诉讼大量增加

企业因经营失败或者因管理层舞弊造成破产倒闭的事件剧增，投资者和贷款人蒙受重大损失，因而指控注册会计师未能及时揭示或报告这些问题，并要求其赔偿有关的损失。迫于社会的压力，许多国家的法院判决逐渐倾向于增加注册会计师在这些方面的法律责任。

2. 扩大注册会计师对第三方利益集团或人士的责任

早期的司法制度倾向于限定注册会计师对第三方的法律责任，但自 20 世纪 70 年代末以来，不少法律规定已放弃上述判例原则，转而规定注册会计师对已知的第三方使用者或财务报表的特定用途必须承担法律责任。

3. 扩充注册会计师法律责任的内涵

注册会计师传统法律责任的含义仅限于财务报表符合公认会计原则的公允性。但各方面使用者和利益集团不断要求注册会计师对委托单位的会计记录差错、管理层舞弊、经营破产可能性及违反有关法律行为都应承担检查和报告责任，从而促使许多会计职业团体修订有关审计准则，要求注册会计师在进行财务报表审计时，必须设计和实施必要的审计程序，为发现错误与舞弊提供合理的保证，从而在实质上扩充了注册会计师法律责任的内涵。

从目前来看，注册会计师法律责任加重的法律环境主要表现为：

（1）财务报表的使用人与注册会计师职业之间存在的期望差距日益增大。

（2）许多法律判例常常将审计人员的赔偿范围扩大到被审计单位和狭义的“已知受益人”以外。

（3）证监会对保护投资人利益的责任意识正在增强。

（4）由于企业经营规模的扩大、业务的复杂化和计算机的应用等原因，会计和审计业务更为复杂。

（5）社会日益赞同，受害方应向有能力赔偿的一方提出诉讼，而不问被告方错在哪里。这就是通常所说的“深口袋”责任概念。

（6）有关民事法庭在有关大案审理中屡判会计师事务所败诉，这便怂恿了律师们在或有基础上收取费用的驱使下，来提供法律服务。按照这种做法，受害人若胜诉，可获潜在利益，而在败诉时，受到的损失却极小。

（7）有关法律允许采取“集体诉讼”方式，也使得诉讼案件层出不穷。

（8）也有一些诉讼案件是由于审计人员未遵守一般公认审计准则所致。

(9) 法院可能在某段时期，出现明显倾向于保护使用者利益的趋势，也可能使报表使用者以报表未达到期望值为由趁机控告审计人员。

(10) 很多会计师事务所为节省法律事务费用，或避免不利于自己的问题张扬出来，宁愿私了，而不愿意通过司法程序来解决问题。

(11) 被审计单位编制财务报表时可选用的会计原则很多，而审计人员在评价所选用的原则的恰当性时，缺乏明确的标准。

## 二、注册会计师法律责任的成因

### (一) 被审计单位方面的原因

1. 错误、舞弊和违反法规的行为

错误是指导致财务报表错报的非故意行为。

舞弊是指被审计单位的管理层、治理层、员工或第三方使用欺骗手段获取不当或非法利益的故意行为。

违反法规的行为是指被审计单位有意或无意地违反会计准则和相关会计制度之外的法律法规行为。

保证经营活动符合法律法规行为的规定，防止和发现错误、舞弊和违反法规行为是被审计单位管理层的责任。注册会计师不应当、也不能对防止被审计单位违反法规行为负责，但执行财务报表审计可能是遏制违反法规行为的一项措施。对发现的被审计单位违反法规行为，注册会计师应当及时与治理层沟通，或向律师寻求帮助。

2. 经营失败

经营失败是指企业由于经济或经营条件的变化，如经济衰退、不当的管理决策或出现意料之外的行业竞争等，而无法满足投资者的预期。被审计单位在经营失败时，也可能会连累注册会计师。

### (二) 注册会计师的责任

1. 违约

违约是指合同的一方或几方未能达到合同条款的要求。当违约给他人造成损失时，注册会计师应承担违约责任。例如，会计师事务所违反了与被审计单位订立的保密协议等。

2. 过失

过失是指在一定条件下缺少应具有的合理的谨慎。评价注册会计师的过失，是以其他合格注册会计师在相同条件下可做到的谨慎为标准的。当过失给他人造成损害时，注册会计师应负过失责任。

通常将过失按其程度不同分为普通过失和重大过失两种。

(1) 普通过失。普通过失也称一般过失，通常是指没有保持职业上应有的合理的谨慎。对注册会计师而言则是指没有完全遵循专业准则的要求。未按规定审计项目获取充分、适当的审计证据就出具审计报告的情况，可视为普通过失。例如，当应收账款函证未收到回复时，注册会计师没有采取替代程序验证其是否存在就直接判断该应收账款存在。

(2) 重大过失。重大过失是指连起码的职业谨慎都不保持，对重要的业务或事务不加考虑，满不在乎；对注册会计师而言，则是指根本没有遵循专业准则或没有按专业准则的基本要求执行审计。例如，在对应收账款审计时，没有对其执行函证的程序。

3. 欺诈

欺诈又称舞弊，是以欺骗或坑害他人为目的的一种故意的错误行为。作案具有不良动机是欺诈的重要特征，也是欺诈与普通过失和重大过失的主要区别之一。对于注册会计师而言，欺诈就是为了达到欺骗他人的目的，明知委托单位的财务报表有重大错报，却加以虚伪的陈述，出具无保留意见的审计报告。

与欺诈相关的另一个概念是“推定欺诈”，又称“涉嫌欺诈”，是指虽无故意欺诈或坑害他人的动机，但却存在极端或异常的过失。推定欺诈和重大过失这两个概念的界限往往很难界定，在美国许多法院曾经将注册会计师的重大过失解释为推定欺诈，特别是近年来有些法院放宽了“欺诈”一词的范围，使得推定欺诈在法律上成为等效的概念。这样，具有重大过失的注册会计师的法律责任就进一步加大了。

## 三、注册会计师法律责任的认定

法律责任是指行为人由于违反法律条款而必须承担的具有强制性、惩罚性的责任，这种责任将给行为人带来不利的法律后果。注册会计师在何种情形下才需承担法律责任，应看其是否达到承担法律责任的必要条件。注册会计师承担法律责任的必备条件(即法律责任构成要件)因法律责任类型而异。

**(一) 违法行为**

违法行为是指注册会计师违反相关法律条款的行为。其具体表现在两个方面：一是违约未能履行合同条款规定的义务；二是违反法律法规，直接违反了《公司法》《证券法》等法律中规定的义务。例如，注册会计师在执行审计期间买卖该公司的股票、提前泄露公司的财务信息给外部人以谋取利益等。

**(二) 过错行为**

过错行为是指行为人违反法律行为时所表现出的主观状态。过错包括故意和过失两种形式。根据《中华人民共和国注册会计师法》《公司法》《证券法》等相关法律的规定，注册会计师过错主要有以上过失和欺诈两类。过失对按程度不同区分为普通过失和重大过失。

**(三) 损害后果**

注册会计师出具不恰当的审计意见会误导报表使用者，改变他们的决策，给他们造成经济上的损失，从而产生损害后果。损害后果被用于评估注册会计师的侵权行为对利害关系人造成的损害程度。如果没有引起损害后果，注册会计师则不需为侵权行为承担责任。

**(四) 因果关系**

因果关系是指行为人的行为与受害人遭受的损害之间的因果关系，因果关系是侵权责任确定的重要条件，因为责任自负规则要求任何人对自己的行为造成的损害后果应负责任，而他人对此后果不负责，由此要求确定损害结果发生的真正原因。

**(五) 法定责任能力**

法定责任能力是指达到法定的年龄，具有正常智力的行为主体具有的法律责任能力。行为主体不具有法定责任能力时，即使行为构成违法，也不会被追究法律责任。

## 四、注册会计师法律责任的种类

注册会计师因违约、过失或欺诈给被审计单位或其他利害关系人造成损失的，按照有关法律规定，可能被判承担行政责任、民事责任或刑事责任。一般来说，因违约和过失可能使注册会计师负行政责任和民事责任，因欺诈可能会使注册会计师负民事责任和刑事责任。这三种责任可单处，也可并处。行政责任，对注册会计师而言，包括警告、暂停执业、吊销注册会计师证书；对会计师事务所而言，包括警告、没收违法所得、罚款、暂停执业、撤销等。民事责任主要是指赔偿受害人损失。刑事责任是指触犯刑法所必须承担的法律后果，其种类包括罚金、有期徒刑以及其他限制人身自由的刑罚等。

### 五、中国注册会计师的法律责任

目前，我国注册会计师行业已形成了以《中华人民共和国注册会计师法》为主体，《中华人民共和国会计法》《中华人民共和国证券法》《中华人民共和国公司法》和《中华人民共和国刑法》等法律、相关司法解释以及财政部、中国证监会、国资委等相关部门制定的法规相结合的法律规范体系。

## 课后复习题

**思考题**

1. 注册会计师执业准则的性质是什么？阐述我国的执业体系构成。
2. 注册会计师审计独立、客观、公正原则的内容是什么？
3. 可能损害独立性的因素有哪些？什么是不相容业务？
4. 注册会计师法律责任产生的原因是什么？

# 第四章　审计目标、审计证据与审计工作底稿

知识导航

- 审计目标、审计证据与审计工作底稿
  - 财务报表审计的目标
    - 财务报表审计的基本概念
    - 审计的总体目标
    - 审计的具体目标
    - 认定、具体审计目标与审计程序的关系
  - 财务报表审计的基本流程
    - 接受业务委托
    - 计划审计工作
    - 实施风险评估程序
    - 实施控制测试和实质性程序
    - 完成审计工作和出具审计报告
    - 案例公司的基本情况
  - 审计证据
    - 审计证据的概念与特征
    - 审计证据的种类
    - 获取审计证据的审计程序
    - 审计证据的其他要求
  - 审计工作底稿
    - 审计工作底稿的概念与目的
    - 审计工作底稿的编制要求
    - 审计工作底稿的内容
    - 审计工作底稿的要素
    - 审计工作底稿的复核
    - 审计工作底稿的归档

## 学习目标

通过本章的学习，学生应理解并掌握注册会计师审计的总目标，在掌握总目标的基础上，把握管理层认定的含义以及各个认定层次的具体目标；熟悉实现审计目标的基本流程；掌握审计证据的含义、内容、特征及获取程序；熟悉审计工作底稿的基本要素，了解审计工作底稿的编制要求、复核程序和要点。

## 引入案例

### 工欲善其事，必先利其器

A股市场一件令人震惊的“忽悠式”重大重组案在2017年初爆发了。为了实现重组上

市的目的，九好集团在2013—2015年连续三年间，通过六层资金暗道，联合200多家供应商通过虚构业务、虚签合同、虚减成本、虚增收入及虚构存款等方式把"有毒资产"溢价包装成价值优良资产，与鞍山重型矿山机器股份公司(以下简称鞍重股份)进行资产重组。作为审计方，利安达会计师事务所(特殊普通合伙)(以下简称利安达)于2016年4月21日对其2013—2015年度的财务报表发表标准审计意见。人们不禁要问：性质如此严重、范围如此广泛的财务舞弊，注册会计师为何未发现端倪呢？

带着这些疑问，翻阅证监会对利安达的处罚决定书，找到了答案。以函证程序为例，其失职体现在：其一，未按拟定的选样标准进行发函。利安达将应收账款函证发函的选取标准定为10万元以上的全部发函、10万元以下的随机抽取，按此规定的总部和子公司应发函数量分别为228和200家。但是，在执行过程中对部分10万元以上的供应商未函证，实际发函仅151家。其二，未保持对函证过程的有效控制。实施函证程序时，九好集团总部人员与审计项目组成员一起填写询证函快递单并寄发，九好集团各子公司的询证函则由注册会计师制好询证函后由九好集团下属各子公司在各地自行寄出。注册会计师要求九好集团将发函的快递底联全部寄回杭州并由九好集团转交利安达，或由九好集团子公司直接寄回利安达北京总部。从回函情况看，大量回函的快递单存在连号或号码接近、发函与快递单号接近的情况。其三，未充分关注函证回函的疑点。例如，询证函回函供应商确认盖章不符、部分回函供应商确认盖章为另一家供应商、数家供应商回函均留有同样的邮寄信息、不同供应商回函由统一快递员收件、询证函发函与回函地址不是同一个城市等。

行政处罚决定书还显示，利安达审计项目组的工作底稿中存在众多错误、矛盾和疑点。例如，在供应商走访记录中，有的供应商居然存在两份不同的访谈记录，部分访谈对象竟然在同一时间不同地点接受访谈；走访记录中也很少看到审计项目组人员的签字，大部分是由西南证券或中联资产评估公司人员签字。

从上述案例中可以看到，严格执行规范的审计程序对获取充分适当的审计证据，实现审计目标是何其重要。那么，审计目标是什么？为实现审计目标需获取哪些审计证据？为获取证据需实施哪些审计程序？本章将予以解读。

## 第一节　财务报表审计的目标

在学习财务报表审计目标之前，首先需要理解财务报表、适用的财务报告编制基础、错报、合理保证等重要概念。

### 一、财务报表审计的基本概念

#### (一) 财务报表

财务报表是指依据某一财务报告编制基础对被审计单位历史财务信息做出的结构性表述，旨在反映某一时点的经济资源或义务，或者某一时期经济资源或义务的变化。财务报表通常是指整套财务报表，有时也指单一财务报表。整套财务报表的构成应当根据适用的财务报告编制基础的规定制定。历史财务信息是指以财务术语表述的某一特定实体的信息，这些信息主要来自特定实体的会计系统，反映了过去一段时间内发生的经济事项，或者过去某一时点的经济状况或情况。披露包括财务报告编制基础所要求的、明确允许的或者由于其他原因(如实务惯例)做出的解释性或描述性信息。披露是财务报表不可分割的组成部分,通常包括在财务报表附注中,也可能在财务报表表内反映,或者通过财务报表的交叉索引做出提示。

**(二) 适用的财务报告编制基础**

适用的财务报告编制基础是指法律法规要求采用的财务报告编制基础,或者管理层和治理层(如适用)在编制财务报表时,就被审计单位性质和财务报表目标而言,采用的可接受的财务报告编制基础。财务报告编制基础分为通用目的编制基础和特殊目的编制基础。

通用目的编制基础是指旨在满足广大财务报表使用者共同的财务信息需求的财务报告编制基础,主要是指会计准则和会计制度。

特殊目的编制基础是指旨在满足财务报表特定使用者对财务信息需求的财务报告编制基础,包括计税核算基础、监管机构的报告要求和合同的约定等。

通常情况下,适用的财务报告编制基础是指会计准则(财务报告准则)和法律法规的规定。此外,其他文件可能对如何应用适用的财务报告编制基础提供指引。在这种情况下,适用的财务报告编制基础可能还包括下列文件:

(1) 与会计事项相关的法律法规、司法判决和职业道德要求。

(2) 准则制定机构发布的具有不同权威性的会计解释。

(3) 准则制定机构针对新出现的会计问题发布的具有不同权威性的意见。

(4) 得到广泛认可和普遍使用的一般惯例或行业惯例。

**(三) 错报**

错报是指某一报表项目的金额、分类或列报,与按照适用的财务报告编制基础应当列示的金额、分类或列报之间存在的差异。错报可能是由于错误或舞弊行为导致的。

当注册会计师对财务报表是否在所有重大方面按照适用的财务报告编制基础编制并实现公允反映发表审计意见时,错报还包括根据注册会计师的判断,为使财务报表在所有重大方面实现公允反映,需要对金额、分类或列报做出的必要调整。

**(四) 合理保证**

合理保证是指注册会计师在财务报表审计中提供的一种高水平但非绝对的保证。注册会计师应当根据审计准则的规定,对财务报表整体是否不存在由于舞弊或错误导致的重大错报获取合理保证,以作为发表审计意见的基础。

社会公众不应期望注册会计师将审计风险降至零,事实上注册会计师也不可能将审计风险降至零,无法对财务报表不存在重大错报获取绝对保证:这是因为财务报表审计存在固有限制,导致注册会计师据以得出结论和形成审计意见的大多数审计证据是说服性而非结论性的。审计的固有局限在于三个方面:

(1) 财务报告的性质。管理层编制财务报表,需要根据被审计单位的事实和情况运用适用的财务报告编制基础的规定,并在这一过程中做出判断。此外许多财务报表项目涉及主观决策、评估或一定程度的不确定性,并且可能存在一系列可接受的解释或判断。因此,某些财务报表项目的金额本身就存在一定的变动幅度,这种变动幅度不能通过实施追加的审计程序来消除。

(2) 审计程序的性质。注册会计师获取审计证据的能力受到实务和法律上的限制。例如,管理层或其他人员可能有意或无意地不提供与财务报表编制相关的或注册会计师要求的全部信息。即使实施了旨在保证获取所有相关信息的审计程序,注册会计师也不能保证信息的完整性。再如舞弊,特别是涉及高级管理人员的舞弊或串谋舞弊,可能是精心策划和蓄意隐瞒的。在这种情况下,用以收集审计证据的审计程序对于发现舞弊可能是无效的。而且,审计不是对涉嫌违法行为的官方调查。注册会计师没有被授予特定的法律权力(如调查权),而这种权力对调查可能是必要的。

(3) 在合理的时间内以合理的成本完成审计的需要。注册会计师经常需要在获取信息的可靠性和成本之间进行权衡。为了在合理的时间内以合理的成本对财务报表形成审计意见,注册会计师需要恰当计划审计工作,将审计资源投向最可能存在重大错报风险的领域,并且综合运用测试以及其他方法检查总体中的错报。

正是由于上述固有限制的存在,注册会计师据以得出结论和形成审计意见的大多数审计证据是说服性而非结论性的。财务报表审计只能提供合理保证,不能提供绝对保证。

## 二、审计的总体目标

《中国注册会计师审计准则第 1101 号——注册会计师的总体目标和审计工作的基本要求》第二十五条规定:“在执行财务报表审计工作时,注册会计师的总体目标是:①对财务报表整体是否不存在由于舞弊或错误导致的重大错报获取合理保证,使得注册会计师能够对财务报表是否在所有重大方面按照适用的财务报告编制基础编制发表审计意见。②按照审计准则的规定,根据审计结果对财务报表出具审计报告,并与管理层和治理层沟通。”同时,第二十六条还规定:“在任何情况下,如果不能获取合理保证,并且在审计报告中发表保留意见也不足以实现向财务报表使用者报告的目的,注册会计师应当按照审计准则的规定出具无法表示意见的审计报告,或者在法律法规允许的情况下终止审计业务或者解除业务约定。”

审计的目的是提高财务报表预期使用者对财务报表的信赖程度。这一目的可以通过注册会计师对财务报表是否在所有重大方面按照适用的财务报告编制基础编制发表审计意见得以实现。就大多数通用目的财务报告框架而言,注册会计师针对财务报表是否在所有重大方面按照财务报告编制基础编制并实现公允反映发表审计意见。注册会计师按照审计准则和相关职业道德要求执行审计工作,能够形成这样的意见。

## 三、审计的具体目标

具体审计目标是审计总目标的具体化。它必须根据审计总目标和被审计单位管理层的认定来确定。财务报表是由被审计单位管理层编制完成的,由管理层对财务报表上所有数字、披露等的全部内容构成,即由管理层关于各类交易、账户余额和列报的认定所构成,注册会计师通过获取适当、充分的审计证据支持管理层认定,从而形成审计意见,实现总体审计目标。概括地说,注册会计师的主要工作就是确定管理层认定是否恰当。在审计实务中,注册会计师通常是针对每项财务报表认定设计、实施审计程序进而获取审计证据的。

### (一) 管理层认定

管理层认定是指管理层对财务报表组成要素的确认、计量、列报做出的明确或隐含的表达。例如,资产负债表中列报存货 50 万元,则意味着管理层做出了下列明确的认定:记录的存货是存在的；存货以恰当的金额包括在财务报表中，与之相关的计价或分摊调整已恰当记录。同时，管理层也做出下列隐含的认定：所有记录的存货均已记录；记录的存货都由被审计单位拥有；与存货有关的披露是恰当的。

管理层认定主要包括以下两个层次。

1. 与各类交易、事项及相关披露的认定

注册会计师对所审计期间的各类交易和事项运用的认定通常分为下列类别。

（1）发生。记录的交易和事项已发生且与被审计单位有关。

（2）完整性。所有应当记录的交易和事项均已记录。

（3）准确性。与交易和事项有关的金额及其他数据已恰当记录，相关披露均已得到恰当计量和描述。

（4）截止。交易和事项已记录于正确的会计期间。

（5）分类。交易和事项已记录于恰当的账户。

（6）列报。交易和事项已被恰当地汇总或分解且表述清楚，相关披露在适当的财务报告编制基础下是相关的、可理解的。

2. 与期末账户余额及相关披露的认定

注册会计师对期末账户余额运用的认定通常分为下列类别。

（1）存在。记录的资产、负债和所有者权益是存在的。

（2）权利和义务。记录的资产由被审计单位拥有或控制，记录的负债是被审计单位应当履行的偿还义务。

（3）完整性。所有应当记录的资产、负债和所有者权益均已记录。所有应当包括在财务报表中的相关披露均已包括。

（4）准确性、计价和分摊。资产、负债和所有者权益以恰当的金额包括在财务报表中，与之相关的计价或分摊调整已恰当记录，相关披露均已得到恰当计量和描述。

（5）分类。资产、负债和所有者权益已记录于恰当的账户。

（6）列报。资产、负债和所有者权益已被恰当地汇总或分解且表述清楚，相关披露在适当的财务报告编制基础下是相关的、可理解的。

**【例 4-1 多选题】** 下列关于管理层认定的表述中，正确的有（　　）。

A. 如果将他人寄销商品列入被审计单位的存货，则违背了准确性认定

B. 如果发生了销货交易，却没有在销货明细账和总账中记录，则违背了完整性认定

C. 在销售日记账中，记录了一笔未曾发生的销售业务，则违反了发生认定

D. 在销售开账单时，使用了错误的价格，则违反了准确性认定

E. 抵押的固定资产没有以附注的形式披露，则违反了完整性认定

**解答：**

选项 A 违反权利与义务认定，选项 E 违反发生及权利与义务认定，抵押的固定资产处置权受到限制，因此正确答案应当是选项 BCD。

### （二）具体审计目标

注册会计师确定了管理层认定以后，根据审计总目标与管理层认定就可以确定具体审计目标，并以此作为评估重大错报风险以及设计和实施进一步审计程序的基础。与管理层

认定相对应，具体审计目标也分为两个层次。

1. 与各类交易、事项及相关披露的审计目标

(1) 发生。确认已记录的交易和事项真实发生且与被审计单位有关。如果没有发生销售交易，但在销售日记账中记录了一笔销售，则违反了该目标。发生认定所要解决的问题是管理层是否把那些不曾发生的项目列入财务报表，它主要与财务报表组成要素的高估、虚增、多计有关。

(2) 完整性。确认已发生的交易和事项确实已经全部记录，所有应当包括在财务报表中的相关披露均已包括。如果发生了销售交易，但没有在销售日记账和总账中记录，则违反了该目标。发生和完整性两者强调的是相反的关注点。发生目标针对潜在的高估，而完整性目标则针对漏记交易(低估)、虚减、少计。

(3) 准确性。确认已记录的交易和事项是按正确金额反映的，相关披露均已得到恰当计量和描述。例如，如果在销售交易中，发出商品的数量与账单上的数量不符，或是开账单时使用了错误的销售价格，或是账单中的乘积或加总有误，或是在销售日记账中记录了错误的金额，则违反了该目标。

准确性与发生、完整性之间是存在区别的，若已记录的销售交易是不应当记录的(如发出的商品是寄销商品)，则即使发票金额是准确计算的，仍违反了发生目标。若已入账的销售交易是对正确发出商品的记录，但金额计算错误，则违反了准确性目标，但没有违反发生目标。同样，在完整性与准确性之间也存在同样的关系。

(4) 截止。确认接近于资产负债表日的交易和事项记录于恰当的期间。例如，如果本期交易推到下期，或下期交易提到本期，均违反了截止目标。

(5) 分类。确认交易和事项记录于适当的账户。例如，如果将现销记录为赊销，将出售经营性固定资产所得的收入记录为营业收入，则将导致交易分类的错误，违反了分类的目标。

(6) 列报。确认被审计单位的交易和事项已被恰当地汇总或分解且表述清楚，相关披露在适当的财务报告编制基础下是相关的、可理解的。这是一个综合性、整体性的目标。例如，利润表在所有重大方面按照适用的财务报告编制基础进行编制且公允反映了年度的经营成果，则符合该审计目标的要求。

2. 与期末账户余额及相关披露的审计目标

(1) 存在。确认已记录的资产、负债和所有者权益金额是存在的。例如，如果不存在某顾客的应收账款，在应收账款明细账中却列入了对该顾客的应收账款，则违反了存在目标。

(2) 权利和义务。确认资产归属于被审计单位，负债属于被审计单位的义务。例如，将他人寄售商品记入被审计单位的存货中，违反了权利目标；将不属于被审计单位的债务记入账内，违反了义务目标。例如，如果存在某顾客的应收账款，已包括在应收账款试算平衡表中却没有列入对该顾客的应收账款，则违反了完整性目标。

(3) 完整性。确认所有应当列入的金额是否均已列入。违反该目标将导致“虚减、漏记或少计”问题。例如，如果存在对某客户的应付账款，但在应付账款明细表中没有记录对客户的应付账款，就违反了这一目标。

(4) 准确性、计价和分摊。确认资产、负债和所有者权益以恰当的金额包括在财务报表中，与之相关的计价或分摊调整已恰当记录，相关披露均已得到恰当计量和描述。

(5) 分类。确认资产、负债和所有者权益已记录于恰当的账户。

(6) 列报。确认资产、负债和所有者权益已被恰当地汇总或分解且表述清楚,相关披露在适当的财务报告编制基础下是相关的、可理解的。

**【例 4-2 多选题】** 下列选项中,涉及“完整性”相关审计目标的有(　　)。

A. 期末已按成本与可变现净值孰低的原则计提了存货跌价准备

B. 当期的全部销售交易均已登记入账

C. 资产负债表所列示的存货均存在

D. 资产负债表所列示的存货包括所有存货交易的结果

E. 当期出售的寄销商品记入收入明细账,发票金额计算正确

**解答:**

选项 A 涉及估价与分摊目标,选项 C 涉及存在性目标,选项 E 涉及发生目标,因此正确答案是选项 BD。

**【例 4-3 单选题】** 下列有关具体审计目标的说法中,正确的是(　　)。

A. 如果财务报表中没有将一年内到期的长期借款列为短期借款,则违反了准确性和计价目标

B. 如果财务报表附注中没有分别对原材料、在产品和产成品等存货成本核算方法做出恰当的说明,则违反了分类和可理解性目标

C. 如果财务报表中将低值易耗品列为固定资产,则违反了准确性和计价目标

D. 如果已入账的销售交易是对确已发出商品、符合收入确认条件的交易的记录,但金额计算错误,则违反了准确性目标,但没有违反发生目标

**解答:**

选项 AC 涉及分类和可理解性,选项 B 涉及准确性和计价,因此正确答案是选项 D。

## 四、认定、具体审计目标与审计程序的关系

根据管理层认定确定相应的具体审计目标,是设计必要设计程序、实施审计的基础。注册会计师通常将认定转换成能够通过审计程序予以实现的审计目标。针对财务报表每一项目所体现出的各项认定,注册会计师相应地确定一项或多项审计目标,然后通过执行一系列审计程序获取充分适当的审计证据以实现审计目标。认定、具体审计目标与审计程序之间的关系,如表 4-1 所示。

**表 4-1　　认定、具体审计目标与审计程序之间的关系**

| 认定 | 具体审计目标 | 审计程序 |
| --- | --- | --- |
| 存在 | 资产负债表列示的应收账款存在 | 实施应收账款函证程序 |
| 完整性 | 销售收入包括所有已经发货的交易 | 检查发货单和销售发票的编号以及销售明细账 |
| 准确性 | 应收账款反映的销售业务基于正确的价格和数量,计算正确 | 比较价格清单与发票上的价格、发货单与销售订购单上的数量是否一致,重新计算发票上的金额 |
| 截止 | 销售业务记录于恰当的期间 | 比较上一年度最后几天和下一年度最初几天的发货单日期与记账日期 |
| 权利与义务 | 资产负债表中的固定资产确实为公司拥有且未作抵押 | 查阅所有权证书、购货合同、结算单和保险单 |

（续表）

| 认定 | 具体审计目标 | 审计程序 |
| --- | --- | --- |
| 准确性、计价和分摊 | 以净值反映应收账款 | 检查应收账款账龄分析表、评估计提的坏账准备是否充足 |

# 第二节 财务报表审计的基本流程

审计目标确定后，注册会计师就可以开始收集审计证据，从而实现财务报表审计的总目标和各项具体审计目标。审计证据的收集是在审计过程中实现的，因此，审计目标的实现与审计过程密切相关。审计目标的实现过程通常包括接受业务委托、计划审计工作、实施风险评估程序、执行控制测试和交易实质性程序、执行实质性分析程序和余额细节测试、完成审计工作和出具审计报告等几个阶段。

## 一、接受业务委托

会计师事务所应当按照执业准则的规定，谨慎决定是否接受或保持某客户关系和具体审计业务。在接受委托前，注册会计师应当初步了解审计的业务环境，包括业务约定事项、审计对象特征、使用的标准、预期使用者的需求、责任方及其环境的相关特征，以及可能对审计业务产生重大影响的事项、交易、条件和惯例等其他事项。

只有在确定审计的前提条件存在，并且已经就审计业务约定条款与被审计单位达成一致意见后，注册会计师才能承接或保持该审计业务。

如果是连续审计，注册会计师应当根据具体情况评估是否需要对审计业务约定条款做出修改，以及是否需要提醒被审计单位注意现有的条款。

## 二、计划审计工作

计划审计工作是整个审计工作的起点，计划不周不仅会导致盲目实施审计程序，无法获取充分适当的审计证据以将审计风险降低到可接受的水平，影响审计目标的实现，还会浪费审计资源，增加不必要的成本，影响审计工作的效率，计划审计工作的目的就是为了确定成本合理的有效审计方式。计划审计工作包括在本期审计业务开始时开展的初步业务活动、针对审计业务制定总体审计策略和制订具体审计计划等。在计划审计工作阶段，注册会计师还应当初步确定计划和执行审计工作时的重要性，以及可接受的审计风险水平。

计划审计工作不是审计业务的一个孤立阶段，而是一个可持续的、不断修正的过程，贯穿于整个审计过程的始终。

## 三、实施风险评估程序

审计准则规定，注册会计师必须实施风险评估程序，以此作为评估财务报表层次和认定层次重大错报风险的基础。所谓风险评估程序是指注册会计师实施的了解被审计单位及其环境并识别和评估重大错报风险的程序。风险评估是必须实施的程序，特别为注册会计师在许多关键环节做出职业判断提供重要基础。

风险评估程序包括询问、分析、观察和检查等程序。注册会计师应当通过实施风险评估程序和相关活动，以了解被审计单位及其环境(包括内部控制)。

了解被审计单位及其环境实际上是一个连续和动态地收集、更新与分析信息的过程，贯穿于整个审计过程的始终。注册会计师应当运用职业判断确定需要了解被审计单位及其环境的程度。

通常情况下，实施风险评估程序的主要工作包括：了解被审计单位及其环境，识别和评估财务报表层次和认定层次重大错报风险，包括确定需要特别考虑的重大错报风险(特别风险)以及仅通过实质性程序无法应对的重大错报风险。

## 四、实施控制测试和实质性程序

注册会计师在评估财务报表重大错报风险后，应当运用职业判断，确定总体应对措施，针对评估的认定层次重大错报风险，注册会计师应当设计和实施进一步审计程序，以将审计风险降低到可接受的水平。进一步审计程序包括控制测试(必要时或决定测试时)和实质性程序。

控制测试是指用于评价内部控制在防止或发现并纠正认定层次重大错报风险方面运行有效性的审计程序。注册会计师实施控制测试的目的是通过检查内部控制的执行情况，评价其在防止或发现并纠正认定层次重大错报风险方面运行有效性的强弱，从而支持或修正重大错报风险的评估结果，并据以确定实质性程序的性质、时间和范围。

实质性程序是指用于发现认定层次重大错报风险的审计程序，包括对各类交易和事项、期末账户余额、列报和披露的细节测试及实质性分析程序。

## 五、完成审计工作和出具审计报告

终结审计阶段的任务包括两个方面：一是完成外勤工作；二是评价审计结果。在完成外勤工作中，注册会计师需要复核期后事项，考虑被审计单位的持续经营能力，获取书面声明，并且对财务报表实施分析程序以作最终的总体性检查。在评价审计结果时，注册会计师需要评价审计过程中识别出的错报，财务报表形成审计意见，并且对审计工作底稿进行最终的复核后，注册会计师需要编写审计报告发表审计意见。

## 六、案例公司的基本情况

本书将以一个虚构的公司即新欣股份有限公司的 2019 年度财务报表审计为主线来讲述财务报表审计的基本过程。该公司未经审计的 2019 年 12 月 31 日的资产负债表、2019 年度利润表，如表 4-2、表 4-3 所示。需要说明的是，新欣公司是一家从事服装加工的中等规模的企业，于 2004 年 1 月 1 日成立，2019 年度财务报表的审计师为公正会计师事务所，2019 年度是事务所审计的第二个年度。在后续的章节中会涉及新欣公司财务报表审计的具体内容。

**表 4-2　　新欣公司资产负债表**

2019 年 12 月 31 日　　单位:元

| 项目 | 期初数(上期审定数) | 期末数(未审数) | 项目 | 期初数(上期审定数) | 期末数(未审数) |
|---|---|---|---|---|---|
| 流动资产: | | | 负债: | | |
| 货币资金 | 6 200 000 | 3 185 910.8 | 短期借款 | | 4 000 000 |

（续表）

| 项目 | 期初数（上期审定数） | 期末数（未审数） | 项目 | 期初数（上期审定数） | 期末数（未审数） |
|---|---|---|---|---|---|
| 交易性金融资产 | 60 000 | 50 000 | 应付账款 | 3 090 000 | 2 776 000 |
| 应收账款 | 2 100 000 | 3 030 500 | 应交税费 | 1 200 000 | 1 941 970.8 |
| 其他应收款 | 500 000 | 594 000 | 流动负债合计 | 4 290 000 | 8 717 970.8 |
| 存货 | 1 000 000 | 2 780 060 | 长期负债： | | |
| 流动资产合计 | 9 860 000 | 9 640 470.8 | 长期借款 | 1 000 000 | 1 300 000 |
| | | | 长期负债合计 | 1 000 000 | 1 300 000 |
| 非流动资产： | | | 负债合计 | 14 290 000 | 21 717 970.8 |
| 以公允价值计量价值变动记入其他综合收益的金融资产 | 10 000 000 | 15 000 000 | | | |
| 长期股权投资 | 35 000 000 | 3 750 000 | 股东权益： | | |
| 固定资产 | 11 100 000 | 11 715 000 | 股本 | 50 000 000 | 50 000 000 |
| 非流动资产合计 | 56 100 000 | 64 215 000 | 资本公积 | 520 000 | 531 000 |
| | | | 盈余公积 | 230 000 | 314 975 |
| | | | 未分配利润 | 920 000 | 1 291 525 |
| | | | 所有者权益合计 | 51 670 000 | 52 137 500 |
| 资产总计 | 65 960 000 | 73 855 470.8 | 负债与所有者权益合计 | 65 960 000 | 73 855 470.8 |

**表 4-3　　新欣公司利润表**

2019 年　　单位:元

| 项目 | 上年数(审定数) | 本年数(未审数) |
|---|---|---|
| 一、营业收入 | 23 351 000 | 120 375 000 |
| 减:营业成本 | 17 912 000 | 9 510 000 |
| 税金及附加 | 2 268 000 | 1 125 000 |
| 销售费用 | 363 500 | 265 000 |
| 管理费用 | 252 000 | 231 000 |
| 财务费用 | 720 000 | 745 000 |
| 资产减值损失 | 258 000 | 297 000 |
| 加:投资收益 | 1 200 000 | 1 300 000 |
| 二、营业利润 | 4 777 500 | 1 502 000 |
| 加:营业外收入 | — | — |
| 减:营业外支出 | — | (6 000) |
| 三、利润总额 | 4 777 500 | 1 496 000 |
| 减:所得税费用 | 1 433 250 | 447 300 |
| 四、利润总额 | 3 344 250 | 1 048 700 |

# 第三节 审计证据

注册会计师要实现审计目标，形成审计意见，必须通过执行一系列的程序来获取充分适当的审计证据。审计的过程就是收集、鉴定和评价证据，根据审计证据形成审计意见的过程。

## 一、审计证据的概念与特征

### （一）审计证据的概念

《中国注册会计师审计准则第 1301 号——审计证据》将审计证据定义为：注册会计师为了得出审计结论和形成审计意见而使用的信息。审计证据包括构成财务报表基础的会计记录所含有的信息和其他来源获取的信息。

1. 会计记录所含有的信息

会计记录是被审计单位管理层编制财务报表的基础，包括原始凭证、记账凭证、总分类账、明细分类账以及未在记账凭证中反映的对财务报表的其他调整等。注册会计师应测试会计记录，以获取审计证据。但是，会计记录中含有的信息本身并不足以提供充分的审计证据作为对财务报表发表审计意见的基础，注册会计师还应获取用作审计证据的其他信息。例如，巨额应收账款的存在认定，就不能仅仅凭借会计记录，还需要函证等其他方法来获得足够的审计证据。

2. 其他信息

会计记录中含有的信息本身并不足以提供充分的审计证据作为对财务报表发表审计意见的基础，注册会计师还应获取用作审计证据的其他信息。其他信息包括：注册会计师取得的被审计单位董事会会议记录、组织机构图、内部控制制度、所在行业的平均财务指标等；通过询问、观察和检查等审计程序获取的信息，如通过观察了解到的被审计单位内部控制政策与程序的执行状况、通过监督性盘点获取存货实际存在与否的证据等；自身编制或获取的可以通过合理推断得出的结论性信息，如注册会计师亲自编制的固定资产折旧计算表、主营业务收入总体合理性分析表等。

### （二）审计证据的特征

《中国注册会计师审计准则第 1301 号——审计证据》第九条规定："注册会计师的目标是，通过恰当的方式设计和实施审计程序，获取充分、适当的审计证据，以得出合理的审计结论，作为形成审计意见基础"。可见审计证据要具有较强的证明力，必须具有充分性、适当性两方面的特征。

1. 审计证据的充分性

审计证据的充分性是对审计证据数量的衡量，指审计证据的数量足以支持注册会计师的审计意见。充分性主要与注册会计师确定的样本量有关。例如，对某个审计项目实施某一选定的审计程序，从 200 个样本中获得的证据要比从 100 个样本中获得的证据可能更充分。

注册会计师在对审计证据充分性的判断时，通常综合考虑以下几个因素：

（1）重大错报风险评估水平。若注册会计师评估的重大错报风险越高，所需的审计证据数量就越多。反之，所需的审计证据数量越少。

(2) 具体审计项目的重要性。具体审计项目越重要，对财务报表整体公允性的影响就越大，一旦注册会计师在这方面出现判断错误，极易导致审计意见的错误表达，因此注册会计师应收集更充分的证据；反之，如果具体审计项目不太重要，即使注册会计师出现判断偏差，也不至于导致整体审计意见的错误，注册会计师可以相对减少审计证据的数量。

(3) 注册会计师的审计经验。如果注册会计师具有丰富的经验，就可以从较少的审计证据中就可判断出是否存在错误舞弊行为；若注册会计师缺乏审计经验，就无法做出这种判断。

(4) 审计中发现问题的性质。如果审计中发现的问题属于舞弊，注册会计师就应收集更详细的证据；而如果所发现的问题属于一般错误，则只要收集适量的审计证据达到纠正的目的即可。

(5) 审计证据的类型和获取途径。对于同一被审计事项而言，外部证据和实物证据因其具有较高的证明力，注册会计师所需收集的证据就可减少。如果取得内部证据和口头证据，则注册会计师还需取得其他佐证以提高证据的综合证明力。

(6) 成本效益原则。在确定审计证据数量规模时，注册会计师要考虑成本效益原则，如果增加时间和成本后未能带来相应的效益，就要考虑采取其他的替代程序收集证据。

(7) 内部控制系统的有效性。内部控制系统越有效，其生成的会计数据就越可靠，注册会计师需要搜集的审计证据就越少；相反，搜集的证据就越多。

(8) 审计证据质量。受注册会计师获取审计证据质量的影响，若审计证据质量越高，需要的审计证据可能越少。但是，注册会计师仅靠获取更多的审计证据可能无法弥补其质量上的缺陷。

(9) 审计总体规模和特征。总体规模越大，所需收集证据越多；总体中各单位标志变异越大，对审计证据的需要量越大。

需要特别注意的是，充分性是指审计证据的数量能足以将每个重要认定相关的审计风险限制在可接受的水平，但并不是指审计证据越多越好。

2. 审计证据的适当性

审计证据的适当性是对审计证据质量的衡量，即审计证据在支持审计意见所依据的结论方面具有的相关性和可靠性。相关性和可靠性是审计证据适当性的核心内容，只有相关且可靠的审计证据才是高质量的审计证据。

1) 相关性

相关性是指审计证据必须与特定的审计目标和管理层认定相关。例如，注册会计师在审计过程中怀疑被审计单位发出存货却没有给顾客开具发票，需要确认销售是否完整。注册会计师应当从发货单中选取样本，追查与每张发货单相应的销售发票副本，以确定是否每张发货单均已开具发票。如果注册会计师从销售发票副本中选取样本，并追查至每张发票相应的发货单，由此所获得的证据与完整性目标不相关。

在确定审计证据的相关性时，注册会计师应当考虑：

(1) 特定的审计程序可能只为某些认定提供相关的审计证据，而与其他认定无关。例如，检查期后应收账款收回的记录和文件可以提供有关存在和计价的审计证据，但不一定与期末截止是否适当相关。

(2) 针对同一项认定可以从不同来源获取审计证据或获取不同性质的审计证据。例如，注册会计师可以分析应收账款的账龄和应收账款的期后收款情况，以获取与坏账准备计价有关的审计证据。

(3) 只与特定认定相关的审计证据并不能替代与其他认定相关的审计证据。例如，有关存货实物存在的审计证据并不能够替代与存货计价相关的审计证据。

2) 可靠性

审计证据的可靠性是指证据的可信赖程度。例如，注册会计师亲自检查存货所获得的证据，就比被审计单位管理层提供给注册会计师的存货数据更可靠。

审计证据的可靠性受其来源和性质的影响，并取决于获取审计证据的具体环境。注册会计师在判断审计证据的可靠性时，通常会考虑下列原则：

(1) 来源的独立性。从外部独立来源获取的比其他来源获取审计证据的更可靠。例如，注册会计师从银行取得的银行存款余额询证函，就比审阅银行存款余额调节表中所附的银行对账单更能证明存款的真实性。

(2) 内控控制有效性。内控控制有效时比内控控制薄弱时生成的审计证据更可靠。

(3) 直接获取比间接获取或推论得出的审计证据更可靠。例如注册会计师亲自参与存货监盘获得的证据，比管理层提供的证据，更能有力地证明存货的存在性。

(4) 类型的客观性。以文件、记录形式等存在的书面证据比口头形式的审计证据更可靠。例如，会议的同步书面记录比对讨论事项后的口头表达更可靠。口头证据并不足以证明事情的真相，仅作为旁证存在，但能够提供一些重要线索，有利于做进一步的调查，以收集到更为可靠的证据。例如，注册会计师在对应收账款进行账龄分析后时，可以询问应收账款负责人对逾期应收账款的收回的可能性，看其是否与注册会计师自行估计的数额基本一致。如果基本一致，说明坏账损失较为合理；如果出入很大，则需进一步对应收账款进行详细分析。

(5) 篡改或伪造的难易度。从原件获取的审计证据比从传真件或复印件获取的审计证据更可靠。注册会计师可审查原件是否有涂改或伪造的迹象，排除伪证，提高证据的可信赖性。而传真件或复印件容易变造或伪造，可靠性较低。

(6) 综合证明力。不同来源或不同性质的审计证据相互印证时，审计证据的可靠性较高；而不同来源的审计证据不相一致或不同性质的审计证据相互矛盾，审计证据的可靠性就较低。这时，就需要追加审计程序，以收集更具证明力的证据。

(7) 通常情况下，注册会计师以函证方式直接从被询证者获取的审计证据，比被审计单位内部生成的审计证据更可靠。通过函证等方式从独立来源获取的相互印证的信息，可以提高注册会计师从会计记录或管理层书面声明中获取的审计证据的保证水平。

注册会计师在按照上述原则评价审计证据的可靠性时，还应当注意可能出现的重要例外情况。例如，审计证据虽然是从独立的外部来源获得，但如果该证据是由不知情者或不具备资格者提供的，审计证据则可能是不可靠的。同样，如果注册会计师不具备评价证据的专业能力，那么即使是直接获取的证据，也可能不可靠。

**【例 4-4】** 审计证据可靠性辨析

甲注册会计师在对 ABC 股份有限公司 2020 年度会计报表进行审计时，收集到以下六组审计证据：

(1) 收料单与购货发票。

(2) 销货发票副本与产品出库单。

(3) 领料单与材料成本计算表。

(4) 工资计算表与工资发放单。

(5) 存货盘点表与存货监盘表。

(6) 银行询证函回函与银行对账单。

**问题**:请分别说明每组审计证据哪项较为可靠,并说明理由。

**解答**:

事项(1):购货发票可靠,外部证据的可靠性高于内部证据。

事项(2):销货发票可靠,内部证据需要外部在流转时更可靠。

事项(3):领料单可靠,需要发料人与领料人签字认可。

事项(4):工资发放单可靠,理由同事项(3)。

事项(5):存货监盘表可靠,因为是亲历证据。

事项(6):银行询证函回函可靠,直达注册会计师手中,外部证据比经过客户转交的外部证据可靠。

审计证据的充分性与适当性密切相关。只有充分且适当的审计证据才是有证明力的。审计证据的适当性会影响审计证据的充分性。审计证据质量越高,需要的审计证据数量可能越少。例如,被审计单位内控控制健全有效时生成的审计证据更可靠,注册会计师只需获取适量的审计证据,就可以为发表审计意见提供合理的依据,但如果审计证据的质量存在缺陷,则仅仅依靠获取更多的审计证据是难以弥补质量上的缺陷。例如,注册会计师应当获取与销售收入完整性相关的证据,实际获取到的却是有关销售发生的证据,审计证据与审计目标不相关,即使获取再多的证据,也证明不了完整性。同样,如果获取的证据不可靠,证据再多,也难以起到证明作用。

## 二、审计证据的种类

审计证据是复杂多样的。注册会计师为提高审计效率,评价审计证据的作用,必须对审计证据按照来源、表现形式等进行分类。

### (一) 按表现形式分类

1. 实物证据

实物证据是通过实地观察或清查盘点所取得的,以确定某些实物资产是否确实存在的证据。例如,对于库存现金可以通过实地的监督盘点来对其数额进行验证。对于各种存货和固定资产也可以通过实地的观察和清点来确定其是否实际存在。由于实物证据是注册会计师通过亲自观察或者在其监督下得到的第一手证据,所以具有很强的说服力和证明力。实物证据也有其局限性:通过观察或监盘并不能确切了解资产的质量,从而对资产的价值无法做出判断;当企业存放的资产中有已经销售,但对方尚未提货的代保管资产时,实物证据也并不能说明资产所有权的归属。可见,实物证据只是证明了实物资产的存在与否,而对于资产的价值和所有权归属还需通过其他程序的审计证据加以证明。

2. 书面证据

书面证据是注册会计师获得的各种以书面文件形式表现的审计证据。这类证据主要包括与审计有关的各种原始凭证、记账凭证、会计账簿和各种明细表等书面记载的会计资料;

还包括与审计有关的各种会议记录、文件、合同、通知书、声明书、报告及往来函件等。书面证据数量多，是审计证据的主要组成部分，构成了审计证据的基本证据。它按来源可分为外部证据和内部证据。

3. 口头证据

口头证据是指注册会计师从被审计单位员工或其他有关人员那里得到的口头答复所形成的一类证据。例如，询问其会计记录、文件等的存放地点，特殊会计政策使用的理由，内部控制制度的设计和执行情况等。通常，这些答复所形成的审计证据并不足以证明事情真相，往往仅作为旁证资料存在。然而，注册会计师可以通过口头证据发掘出一些重要线索，从而有利于对某些需要审核的情况做进一步的调查，以收集到更为可靠的证据。例如，注册会计师在判断坏账损失是否合理时，可以询问应收账款负责人对收回逾期应收款的可能性的意见，看其是否与注册会计师自行估计的数额基本一致。如果基本一致，说明坏账损失较为合理；如果出入很大，则需进一步对应收账款进行详细分析。

注册会计师对于口头证据需及时做成记录，并注明是何人、何时、何地、在何种情况下提供的，必要时还应取得陈述人的签名确认。相对而言，不同人员对同一问题所做的口头陈述相同时，口头证据具有较高的可靠性。优点是可发掘一些线索，但需要其他证据的支持，属于辅助证据，口头证据很可能会带有个人成见和片面观点，可靠性较差，证明力较小。

4. 环境证据

环境证据是指注册会计师通过观察等方式获取的对被审计单位产生影响的各种环境事实，因此也称状况证据。它主要包括以下几种：

(1) 被审计单位内部控制情况。内部控制越健全、严密，所需的其他各类审计证据就越少，反之，注册会计师就必须获得较大数量的其他审计证据。

(2) 被审计单位管理条件和管理水平。通常情况下，如果被审计单位的管理条件良好、管理水平较高，那么其所提供的审计证据的可靠性也较高。

(3) 被审计单位管理人员和财务人员的素质。被审计单位管理人员的素质越高，则其所提供的证据发生差错的可能性越小，可靠性也就越高。

环境证据是有一定综合性的证据，它可以帮助注册会计师对被审计单位做出整体性的评价，有助于注册会计师将各种孤立的审计事项联系起来，同时也可以通过它提供进一步寻找审计证据的线索，但环境证据不属于基本证据。

**(二) 按来源分类**

1. 外部证据

外部证据是指由被审计单位以外的机构或人员所编制的审计证据。这类证据的证明力较强，但考虑到证据传递和处理过程，还需要对外部证据的证明力进一步分析。

按照证据的处理过程，外部证据又分为源自外部单位并且不经过被审计单位系统就直接被注册会计师获得的证据，以及源自外部单位然后由被审计单位进行处理或保存后提交注册会计师的证据。前者如从客户处直接得到的应收账款询证回函，这类证据的证明力最强；后者如外购货物或劳务得的发票，这类证据经过了被审计单位，有被篡改的可能性，从而其证明力被削弱。

2. 内部证据

内部证据是指由被审计单位产生和处理的审计证据。

内部证据按照证据的处理过程，又分为只在被审计单位内部流转的内部证据和由被审单位编制，但流转到被审计单位外部的内部证据。前者如，职工的工时记录卡、收货单等是由被审计单位制作、处理和保存的。一般来说，内部证据与外部证据相比，证明力要低一些，原因在于两种审计证据的客观性不同，后者比前者更客观，更不容易为被审计单位所歪曲。后者，例如被审计单位签发的支票要由银行进行处理，支票金额的合理性在银行的兑付过程中得到了证实。这类证据的证明力比单纯的内部证据强。

3. 亲历证据

亲历证据是指由注册会计师为证明某个事项而自行编制的审计证据。例如，注册会计师编制的各种计算表、分析表或自己进行观察得到的结论。这类证据的可靠性一般较高，但取决于取证人员的工作态度、知识水平和实践经验，还取决于计算分析所依赖的数据可靠性。

## 三、获取审计证据的审计程序

注册会计师为了取得充分、适当的审计证据，可以根据需要单独或者综合运用以下八种审计程序。

### （一）检查记录或文件

检查记录或文件是指注册会计师对被审计单位内部或外部生成的，以纸质、电子或其他介质形式存在的记录或文件进行审查的过程，具体包括对会计记录和其他书面文件可靠程度的审阅与复核。审阅是为了确认书面文件是否真实、合法；复核是确认各种书面文件的勾稽关系，对交易或事项的记录是否一致、计算是否正确。

注册会计师检查记录或文件可采用顺查法和逆查法。顺查法也称追查，按照一笔交易或事项会计核算程序的先后顺序，依次审查原始凭证到记账凭证，再到分类账簿，最后确定交易或事项是否被正确地反映在会计报表上，追查的目的是证明记录的完整性，检验交易或事项入账的准确性。

逆查法也称核实，按照会计处理的相反顺序。从分类账开始，检查有关的记账凭证，并核实所附的原始凭证，最终确定某一账户反映的交易或事项是否真实。所以核实的目的是证明发生的认定，验证已经入账的交易或事项是否属实。

**【例 4-5】** 报表附注审阅案例

甲注册会计师在对万福生科农业开发股份有限公司的财务报表进行审计时，获得了在建工程的附注资料，如表 4-4 所示。

**表 4-4　万福生科农业开发股份有限公司部分在建工程项目进度表**　单位：万元

| 项目 | 2011 年年报 | | 2012 年半年报 | |
|---|---|---|---|---|
| | 工程进度 | 期末余额 | 工程进度 | 期末余额 |
| 供热车间改造 | 80% | 5 439 | 90% | 7 369 |
| 淀粉糖扩改建 | 90% | 208 | 30% | 2 809 |
| 污水处理 | 50% | 201 | 50% | 4 201 |

**问题：**通过审阅万福生科农业开发股份有限公司的在建工程进度表，查找存在的异常问题。

**解答:**

以上附注内容摘编于万福生科农业开发股份公司 2012 年半年报，该公司采用虚假手段，虚增业绩，于 2009 年在深市创业板上市，2011 年 11 月因造假被监管部门处罚。从表中可以看出两处疑点最大：一是淀粉糖扩改过程，2011 年报已完工 90%，投入 208 万元，而在次年投入达到 2 809 万元的情况下，完工进度居然降到 30%；而污水处理工程，投入由 2011 年的 201 万元增加到次年的 4 201 万元，完工进度居然没有变化。

**(二) 检查有形资产**

检查有形资产是指注册会计师对现金、存货、固定资产、有价证券等资产实物进行审查，主要方式是盘点和监盘。运用这种方法的目的在于确定被审计单位实物资产是否真实存在并与账面数量相符，查明有无短缺、毁损及其他舞弊行为。它主要适用于存货和现金的检查，也适用于有价证券、应收票据和固定资产等。

**(三) 观察**

观察是指注册会计师查看相关人员正在从事的活动或执行的程序。注册会计师按照审计具体目标的要求，前往被审计单位的工作现场，察看业务活动的方法、程序及实施情况，以掌握整个业务活动或执行程序的实际情况。观察可以获取执行有关程序或过程的审计证据，但也存在一定的局限性，因为观察所提供的审计证据仅限于观察发生的时点，而被观察人员的行为也可能因被观察而受到影响。

**(四) 询问**

询问是指注册会计师以书面或口头方式，向被审计单位内部或外部的知情人员获取财务信息和非财务信息，并对其答复进行评价的过程，是获取口头证据的主要方式。

通常，注册会计师询问获取的口头证据往往不足以证明事情真相，仅作为旁证资料，注册会计师必须通过获取其他类型的证据对其进行进一步的调查，以收集到更为可靠的证据。所以，询问程序并不是孤立存在和使用的，而是应当与其他程序结合使用。例如，注册会计师在判断坏账损失是否合理时，可以询问应收账款负责人对收回逾期应收款的可能性的意见，看其是否与注册会计师自行估计的数额基本一致。如果基本一致，说明坏账损失较为合理；如果出入很大，则需进一步对应收账款进行详细分析。

**【例 4-6】** 询问发现企业漏记收入行为

甲注册会计师是负责审计 ABC 公司 2020 年度财务报表项目负责人，在询问销售人员时，获知该公司为鼓励客户多采购，实行返利销售的激励政策，政策规定年销售额在 200 万元～600 万元的，按销售额 1%返利；年销售额在 600 万元～1 000 万元的，按销售额 2%返利；1 000 万元以上的，按照销售额 3%返利，返利采用的是本企业产品实物形式。然而，在随后的销售收入审计中，审计发现全年没有一笔返利销售记录。经仔细询问后，公司管理人员承认，为了逃避缴纳增值税，公司的实物返利是从生产线直接将产品运输给返利客户，没有按照税法规定，视同销售缴纳增值税。经测算公司全年漏记销售收入 400 余万元，流转税 70 万元。

**问题:** 甲注册会计师针对漏记返利销售应询问公司什么人员？

**解答:** 应询问非财务人员，然后将获得的信息与会计记录相比较，获取漏记销售线索，若证实销售未开票，应进一步追查运输单。

（五）函证

函证是指注册会计师直接从第三方获取书面答复以作为审计证据的过程。书面答复可以采用纸质、电子或其他介质等形式。

函证程序通常用于确认所填列有关账户余额及其要素信息，还可以用于确认被审计单位与其他机构或人员签订的协议、合同或从事的交易的条款，还用于确认不存在某些交易，如“背后交易”。

函证可能为“存在”“权利和义务”认定提供相关可靠的审计证据，但是不一定能为“准确性、计价与分摊认定”提供证据。

1. 函证的对象

1）银行存款、借款及与金融机构往来的其他重要信息（必要性程序）

注册会计师应当对银行存款（包括零余额账户和在本期内注销的账户），借款及与金融机构往来的其他重要信息实施函证程序，除非有充分证据表明某一银行存款、借款及与金融机构往来的其他重要信息对财务报表不重要且与之相关的重大错报风险很低。如果不对这些项目实施函证程序，注册会计师应当在审计工作底稿中说明理由。

2）应收账款（必要性程序）

注册会计师应当对应收账款实施函证程序，除非有充分证据表明应收账款对财务报表不重要，或函证很可能无效。如果认为函证很可能无效，注册会计师应当实施替代审计程序，获取相关、可靠的审计证据。如果不对应收账款函证，注册会计师应当在审计工作底稿中说明理由。

3）函证的其他内容（选择性程序）

注册会计师可以根据具体情况和实际需要对下列内容（包括但并不限于）实施函证：

交易性金融资产、应收票据、其他应收款、预付账款由其他单位代为保管、加工或销售的存货、长期股权投资、应付账款、预收账款、保证、抵押或质押或有事项重大或异常的交易。

2. 函证的范围

如果采用审计抽样的方式确定函证程序的范围，无论采用统计抽样方法，还是非统计抽样方法，选取的样本应当足以代表总体。根据对被审计单位的了解、评估的重大错报风险以及所测试总体的特征等，注册会计师可以确定从总体中选取特定项目进行测试。选取的特定项目可能包括：①金额较大的项目。②账龄较长的项目。③交易频繁但期末余额较小的项目。④重大关联方交易（如，大股东控股的其他公司向本公司转入大额资金）。⑤重大或异常的交易（如，未知来源的银行存款转入）。⑥可能存在争议、舞弊或错误的交易（如账龄刚超过1年就被计提100％坏账的应收账款）。

3. 函证的时间

注册会计师通常以资产负债表日为截止日，在资产负债表日后适当时间内实施函证。

如果重大错报风险评估为低水平，注册会计师可选择资产负债表日前适当日期为截止日实施函证，并对所函证项目自该截止日起至资产负债表日止发生的变动实施实质性程序。

4. 函证的方式

函证的方式分为积极式函证和消极式函证。

1）积极式函证

积极式函证在询证函中列明拟函证的账户余额或其他信息，要求被询证者确认所函证的款项是否正确。适用于个别账户的金额较大、有理由相信可能会存在争议或重大差异的情况。

回函要求;要求被询证者在所有情况下必须回函,确认询证函所列示信息是否正确,或填函证结论列询证函要求的信息。

函证结论:只有注册会计师收到回函,才能为财务报表认定提供审计证据。如果未能收到回函,注册会计师应当考虑与被询证者联系,要求对方做出回应或再次寄发询证函。如果未能得到被询证者的回应,注册会计师应当实施替代审计程序。

通常认为,对这种询证函的回复能够提供可靠的审计证据。但是,其缺点是被询证者可能对所列示信息根本不加以验证就予以回函确认。注册会计师通常难以发觉是否发生了这种情形。

2) 消极式函证

消极式函证在询证函中不列明账户余额或其他信息,而要求被询证者填写有关信息或提供进一步信息。同时存在下列情况的情形才适用:重大错报风险评估为低水平;涉及大量余额较小的账户;预期不存在大量的错误;没有理由不相信被询证者不认真对待函证。

由于这种询证函要求被询证者做出更多的努力,可能会导致回函率降低,进而导致注册会计师执行更多的替代程序。

回函要求:只要求被询证者仅在不同意询证函列示信息的情况下才予以回函。

函证结论:如果收到回函,能够为财务报表相关认定提供说服力强的审计证据。如果未收到回函,并不能明确表明预期的被询证者已经收到询证函或已经核实了询证函中包含的信息的准确性。

在实务中,注册会计师也可将这两种方式结合使用。以应收账款为例,当应收账款的余额是由少量的大额应收账款和大量的小额应收账款构成时,注册会计师可以对所有的或抽取的大额应收账款样本采用积极的函证方式,而对抽取的小额应收账款样本采用的函证方式。

5. 函证实施过程的控制

首先获取被审计单位授权。函证是会计师事务所以被审计单位的名义向被询函者发出的,需要取得被审计单位对询证者回函的授权。

如果管理层不允许寄发询证函,注册会计师应当:①询问管理层不允许寄发询证函的原因,并就其原因的正当性及合理性收集审计证据。②评价管理层不允许寄发询证函对评估的相关重大错报风险(包括舞弊风险),以及其他审计程序的性质、时间安排和范围的影响。③实施替代程序,以获取相关、可靠的审计证据。

如果认为管理层不允许寄发询证函的原因不合理,或实施替代程序无法获取相关、可靠的审计证据,注册会计师应当与治理层进行沟通,并考虑其对审计工作和审计意见的影响。

当实施函证时,注册会计师应当对选择被询证者、设计询证函以及发出和收回询证函保持控制。

注册会计师应当采取下列措施对函证实施过程进行控制:

(1) 将被询证者的名称、单位名称和地址与被审计单位有关记录核对。

(2) 将询证函中列示的账户余额或其他信息与被审计单位有关资料核对。

(3) 在询证函中指明直接向接受审计业务委托的会计师事务所回函。

(4) 询证函经被审计单位盖章后,由注册会计师直接发出。

(5) 将发出询证函的情况形成审计工作记录。

(6) 将收到的回函形成审计工作记录,并汇总统计函证结果。

此外,注册会计师还应当考虑回函是否来自所要求的回函人。

**(六) 重新计算**

重新计算是指注册会计师以人工方式或使用计算机辅助审计技术,对记录或文件中的数据计算准确性进行核对。注册会计师往往需要对文件或记录中的数字大量实施重新计算,以验证其是否正确,获取必要的审计证据。

注册会计师进行验算时,要证实有关计算的结果是否正确,所采用的计算方法、口径是否恰当。计算法只能验证计算本身是否正确,不能说明据以进行计算的数据是否正确,这需要注册会计师通过其他的审计方法先加以验证。

**(七) 重新执行**

重新执行是指注册会计师以人工方式或使用计算机辅助审计技术,重新独立执行作为被审计单位内部控制组成部分的程序或控制。实施重新执行可以验证被审计单位内部控制的有效性,获取内部控制是否有效的审计证据。例如,注册会计师为调查评价被审计单位购货付款循环内部控制的健全性,并测试内部控制执行的有效性,选择一种存货沿着其申请采购到付款的整个过程执行一遍。

**(八) 分析程序**

分析程序是指注册会计师通过分析不同财务数据之间以及财务数据与非财务数据之间的内在关系,对财务信息做出评价,分析程序还包括在必要时调查已识别出的与其他相关信息不一致或与期望值差异较大的波动。

通过分析程序获取的证据通常不能作为直接证据,但它是识别风险、发现线索的关键性程序。

1. 实施分析程序的目的

在审计计划阶段,分析程序可作为风险评估程序,帮助审计人员了解被审计单位及其环境。通过执行分析程序,审计人员可以发现财务报表的异常变化,或者预期应该发生而未发生的变化以识别存在潜在重大错报风险的领域。同时分析程序也可以帮助审计人员发现财务状况和盈利能力发生变化的信息和征兆,从而识别出一些表明被审计单位持续经营能力的事项。

在审计实施阶段,分析程序可用于进一步审计程序(实质性程序)。如果分析程序比细节测试能更有效地将检查风险降至可接受水平,则分析程序可用作实质性程序单独或结合细节测试开展以获取充分、适当的审计证据。在这种情况下,使用分析程序可以减少工作量、节约审计成本,同时降低审计风险,使审计工作更有效率和效果。

在完成审计阶段:审计人员可以运用分析程序来对财务报表进行总体复核。此时实施分析程序,有助于对财务报表整体的合理性进行把关,评价财务报表中仍存在重大风险而未被发现的可能性。

2. 分析程序的运用要求

在设计和实施实质性分析程序时,无论单独使用或与细节测试结合使用,注册会计师都应当:

(1) 考虑针对所涉及认定评估的重大错报风险和实施的细节测试(如有),确定特定实质性分析程序对这些认定的适用性。

(2) 考虑可获得信息的来源、可比性、性质和相关性以及与信息编制相关的控制,评价在对已记录的金额或比率做出预期时使用数据的可靠性。

(3) 对已记录的金额或比率做出预期,并评价预期值是否足够精确以识别重大错报(包括单项重大的错报和单项虽不重大但连同其他错报可能导致财务报表产生重大错报的错报)。

(4) 确定已记录金额与预期值之间可接受的,且无须按本准则的要求作进一步调查的差异额。

在临近审计结束时,注册会计师应当设计和实施分析程序,帮助其对财务报表形成总体结论,以确定财务报表是否与其对被审计单位的了解一致。

3. 分析程序的方法

注册会计师实施分析程序时可以使用不同的方法,实务中可使用的方法主要有下列几种:

(1) 比率分析法是指通过对会计报表中某一项目与其相关的某一项目相比所得的值进行分析,以获取审计证据的一种方法。

(2) 趋势分析法是指通过对连续若干期某一项目的变动金额及其百分比的计算,分析该项目的增减变动方向和幅度,从中发现异常变动,为进一步审查提供线索的一种方法。

(3) 合理测试法是指通过彼此相关联的项目或造成某种变化的各种变量,测试某项目金额是否合理的一种方法。

(4) 回归分析法是指在掌握大量观察数据的基础上,利用统计方法建立自变量与因变量之间回归关系的函数表达式(即回归方程式),利用回归方程进行分析的一种方法。

4. 异常关系的调查

如果按照规定实施分析程序,识别出与其他相关信息不一致的波动或关系,或与预期值差异重大的波动或关系,注册会计师应当采取下列措施调查这些差异:①询问管理层,并针对管理层的答复获取适当的审计证据。②根据具体情况在必要时实施其他审计程序。

**【例 4-7 单选题】** 下列有关分析程序的说法中,正确的是(　　)。

A. 分析程序是指注册会计师通过分析不同财务数据之间的内在关系对财务信息做出评价

B. 注册会计师无须在了解被审计单位及其环境的各个方面实施分析程序

C. 细节测试比实质性分析程序更能有效地将认定层次的检查风险降低到可接受的水平

D. 用于总体复核的分析程序的主要目的在于识别那些可能导致财务报表存在重大错报风险的异常变化

**解答:**

选项 A,没有包含分析财务数据与非财务数据之间的关系;选项 C,分析程序谁更有效无法比较,因为这主要取决于审计对象的特点、审计成本、审计风险等诸多要素;选项 D,总体复核的主要目的是评价财务报表的总体合理性。因此选项 B 正确。

## 四、审计证据的其他要求

### （一）利用专家的工作

1. 利用注册会计师专家的工作

根据《中国注册会计师审计准则第 1421 号——利用专家的工作》(2022)，专家，即注册会计师的专家，是指在会计或审计以外的某一领域具有专长的个人或组织，并且其工作被注册会计师利用，以协助注册会计师获取充分、适当的审计证据。

如果在会计或审计以外的某一领域的专长对获取充分、适当的审计证据是必要的，注册会计师应当确定是否利用专家的工作。为此，注册会计师应当开展以下工作：①评价专家是否具有实现审计目的所必需的胜任能力、专业素质和客观性。在评价外部专家的客观性时，注册会计师应当询问可能对外部专家客观性产生不利影响的利益和关系。②充分了解专家的专长领域，以能够确定专家工作的性质、范围和目标。③与专家就其工作的性质、范围和目标；注册会计师和专家各自的角色和责任；注册会计师和专家之间沟通的性质、时间安排和范围，包括专家提供的报告的形式；对专家遵守保密规定的要求达成一致意见，并形成书面协议。

2. 利用管理层专家的工作

管理层的专家是指在会计、审计以外的某一领域具有专长的个人或组织，其工作被管理层利用以协助编制财务报表。

如果用作审计证据的信息在编制时利用了管理层的专家的工作，注册会计师应当考虑管理层的专家的工作对实现注册会计师目的的重要性，并在必要的范围内实施下列程序：①评价管理层的专家的胜任能力、专业素质和客观性。②了解管理层的专家的工作。③评价将管理层的专家的工作用作有关认定的审计证据的适当性。

### （二）职业怀疑态度

在使用被审计单位生成的信息时，注册会计师应当评价该信息对实现审计目的是否足够可靠，包括根据具体情况在必要时实施下列程序：①获取有关信息准确性和完整性的审计证据。②评价信息对实现审计目的是否足够准确和详细。

如果存在下列情形之一，注册会计师应当确定需要修改或追加哪些审计程序予以解决，并考虑存在的情形对审计其他方面的影响：①从某一来源获取的审计证据与从另一来源获取的不一致。②注册会计师对用作审计证据的信息的可靠性存有疑虑。

# 第四节 审计工作底稿

## 一、审计工作底稿的概念与目的

### （一）审计工作底稿的概念

审计工作底稿是指注册会计师对制定的审计计划、实施的审计程序、获取的相关审计证据，以及得出的审计结论做出的记录。审计工作底稿是审计证据的载体，是注册会计师在审计过程中获取的资料，形成的审计工作记录，它形成于审计过程，同时也反映整个审计过程。

**（二）审计工作底稿的目的**

（1）提供证据，作为注册会计师实现总体目标并形成审计报告的基础。审计工作底稿是审计证据的载体，因而是形成审计结论、出具审计报告的基础。注册会计师只有通过编制、整理和分析审计工作底稿，才能对财务报表整体是否存在由于舞弊或错误导致的重大错报获取合理保证，进而对财务报表是否在所有重大方面按照适用的财务报告编制基础编制发表审计意见。

（2）提供证据，证明注册会计师按照审计准则规定计划和执行了审计工作。审计工作底稿能够直接、全面地体现注册会计师遵守审计准则的情况。例如，审计准则对注册会计师技术上的熟练与精通、独立性、遵守应有的谨慎等提出了要求。审计工作底稿能反映出注册会计师对审计准则的掌握情况，及其实施审计程序的能力。同样，审计工作底稿所记录的注册会计师的结论，能说明他们的客观性和独立性。此外，审计工作底稿的完整性也能证明注册会计师保持了应有的关注。

（3）编制审计工作底稿还可以实现其他目的。有助于项目组计划和执行审计工作；有助于负责督导的项目组成员按照《中国注册会计师审计准则第 1121 号——对财务报表审计实施的质量控制》的规定，履行指导、监督与复核审计工作的责任；便于项目组说明其执行审计工作的情况；保留对未来审计工作持续产生重大影响的事项的记录；便于会计师事务所按照《会计师事务所质量控制准则第 5101 号——会计师事务所对执行财务报表审计和审阅、其他鉴证和相关服务业务实施的质量控制》的规定，实施质量控制复核与检查；便于监管机构和注册会计师协会根据相关法律法规或其他相关要求，对会计师事务所实施执业质量检查等。

## 二、审计工作底稿的编制要求

注册会计师应当及时编制审计工作底稿。注册会计师编制的审计工作底稿，应当使得未曾接触该项审计工作的有经验的专业人士清楚了解：①按照审计准则和相关法律法规的规定实施的审计程序的性质、时间安排和范围。②实施审计程序的结果和获取的审计证据；③审计中遇到的重大事项和得出的结论，以及在得出结论时做出的重大职业判断。有经验的专业人士是指会计师事务所内部或外部的具有审计实务经验，并且对下列方面有合理了解的人士：审计过程；审计准则和相关法律法规的规定；被审计单位所处的经营环境；与被审计单位所处行业相关的会计和审计问题。

审计工作底稿主要涉及注册会计师已实施审计程序的性质、时间安排和范围，在审计工作底稿中，注册会计师应当记录的内容包括：①测试的具体项目或事项的识别特征。②审计工作的执行人员及完成审计工作的日期。③审计工作的复核人员及复核的日期和范围。除此之外，注册会计师应当记录与管理层、治理层和其他人员对重大事项的讨论，包括所讨论的重大事项的性质以及讨论的时间、地点和参加人员。如果识别出的信息与针对某重大事项得出的最终结论不一致，注册会计师应当记录如何处理该不一致的情况。

在某些例外情况下，如果在审计报告日后实施了新的或追加的审计程序，或者得出新的结论，注册会计师应当记录：①遇到的例外情况。②实施的新的或追加的审计程序，获取的审计证据，得出的结论，以及对审计报告的影响。③对审计工作底稿做出相应变动的时间和人员，以及复核的时间和人员。

## 三、审计工作底稿的内容

审计工作底稿可以以纸质、电子或其他介质形式存在。

无论审计工作底稿以哪种形式存在，会计师事务所都应当针对审计工作底稿设计和实施适当的控制，以实现下列目的：使审计工作底稿清晰地显示其生成、修改及复核的时间和人员；在审计业务的所有阶段，尤其是在项目组成员共享信息或通过互联网将信息传递给其他人员时，保护信息的完整性和安全性；防止未经授权改动审计工作底稿；允许项目组和其他经授权的人员为适当履行职责而接触审计工作底稿。

审计工作底稿通常包括总体审计策略、具体审计计划、分析表、问题备忘录、重大事项概要、询证函回函、管理层声明书、核对表、有关重大事项的往来信件（包括电子邮件），以及对被审计单位文件记录的摘要或复印件等。

此外，审计工作底稿通常还包括业务约定书；管理建议书；项目组内部或项目组与被审计单位举行的会议记录；与其他人士（如其他注册会计师、律师、专家等）的沟通文件及错报汇总表等。

审计工作底稿通常不包括已被取代的审计工作底稿的草稿或财务报表的草稿、对不全面或初步思考的记录、存在印刷错误或其他错误而作废的文本，以及重复的文件记录等。

## 四、审计工作底稿的要素

审计工作底稿的形成方式主要有两种：一种是注册会计师直接取得；另一种是审计人员亲自编制。通常应包括下列全部或部分要素。

**（一）审计工作底稿的标题**

审计工作底稿的标题应当包括被审计单位名称、审计项目名称以及审计项目时点或期间。

(1) 被审计单位名称。被审计单位名称用以明确审计客体，如果被审计单位有子公司，或业务部门等，则应同时注明子公司或业务部门的名称。

(2) 审计项目名称。审计项目名称是某一会计报表项目名称或某一审计程序及实施对象名称，用以明确审计内容。例如，审查财务报表中的存货项目，对购货及付款循环进行控制测试等。

(3) 审计项目时点或期间。审计项目时点或期间用以明确审计范围。

**（二）审计过程记录**

在记录审计过程时，应当特别注意以下几个重点方面。

1. 测试的具体项目或事项的识别特征

在记录实施审计程序的性质、时间安排和范围时，注册会计师应当记录测试的具体项目或事项的识别特征。

识别特征是指被测试的项目或事项表现出的征象或标志。识别特征因审计程序的性质和测试的项目或事项不同而不同。对某一个具体项目或事项而言，其识别特征通常具有唯一性，这种特性可以使其他人员根据识别特征在总体中识别该项目或事项并重新执行该测试。

以下列举部分审计程序中所测试的具体项目或事项的识别特征：

(1) 对被审计单位生成的订购单进行细节测试时，以订购单的日期和其唯一编号作为测试订购单的识别特征。需要注意的是，在以日期或编号作为识别特征时，注册会计师需要同时考虑被审计单位对订购单编号的方式，例如，若被审计单位按年对订购单依次编号，则识别特征是××年的××号；若被审计单位序列号进行编号，则可以直接将该号码作为识别特征。

(2) 需要选取或复核既定总体内一定金额以上的所有项目的审计程序，以记录实施程序的范围并指明该总体。例如，银行存款日记账中一定余额以上的所有会计分录。

(3) 需要系统化抽样的审计程序，可能会通过记录样本的来源、抽样的起点及抽样间隔来识别已选取的样本。

(4) 需要询问被审计单位中特定人员的审计程序，可能会以询问的时间、被询问人的姓名及职位作为识别特征，可能会以询问的时间、被询问人的姓名及职位作为识别特征。

(5) 观察程序，可以以观察的对象或观察过程、相关被观察人员及其各自的责任、观察的地点和时间作为识别特征。

2. 重大事项及相关重大职业判断

注册会计师应当根据具体情况判断某一事项是否属于重大事项。重大事项通常包括：

(1) 引起特别风险(需要特别考虑的重大错报风险：非常规及判断事项引起)的事项。

(2) 实施审计程序的结果表明财务信息可能存在重大错报，或需要修正以前对重大错报风险的评估和针对这些风险拟采取的应对措施。

(3) 导致注册会计师难以实施必要审计程序的情形。

(4) 导致出具非标准审计报告的事项。

注册会计师应当考虑编制重大事项概要，将其作为审计工作底稿的组成部分，以有效地复核和检查审计工作底稿，并评价重大事项的影响。重大事项概要包括：对审计过程中识别出的重大事项及其如何得到解决的记录；对提供相关信息的其他支持性审计工作底稿的交叉索引。注册会计师应当记录与管理层、治理层和其他人员对重大事项的讨论，包括所讨论的重大事项的性质以及讨论的时间、地点和参加人员。

在审计过程中，如果识别出的信息与针对某重大事项得出的最终结论不一致，注册会计师应当记录如何处理不一致的情况。

**(三) 审计结论**

审计工作的每一部分都应包含与已实施审计程序的结果及其是否实现既定审计目标相关的结论，还应包括审计程序识别出的例外情况和重大事项如何得到解决的结论。

注册会计师需要根据所实施的审计程序及获取的审计证据得出结论，并以此作为对财务报表发表审计意见的基础。在记录审计结论时需注意、在审计工作底稿中记录的审计程序和审计证据是否足以支持所得出的审计结论。

**(四) 审计标识及其说明**

审计标识是注册会计师为方便表达审计含义而采用的符号。为便于他人理解，注册会计师应在审计底稿中说明各种审计标识所代表的含义，或者采用审计标识及其说明表的形式在整套审计工作底稿前统一说明，审计标识应前后一致。

审计标识被用于已实施审计程序相关的底稿。每张底稿都应包含对已实施程序的性质和范围所作的解释，以支持每一个标识的含义。审计工作底稿中可使用各种审计标识，但应说明其含义，并保持前后一致。

∧：纵加核对

<：横加核对

B：与上年结转数核对一致

T：与原始凭证核对一致

G：与总分类账核对一致

S：与明细账核对一致

T/B：与试算平衡表核对一致

C：已发询证函：

C\：已收回询证函

**（五）索引号及编号**

通常，审计工作底稿需要注明索引号及顺序编号，相关审计工作底稿之间需要保持清晰的勾稽关系。为了汇总及便于交叉索引和复核，每个事务所都会制定特定的审计工作底稿归档流程。因此，每张表或记录都应有一个索引号，例如，A1，D6 等，以说明其在审计工作底稿中的放置位置。

**（六）编制者姓名及编制日期**

编制者姓名及编制日期目的在于明确职责，以便检查者、使用者了解谁能提供审计资料。另外，可证明编写工作底稿的时间，便于追查审计步骤与顺序，为以后类似审计工作安排时间。

**（七）复核者姓名及复核日期**

复核者姓名及复核日期目的在于明确复核责任，便于查询。

**（八）其他应说明事项**

由被审计单位、其他第三者提供的资料或代为编制的审计工作底稿，应在上面注明其来源，实施必要的审计程序，并按照上述基本要素的要求记录在底稿上。

## 五、审计工作底稿的复核

会计师事务所应当按照相关准则要求，建立审计工作底稿分级复核制度。审计工作底稿的复核分为项目组内部复核和独立的项目质量复核。

**（一）项目组内部复核**

项目组内部复核可分为项目负责经理的复核和项目合伙人的复核。

1. 项目经理的复核

项目经理复核通常在审计现场完成，以便及时发现和解决问题，是对工作底稿的详细复核和第一级复核，这层复核主要是评价是否已按照适用的法律法规和执业准则的规定执行工作；重大事项是否已提请进一步考虑；相关事项是否已进行适当咨询、由此形成的结论是否得到记录和执行；是否需要修改已执行工作的性质、时间安排和范围；已执行的工作是否支持形成的结论，并已得到适当记录；已获取的证据是否充分、适当，足以支持报告；业务程序的目标是否已经实现。

2. 项目合伙人的复核

项目合伙人的复核是项目组内最高级别的复核，该复核既是对重要审计事项的把关，也是项目负责经理的再监督，属于二级复核。在审计报告日或审计报告日前，项目合伙人应当通过复核审计工作底稿与项目组讨论，确信已经获得充分适当的证据，支持得出的审计结论和拟出具的审计报告。项目合伙人复核的内容包括对于关键领域所做出的判断，尤其是执行业务过程中识别出的疑难问题或争议事项、特别风险、项目合伙人认为重要的其他领域。

**（二）项目质量复核**

项目质量复核是指在报告日或报告日之前，项目质量复核人员对项目组做出的重大判断及据此得出的结论做出的客观评价。项目质量复核又称独立复核，属于第三级复核，也是重点复核，对审计工作结果实施最后的质量控制。

项目质量复核人员是指会计师事务所中实施项目质量复核的合伙人或其他类似职位的人员，或者由会计师事务所委派实施项目质量复核的外部人员。项目质量复核人员的胜任能力应当至少与项目合伙人相当。会计师事务所内部的项目质量复核人员应当是合伙人或类似职位的人员，且在面对来自项目合伙人或会计师事务所内部其他人员的压力时能够坚持原则。

## 六、审计工作底稿的归档

**（一）审计工作底稿的归档期限**

注册会计师应当在审计报告日后及时将审计工作底稿归整为审计档案。将审计工作底稿归整为最终审计档案是一项事务性工作，不涉及实施新的审计程序或得出新的审计结论。

审计工作底稿的归档期限为审计报告日后 60 日内。如果注册会计师未能完成审计业务，审计工作底稿的归档期限为审计业务中止后的 60 天内。

审计工作底稿归档后形成审计档案。按照使用期限的长短，可以将审计档案分为永久性档案和当期档案。永久性档案记录内容相对稳定，具备长期使用价值，对今后的审计工作具有重要影响和直接作用，这类档案主要由综合类工作底稿和备查类工作底稿构成。当期档案和永久性档案相比，记录内容经常变化，并且只能供当期使用和下期审计参考，它主要由业务类审计工作底稿构成。

**（二）审计工作底稿归档后的变动**

在完成最终审计档案的归整工作后，注册会计师不应在规定的保存期限届满前删除或废弃任何性质的审计工作底稿。有必要修改现有审计工作底稿或增加新的审计工作底稿的情形主要有以下两种：

（1）注册会计师已实施了必要的审计程序，取得了充分、适当的审计证据并得出了恰当的审计结论，但审计工作底稿的记录不够充分。

（2）审计报告日后，发现例外情况要求注册会计师实施新的或追加审计程序，或导致注册会计师得出新的结论。

与归档前的修改不同的是，归档后的变动均应记录修改或增加审计工作底稿的时间和人员、复核的时间及人员以及具体理由。审计档案应当保存原审计信息（程序、证据和结论）。

**（三）审计工作底稿的保管期限**

在我国，审计工作底稿的所有权属于承接该项业务的会计师事务所。审计档案的保管年限因档案类别的不同而不同。当期档案从签发审计报告之日起至少保存 10 年。永久性档案因为具备长期使用价值，故应长期保存。若会计师事务所终止了对该单位的后续审计服务，那么，该永久性档案的保管年限与最近一年当期档案的保管年限相同。

会计师事务所应当建立审计工作底稿保密制度，对审计档案进行妥善保管。但由于下列情况需要查阅审计工作底稿的，不属于泄密：①法院、检察院及其他部门依法查阅。②中国注册会计师协会对其执业情况进行检查。

## 课后复习题

### 一、思考题

1. 哪些因素决定审计的具体审计目标？
2. 注册会计师具体审计目标有哪些？
3. 审计证据的特征有哪些？
4. 获取审计证据的常用审计程序有哪些？
5. 为什么要对审计工作底稿进行复核？如何进行复核？

### 二、名词解释

1. 管理层认定
2. 控制测试
3. 审计证据
4. 函证
5. 分析程序
6. 监盘
7. 审计工作底稿
8. 询问
9. 实质性程序

# 第五章　计划审计工作

**知识导航**

- 计划审计工作
  - 初步业务活动
    - 初步业务活动的内容
    - 确定审计的前提条件
    - 签订审计业务约定书
  - 总体审计策略和具体审计计划
    - 总体审计策略
    - 具体审计计划
    - 审计计划的更改
  - 审计重要性
    - 审计重要性的概念
    - 重要性水平的确定
    - 实际执行的重要性的确定
    - 审计过程中对重要性水平的修正
    - 评价审计结果时对重要性的考虑
  - 审计风险
    - 审计风险的概念、特征与成因
    - 审计风险的构成要素
    - 审计重要性与审计风险的关系
    - 审计风险与审计证据的关系

## 学习目标

通过本章的学习，学生应了解审计初步业务活动的内容；了解业务约定书包括的主要内容；了解总体审计策略和具体审计计划的内容；掌握重要性水平的概念及其影响因素，把握审计工作三个阶段中重要性水平的运用；了解审计实务中对重要性水平的确定及在各账户中的分配程序；理解并掌握审计风险的概念及风险模型。

**引入案例**

### 不恰当的审计计划可能导致审计失败

Crenshaw Properties 公司是一家不动产开发商，专营销售有限合伙人的自储设施，该公司有公开交易的债券上市，美国证券交易委员会要求它定期提供财务报表。投资的成功使其业务十分兴旺，短短几年，公司已在全国各地设有 10 个分支机构，未收回的应收账款接近 3 亿美元，占合并总资产的 30%。由于投资的期限都比较长，投资者一般都不太注意公司的情况。然而，到了 20 世纪 80 年代中期，全国各地的自储设施市场趋于饱和，公司的市场占用率、租用率和市场价值开始下降，公司的市场策略方面的弊端日益凸显，债务拖欠率日渐升高，因此，不得不采用多种非法手段，粉饰其财务报表。1988 年该公司陷入财务困境，最终申请破产。

美国证券交易委员会(SEC)指控 Crenshaw Properties 公司始终没有对应收账款计提充足的坏账准备。1986 年以前坏账准备率为 1.5%，1986 年调增至 2.5%，1987 年调增至 3.5%。尽管如此，SEC 仍然认为该公司所选用的应收账款余额百分比法的固定比率太小。事实上，截至 1987 年 6 月，该公司应收账款拖欠期超过 180 天的金额已高达 22%以上，这直接导致了该公司财务报表中坏账准备金额被严重低估。

SEC 对 Hambusch & Robinson 会计师事务所在 Crenshaw Properties 公司 1986 年度审计中的工作提出了质疑，指责其在该年度的审计中“没有进行充分的计划和监督”。SEC 宣称，事务所在编制 1986 年的审计计划和设计审计程序时，对审计风险的估计不足。事实上，SEC 发现，1986 年度的审计计划与以前年度的审计计划相比，并没有大的变化，基本上是以前一年度审计计划的延续。其审计计划中的不足如下：

(1) 会计师事务所没有对应收账款执行相应的控制测试，致使注册会计师无法判断从客户那里获取的账龄汇总表的准确性。

(2) 对应收账款的实质性测试比例偏低。审计计划中只要求测试 6%的未收回应收账款，致使事务所忽略了相当部分无法收回的应收账款。

(3) 在人员分配上存在不足。事务所未考虑该公司审计业务的复杂性及较高的风险性，在分派的执行当年审计的注册会计师中，多数对不动产业的情况非常陌生。

事后，Hambusch & Robinson 会计师事务所也因此而招致法律诉讼，SEC 决定处罚该事务所，要求其承担 Crenshaw Properties 公司出具虚假财务报告所带来的损失。

上述案例中，会计师事务所由于未能制定恰当的审计计划而导致审计失败，引发了法律诉讼，此类案例比比皆是。作为会计师事务所和注册会计师应如何评估是否接受一项审计业务？接受业务后，又如何制定审计计划以防可能发生的审计失败甚至是法律纠纷？本章将对此进行讲解。

在计划审计工作阶段，注册会计师需要完成两个方面的工作：一是开展初步业务活动；二是制定总体审计策略和具体审计计划。在此过程中，需要做出很多关键决策，包括确定可接受的审计风险和重要性水平、配置项目人员等。

## 第一节 初步业务活动

注册会计师开展初步业务活动的目的在于确保在计划审计工作时注册会计师已具备执业业务所需的独立性和专业胜任能力，不存在因管理层诚信问题而影响注册会计师保持该项业务意愿的情况，避免与被审计单位就业务约定书的条款存在某些误解。

### 一、初步业务活动的内容

根据《中国注册会计师审计准则第 1201 号—计划审计工作》的规定，注册会计师需要在本期审计业务开始时开展下列初步业务活动：针对保持客户关系和具体审计业务，实施相应的质量管理程序;评价遵守职业道德要求的情况,包括评价独立性;就业务约定条款与被审计单位达成一致意见。

**(一)针对保持客户关系和具体审计业务实施相应的质量管理程序**

会计师事务所制定的政策和程序应包括以下几个方面。

1. 针对业务的性质和具体情况获取充分必要的信息

获取业务相关的环境信息包括业务约定事项、审计对象特征、使用的标准、预期使用者的需求、责任方及其环境的相关特征、可能对审计业务产生重大影响的事项、交易、条件和惯例等其他事项。

如果是老客户,应该复核以前年度的工作底稿;如果是新客户,注册会计师应当向前任注册会计师询问被审计单位变更原因,并关注前任注册会计师与管理层在重大会计、审计等问题上存在的意见分歧。后任注册会计师应当提请被审计单位以书面方式同意前任注册会计师对其询问做出充分答复。如果被审计单位不同意前任注册会计师做出答复,或限制答复的范围,后任注册会计师应当向被审计单位询问原因,并考虑是否接受委托。

2. 客户诚信与道德价值观

客户主要股东、关键管理人员及治理层的身份和商业信誉、有关客户主要股东、关键管理人员及治理层对内部控制环境和会计准则等的态度的信息、客户是否过分考虑将会计师事务所的收费维持在尽可能低的水平、审计工作范围受到不适当限制的迹象、客户可能涉嫌洗钱或其他刑事犯罪活动的迹象。

3. 项目组专业胜任能力

在接受委托前,注册会计师应当评估其执行审计业务的能力,由此确定审计小组的关键成员并考虑在审计过程中是否需要借助外部专家的协助。

如果审计项目组不具备或不能获得执行业务必需的胜任能力,应当考虑是否可通过分派充足的具有胜任能力的员工和(或)必要时利用专家的工作来缓解或消除胜任能力不足的情形。

如果计划利用专家工作,应当对专家的专业胜任能力和独立性进行评价;应当考虑其是否有足够的时间和资源完成该客户所委托的业务,如果不具备,则不应当贸然接受业务委托。

**(二)评价遵守职业道德规范的情况**

项目合伙人应当负责确保审计项目组其他成员知悉适用于审计业务的性质和具体情况的相关职业道德要求(包括独立性要求),并对项目组遵守职业道德要求的情况进行评估。

若存在将对遵守独立性原则产生严重不利影响以致无法采取缓解措施的情形时,应拒绝接受业务委托;若存在对遵守独立性原则产生不利影响但可通过采取相应措施予以缓解或消除的,可根据对不利影响程度的评估结果采取具体措施后,接受业务委托。

**(三)就审计业务约定条款与被审计单位达成一致意见**

在承接或保持审计业务前,注册会计师应当实施下列工作:确定审计的前提条件存在;确认与管理层和治理层(如适用)就审计业务约定条款达成一致意见。

审计的前提条件是指管理层在编制财务报表时采用可接受的财务报告编制基础,以及管理层对注册会计师执行审计工作的前提的认同。为了确定审计的前提条件是否存在,注册会计师应当确定管理层在编制财务报表时采用的财务报告编制基础是不是可接受的,并且就管理层认可并理解其责任与管理层达成一致意见。管理层和治理层(如适用)认可的与财务报表相关的责任包括：

(1) 按照适用的财务报告编制基础编制财务报表,并使其实现公允反映(如适用)。

(2) 设计、执行和维护必要的内部控制,以使财务报表不存在由于舞弊或错误导致的重大错报。

(3) 向注册会计师提供必要的工作条件,包括允许注册会计师接触与编制财务报表相关的所有信息(如记录、文件和其他事项),向注册会计师提供审计所需的其他信息,允许注册会计师在获取审计证据时不受限制地接触其认为必要的内部人员和其他相关人员。如果管理层或治理层在拟议的审计业务约定条款中对审计工作的范围施加限制,以致注册会计师认为这种限制将导致其对财务报表发表无法表示意见,注册会计师不应将该项业务作为审计业务予以承接,除非法律法规另有规定。

在下列情况中,除非法律法规另有规定,注册会计师不应承接拟议的审计业务：

(1) 除特殊规定的情形外,注册会计师确定被审计单位在编制财务报表时采用的财务报告编制基础不适当;注册会计师未能与管理层达成就管理层认可并理解其责任的一致意见。

(2) 注册会计师应当在审计业务开始前,与被审计单位就审计目标、审计范围、相关责任划分、财务报告编制基础、拟出具的审计报告的预期形式和内容、审计收费、被审计单位应提供的资料和协助等审计业务约定条款达成一致意见,并签订审计业务约定书。

## 二、确定审计的前提条件

### (一) 确定财务报告编制基础是可接受的

《中国注册会计师鉴证业务基本准则》指出,会计师事务所承接鉴证业务的条件之一是评价标准适当,且能够为预期使用者获取。适当的标准使注册会计师能够运用职业判断对鉴证对象做出合理一致的评价或计量。

就通用目的财务报表审计而言,在确定编制财务报表所采用的财务报告编制基础是否可接受时,注册会计师需要考虑下列相关因素：

(1) 被审计单位的性质(如被审计单位是商业企业、公共部门实体还是非营利组织)。

(2) 财务报表的目的(如编制财务报表是用于满足广大财务报表使用者共同的财务信息需求,还是用于满足财务报表特定使用者的财务信息需求)。

(3) 财务报表的性质(如财务报表是整套财务报表还是单一财务报表)。

(4) 法律法规是否规定了适用的财务报告编制基础。

如果确定被审计单位在编制财务报表时采用的财务报告编制基础是不可接受的,注册会计师不应承接拟议的审计业务。

### (二) 就管理层的责任达成一致意见

财务报表是由被审计单位管理层在治理层的监督下编制的。管理层和治理层(如适用)认可与财务报表相关的责任,是注册会计师执行审计工作的前提,构成注册会计师按照审计准则的规定执行审计工作的基础。

管理层是指对被审计单位经营活动的执行负有经营管理责任的人员。在某些被审计单位,管理层包括部分或全部的治理层成员,如治理层中负有经营管理责任的人员,或者参与日常经营管理的业主。

治理层是指对被审计单位战略方向以及管理层履行经营管理责任负有监督责任的人员或组织。治理层的责任包括对财务报告过程的监督。在某些被审计单位,治理层可能包括管理层,如治理层中负有经营管理责任的人员,或业主兼经理。

## 三、签订审计业务约定书

根据《中国注册会计师审计准则第 1111 号——就审计业务约定条款达成一致意见》(2022)的规定,注册会计师应当在审计业务开始前,与被审计单位就审计业务约定条款达成一致意见,并签订审计业务约定书,以避免双方对审计业务的理解产生分歧。

### (一) 审计业务约定书的概念

审计业务约定书是指会计师事务所与被审计单位签订的,用以记录和确认审计业务的委托与受托业务关系、审计目标和范围、双方的责任及报告的格式等事项的书面协议。

会计师事务所承接任何审计业务,都应与被审计单位签订审计业务约定书。审计业务约定书具有经济合同的性质,一经由会计师事务所与委托方签订,即具有法律效力。它是维护双方权利和监督履行义务的合法依据,签订审计业务约定书是为了明确各方的权利和责任、义务,促使各方遵守约定事项并加强合作,保护签约各方的正当权益。

### (二) 审计业务约定书的内容

根据《中国注册会计师审计准则第 1111 号——就审计业务约定条款达成一致意见》(2022)的规定,审计业务约定条款应当包括以下主要内容:

(1) 财务报表审计的目标与范围。财务报表审计目标主要是对财务报表整体是否不存在由于舞弊或错误所导致的重大错报获取合理保证,使得注册会计师能够对财务报表是否在所有重大方面按照适用的财务报告编制基础编制发表审计意见。在审计业务约定书中应明确审计范围,例如,是属于财务报表审计还是其他专项审计,是对母公司的审计、子公司的审计还是整个企业集团的审计。

(2) 注册会计师的责任。注册会计师的责任包括:就管理层在编制和列报财务报表时运用持续经营假设的适当性,获取充分适当的审计证据,并就持续经营能力是否存在重大不确定性得出结论;就财务报表整体是否不存在由舞弊或错误导致的重大错报,获取充分适当的证据;最终,对财务报表是否在所有重大方面均按照适用的财务报告编制基础编制发表审计意见,并与管理层及治理层沟通。

(3) 管理层的责任。管理层的责任包括:按照适用的财务报告编制基础编制财务报表,并使其实现公允反映(如适用);设计、执行和维护必要的内部控制,以使财务报表不存在由于舞弊或错误导致的重大错报;及时提供审计中所需的信息和人员支持,并负责的提供资料的真实性、完整、合法性。

(4) 编制财务报表所适用的财务报告编制基础。一般在审计业务约定书中需要明确管理层是按照企业会计准则和企业会计制度编制财务报表,还是按照民间非营利组织会计制度或小企业会计制度编制财务报表。

(5) 注册会计师拟出具的审计报告的预期形式和内容,以及对在特定情况下出具的审计报告可能不同于预期形式和内容的说明。

此外,审计业务约定条款还包括其他相关内容:执行审计工作的安排,包括出具审计报告的时间要求；要求管理层对其做出的与审计有关的声明予以书面确认；说明预期向客户提交的其他函件或报告；收费的计算基础和收费安排等。

审计业务约定书的内容格式范例如下：

**审计业务约定书**

甲方：A股份有限公司

乙方：B会计师事务所

甲方委托乙方对2015年度财务报表进行审计，经双方协商，达成以下约定：

**一、业务范围与审计目标**

1. 乙方接受甲方委托，对甲方按照《企业会计准则》编制的2015年12月31日的资产负债表、2015年度的利润表、股东权益变动表和现金流量表以及财务报表附注(以下统称财务报表)进行审计。

2. 乙方通过执行审计工作，对财务报表的下列方面发表审计意见：①财务报表是否在所有重大方面按照《企业会计准则》的规定编制。②财务报表是否在所有重大方面公允反映甲方2015年12月31日的财务状况，以及2015年度经营成果和现金流量。

**二、甲方的责任与义务**

(一) 甲方的责任

1. 根据《中华人民共和国会计法》及《企业财务会计报告条例》规定，甲方及甲方负责人有责任保证会计资料的真实性和完整性。因此，甲方管理层有责任妥善保存和提供会计记录(包括但不限于会计凭证、会计账簿及其他会计资料)，这些记录必须真实、完整地反映甲方的财务状况、经营成果和现金流量。

2. 按照《企业会计准则》的规定，编制财务报表是甲方管理层的责任，这种责任包括：①设计、实施和维护与财务报表编制相关的内部控制，以便财务报表不存在由于舞弊或错误而导致的重大错报。②按照企业会计准则的规定编制财务报表，并使其公允反映。

(二) 甲方的义务

1. 及时为乙方的审计工作提供与审计有关的所有记录、文件和所需的其他信息(在2016年×月×日之前提供审计所需的全部资料，如果在审计过程中需要补充资料，亦应及时提供)，并保证所提供资料的真实性和完整性。

2. 确保乙方不受限制地接触其认为必要的甲方内部人员和其他相关人员。

[下段适用于集团财务报表审计业务，使用时需根据客户/约定项目的特定情况而修改，如果加入此段，应相应修改本约定书第一项关于业务范围的表述，并调整下面其他条款编号。]

〔3. 为满足乙方对甲方合并财务报表发表审计意见的需要，甲方须确保：乙方和组成部分财务信息执行相关工作的组成部分注册会计师之间的沟通不受任何限制。

乙方及时获悉组成部分注册会计师与组成部分治理层和管理层之间的重要沟通(包括就内部控制重大缺陷进行的沟通)；乙方及时获悉组成部分治理层和管理层与监督机构就财务信息事项进行的重要沟通。

在乙方认为必要时，允许乙方接触组成部分的信息、组成部分管理层或组成部分注册会计师(包括组成部分注册会计师的审计工作底稿)，并允许乙方对组成部分的财务信息执行

相关工作。〕

3. 甲方管理层对其做出的与审计有关的声明予以书面确认。

4. 为乙方派出的有关工作人员提供必要的工作条件和协助方于外勤工作开始前提供清单。

5. 按本约定书的约定及时足额支付审计费用以及乙方人员在审计期间的交通、食宿和其他相关费用。

6. 乙方的审计不能减轻甲方及甲方管理层的责任。

**三、乙方的责任和义务**

(一) 乙方的责任

1. 乙方的责任是在实施审计工作的基础上对甲方财务报表发表审计意见。

乙方按照《中国注册会计师审计准则》(以下称审计准则)的规定进行审计。审计准则要求注册会计师遵守职业道德规范,计划和实施审计工作,以对财务报表是否存在重大错报获合理保证。

[下段适用于集团财务报表审计业务,使用时需根据客户/约定项目的特定情况而修改,如果加入此段,应相应修改本约定书第一项关于业务范围的表述,并调整下面其他条款编号。]

〔2. 对不由乙方执行相关工作的组成部分的财务信息,乙方不单独出具审计报告;有关的责任由对该组成部分执行审计的其他注册会计师及其所在的会计师事务所承担。〕

2. 审计工作涉及实施审计程序,以获取有关财务报表金额和披露的审计证据。选择的审计程序取决于乙方的判断,包括对由于舞弊或错误导致的财务报表重大错报风险的评估。在进行风险评估时,乙方考虑与财务报表编制和公允列报相关的内部控制,以设计恰当的审计程序,但目的并非对内部控制的有效性发表意见。审计工作还包括评价管理层选用会计政策的恰当性和做出会计估计的合理性,以及评价财务报表的总体列报。

3. 由于测试的性质和审计的其他固有限制,以及内部控制的固有局限性,不可避免地存在着某些重大错报在审计后可能仍然未被乙方发现的风险。

4. 在审计过程中,乙方若发现甲方内部控制存在乙方值得关注的缺陷,应以书面形式向甲方通报。但乙方通报的各种事项,并不代表已全面说明所有可能存在的缺陷或已提出所有可行的改善建议。甲方在实施乙方提出的改善建议前应全面评估其影响。未经乙方书面许可,甲方不得向任何第三方提供乙方出具的沟通文件。

(二) 乙方的义务

1. 按照约定时间完成审计工作,出具审计报告。乙方应于 2016 年×月×日前出具审计报告。

2. 除下列情况外,乙方应当对执行业务过程中知悉的甲方信息予以保密:①法律法规允许披露,并取得甲方的授权。②根据法律法规的要求,为法律诉讼、仲裁准备文件或提供证据,以及向监管机构报告发现的违法行为。③在法律法规允许的情况下,法律诉讼、仲裁中维护自己的合法权益。④接受注册会计师协会和监管机构的执业质量检查,答复其询问和调查。⑤法律法规、执业准则和职业道德规范规定的其他情形。

**四、审计收费**

1. 本次审计服务的收费是以乙方各级别工作人员在本次工作中所耗费的时间为基础

计算的。乙方预计本次审计服务的费用总额为人民币××万元。

2. 甲方应于本约定书签署之日起×日内支付×%的审计费用，其余款项于[审计报告草稿完成日]结清。

3. 如果由于无法预见的原因，致使乙方从事本约定书所涉及的审计服务实际时间较本约定书签订时预计的时间有明显的增加或减少时，甲乙双方应通过协商，相应调整本部分第1段所述的审计费用。

4. 如果由于无法预见的原因，致使乙方人员抵达甲方的工作现场后，本约定书所涉及的审计服务中止，甲方不得要求退还预付的审计费用；如上述情况发生于乙方人员完成现场审计工作，并离开甲方的工作现场之后，甲方应另行向乙方支付人民币××元的补偿费，该补偿费应于甲方收到乙方的收获通知之日起×日内支付。

5. 与本次审计有关的其他费用（包括交通费、食宿费等）由甲方承担。

**五、审计报告和审计报告的使用**

1. 乙方按照《中国注册会计师审计准则第1501号——审计报告》和《中国注册会计师审计准则第1502号——非标准审计报告》规定的格式和类型出具审计报告。

2. 乙方向甲方致送审计报告一式×份。

3. 甲方在提交或对外公布乙方出具审计报告及其后附的已审财务报表时，不得对其修改。当甲方认为有必要修改会计数据、报表附注和所作的说明时，应当事先通知乙方，乙方将考虑有关的修改对审计报告的影响，必要时，将重新出具审计报告。

**六、本约定书的有效期间**

本约定书自签署之日起生效，并在双方履行完毕本约定书约定的所有义务后终止。但其中第三(二)2、第四、第五、第八、第九、第十项并不因本约定书终止而失效。

**七、约定事项的变更**

如果出现不可预见的情况，影响审计工作如期完成，或需要提前出具审计报告时，甲乙双方均可要求变更约定事项，但应及时通知对方，并由双方协商解决。

**八、终止条款**

1. 如果根据乙方的职业道德及其他有关专业职责、适用的法律、法规或其他任何法定的要求，乙方认为已不适宜继续为甲方提供本约定书约定的审计服务时，乙方可以采取向甲方提出合理通知的方式终止履行本约定书。

2. 在终止业务约定的情况下，乙方有权就其于本约定书终止之前对约定的审计服务项目所做的工作收取合理的审计费用。

**九、违约责任**

甲乙双方按照《中华人民共和国民法典》的规定承担违约责任。

**十、适用法律和争议解决**

本约定书的所有方面均应适用中华人民共和国法律进行解释并受其约束。本约定书履行地为乙方出具审计报告所在地，因本约定书所引起的或与本约定书有关的任何纠纷或争议（包括关于本约定书条款的存在、效力或终止，或无效之后果），双方协商确定采用以下第__种方式予以解决：

(1) 向有管辖权的人民法院提起诉讼。

(2) 提交××仲裁委员会仲裁。

**十一、双方对其他有关事项的约定**

本约定书一式两份,甲乙方各执一份,具有同等法律效力。

甲方:A 股份有限公司(盖章)
授权代表:(签章)
2016 年 1 月 3 日

乙方:B 会计师事务所(盖章)
授权代表:(签章)
2016 年 1 月 3 日

### (三) 审计业务约定条款的变更

关于审计业务约定条款的变更有两点要求:

(1) 在缺乏合理理由的情况下,注册会计师不应同意变更审计业务约定条款。注册会计师需要判断变更的理由是否合理。由于环境条件变化导致对审计服务的需要产生影响,或对原来要求的审计业务性质存在的误解,可以认为是被审计单位要求变更的合理理由。相反,如果有迹象表明,变更业务约定条款的要求与错误的、不完整的或不令人满意的信息有关,则该变更不能认为是合理的。

如果同意变更审计业务约定条款,注册会计师应当与管理层就新的业务约定条款达成一致意见,并记录于业务约定书或其他适当形式的书面协议。

如果注册会计师不同意变更审计业务约定条款,而管理层又不允许继续执行原审计业务,注册会计师应:①在适用的法律法规允许的情况下,解除审计业务约定。②确定是否有约定义务或其他义务向治理层、所有者或监督机构等报告该事项。

(2) 变更为保证程度较低的业务的特殊情形。在完成审计业务前,如果被要求将审计业务变更为保证程度较低的业务,注册会计师应当确定是否存在合理的理由。例如,如果注册会计师不能就应收款项获取充分、适当的审计证据,而被审计单位要求将审计业务变更为审阅业务,以避免注册会计师发表保留或无法表示意见,则该变更是不合理的。如果认为合理,截至变更日已执行的审计工作可能与变更后的业务相关,相应地,注册会计师需要执行的工作和出具的报告会适用于变更后的业务。为避免引起报告使用者的误解,对相关服务业务出具的报告不应提及原审计业务,也不应提及在原审计业务中已执行的程序。只将审计业务变更为执行商定程序业务,注册会计师才可以在报告中提及已经执行的程序。

## 第二节 总体审计策略和具体审计计划

接受被审计单位的委托后,下一步工作就是制定审计计划。计划审计工作对于完成审计工作和控制审计风险具有非常重要的意义。为了规范注册会计师计划财务报表审计工作,财政部颁布了《中国注册会计师审计准则第 1201 号——计划审计工作》。

审计计划是指注册会计师为了完成各项审计业务,达到预期的审计目标,在具体执行审计程序之前编制的工作计划,包括制定总体审计策略和具体审计计划。注册会计师在整个审计过程中,应当按照审计计划执行审计业务,但在计划的执行过程中,情况会不断发生变化,常常会产生预期计划与实际不一致的情况,应及时对审计计划进行修订和补充,对审计计划的补充、修订贯穿于整个审计过程。

通过制订和实施审计计划,可以实现以下几方面的作用:

(1) 有助于注册会计师适当关注重要的审计领域。

(2) 有助于注册会计师及时发现和解决潜在的问题。

(3) 有助于注册会计师适当地组织和管理审计业务,以有效率和效果的方式执行审计业务。

(4) 有助于选择具备必要的专业素质和胜任能力的项目组成员应对预期的风险,有助于向项目组成员分派适当的工作。

(5) 有助于指导和监督项目组成员并复核其工作。

(6) 在适用的情况下,有助于协调组成部分注册会计师和专家的工作。

项目合伙人和项目组其他关键成员都应当参与审计计划工作,包括参与项目组成员的讨论。因为,这些人员拥有丰富的经验和独到的见解,有助于提高计划过程的效率和效果。

## 一、总体审计策略

总体审计策略用以确定审计范围、时间安排和方向,并指导制订具体审计计划。在制定总体审计策略时,注册会计师应当考虑以下主要事项。

**(一) 确定审计业务的特征以界定审计范围**

在确定审计范围时,需要考虑下列具体事项:

(1) 编制拟审财务信息适用的财务报告编制基础。

(2) 特定行业的报告要求,如某些行业监管部门要求提交的报告。

(3) 预期的审计工作涵盖范围,包括审计的集团内部组成部分的数量及所在地点。

(4) 母公司和集团组成部分之间存在的控制关系的性质,以确定如何编制合并会计报表。

(5) 由组成部分注册会计师审计组成部分的范围。

(6) 需审计的经营分部的性质,包括是否需要具有专门知识。

(7) 外币业务的核算方法及外币财务报表折算和合并方法。

(8) 除为合并目的执行的审计工作之外,对个别财务报表进行法定审计的需求。

(9) 内部审计工作的可获得性及对内部审计工作的拟依赖程度。

(10) 被审计单位使用服务机构的情况,及注册会计师如何取得有关服务机构内部控制设计、执行力运行有效性的证据。

(11) 拟利用在以前期间审计工作中获取的审计证据的程度,如获得的与风险评估程序和控制测试相关的审计证据。

(12) 信息技术对审计程序的影响,包括数据的可获得性和预期使用计算机辅助审计技术的情况。

(13) 协调审计工作与中期财务信息审阅的预期涵盖范围和时间安排,以及中期审阅所获取的信息对审计工作的影响。

(14) 与为被审计单位提供其他服务的会计师事务所人员讨论可能影响审计的事项。

(15) 被审计单位的人员时间调配和相关数据的可利用性。

**(二) 明确审计业务的报告目标以规划时间安排及所需沟通的性质**

要明确审计业务的报告目标、时间安排和所需沟通的性质,需要考虑下列事项:

(1) 被审计单位的财务报告时间表,包括中间阶段和最终阶段。

(2) 与管理层和治理层就审计工作的性质、范围和时间所举行会议的组织工作。

(3) 与管理层和治理层讨论预期签发报告和其他沟通文件的类型及提交时间。报告和其他沟通文件,既包括书面的,也包括口头的,如审计报告、管理建议书和与治理层沟通函等。

(4) 就组成部分的报告及其他沟通文件的类型及提交时间与负责组成审计的注册会计师沟通。

(5) 项目组成员之间预期沟通的性质和时间安排,包括项目组会议的性质和时间安排及复核工作的时间安排。

(6) 预期是否需要跟第三方沟通,包括与审计相关的法律法规和业务约定书约定的报告责任。

(7) 与管理层讨论在整个审计过程中通报审计工作进展及审计结果的预期方式。

**(三) 根据职业判断考虑指导项目组审计方向的重要因素**

总体审计策略的制定应当包括考虑影响审计业务的重要因素,以确定项目组工作方向,包括确定适当的重要性水平,初步识别可能存在较高重大错报风险的领域,初步识别重要的组成部分和账户余额,评价是否需要针对内部控制的有效性获取审计证据,识别被审计单位、所处行业、财务报告要求及其他相关方面最近发生的重大变化等。

在确定审计方向时,注册会计师需要考虑下列事项:

(1) 重要性方面具体包括:①为计划目的确定重要性。②为组成部分确定重要性且与组成部分的注册会计师沟通。③在审计过程中重新考虑重要性。④识别重要的组成部分和账户余额。

(2) 初步识别重大错报风险较高的审计领域。

(3) 评估的报表层次的重大错报风险对指导、监督及复核的影响。

(4) 项目组人员的选择(在必要时包括项目质量控制复核人员)和工作分工,包括向重大错报风险可能较高的审计领域分派具备适当经验的人员。

(5) 项目预算,包括考虑为重大错报风险可能较高的审计领域分配适当的工作时间。

(6) 就项目组成员在收集和评价审计证据过程中保持质疑的思维方式和职业怀疑的必要性,向项目组成员进行强调所采用的方式。

(7) 以往审计中对内部控制运行有效性评价的结果,包括所识别的控制缺陷的性质及应对措施。

(8) 管理层重视设计和实施健全的内部控制的相关证据,包括这些内部控制得以适当记录的证据。

(9) 业务交易量规模,以基于审计效率的考虑确定是否依赖内部控制。

(10) 被审计单位全体人员对内部控制对于业务成功运行的重要性的认识。

(11) 影响被审计单位经营的重大发展变化,包括信息技术和业务流程的变化,关键管理人员的变化,以及收购、兼并和分立。

(12) 重大的行业发展情况,如行业法规变化和新的报告规定。

(13) 适用的财务报告编制基础发生的变化,如会计准则的变化,该变化可能涉及做出重大的新披露或对现有披露做出重大修改。

(14) 与会计师事务所内部人员讨论可能对审计产生影响的事项。

(15) 管理层用于识别和编制适用的财务报告编制基础所要求的披露的流程。

(16) 其他重大变化,如影响被审计单位法律环境的变化。

在制定总体审计策略时,注册会计师还应考虑初步业务活动的结果,审计单位提供其他服务时所获得的经验。

**(四) 确定执行审计业务所需审计资源的性质、时间安排和范围**

注册会计师应当在总体审计策略中清楚地说明审计资源的规划和调配,包括确定执行审计业务所必需的审计资源的性质、时间和范围。

(1) 向具体审计领域调配的资源,包括向高风险领域分派有适当经验的项目组成员,就复杂的问题利用专家工作等。

(2) 向具体审计领域分配资源的数量,包括安排到重要存货存放地观察存货盘点的项目组成员的数量,对其他注册会计师工作的复核范围,对高风险领域安排的审计时间预算。

(3) 何时调配这些资源,包括是在期中审计阶段还是在关键的截止日期调配资源等。

(4) 如何管理、指导、监督这些资源的利用,包括预期何时召开项目组预备会和总结会,预期项目负责人和经理如何进行复核,是否需要实施项目质量控制复核等。

## 二、具体审计计划

具体审计计划比总体审计策略更加详细,具体审计计划的核心在于确定审计程序的性质、时间安排和范围以获取充分、适当的审计证据,以将审计风险降至可接受的水平。具体审计计划应当包括风险评估程序、计划实施的进一步审计程序、其他审计程序,以及对项目组成员实施指导、监督并复核其工作。

**(一) 风险评估程序**

风险评估程序是指注册会计师为了了解被审计单位及其环境以识别和评估财务报表层次和认定层次的重大错报风险而实施的审计程序。在具体审计计划中,应当按照《中国注册会计师审计准则第 1211 号——重大错报风险识别和评估》的规定:注册会计师应当实施风险评估程序,为识别和评估财务报表层次和认定层次的重大错报风险重提供基础。

**(二) 计划实施的进一步审计程序**

具体审计计划包括按照《中国注册会计师审计准则第 1231 号——针对评估的重大错报风险采取的应对措施》的规定,针对评估的认定层次的重大错报风险,注册会计师应当计划和实施的进一步审计程序的性质、时间安排和范围。进一步审计程序包括控制测试和实质性程序。

进一步审计程序可以分为进一步审计程序的总体方案和拟实施的具体审计程序(包括进一步审计程序的具体性质、时间和范围)两个层次。进一步审计程序的总体方案主要是指注册会计师针对各类交易、账户余额和列报决定采用的总体方案(包括实质性方案或综合性方案)。具体审计程序则是对进一步审计程序的总体方案的延伸和细化,它通常包括控制测试和实质性程序的性质、时间安排和范围。在实务中,注册会计师通常单独编制一套包括这些具体程序的"进一步审计程序表",待具体实施审计程序时,注册会计师将基于所计划的具体审计程序,进一步记录所实施的审计程序及结果,并最终形成有关进一步审计程序的审计工作底稿。

另外,完整、详细的进一步审计程序的计划包括对各类交易、账户余额和列报余额的具体审计程序的性质、时间安排和范围,包括抽取的样本量等。在实务中,注册会计师可以统筹安排进一步审计程序的先后顺序如果对某类交易、账户余额、列报(包括披露,下同)已经做出计划,则可以安排先行开展工作,与此同时再制定其他交易、账户余额和列报的进一步审计程序。

**(三) 其他审计程序**

根据审计准则的规定,计划应当实施的其他审计程序,可以包括上述进一步审计程序的计划中没有涵盖的、根据其他审计准则的要求注册会计师应当执行的既定程序。在审计计划阶段,除了按照《中国注册会计师审计准则第 1211 号——重大错报风险的识别和评估》进行计划工作,注册会计师还需要兼顾其他准则中规定的、针对特定项目在审计计划阶段应执行的程序及记录要求。例如,《中国注册会计师审计准则第 1141 号——财务报表审计中与舞弊相关的责任》《中国注册会计师审计准则第 1324 号——持续经营》《中国注册会计师审计准则第 1323 号——关联方》等准则对注册会计师针对这些特定项目在审计计划阶段应当执行的程序及其记录做出了规定。当然,由于被审计单位所处行业、环境各不相同,特别项目可能也有所不同,例如,有些企业可能涉及环境事项等,在实务中注册会计师应根据被审计单位的具体情况确定特定项目并执行相应的审计程序。

**(四) 指导、监督与复核**

注册会计师应当制订计划,确定对项目组成员的指导和监督以及对其工作的复核的性质、时间安排和范围。

注册会计师主要考虑下列因素:被审计单位的规模和复杂程度;审计领域;评估的重大错报风险;执行审计工作的项目组成员的专业素质和胜任能力等。

本书第四章所附的审计案例中,公正会计师事务所受托审计新欣公司 2015 年度报表,注册会计师针对销售与收款循环部分,制定的具体审计计划如表 5-1 所示。

**表 5-1　　销售与收款循环重要账户和列报的具体审计计划**　　索引号 F1-1

客户名称:新欣公司　　编制人:章艺　　日期:2016 年 2 月 6 日
报表期间:2015 年　　复核人:李明　　日期:2016 年 2 月 13 日

| 重要账户或列报 | 未审金额 | 相关认定 | | | | | | | 涉及舞弊风险 | 总体方案 | 控制测试 | 实质性程序 | | 具体审计程序索引号 |
|---|---|---|---|---|---|---|---|---|---|---|---|---|---|---|
| | | 完整性 | 存在、发生 | 准确性 | 截止 | 计价、分摊 | 权利、义务 | 分类、可理解性 | | | | 细节测试 | 分析程序 | |
| 主营业务收入 | 12 375 000 | | 是 | 是 | 是 | | | | 是 | 综合性方案 | 是 | 是 | 是 | F2-1 |
| 应收账款 | 3 030 500 | | 是 | | | | 是 | | | 综合性方案 | 是 | 是 | 是 | F2-2 |
| …… | | | | | | | | | | | | | | |
| …… | | | | | | | | | | | | | | |

## 三、审计计划的更改

由于未预期事项的存在、条件的变化或通过实施审计程序获取的审计证据等原因,注册会计师可能需要基于修正后的风险评估结果，对总体审计策略和具体审计计划，以及相应的原计划的进一步审计程序的性质、时间安排和范围做出修改。当注册会计师之后注意到的信息与审计计划程序时获知的信息存在重大差异时(如注册会计师通过实施实质性程序获取的审计证据可能与实施控制测试获取的审计证据相矛盾)，就可能发生这种情况。因此，在审计过程中，注册会计师应当在必要时对总体审计策略和具体审计计划做出更新和修改，审计计划工作是一个持续的、不断修正的过程。

在审计实务中，计划的进一步审计程序表编制后并不是固定不变的。随审计的深入，注册会计师对被审计单位的了解也必然加深。此时，注册会计师可不必执行里面的所有程序，或者额外添加注册会计师认为应该执行的程序，这一些都要视被审计单位的具体情况而定。

例如，根据《中国注册会计师审计准则第 1312 号——函证》的规定，注册会计师应当对应收账款实施函证程序，除非有充分证据表明应收账款对财务报表不重要，或函证很可能无效。如果认为函证很可能无效，注册会计师应当实施替代审计程序，获取相关、可靠的审计证据。如果不对应收账款函证，注册会计师应当在工作底稿中说明理由。

**【例 5-1】** 注册会计师李明负责对常年客户华兴公司 2013 年度的财务报表审计，撰写了总体审计策略和具体审计计划，部分内容摘录如下：

(1) 初步了解 2013 年度华兴公司及其环境未发生重大变化，拟依赖以往审计中对管理层、治理层诚信形成的判断。

(2) 因对华兴公司内部注册会计师的客观性和专业胜任能力存在疑虑，拟不利用其内部审计工作。

(3) 如对审计计划的重要性水平做出修正，拟通过修改计划实施的实质性程序的性质、时间和范围降低重大错报风险。

(4) 假定华兴公司收入确认存在舞弊风险，拟将销售交易及其认定的重大错报风险评估为高水平，不再了解和评估相关控制设计的合理性并确定其是否得到执行，直接进行细节测试。

(5) 因华兴公司于 2013 年 9 月关闭某地办事处并注销其银行账户，拟不再函证该银行账户。

(6) 因审计工作时间安排紧张，拟不进行函证应收账款，直接实施替代审计程序。

(7) 2013 年度华兴公司购入股票作为可供出售的金融资产核算。除实施询问程序外，预期无法获取有关管理层持有意图的其他充分、适当的证据，拟就询问结果获取管理层书面声明。

**问题：**请分析事项(1)～(7)中，注册会计师的处理是否恰当，并说明理由。

**解答：**

事项(1)：注册会计师拟定的审计计划存在不当之处。注册会计师不能仅仅根据公司华兴公司及其环境没有发生变化而直接信赖管理层、治理层的诚信，注册会计师还应考虑被审计单位相关的战略、目标等的影响以及本年的具体情况来考虑管理层、治理层的诚信问题。

事项(2)：注册会计师拟定的审计计划无不当之处。

事项(3)：注册会计师拟定的审计计划存在不当之处。重大错报风险是客观存在的，并不能降低，可以通过控制测试，降低评估的重大错报风险；通过修改计划实施的实质性程序的性质、时间安排和范围降低检查风险,并不是重大错报风险。

事项(4):注册会计师拟定的审计计划存在不当之处。对内部控制的了解是必须的,并不是选择的,判断收入确认方面存在舞弊,可以不执行控制测试,但是了解内部控制程序是必须执行的,可以在了解内部控制程序后,根据评估的结果,直接进行实质性测试。

事项(5):注册会计师拟定的审计计划存在不当之处。注册会计师对银行存款的函证,又到那个包括在财务报表涵盖期间所有的存过款的银行,包括零余额和账户已经结清的银行,不能由于账户已经结清,就不进行函证了。

事项(6):注册会计师拟定的审计计划存在不当之处。除非有充分证据表明应收账款对财务报表不重要,或函证很可能无效的,否则注册会计师应当对其实施函证,注册会计师不能由于时间、成本等因素,减少必要的审计程序。

事项(7):注册会计师拟定的审计计划无不当之处。

## 第三节 审计重要性

审计重要性是现代审计理论与实务中一个非常重要的概念,对财务报表审计业务具有广泛的影响,贯穿于审计计划阶段、执行阶段和完成阶段全过程。正确理解审计重要性的含义并加以运用对于保证审计质量和实现审计目标具有重要的意义。

### 一、审计重要性的概念

《中国注册会计师审计准则第 1221 号——计划和执行审计工作时的重要性》中的定义:重要性的判断是根据具体环境做出的;并受错报金额或性质的影响;或者两者共同作用的影响。如果合理预期一项错报(包括漏报)单独或汇总起来可能影响财务报表使用者依据财务报表做出的经济决策,则通常认为该项错报是重大的。

如果仅从数量角度考虑,重要性只是一个门槛或临界点。在该门槛或临界点以上的错报就是重要的;反之,该错报则不重要。理解这一概念时,必须把握以下几点:

(1) 重要性概念中的错报包含漏报。财务报表错报包括财务报表金额的错报和财务报表披露的错报。

(2) 重要性包括对数量和性质两个方面的考虑。所谓数量方面是指错报金额的大小,性质方面则是注重错报的性质。一般来讲,金额大的错报比金额小的错报更重要。有些情况下,某些金额的错报从数量上看并不重要,可是从性质上考虑则可能是重要的。对于某些财务报表披露的错报,难以从数量上判断是否重要,应从性质上考虑其是否重要。

(3) 重要性水平是针对财务报表使用者决策的信息需求考虑的。判断一项错报重要与否,应视其对财务报表使用者依据财务报表做出经济决策的影响程度而定。如果财务报中的某项错报足以改变或影响财务报表使用者的相关决策,则该项错报就是重要的,否则就不重要。

(4) 重要性的确定也离不开特定的环境。不同被审计单位面临不同的环境,不同的报表使用者有着不同的信息需求,所以注册会计师确定的重要性也不相同。某一金额的错报对某被审计单位的财务报表来说是重要的,而对另一个被审计单位的财务报表来说可能不重要。例如,错报 20 万元对一个小公司来说可能是重要的,而对另一个大公司来说则可能不重要。

(5) 对重要性的评估需要运用职业判断。影响重要性的因素很多,注册会计师应当根据被审计单位面临的环境,并综合考虑其他因素,合理确定重要性水平。不同的注册会计师在确定同一被审计单位财务报表层次和认定层次的重要性水平时,得出的结果可能不同。这主要是因为对影响重要性的各因素的判断存在差异。因此,注册会计师需要运用职业判断来合理评估重要性。

在整个审计过程中,注册会计师都必须运用审计重要性。在审计计划阶段,注册会计师需要运用重要性,帮助注册会计师确定审计程序的性质、时间安排和范围,这时,重要性被看成是审计所允许的可能或潜在的未发现错报的限度;在审计结束阶段,用以评价审计结果,即注册会计师以此判断某一项错报或者汇总的错报是否影响财务报表的公允性。

## 二、重要性水平的确定

在制定总体审计策略时,注册会计师应当对重要性水平做出初步判断,确定一个可接受的重要性水平,以拟定审计程序的性质、时间安排和范围。注册会计师在确定计划的重要性水平时,需充分考虑对被审计单位及其环境的了解、审计目标、财务报表各项目的性质及其相互关系、财务报表项目的金额及其波动幅度等因素。

### (一) 从数量方面考虑重要性

由于注册会计师是对整个财务报表发表审计意见的,但财务报表提供的信息由各类交易、账户余额、披露认定层次的信息汇集而成,同时审计程序的实施和审计证据的收集又是针对各类交易、账户余额和披露认定分别进行的,所以注册会计师应从财务报表和各类交易、账户余额和披露认定两个层次来考虑和确定重要性水平。

1. 财务报表层次的重要性水平

确定财务报表层次重要性水平时,通常采用的程序为:首先选择一个恰当的基准,然后再选用适当的百分比乘以该基准,从而得出该层次的重要性水平。

(1) 基准的选择。确定适当的基准时,注册会计师需要站在财务报表使用者的角度,充分考虑一下因素:①财务报表的要素(如资产、负债、所有者权益、收入和费用等)、适用的会计准则和相关会计制度所定义的财务报表指标(如财务状况、经营成果和现金流量),以及适用的会计准则和相关会计制度提出的其他具体要求。②财务报表使用者特别关注的报表项目(如为了评价财务业绩,使用者可能更关注利润、收入或净资产)。③被审计单位的性质、所处的生命周期阶段及所在行业和经济环境。④被审计单位的规模、所有权性质以及融资方式(如果被审计单位仅通过债务方式而非权益方式进行融资,财务报表使用者可能更关注资产及资产的索偿权,而非被审计单位的收益)。⑤基准的相对波动性。注册会计师选择的基准在各年中通常保持相对稳定、但并非一成不变,注册会计师可根据具体情况,在各年做出调整。

在通常情况下,对于以营利为目的的企业,利润可能是大多数财务报表使用者最为关注的财务指标,可以考虑选取经常性业务的税前利润作为基准。但是在某些情况下,例如,企业处于微利或微亏状态时,采用经常性业务的税前利润为基准确定重要性可能影响审计的效率和效果。注册会计师可以考虑采用以下方法确定基准:①如果微利或微亏状态是由宏观经济环境的波动或企业自身经营的周期性所导致，可以考虑采用过去3～5年经常性业务的平均税前利润作为基准。②采用财务报表使用者关注的其他财务指标作为基准，如营业收入、总资产等。注册会计师为被审计单位选择的基准在各年度中通常会保持稳定，但是并非必须保持一贯不变。注册会计师可以根据经济形势、行业状况和被审计单位具体情况的变化对采用的基准做出调整。例如，对于处在新设立阶段的被审计单位可能采用总资产作为基准，对于处在成长期的被审计单位可能采用营业收入作为基准，对于进入经营成熟期的被审计单位可能采用经常性业务的税前利润作为基准。

(2) 百分比的选择。在确定恰当的基准后，注册会计师通常运用职业判断合理选择百分比，据以确定重要性水平。以下是实务中用来判断重要性水平的参考数值：①以营利为目的的企业——来自经常性业务的税前利润或税后净利润的5%，或总收入的0.5%。②银行、保险等资产规模较大的金融企业，资产总额的0.5%～1%。③非营利组织，费用总额或总收入的0.5%。④共同基金公司——净资产的0.5%。

在确定百分比时，除考虑被审计单位是否为上市公司或公众利益实体外，其他因素也会影响注册会计师对百分比的选择，这些因素包括但不限于：①财务报表是否分发给广大范围的使用者。②被审计单位是否由集团内部关联方提供融资或是否有大额对外融资（如债券或银行贷款）。③财务报表使用者（如特殊目的财务报表的使用者）是否对基准数据特别敏感。

注册会计师在确定重要性水平时，通常考虑被审计单位以前期间的经营成果和财务状况、本期的经营成果和财务状况，本期的预算和预测结果、被审计单位情况的重大变（如重大的企业重组）以及宏观经济环境和所在行业发生的相关变化。

通过不同的判断基础得出的重要性水平，一般情况下总是存在着差异，如果同一期间不同财务报表的重要性水平不同，从谨慎性出发，应选择最低者作为所有报表的重要性水平。其原因是财务报表彼此相互关联，一项误差可能会同时影响到各种不同的基础并且很多审计程序都会经常涉及两个以上的报表，所以在计划审计工作时，应使用对任何一张报表都重要的最低的错报总体水平。

**【例5-2】** 财务报表层次的重要性水平的确定

RH会计师事务所注册会计师甲和乙对ABC股份有限公司2017年度财务报表进行审计，其未经审计的有关财务报表项目金额如表5-2所示。

**表5-2　ABC股份有限公司财务报表项目**　　单位：万元

| 报表项目名称 | 金额 |
|---|---|
| 资产总额 | 180 000 |
| 股东权益总额 | 88 000 |
| 营业收入 | 240 000 |
| 利润总额 | 36 000 |
| 净利润 | 24 120 |

甲和乙注册会计师拟以资产总额、净资产（股东权益）、营业收入和净利润作为判断基准，采用固定比率法，并假定资产总额、净资产总额、营业收入和净利润总额的固定百分比数

值分别为0.5%、1%、0.5%和5%。

**问题：**甲和乙注册会计师计算确定ABC股份有限公司2017年度财务报表层次的重要性水平应该是多少？

**解答：**

$$180\ 000\times0.5\%=900$$
$$88\ 000\times1\%=880$$
$$240\ 000\times0.5\%=1\ 200$$
$$24\ 120\times5\%=1\ 206$$

甲和乙注册会计师应选择金额最低的880万元作为财务报表层次的重要性水平，该金额最低，满足每张财务报表的要求，选择的重要性水平越低，计划执行的程序越充分，越能够将审计风险控制在可接受的水平。

2. 特定类别交易、账户余额及相关披露的重要性水平

在初步确定财务报表层次重要性水平的基础上，注册会计师还应当考虑各类交易、账户余额及相关披露层次的重要性水平。各类交易、账户余额及相关披露层次的重要性水平称为"可容忍错报"。它是在不导致财务报表整体存在重大错报的情况下，注册会计师对各类交易、账户余额及相关披露确定的可接受的最大错报。

根据被审计单位的特定环境，下列因素可能表明存在一个或多个特定类别的交易、账户余额或披露等发生的错报，虽然低于财务报表整体的重要性，但合理预期将会影响到财务报表使用者依据财务报表做出的经济决策，注册会计师应当确定适用于这些交易、账户余额及相关披露的一个或多个重要性水平。

确定一个或多个重要性水平需考虑的因素：①法律法规或适用的财务报告编制基础是否影响财务报表使用者对特定项目（如关联方交易、管理层和治理层的薪酬）计量或披露的预期。②与被审计单位所处行业相关的关键性披露（如制药业的研发成本）。③财务报表使用者是否特别关注财务报表中单独披露的业务的特定方面（如关于分部或重大企业合并的披露）。

注册会计师在确定各类交易、账户余额及相关披露层次的重要性水平时，应当考虑以下主要因素：①各类交易、账户余额及相关披露的性质及错报的可能性。②各类交易、账户余额及相关披露的重要性水平与财务报表层次重要性水平的关系。

实务中，确定各类交易、账户余额及相关披露的重要性水平，可以采用分配的方法，也可以采用不分配的方法。一种是分配的方法，将初步判断的财务报表层次的重要性水平按照一定比率分配给各个项目；另一种是不分配的方法，直接将各类交易、账户余额及相关披露的重要性水平确定为财务报表层次的重要性水平的一定比例范围，而且分配的对象一般是资产负债表账户，假设财务报表层次的重要性水平为100万元，将各账户或交易的重要性水平确定为财务报表层次重要性水平的1/6～1/3。

**【例5-3】** 分配确定交易、账户余额及相关披露的重要性水平

ABC股份公司的资产构成如表5-3所示，注册会计师初步判断的财务报表层次的重要性水平为资产总额的1%，即140万元，即资产负债表可以容忍的错报为140万元。然后注册会计师将这一重要性水平分配给资产负债表各项目。

表 5-3　　ABC 股份公司资产项目及分配方案表　　单位:万元

| 项目金额 | 金额 | 甲方案 | 乙方案 |
|---|---|---|---|
| 货币资金 | 700 | 7 | 2.8 |
| 应收账款 | 2 100 | 21 | 25.2 |
| 存货 | 4 200 | 42 | 70 |
| 固定资产 | 7 000 | 70 | 42 |
| 总计 | 14 000 | 140 | 140 |

**问题:**

注册会计师提供了甲、乙两种分配方案,比较两种分配方案的恰当性。

**解答:**

甲方案对于每一个项目都采用1%的比例进行分配,虽然简单,但是一般来说是不恰当的。因为应收账款和存货错报的可能性较大,故分配较高的重要性水平,以节省审计成本。假定审计存货后,仅发现40万元的错报,且注册会计师认为所执行的审计程序已经足够,则可将剩下的30万元再分配给应收账款。因此注册会计师必须对其进行修正。

**(二) 从性质方面考虑重要性**

注册会计师在运用重要性原则时,除了以上考虑错漏报的金额,还要考虑错漏报的性质。有时金额不重要的错报从性质上看有可能是重要的。注册会计师在判断错报的性质是否重要时应该考虑的具体情况包括:

(1) 错报对遵守法律法规要求的影响程度。

(2) 错报对遵守债务契约或其他合同要求的影响程度。

(3) 错报掩盖收益或其他趋势变化的程度(尤其在联系宏观经济背景和行业状况进行考虑时)。

(4) 错报对用于评价被审计单位财务状况、经营成果或现金流量的有关比率的影响程度。

(5) 错报对信息漏报的影响程度。在有些情况下,适用的会计准则和相关会计制度并未对该信息做出具体要求,但是注册会计师运用职业判断,认为该信息对财务报表使用者了解被审计单位的财务状况、经营成果或现金流量很重要。

(6) 错报对增加管理层报酬的影响程度。例如,管理层通过错报来达到有关奖金或其他激励政策规定的要求,从而增加其报酬。

(7) 错报对某些账户余额之间错误分类的影响程度,这些错误分类影响到财务报表中应单独披露的项目。例如,经营收益和非经营收益之间的错误分类,非营利单位的受限制资源和非受限制资源的错误分类。

(8) 相对于注册会计师所了解的以前向报表使用者传达的信息(如营利预测)而言,错报的重大程度。

(9) 错报是否与涉及特定方的项目相关。例如,与被审计单位发生交易的外部单位是否与被审计单位管理层的成员有关联。

(10) 错报对财务报表中列报的分部信息的影响程度。例如,错报事项对分部或被审计单位其他经营部分的重要程度，而这些分部或经营部分对被审计单位的经营或营利有重大影响。

(11) 错报对与已审计财务报表一同披露的其他信息的影响程度，该影响程度能被合理预期将对财务报表使用者做出经济决策产生影响。

需要指出的是，这些因素只是举例，不可能包括所有情况，也并非所有审计都会出现上述全部因素。注册会计师不能以存在这些因素为由而必然认为错报是重大的。这些因素仅供注册会计师参考。

## 三、实际执行的重要性的确定

仅为发现单项重大的错报而计划审计工作将忽视这样一个事实：即单项非重大错报的汇总数可能导致财务报表出现重大错报，更不用说还没有考虑可能存在的未发现错报。因此，《中国注册会计师审计准则第 1221 号——计划和执行审计工作时的重要性》新增了“实际执行的重要性”概念。

实际执行的重要性是指注册会计师确定的低于财务报表整体的重要性的一个或多个金额，旨在将未更正和未发现错报的汇总数超过财务报表整体的重要性的可能性降至适当的水平。如果适用，实际执行的重要性还指注册会计师确定的低于特定类别的交易、账户余额及相关披露的重要性水平的一个或多个金额。

因此，实际执行的重要性也包括两个层次：一是财务报表整体的实际执行的重要性。确定财务报表整体的实际执行的重要性(根据定义可能是一个或多个金额)，旨在将财务报表中未更正和未发现错报的汇总数超过财务报表整体的重要性的可能性降至适当的水平。二是特定类别交易、账户余额及相关披露层次的实际执行的重要性。确定特定类别交易、账户余额或披露的实际执行的重要性，旨在将这些交易、账户余额及相关披露中未更正与未发现错报的汇总数超过这些交易、账户余额及相关披露的重要性水平的可能性降至适当的水平。

确定实际执行的重要性需要注册会计师运用职业判断，并考虑下列因素的影响：

(1) 对被审计单位的了解(这些了解在实施风险评估程序的过程中得到更新)。

(2) 前期审计工作中识别出的错报的性质和范围。

(3) 根据前期识别出的错报对本期错报做出的预期。

通常而言，实际执行的重要性一般为财务报表整体重要性的 50%～75%。具体表现在：

(1) 如果存在下列情况，注册会计师可能考虑选择较低的百分比(50%)来确定实际执行的重要性：①首次接受委托的审计项目。②连续审计项目，以前年度审计调整较多。③项目总体风险较高，例如处于高风险行业，管理层能力欠缺，面临较大市场竞争压力或业绩压力等。④存在或预期存在值得关注的内部控制缺陷。

(2) 如果存在下列情况，注册会计师可能考虑选择较高的百分比(75%)来确定实际执行的重要性：①连续审计项目，以前年度审计调整较少。②项目总体风险为低到中等，例如处于非高风险行业，管理层有足够能力、面临较低的业绩压力等。③以前期间的审计经验表明内部控制运行有效。

## 四、审计过程中对重要性水平的修正

在审计实施阶段过程中，注册会计师应及时评价计划阶段确定的重要性水平是否仍然合理，并根据具体环境的变化或在审计执行过程中进一步获取的信息，调整计划的重要性水平，进而修改进一步审计程序的性质、时间和范围。由于存在以下原因，注册会计师可能需要修改财务报表总体或特定交易、账户余额及相关披露的重要性水平：①审计过程中情况发生重大变化（如决定处置被审计单位的一个重要组成部分）。②获取新信息。③通过实施进一步程序，注册会计师对被审计单位的了解发生变化。例如，随着审计证据的累积，注册会计师可能认为初始选用的重要性基准并不恰当，则需要选用其他的基准来计算重要性水平，审计风险将增加。这种情况下，应选用下列方法将审计风险降至可接受的水平：

（1）如有可能，通过扩大控制测试范围或实施追加的控制测试，降低评估的重大错报风险，并支持降低后的重大错报风险水平。

（2）通过修改计划实施的实质性程序的性质、时间和范围，降低检查风险。

## 五、评价审计结果时对重要性的考虑

计划审计工作之后，注册会计师应当严格按照审计计划确定的既定审计程序实施审计，若在这一过程中，识别出大量的错报，注册会计师应当汇总已发现但尚未更正的错报，评价未更正错报对财务报表的影响。注册会计师在评价审计结果时所确定的重要性水平，可能与计划审计工作时评估的重要性存在差异。如果前者大大低于后者，注册会计师应当考虑实施的审计程序是否充分。这是因为计划审计工作时评估的较高的重要性水平意味着较低的审计风险，所需要执行的审计程序和收集的证据相对较少；而评估审计结果时所运用的重要性水平比原来有所降低，审计风险相应增加，这就表示要执行更多的程序，收集更多的证据。

### （一）评价识别出的错报对审计的影响

注册会计师应当累积审计过程中识别出的错报，除非错报明显微小。

注册会计师在汇总尚未更正的错报或漏报时，应当包括已识别的错报和推断的错报。

错报是指某一财务报表项目的金额、分类、披露，与按照适用的财务报告编制基础应当列示的金额、分类、披露之间存在的差异；或根据注册会计师的判断，为使财务报表在所有重大方面实现公允反映，需要对金额、分类、披露做出的必要调整。错报可能是由于错误或舞弊导致的。

1. 已识别的错报

已识别的具体错报是指注册会计师在审计过程中发现的、能够准确计量的错报。

（1）事实错报。这类错报产生于被审计单位收集和处理数据的错误，对事实的忽略或误解，或故意舞弊行为。例如，注册会计师在审计测试中发现最近购入存货的实际价值为15 000元，但账面记录的金额却为 10 000 元。因此，存货和应付账款分别被低估了5 000元，这里被低估的5 000元就是已识别的对事实的具体错报。

（2）判断错报。这类错报产生于两种情况：一是管理层和注册会计师对会计估计值的判断差异，如由于包含在财务报表中的管理层做出的估计值超出了注册会计师确定的一个合理范围，导致出现判断差异；二是管理层和注册会计师对选择和运用会计政策的判断差异，由于注册会计师认为管理层选用会计政策造成错报，管理层却认为选用会计政策适当，导致出现判断差异。

已识别的具体错报还应该包括在以前期间审计中已识别但尚未更正错报的净影响额。

一般而言，如果前期尚未调整的错报或漏报尚未消除，且导致本期财务报表严重失实，注册会计师在汇总时就应将其包括进来。此外，在汇总时，注册会计师还应考虑期后事项或有事项是否已进行适当处理。

2. 推断的错报

推断错报也称为“可能误差”，是注册会计师对不能明确、具体地识别的其他错报的最佳估计数。

(1) 通过测试样本估计出的总体的错报减去在测试中发现的已经识别的具体错报。例如，应收账款年末余额为 2 000 万元，注册会计师抽查 10%样本发现金额有 100 万元的高估，高估部分为账面金额的 20%，据此注册会计师推断总体的错报金额为 400 万元(即 20%)，那么上述 100 万元就是已识别的具体错报，其余 300 万元即推断错报。

(2) 通过实质性分析程序推断出的估计错报。例如，注册会计师根据客户的预算资料及行业趋势等要素，对客户年度销售费用独立地做出估计，并与客户账面金额比较，发现两者间有 50%的差异。考虑到估计的精确性有限，注册会计师根据经验认为 10%的差异通常是可接受的，而剩余 40%的差异需要有合理解释并取得佐证性证据。假定注册会计师对其中 10%的差异无法得到合理解释或不能取得佐证，则该部分差异金额即为推断错报。

注册会计师应当随着审计的推进考虑识别出的错报对审计的影响。如果出现下列情况之一，注册会计师应当确定是否需要修改总体审计策略和具体审计计划：

(1) 识别出的错报的性质以及错报发生的环境表明可能存在其他错报，并且可能存在的其他错报与审计过程中累积的错报合计起来可能是重大的。

(2) 审计过程中累积的错报合计数接近按照审计准则的规定确定的重要性。

除非法律法规禁止，注册会计师应当及时将审计过程中累积的所有错报与适当层级的管理层进行沟通。注册会计师还应当要求管理层更正这些错报。

如果管理层应注册会计师的要求，检查了某类交易、账户余额或披露并更正了已发现的错报，注册会计师应当实施追加的审计程序，以确定错报是否仍然存在。

如果管理层拒绝更正沟通的部分或全部错报，注册会计师应当了解管理层不更正错报的理由，并在评价财务报表整体是否不存在重大错报时考虑该理由。

**(二) 评价未更正错报对财务报表的影响**

未更正错报，是指注册会计师在审计过程中累积的且被审计单位未予更正的错报。

在评价未更正错报的影响之前，注册会计师应当重新评估按照《中国注册会计师审计准则第 1221 号——计划和执行审计工作时的重要性》的规定确定的重要性，以根据被审计单位的实际财务结果确认其是否仍然适当。

注册会计师应当确定未更正错报单独或汇总起来是否重大。在确定时，注册会计师应当考虑：

(1) 相对特定类别的交易、账户余额及相关披露以及财务报表整体而言，错报的金额和性质以及错报发生的特定环境。

(2) 与以前期间相关的未更正错报对相关类别的交易、账户余额及相关披露以及财务报表整体的影响。

除非法律法规禁止，注册会计师应当与治理层沟通未更正错报，以及这些错报单独或汇总起来可能对审计意见产生的影响。注册会计师在沟通时应当逐项指明重大的未更正错报。注册会计师应当要求被审计单位更正未更正错报。注册会计师应当与治理层沟通与以前期间相关的未更正错报对相关类别的交易、账户余额及相关披露以及财务报表整体的影响。

另外，注册会计师应当要求管理层和治理层（如适用）提供书面声明，说明其是否认为未更正错报单独或汇总起来对财务报表整体的影响不重大。这些错报项目的概要应当包含在书面声明中或附在其后。

评价尚未更正错报汇总数的影响时，应根据以下情况分别处理：

（1）如果尚未更正错报汇总数低于重要性水平，注册会计师可以发表无保留（标准）意见的审计报告。

（2）如果尚未更正错报汇总数超过了重要性水平，对财务报表的影响可能是重大的，注册会计师应当考虑通过扩大审计程序的范围或要求管理层调整财务报表降低审计风险。除非错报金额非常小且性质不严重，注册会计师都应当要求管理层就已识别的错报调整财务报表。如果管理层拒绝调整财务报表，并且扩大审计程序范围的结果不能使注册会计师认为尚未更正错报的汇总数不重大，注册会计师应当考虑出具非无保留（非标准）意见的审计报告。

（3）如果已识别但尚未更正错报的汇总数接近重要性水平，注册会计师应当考虑该汇总数连同尚未发现的错报是否可能超过重要性水平，并考虑通过实施追加的审计程序，或要求管理层调整财务报表降低审计风险。

**【例 5-4】** 重要性水平确定及重大错报的职业判断

上市公司甲公司是 ABC 会计师事务所的常年审计客户，A 注册会计师负责审计甲公司 2020 年度财务报表。审计工作底稿中与确定重要性和评估重大错报相关的部分内容，如表 5-4 所示。

**表 5-4** **报表数据结构资料表** 单位：万元

| 项目 | 2020 年 | 2019 年 | 备注 |
|---|---|---|---|
| 营业收入 | 16 000（未审数） | 15 000（已审数） | 2020 年，竞争对手推出新产品抢占市场，甲公司通过降价和增加广告投放促销 |
| 税前利润 | 50 | 2 000（已审数） | 2020 年，降价及销售费用增长导致盈利大幅度下降 |
| 报表整体的重要性 | 80 | 100 | |
| 实际执行的重要性 | 60 | 75 | |
| 明显微小错报的临界点 | 0 | 5 | |

（1）2019 年度财务报表整体的重要性以税前利润的 5%计算。2020 年，由于甲公司处于盈亏临界点，A 注册会计师以过去三年税前利润的平均值作为基准确定财务报表整体的重要性。

（2）由于 2019 年度审计中提出的多项审计调整建议金额均不重大，A 注册会计师确定 2020 年度实际执行的重要性为财务报表整体重要性的 75%，与 2019 年度保持一致。

（3）2020 年，治理层提出希望知悉审计过程中发现的所有错报，因此，A 注册会计师确定 2020 年度明显微小错报的临界值为 0。

(4) 甲公司2020年末非流动负债余额中包括一年内到期的长期借款2 500万元，占非流动负债总额的50%。A注册会计师认为，该错报对利润表没有影响，不属于重大错报，同意管理层不予调整。

(5) A注册会计师仅发现一笔影响利润表的错报，即管理费用少计60万元。A注册会计师认为，该错报金额小于财务报表整体的重要性，不属于重大错报，同意管理层不予调整。

**问题**：针对上述第(1)～(5)项，假定不考虑其他条件，逐项指出A注册会计师的做法是否恰当。如不恰当，简要说明理由。

**解答**：

事项(1)和事项(3)：做法恰当。

事项(2)：做法不恰当。2019年度有多项审计调整，甲公司在2020年面临较大市场压力，显示项目总体风险较高，将实际执行的重要性确定为财务报表整体重要性的75%不恰当。

事项(4)：做法不恰当。该分类错报对其所影响的账户重大，很可能影响关键财务指标(如营运资金)，应作为重大错报。

事项(5)：做法不恰当。该错报虽然小于财务报表整体的重要性，但会使甲公司税前利润由盈利转为亏损，属于重大错报。

## 第四节 审计风险

### 一、审计风险的概念、特征与成因

根据《中国注册会计师审计准则第1101号——注册会计师的总体目标和审计工作的基本要求》的规定，历史财务报表审计中要求注册会计师将审计风险降低到可接受的低水平，对审计后的历史财务信息提供合理保证。合理保证意味着审计风险始终存在，注册会计师应当通过计划和实施审计工作，获取充分适当的证据，将审计风险降低到可接受的低水平。审计风险是一个与审计过程相关的技术术语，贯穿于审计全过程。

在审计计划阶段，注册会计师必须考虑审计风险。

#### (一) 审计风险的概念

我国审计准则将审计风险定义为：是指财务报表存在重大错报而注册会计师发表不恰当审计意见的可能性。审计风险并不包含这种情况，即财务报表不含有重大错报，而注册会计师错误地发表了财务报表含有重大错报的审计意见的风险。这种风险通常可以忽略不计。

审计业务提供的是合理保证，合理保证与审计风险互为补数，即合理保证与审计风险之和等于100%。如果注册会计师将审计风险降至可接受的水平，则给财务报表不存在重大错报问题提供了合理保证。

与审计风险相对应的一个概念是可接受的审计风险。可接受的审计风险的确定，需要考虑会计师事务所对审计风险的态度、审计失败对会计师事务所可能造成的损失的大小因素。其中，审计失败对会计师事务所可能造成的损失的大小又受所审计财务报表的用途、使用者的范围等因素的影响。注册会计师应当通过计划和实施审计工作，获取充分、适当的审计证据，将审计风险降至可接受的水平。必须注意的是审计业务是一种保证程度高的鉴证业务，可接受的审计风险应当足够低，以使注册会计师能够合理保证所审计财务报表不含有重大错报。

**（二）审计风险的特征**

1. 审计风险是客观存在的

由于审计的固有局限，即使注册会计师按照审计准则的规定恰当地计划和实施了审计工作，也不可避免地存在财务报表中的某些重大错报未被发现的风险。而且审计风险也不是故意导致的，而是注册会计师在执行业务的过程中无意识形成的，审计风险不以人的意志为转移，无法根除，只能通过相应的手段或措施将其降低。

2. 审计风险贯穿于审计全过程

审计风险往往通过最终审计结论与预期的偏差体现出来，注册会计师在执行审计的过程中一般很难察觉，但这并不意味着审计风险只存在于审计的最终环节。审计过程中每一个环节中微小的因素都可能导致审计风险。

3. 审计风险是可控的

审计风险中包含了某些可以控制的风险，这些风险一般与对日常和重大的某类交易或账户余额做出的不准确或不完整的记录相关。在这种情况下，通过关注这类风险的发生过程，识别风险领域并进行相应的管控，便能将其降低至可接受的水平。

**（三）审计风险的成因**

1. 审计风险形成的客观原因

审计活动所处的法律环境是审计风险形成的直接原因。注册会计师如果出具了不恰当的审计报告，应承担相应的法律责任。目前公众的经济决策对注册会计师发表的审计意见的依赖性空前加大，一旦他们在决策中由于相信注册会计师的错误结论而遭受损失，就会要求提供赔偿，从而导致审计风险。

审计风险形成的另一个客观原因是审计对象的复杂性和审计内容的广泛性。社会经济的发展，企业规模的扩大，生产经营活动的复杂性，使会计信息系统越来越复杂，从而加大了财务报表错误的可能性；另外审计范围的日趋扩大，审计对象愈发复杂，审计内容愈发广泛，又增加了诸多不确定性因素，导致审计难度加大，进而产生了审计风险。

除此之外，现代审计方法存在的缺陷也是审计风险形成的客观原因。现代审计方法对降低审计成本十分重视，在执行审计程序时强调审计成本与审计风险的平衡，选用的审计程序也允许存在一定的风险，加之审计抽样方法和分析程序在审计过程中的广泛运用，审计结论必然存在偏差。

2. 审计风险形成的主观原因

在审计过程中，许多方面都要由注册会计师做出专业判断，审计对象和内容复杂的程度逐渐加大对注册会计师经验和能力形成了巨大的挑战。注册会计师有限的经验和能力很多时候不可避免地会在审计过程中发表不恰当审计意见，进一步产生了审计风险。此外注册会计师在执业中未能保持足够的职业谨慎，使本应发现的问题未能及时解决，应当实施的审计程序未能实施，最终导致审计风险。

## 二、审计风险的构成要素

从理论上说来，审计风险的高低取决于重大错报风险和检查风险。用审计风险模型表示如下：

$$审计风险(AR)=重大错报风险(RMM)\times检查风险(DR)$$

注册会计师应当实施审计程序，评估重大错报风险，并根据评估结果设计和实施进一步审计程序，以控制检查风险。

重大错报风险与被审计单位有关，直接受被审计单位的经济活动和内部控制等情况的影响，是注册会计师不能控制的，但注册会计师可以通过了解被审计单位及其环境，对其重大错报风险的高低进行合理的评估，在此基础上确定进一步审计程序的性质、时间和范围以将审计风险降低到可接受的水平。对于检查风险注册会计师可以在准确评估重大错报风险的基础上，通过合理设计和实施进一步审计程序的性质、时间安排和范围予以控制。

**（一）重大错报风险(RMM)**

重大错报风险是指财务报表在审计前存在重大错报的可能性。在设计审计程序以确定财务报表整体是否存在重大错报时，注册会计师应当从财务报表层次和各类交易、账户余额、披露认定层次考虑重大错报风险。

1. 财务报表层次的重大错报风险

财务报表层次重大错报风险与财务报表整体存在广泛联系，它可能影响多项认定。此类风险通常与控制环境有关，如因管理层缺乏诚信、治理层形同虚设而不能对管理层进行有效监督等；但也可能与其他因素有关，如经济萧条、企业所处行业处于衰退期等。此类风险难以被界定于某类交易、账户余额、列报的具体认定；相反，此类风险增大了一个或多个不同认定发生重大错报的可能性。此类风险对注册会计师考虑由舞弊引起的风险特别相关。

注册会计师评估财务报表层次重大错报风险的措施包括：考虑审计项目组承担重要责任的人员的学识、技术和能力，是否需要专家介入；考虑给予业务助理人员适当程度的监督指导；考虑是否存在怀疑被审计单位持续经营假设合理性的事项或情况。

2. 认定层次的重大错报风险

认定层次的重大错报风险是指与各类交易、账户余额及相关披露的认定发生重大错报的可能性。评估认定层次重大错报风险的目的，是确定所需实施的进一步审计程序的性质、时间安排和范围以获取充分、适当的审计证据，使注册会计师能够在审计风险处于可接受的水平时对财务报表发表意见。

认定层次的重大错报风险由固有风险和控制风险构成。

固有风险(IR)是指假设不存在相关的内部控制，某一认定易于发生重大错报风险的可能性，无论是该错报单独考虑，还是连同其他错报构成重大错报。

某些类别的交易、账户余额、披露及其认定，固有风险很高。例如，复杂的计算比简单的计算更可能出错；受重大计量不确定性影响的会计估计发生错报的可能性较大。产生经营风险的外部因素也可能影响固有风险，如技术进步可能导致某项产品陈旧，进而导致存货易于发生高估错报(计价认定)。被审计单位及其环境中的某些因素还可能与多个甚至所有类别的交易、账户余额、列报有关，进而影响多个认定的固有风险。这些因素包括维持经营的流动资金匮乏、被审计单位处于夕阳行业等。

控制风险(CR)是指某项交易、账户余额及相关披露的某一认定发生了重大错报，无论该错报单独考虑，还是连同其他错报构成重大错报，而该错报没有被审计单位的内部控制及时阻止、发现和纠正的可能性。控制风险取决于与财务报表编制有关的内部控制制度设计和运行的有效性。由于内部控制的固有局限性，某种程序的控制风险始终存在。

由于固有风险和控制风险不可分割地交织在一起，有时无法单独进行评估，审计准则通常不再单独提到固有风险和控制风险，而只是将这两者合并称为“重大错报风险”。但这并不意味着，注册会计师不可以单独对固有风险和控制风险进行评估。相反，注册会计师既可以单独对两者进行评估，也可以对两者进行合并评估。具体采用的评估方法取决于会计师事务所偏好的审计技术和方法及实务上的考虑。

**(二) 检查风险(DR)**

检查风险是指某一认定存在错报，该错报单独或连同其他错报是重大的，但注册会计师在执行相应地降低审计风险至可接受水平的审计程序后未能发现这种错报的可能性。检查风险是必然存在的风险，其水平的高低与客户无关，检查风险取决于审计程序设计的合理性和执行的有效性。由于注册会计师通常并不对所有的交易、账户余额和列报进行检查，以及其他原因，检查风险不可能降低为零。其他原因包括注册会计师可能选择了不恰当的审计程序、审计程序执行不当，或者错误理解了审计结论。

检查风险是审计程序设计的有效性和执行有效性的函数。与重大错报风险不同，注册会计师可以通过提升审计程序及其执行的有效性，来降低检查风险，从而将审计风险保持在一个可接受的水平。

下列措施有助于提高审计程序及其执行的有效性，降低注册会计师选取不适当的审计程序、错误执行适当的审计程序或错误解释审计结果的可能性：

(1) 制订恰当的计划。

(2) 为项目组分派合适的人员。

(3) 保持职业怀疑。

(4) 监督和复核已执行的审计工作。

**【例 5-5 单选题】** 下列与重大错报风险相关的表述中，正确的是(　　)。

A. 重大错报风险是因错误使用审计程序产生的

B. 重大错报风险是假定不存在相关内部控制，某一认定发生重大错报的可能性

C. 重大错报风险独立于财务报表审计而存在

D. 重大错报风险可以通过合理实施审计程序予以控制

**解答：**

重大错报风险是客观存在的，独立于报表审计，不是实施程序可以控制的，所以选项 AD 不正确。选项 B 描述的是固有风险，并不能够说重大错报风险等于固有风险。因此正确答案是选项 C。

**(三) 检查风险与重大错报风险的关系**

在既定的审计风险水平下，可接受的检查风险水平与认定层次重大错报风险的评估结果呈反向关系。评估的重大错报风险越高，可接受的检查风险越低；评估的重大错报风险越低，可接受的检查风险越高。检查风险与重大错报风险的反向关系用变化的审计风险数学模型表示如下：

$$可接受的检查风险 = 审计风险 \div 重大错报风险$$

这个模型也就是现代审计风险模型。假设针对某一认定，注册会计师将可接受的审计风险水平设定为5%，注册会计师实施风险评估程序后将重大错报风险评估为25%，则根据这一模型，可接受的检查风险为20%。当然，在实务中，注册会计师不一定用绝对数量表达这些风险水平，而选用"高""中""低"等文字描述。

注册会计师应当合理设计审计程序的性质、时间和范围，并有效执行审计程序，以控制检查风险。上例中，注册会计师根据确定的可接受的检查风险（20%），设计审计程序的性质、时间和范围。审计计划，在很大程度上，围绕确定设计审计程序的性质、时间和范围而展开。

**【例5-6 多选题】** 关于审计风险模型，下列叙述是正确的有（　　）。

A. 重大错报风险是评估的认定层次的重大错报风险

B. 重大错报风险是评估的与财务报表存在广泛联系的重大错报风险

C. 当可接受的检查风险降低时，注册会计师可能将计划实施实质性程序的时间从期中移至期末

D. 当可接受的检查风险降低时，注册会计师可能缩小实质性程序的范围

E. 在既定的审计风险水平下，重大错报风险与可接受的检查风险呈反向关系

**解答：**

审计风险模型中的重大错报风险为评估的认定层次重大错报风险，可接受的检查风险越低，实质性程序的范围越大，针对该认定所需的审计证据的相关性和可靠性要求也就越高，注册会计师越应当考虑将实质性程序集中在期末（或接近期末）实施。因此正确答案是选项ACE。

## 三、审计重要性与审计风险的关系

重要性与审计风险之间存在反向关系。重要性水平越高，审计风险就越低；反之，重要性水平越低，审计风险就越高。这里，重要性水平指的是金额的大小，而且是从财务报表使用者的角度来判断的。即如果预期的重大错报风险越高，应将重要性水平设定越低，所执行的审计工作将更加细致，最终的审计风险将越低。

理解审计风险与重要性之间的反向关系要注意如下几点：

（1）重要性水平是注册会计师从财务报表使用者的角度进行判断的结果。重要性与审计风险之间的这种关系也是建立在这个基础上的。

（2）重要性与审计风险之间的这种关系是从定量的角度来说的。重要性水平高低指的是金额大小，没有涉及定性的问题。

（3）重要性与审计风险之间的这种关系只有在假定同一被审计单位的情况下才成立。对于不同被审计单位的不同重要性水平，无法据此直接判断审计风险的相对大小。例如，A公司的重要性水平设为10%，是因为其信息使用者能够容忍10%的错报；B公司的重要性水平设为5%，是因为其信息使用者仅能够容忍5%的错报。即使在执行审计后A仍存在的未发现错报可能更大，但是因为A的信息使用者能容忍更多错报，所以审计A所将实际承担的审计风险并不一定比B高。

（4）重要性与审计风险之间的这种关系只有在客观、准确地确定重要性水平的前提下和假设注册会计师付出同等努力的情况下才会成立。

例如，一般来说5万元的重要性水平比3万元的重要性水平高，如果重要性水平是5万元，则意味着低于5万元的错报与漏报不会影响财务报表使用者的判断与决策，注册会计师仅仅需要通过执行有关审计程序查出高于5万元的错报或漏报。如果重要性水平是3万元，则意味着金额在3万元到5万元之间的错报或漏报仍然会影响财务报表使用者的决策与判断，注册会计师不仅需要执行有关审计程序查出金额在5万元以上的错报或漏报，而且还要通过执行有关审计程序查出金额在3万元至5万元之间的错报或漏报。显然，重要性水平为3万元时审计不出这样的重大错报的可能性(即审计风险)，但要比重要性水平为5万元时的审计风险高。

值得注意的是，注册会计师不能通过不合理地人为调高重要性水平来降低审计风险。这是因为重要性是根据重要性概念中所述的判断标准确定的，而不是由主观期望的审计风险水平决定。例如，将重要性水平设定为100%。这样就意味着，注册会计师什么事情都不做，审计风险反而更低。显然这不符合常识，也不符合审计工作的实际。

注册会计师在确定审计程序的性质、时间安排和范围时应当考虑这种反向关系。例如，在确定审计程序后，如果注册会计师决定接受更低的重要性水平，审计风险将会增加，注册会计师应选用下列方法将审计风险降至可接受的低水平：

(1) 如有可能(评估的重大错报风险水平低，即被审计单位内控有效)可通过扩大控制测试范围或实施追加的控制测试，降低评估的重大错报风险，并支持降低后的重大错报风险水平。

(2) 通过修改计划实施的实质性程序性质、时间安排和范围，降低检查风险。

由于重要性和审计风险存在上述反向关系，而且这种关系对注册会计师将要执行的审计程序的性质、时间和范围有直接的影响，所以注册会计师应当综合考虑各种因素，合理确定重要性水平。

### 四、审计风险与审计证据的关系

评估的重大错报风险与所需收集的审计证据的数量存在正向关系。一般而言，评估的重大错报风险越高，需要收集的审计证据越多；评估的重大错报风险越低，所需收集的审计证据越少。

此外，评估的重大错报风险与注册会计师可以接受的检查风险水平不同。可以接受的检查风险水平与审计证据之间存在的反向关系。一般而言，对于同一审计客户，可以接受的检查风险水平越高，需要收集的审计证据越少；可以接受的检查风险水平越低，需要收集的审计证据越多。

## 课后复习题

### 一、思考题

1. 注册会计师应何时开展初步业务活动？初步业务活动的目的和内容分别是什么？

2. 为什么注册会计师在调查一个潜在客户时，了解客户治理层和管理层的诚实守信情况是重要的一个方面？

3. 什么是总体审计策略？其主要内容有哪些？

4. 什么是具体审计计划？其主要内容有哪些？
5. 审计风险由哪些要素构成，它们之间如何相互影响？
6. 审计重要性、审计风险与审计证据之间的关系如何？

## 二、名词解释

1. 总体审计策略
2. 具体审计计划
3. 审计重要性
4. 审计风险
5. 重大错报风险
6. 检查风险
7. 初步业务活动

# 第六章　风险评估

## 知识导航

- 风险评估
  - 风险评估程序概述
    - 风险评估的概念
    - 风险评估程序和信息来源
    - 项目组内部的讨论
  - 了解被审计单位及其环境和财务报告编制基础
    - 行业形势、法律与监管环境及其他外部因素
    - 被审计单位的性质
    - 适用的财务报告编制基础、会计政策及其变更的原因
    - 被审计单位目标、战略、业务模式与经营风险
    - 被审计单位财务业绩的衡量和评价
    - 固有风险因素对认定发生错报的影响
  - 了解被审计单位内部控制体系
    - 控制环境
    - 风险评估过程
    - 与财务报告相关的信息系统与沟通
    - 控制活动
    - 对控制的监督
  - 识别和评估重大错报风险
    - 识别和评估财务报表层次和认定层次的重大错报风险
    - 需要特别考虑的重大错报风险
    - 仅通过实质性程序无法应对的重大错报风险
    - 风险评估结果的修正

## 学习目标

通过本章的学习，学生应理解风险评估程序的含义；掌握风险评估程序及对应的信息来源；熟悉了解被审计单位及其环境包括内部控制的内容；掌握识别和评估重大错报风险的程序；熟悉识别评估重大错报风险的影响因素。

## 引入案例

### 风险无处不在，意外不期而遇

人称“史上最穷上市公司”成都华泽钴镍材料股份有限公司（以下简称华泽钴镍）于2019年5月正式退市了。堂堂上市公司，何至落魄于此？

2013年4月，王辉、王涛两兄妹以陕西华泽100%的股权注入濒临退市的聚友网络，成功借壳上市。王氏兄妹入驻当年公司就扭亏为盈，2013年和2014年分别实现利润约1.25亿元和2.53亿元，均获得了瑞华会计师事务所出具的标准无保留意见的审计报告。但是，好景不长，2016年4月28日，瑞华在专项审核意见中指出，2015年末、2014年末、2013年末大股东占用上市公司资金余额分别为14.97亿元、14.14亿元和10.81亿元。一时间，王氏家族占用上市公司资产的消息不胫而走。坏消息接踵而来，2016年4月30日，公司年报显示2015年度亏损约1.12亿元，瑞华对其财务报表和财务报告内部控制分别出具了带强调事项段的保留意见和否定意见。2016年6月18日、6月29日、7月8日分别收到来自四川省证监局、中国证监会和深交所的调查和处罚通知书，10月22日，7名董事、3名监事和5名在任及离任高管被中国证监会正式立案调查；2017年末，母公司货币资金不足54元、官网欠费被暂停、无钱支付年报审计费用而由股东垫资；2019年5月，公司正式退市。

对于这样一家公司，注册会计师风险评估的重要性可见一斑。2016年和2017年，瑞华连续两年对其财务报表出具无法表示意见的审计报告，对其财务报告内部控制出具否定意见。即使如此，瑞华仍未免于责罚。2018年12月公布了对瑞华的行政处罚决定。处罚理由为：瑞华在对华泽钴镍2013年度和2014年度财务报表审计时未勤勉尽责，未能实施有效程序对公司舞弊风险进行识别、未直接与公司治理层贯通关于治理层了解公司是否存在舞弊及治理层如何监督管理层对舞弊风险的识别和应对等，其出具的审计报告存在虚假记载。以此判罚，瑞华的风险评估本该更及时些，即2013和2014年就应有所识别。

上述案例充分说明了注册会计师对被审计单位的重大错报风险进行充分审慎评估的重要性。本章将系统讲解注册会计师在风险评估时应从哪些方面入手、可采用的评估程序有哪些、如何根据所了解的信息评估不同层面和不同性质的重大错报风险。

## 第一节 风险评估程序概述

### 一、风险评估的概念

《中国注册会计师审计准则第1211号——重大错报风险的识别和评估》的规定，注册会计师应当了解被审计单位及其环境和财务报告编制基础、内部控制体系，以充分识别和评估重大错报风险（无论该风险是由于舞弊还是错误导致的），而设计和实施的审计程序。

如上章所述，审计风险取决于重大错报风险和检查风险，在接受客户委托后，注册会计师最终将承受的审计风险取决于检查风险，而检查风险又取决于注册会计师在其可接受的审计风险下对重大错报风险的评估，因此风险评估是审计工作的起点。

了解被审计单位及其环境是必须实施的程序，特别为注册会计师在下列关键环节做出职业判断提供重要基础：

（1）确定重要性水平，并随着审计工作的进程评估对重要性水平的判断是否仍然适当。

（2）考虑会计政策的选择和运用是否恰当，以及财务报表的列报是否适当。

（3）识别需要特别考虑的领域，包括关联方交易、管理层运用持续经营假设的合理性，或交易是否具有合理的商业目的等。

(4) 确定在实施分析程序时所使用的预期值。

(5) 设计和实施进一步审计程序,以将审计风险降至可接受的水平。

(6) 评价所获取审计证据的充分性和适当性。

风险评估是从了解被审计单位及其环境开始的,在此过程中,注册会计师要通过一定的程序,对被审计单位及其环境进行全面细致的了解,目的是识别和评估财务报表层次与认定层次的重大错报风险。

了解被审计单位及其环境是一个连续和动态地收集、更新与分析信息的过程,注册会计师应运用职业判断确定需要了解被审计单位及其环境的程度。

对被审计单位及其环境了解的程度,应以是否满足识别和评估财务报表重大错报风险为判断标准,如果获取的信息足以识别和评估重大错报风险,说明了解的程度是适当的。要求注册会计师对被审计单位的了解程度等同于管理层未必可取,因为获取更多的信息通常会伴随着审计成本的增加。

## 二、风险评估程序和信息来源

注册会计师应当实施的风险评估主要包括询问被审计单位管理层和内部其他相关人员、分析程序、观察和检查及其他审计程序。同时在了解中必须认真开展和利用项目组成员之间的讨论。

### (一) 询问被审计单位管理层和内部其他相关人员

询问被审计单位管理层和内部其他相关人员是注册会计师了解被审计单位及其环境的一个重要的程序和重要信息来源。注册会计师通过询问管理层和财务报表负责人可以获取被审计单位的大部分信息,注册会计师可以考虑向管理层和财务负责人询问下列事项:

(1) 管理层所关注的主要问题,新的竞争对手、主要客户和供应商的流失、新的税收法规的实施以及经营目标或战略的变化等。

(2) 被审计单位最近的财务状况、经营成果及现金流量等。

(3) 可能影响财务报告的交易和事项的问题或者目前发生的重大会计处理问题,如重大的并购事宜。

(4) 被审计单位的重要变化,如所有权结构、组织结构以及内部控制的变化等。

尽管注册会计师通过询问管理层和财务负责人可获取大部分信息,但是询问被审计单位内部的其他人员可能为注册会计师提供不同的视角,有助于评估重大错报风险。

在确定向被审计单位的哪些人员进行询问以及询问什么问题时,注册会计师应当考虑何种信息有助于其识别和评估重大错报风险。

(1) 直接询问治理层,可能有助于注册会计师了解编制财务报表的环境。

(2) 直接询问内部审计人员,可能有助于注册会计师了解其针对被审计单位内部控制设计和运行有效性而实施的工作,以及管理层对内部审计发现的问题是否采取了适当的措施。

(3) 询问参与生成、处理或记录复杂或异常交易的员工,可能有助于注册会计师评估被审计单位选择和运用某项会计政策的适当性。

(4) 直接询问内部法律顾问,可能有助于注册会计师了解有关信息,如诉讼、法律法规的遵循情况、影响被审计单位的舞弊或舞弊嫌疑、产品保证、售后责任、与业务合作伙伴(如合营企业)的安排以及合同条款的含义等。

(5) 直接询问营销或销售人员，可能有助于注册会计师了解被审计单位的营销策略及其变化、销售趋势以及与客户的合同安排。

(6) 直接询问风险管理职能部门或人员，可能有助于注册会计师了解可能影响财务报告的运营和监管风险。

(7) 直接询问信息技术人员，可能有助于注册会计师了解系统变更、系统或控制失效的情况，或与信息技术相关的其他风险。

注册会计师考虑询问其他人员时，应考虑询问不同级别的员工，以获取对识别重大错报风险有用的信息。

**【例 6-1】** 询问发现企业职工薪酬存在重大错报风险

某医药销售公司的 IPO 项目中，注册会计师获悉公司有 1 000 多家门店，员工 7 000 余人，员工工资占成本的很大比例，在询问员工时获悉员工工资近几年上涨了，员工人数也增加了，而且员工工资与各门店的业绩挂钩，最近几年公司营业收入一直在增长，盈利情况良好，但是却发现成本在降低，尤其是员工工资的计提和发放总额却在减少。

**问题：**

请思考这种反向变动的原因有哪些？有可能存在哪些重大错报风险？注册会计师应该如何应对？

**解答：**

近几年来，有些企业为了粉饰业绩，往往采用低计职工薪酬、减少费用，甚至采用由第三方代发部分薪酬的方式漏记职工薪酬费用，以增加利润。

### (二) 分析程序

分析程序是指注册会计师通过研究不同财务数据之间以及财务数据与非财务数据之间的内在关系，分析程序还包括调查识别与其他相关信息不一致或与预期数据严重偏离的波动和关系，是对财务信息做出评价的程序。

《中国注册会计师审计准则》要求注册会计师在计划审计工作时，应当实施分析程序。审计计划阶段实施分析程序有助于注册会计师了解被审计单位及其环境，识别可能存在重大错报的特定领域。

注册会计师运用分析程序的目的是对财务信息做出评价。完整的分析程序一般包括以下几个步骤：①选择适当的数据关系。②对数据关系进行分析。③识别异常的数据关系或波动。④调查异常数据关系或波动。⑤得出结论。

如果注册会计师在实施分析程序时识别出与其他相关信息不一致，或与预期数据出现严重偏离的波动和关系，可能表明财务报表存在重大错报风险。注册会计师应当在询问管理当局有关解释的基础上，推断异常波动产生的原因，对异常项目做进一步调查，以获取对差异的合理解释或存在重大错报风险的佐证证据，并在识别重大错报风险时考虑这些比较结果。

**【例 6-2】** 借助投入产出比分析发现异常线索

ABC 公司是一家经营海产品深加工的出口型企业，其经营模式是根据国外客户的订单组织生产。公司直接从渔民手中收购海鲜产品进行深加工，由公司向渔民开具农产品收购发票，并按农产品收购发票上注明的农产品买价和 13%的扣除率计算进项税额，付款方式有时是银行转账，有时是现金支付。加工完毕后全部用于出口，公司通常没有库存，在货物报关离境结汇后，公司财务人员根据采购发票副本、出口报关单和出口收汇单等凭证向税务机关办理退税手续。

甲注册会计师是负责审计ABC公司2016年度财务报表的项目负责人，他发现该公司原材料投入产出分析表，如表6-1所示。公司投入产出比的波动存在异常，并从经营模式中分析出该公司舞弊的动机和可能的手段，通过核对采购记录、询问渔民等方法发现了企业存在虚假采购业务、虚开购货发票、骗取出口退税的舞弊行为。

**表6-1　　ABC公司原材料投入产出分析表**　　单位：吨

| 序号 | 产品 | 2013年度 | 2014年度 | 2015年度 | 2016年度 |
| --- | --- | --- | --- | --- | --- |
| 1 | 80 g生蚝材料耗量 | 656.80 | 803.30 | 452.60 | 400.80 |
|  | 80 g生蚝产量 | 506.80 | 658.10 | 443.60 | 320.60 |
|  | 耗用量/产量 | 0.77 | 0.82 | 0.98 | 0.80 |
| 2 | 200 g生蚝材料耗量 | 818.10 | 987.50 | 804.60 | 734.80 |
|  | 200 g生蚝产量 | 572.60 | 720.90 | 724.10 | 712.80 |
|  | 耗用量/产量 | 0.70 | 0.73 | 0.90 | 0.97 |
| 略 | 略 | 略 | 略 | 略 | 略 |
| 合计 | 生蚝材料综合耗量 | 2 197.50 | 3 124.88 | 2 398.50 | 2 985.60 |
|  | 生蚝综合产量 | 1 560.20 | 2 562.30 | 2 230.60 | 2 388.50 |
|  | 耗用量/产量 | 0.71 | 0.82 | 0.93 | 0.80 |

**解答：**

对于技术成熟的企业或者行业而言，投入产出比应该是比较平稳的，而ABC公司的投入产出比却是波动比较大的，这是一个存在重大错报风险的信号。近年来，为了种种利益动机，企业财务舞弊愈加严重，多数是虚增销售业绩，舞弊企业甚至自己设立新企业作为销售商，或者联合其他非关联方，进行一些没有商业实质性的销售交易。为了评估销售收入环节的风险，注册会计师不仅要从收入环节查找证据，还要跟踪企业的生产环节、采购环节、甚至要追溯到供应商的出货记录和银行流水。

### (三) 观察和检查

在执行询问和分析的基础上，进一步实施观察和检查程序不但可以印证对管理层和其他相关人员的询问结果，还能提供有关被审计单位及其环境的信息，甚至可以在一定程度上验证使用分析程序所推断的重点风险领域。注册会计师应当实施下列观察和检查程序。

1. 阅读管理层和治理层编制的报告

阅读被审计单位年度和中期财务报告、股东大会、董事会议、高管会议记录或纪要、管理层的讨论和分析资料、经营计划和战略、对重要经营环节和外部因素的评价、被审计单位内部管理报告以及其他特殊目的的报告(如新投资项目的可行性分析报告)等。通过阅读报告，可以了解自上期审计结束到本期审计期间发生的重大事项。

2. 检查文件、记录和内部控制手册

了解被审计单位的重要经营信息和生产流程等。通常需要检查的文件包括公司章程及细节、董事会或股东大会的会议纪要、商业计划和战略、行为规则、制度手册、组织结构图等。审计人员可以判断企业内部控制设计是否切实得到正确理解并严格执行，判断该环节是否存在重大错报风险。

3. 观察被审计单位的生产经营活动

观察被审计单位的生产经营活动，可以使审计人员了解被审计单位的重要业务、成本，并有机会接触重要岗位的职员，为风险评估提供环境证据。

4. 实地察看被审计单位的生产经营场所和设备

现场访问和实地察看被审计单位的生产经营场所和设备，可以帮助注册会计师了解被审计单位的性质及其经营活动。在实地察看被审计单位的厂房和办公场所的过程中，注册会计师有机会与被审计单位的管理层和担任不同职责的员工进行交流，以增强注册会计师对被审计单位的经营活动及其重大影响因素的了解。

5. 追踪交易在财务报告信息系统中的处理过程(穿行测试)

穿行测试是注册会计师了解被审计单位业务流程及其内部控制时经常使用的审计程序。通过追踪某笔或某几笔交易在业务流程中如何生成、记录、处理和报告，以及相关内部控制如何执行，注册会计师可以确定被审计单位的交易流程和内部控制是否与之前通过其他程序所获得的了解一致，并确定内部控制是否得到执行。

**(四) 其他审计程序和信息来源**

1. 其他审计程序

除采用上述程序从被审计单位内部获得信息以外，按照审计准则的规定，如果根据职业判断认为从被审计单位外部获取的信息有利于了解被审计单位及其环境并识别重大错报风险，注册会计师应当实施其他审计程序以获取这些信息。例如，询问被审计单位聘请的外部法律顾问、专业评估师、投资顾问和财务顾问等。阅读外部信息也可能有助于注册会计师了解被审计单位及其环境。外部信息包括证券分析师、银行、信用评级机构出具的有关被审计单位及其所处行业的经济或市场环境等状况的报告，贸易与经济方面的期刊，法规或金融出版物，以及政府部门或民间组织发布的行业报告和统计数据等。

2. 其他信息来源

注册会计师还应当考虑在承接客户或续约过程中获取的信息，以及向被审计单位提供其他服务所获得的经验是否有助于识别重大错报风险。通常，对新的审计业务，注册会计师应在业务承接阶段对被审计单位及其环境有一个初步的了解，以确定是否承接业务。而对连续审计业务，也应在每年的续约过程中对上年审计做总体评价，并更新对被审计单位的了解和风险评估结果，以确定是否续约。注册会计师还应当考虑向被审计单位提供其他服务所获得的经验是否有助于识别重大错报风险。

## 三、项目组内部的讨论

在了解被审计单位及其环境的过程中，注册会计师应当组织项目组成员对财务报表存在重大错报的可能性进行讨论，并运用职业判断以确定讨论的目标、内容、人员、时间和方式。

**(一) 项目组讨论会的目标**

(1) 使经验较丰富的项目组成员(包括项目合伙人)有机会分享其根据对被审计单位的

了解形成的见解。

(2) 使项目组成员能够讨论被审计单位面临的经营风险、财务报表容易发生错报的领域以及发生错报的方式,特别是由于舞弊或错误导致重大错报的可能性。

(3) 帮助项目组成员更好地了解在各自负责的领域中潜在的财务报表重大错报,并了解各自实施的审计程序的结果可能如何影响审计的其他方面,包括对确定进一步审计程序的性质、时间安排和范围的影响。

(4) 为项目组成员交流和分享在审计过程中获取的、评估结果或应对这些风险的审计程序的新信息提供基础。

**(二) 项目组讨论会的内容**

项目组通常应当讨论被审计单位面临的经营风险、财务报表易发生错报的领域以及错报的方式,尤其是舞弊风险。审计项目组讨论会通常包括准备、交流互动和评估三个阶段。

(1) 准备阶段要求审计项目组成员根据舞弊三角理论,从舞弊机会、动机和借口三个角度,独立识别客户可能存在的舞弊风险因素。

(2) 交流互动阶段要求每位审计项目组成员将自己事先识别的客户舞弊风险因素告诉其他每位人员,然后,在听取和整合了他人的观点后,再将自己的新观点提供给大家,以便于更全面地识别舞弊风险因素,在此基础上评估客户舞弊风险,并讨论可以采取的应对措施。

(3) 评估阶段要求审计项目组成员根据舞弊风险评估结果,确定是否需要修改原有的审计计划,以应对舞弊导致的重大错报风险。

**(三) 项目组讨论会的人员和时间**

项目组讨论会参与人员从合伙人、经理、到一般审计项目组成员都有,这需要根据职业判断确定,但是,一般认为 7～8 人是最佳规模。讨论的时间应当根据具体情况确定,保证整个审计过程中能够持续交换有关财务报表发生重大错报可能性的信息。

## 第二节 了解被审计单位及其环境和财务报告编制基础

按照《中国注册会计师审计准则第 1211 号——重大错报风险的识别和评估》(2022)的要求,注册会计师应当实施风险评估程序,以了解下列方面:①被审计单位及其环境。②适用的财务报告编制基础、会计政策以及变更会计政策的原因。③基于对上述第①项和第②项的了解,被审计单位在按照适用的财务报告编制基础编制财务报表时,固有风险因素怎样影响各项认定易于发生错报的可能性以及影响的程度。

### 一、行业形势、法律与监管环境及其他外部因素

**(一) 行业形势**

了解行业形势有助于注册会计师识别与被审计单位所处行业有关的重大错报风险。注册会计师应当了解被审计单位有关行业状况的内容包括:①所处行业的市场供求与竞争。②生产经营的季节性和周期性。③产品生产技术的变化。④能源供应与成本。⑤行业的关键指标和统计数据等。

**(二) 法律环境与监管环境**

了解法律及监管环境的主要原因在于:①某些法规或监管要求可能对被审计单位经营

活动有重大影响，如不遵守将导致停业等严重后果。②某些法规或监管要求规定了被审计单位某些方面的责任和义务。③某些法规或监管要求决定了被审计单位需要遵循的行业惯例和核算要求。

法律环境和监管环境包括适用的财务报告编制基础、法律和社会环境及其变化等。注册会计师可能需要考虑的事项包括：①受管制行业的法规框架，如与审慎监管相关的监管框架，包括相关披露。②对被审计单位经营活动产生重大影响的法律法规，如劳动法和相关法规。③税收相关法律法规。④目前对被审计单位开展经营活动产生影响的政府政策，如货币政策（包括外汇管制）、财政政策、关税或贸易限制政策等。⑤影响行业和被审计单位经营活动的环保要求。

**（三）其他外部因素**

注册会计师还需要了解其他外部因素，主要包括：①宏观经济的景气度。②利率和资金供求状况；通货膨胀水平及币值变动。③国际经济环境和汇率变动。

**【例6-3案例分析】** 从东方电子行业状况看报表重大错报风险

经披露，东方电子在1999—2001年间将其炒股所得计入公司主营业务收入超过12亿元，造成实现年增长50%以上发展计划和利润目标的假象。从公司有关资料可知，真正给东方电子带来丰厚收益的是电力自动化。然而，我国电力自动化行业中，有南北两大龙头企业，一家是南京南瑞公司，一家是北京四方公司。这两家公司虽然都没有上市，但在产品市场销售和技术开发中，都拥有绝对的市场份额金额核心技术竞争能力。因此东方电子在行业中只是充当配角。

根据《2001年中国电力年鉴》，1998年以来我国农网电力系统自动化改造投资有50亿元左右。然而，按照东方电子公告的数字，仅其一家3年（1999—2000）的主营业务收入（达27亿元）就占市场总额的近60%。这样的市场占有率可能吗？

每年，全国电力自动化的市场总额大约在100套左右。东方电子自己统计出企业居然生产出几百套的设备。

至于本行业的毛利润，每年能有20%～30%就很不错了。东方电子1997—2000年毛利率都在40%以上。然而，在产品报价中，东方电子低价接单在行业中是有名的。此外，东方电子的另一个特征是人力成本畸高。东方电子在人力资源上舍得下功夫，不仅高薪聘请，而且最早采用了期权期股制度。高成本、低报价接单，还能保持在股本扩张基础上的高速发展，这不是天方夜谭吗？

## 二、被审计单位的性质

**（一）所有权结构**

对被审计单位所有权结构的了解有助于注册会计师识别关联方关系并了解被审计单位的决策过程。例如，注册会计师应当了解被审计单位是属于国有企业、外商投资企业、民营企业，还是属于其他类型的企业；还应当了解其直接控股母公司、间接控股母公司、最终控股母公司和其他股东的构成，以及所有者与其他人员或单位之间的关系。

同时，注册会计师可能需要对其控股母公司（股东）的情况做进一步的了解，包括控股母公司的所有权性质，管理风格及其对被审计单位经营活动及财务报表可能产生的影响；控股母公司与被审计单位在资产、业务、人员、机构、财务等方面是否分开，是否存在非公平交易、占用资金等情况；控股母公司是否施加压力，要求被审计单位达到其设定的财务业绩目标。

**（二）治理结构**

良好的治理结构可以对被审计单位的经营和财务运作实施有效的监督，从而降低财务报表发生重大错报的风险。例如，注册会计师应当了解被审计单位董事会的构成情况、董事会内部是否有独立董事；治理结构中是否设有审计委员会或监事会及其运作情况。注册会计师还应当考虑治理层是否能够在独立于管理层的情况下对被审计单位事务做出客观判断。

**（三）组织结构**

注册会计师应当了解被审计单位的组织结构，考虑复杂组织结构可能导致的重大错报风险，包括财务报表合并、商誉摊销和减值、长期股权投资核算以及特殊目的实体核算等问题。例如，对于在多个地区拥有子公司、合营企业、联营企业或其他成员机构，或者存在多个业务分部和地区分部的被审计单位，不仅编制合并财务报表的难度增加，还存在其他可能导致重大错报风险的复杂事项，包括对于子公司、合营企业、联营企业和其他股权投资类别的判断及其会计处理；商誉在不同业务分部间的摊销及减值测试；对特殊目的实体是否进行了适当的会计处理。

**（四）经营活动**

了解被审计单位经营活动有助于注册会计师识别预期将在财务报表中反映的主要交易类别、重要账户余额和列报，主要包括：①主营业务的性质。②与生产产品或提供劳务相关的市场信息。③业务的开展情况。④联盟、合营与外包情况。⑤从事电子商务的情况。⑥地区与行业分布。⑦生产设施、仓库的地理位置及办公地点。⑧关键客户。⑨重要供应商。⑩劳动用工情况。⑪研究与开发活动及其支出。⑫关联方交易。

**（五）投资活动**

了解被审计单位投资活动有助于注册会计师关注被审计单位在经营策略和方向上的重大变化。注册会计师应当了解被审计单位的投资活动，主要包括：①近期拟实施或已实施的并购活动与资产处置情况，包括业务重组或某些业务的终止。②证券投资、委托贷款的发生与处置。③资本性投资活动，包括固定资产和无形资产投资，近期发生或计划发生的变动，以及重大的资本承诺等。④不纳入合并范围的投资。

**（六）筹资活动**

了解被审计单位筹资活动有助于注册会计师评估被审计单位在融资方面的压力，并进一步考虑被审计单位在可预见未来的持续经营能力。注册会计师应当了解被审计单位的筹资活动，主要包括：①债务结构和相关条款，包括担保情况及表外融资。②固定资产的融资租赁。③关联方融资。④实际受益股东。⑤衍生金融工具的运用。

## 三、适用的财务报告编制基础、会计政策及其更变的原因

在了解被审计单位适用的财务报告编制基础，以及如何根据被审计单位及其环境的性质和情况运用该编制基础时，注册会计师可能需要考虑的事项包括：

（1）被审计单位与适用的财务报告编制基础相关的财务报告实务。例如：①会计政策和行业特定惯例，包括特定行业财务报表中的相关交易类别、账户余额和披露（如银行业的

贷款和投资、医药行业的研究与开发活动)。②收入确认。③金融工具以及相关信用损失的会计处理。④外币资产、负债与交易。⑤异常或复杂交易(包括在有争议或新兴领域的交易)的会计处理(如对加密货币的会计处理)。

(2) 就被审计单位对会计政策的选择和运用(包括发生的变化以及变化的原因)获得的了解,可能包括下列事项:①被审计单位用于确认、计量和列报(包括披露)重大和异常交易的方法。②在缺乏权威性标准或共识的争议或新兴领域采用重要会计政策产生的影响。③环境变化,例如适用的财务报告编制基础的变化或税制改革可能导致被审计单位的会计政策变更。④新颁布的财务报告准则、法律法规,被审计单位采用的时间以及如何采用或遵守这些规定。

了解被审计单位及其环境可能有助于注册会计师考虑被审计单位的财务报告预期发生变化的领域,如相比以前期间预期发生变化的领域。例如,如果被审计单位在本期发生重大企业合并,则注册会计师可以预期与该企业合并相关的各类交易、账户余额和披露发生变化。相反,如果财务报告编制基础在本期未发生重大变化,则注册会计师的了解可能有助于其确认上期获取的了解仍然适用。

## 四、被审计单位目标、战略、业务模式与经营风险

### (一) 目标、战略、业务模式与经营风险

目标是指企业经营活动的指针。企业管理层或治理层一般会根据企业经营面临的外部环境和内部各种因素,制定合理可行的经营目标。

战略是指企业管理层为实现目标而采用的总体层面的策略和方法。为了实现某一既定经营目标,企业可能有多个可行的战略。例如,如果目标是在某一特定期间内进入一个新的市场,可行的战略可能包括收购该市场内的现有企业,与该市场内的其他企业合资经营或自行开发进入该市场。被审计单位的目标和战略可能会随着时间而变化。

经营风险是指可能对被审计单位实现目标和实施战略的能力产生不利影响的重要状况、事项、情况、作为(或不作为)而导致的风险,或由于制定不恰当的目标和战略而导致的风险。经营风险比财务报表重大错报风险的范围更广。并非所有的经营风险都与财务报表相关,也并非所有的经营风险都会导致重大错报风险。注册会计师没有责任识别或评估全部的经营风险.而只需要关注那些可能导致财务报表产生重大错报的经营风险。

注册会计师了解被审计单位的目标、战略和业务模式有助于从战略层面了解被审计单位,并了解被审计单位承担和面临的经营风险。由于多数经营风险最终都会产生财务后果,从而影响财务报表,因此了解影响财务报表的经营风险有助于注册会计师识别重大错报风险。例如,不同业务模式的被审计单位可能以不同方式依赖信息技术:①被审计单位在实体店销售鞋履,并使用先进的库存和销售终端系统记录鞋履的销售。②被审计单位在线销售鞋履,所有销售交易均在信息技术环境中处理,包括通过网站发起交易。对于以上两类被审计单位,尽管两者都从事鞋履销售,但因为业务模式明显不同,由此产生的经营风险也有显著差异。

注册会计师并非需要了解被审计单位经营风险的所有方面。经营风险比财务报表重大错报风险范围更广,并且包括重大错报风险。注册会计师没有责任了解或识别所有的经营风险,因为并非所有的经营风险都会导致重大错报风险。

### （二）了解目标、战略、业务模式以及相关经营风险时需要考虑的事项

注册会计师在了解可能导致财务报表重大错报风险的目标、战略、业务模式以及相关经营风险时，应当考虑以下事项带来的经营风险：

（1）行业发展（如潜在的相关经营风险可能是被审计单位不具备足以应对行业变化的人力资源和业务专长等）。

（2）开发新产品或提供新服务（如潜在的相关经营风险可能是被审计单位产品责任增加等）。

（3）业务扩张（如潜在的相关经营风险可能是被审计单位对市场需求的估计不准确等）。

（4）新的会计要求（如潜在的相关经营风险可能是被审计单位执行不当或不完整，或会计处理成本增加等）。

（5）监管要求（如潜在的相关经营风险可能是被审计单位法律责任增加等）。

（6）本期及未来的融资条件（如潜在的相关经营风险可能是被审计单位由于无法满足融资条件而失去融资机会等）。

（7）信息技术的运用（如潜在的相关经营风险可能是被审计单位信息系统与业务流程难以融合等）。

（8）实施战略的影响，特别是由此产生的需要运用新的会计要求的影响（如潜在的相关经营风险可能是被审计单位执行新要求不当或不完整等）。

## 五、被审计单位财务业绩的衡量和评价

### （一）了解被审计单位财务业绩的衡量和评价的原因

管理层及其他人员经常衡量和评价其认为重要的事项。无论是内部的还是外部的业绩衡量，都会对被审计单位产生压力。这些压力反过来可能促使管理层采取措施改善经营业绩或歪曲财务报表。因此，了解被审计单位的业绩衡量和评价，有助于注册会计师考虑实现业绩目标的压力是否可能导致管理层采取行动，以致增加财务报表发生重大错报的风险（包括由于舞弊导致的风险）。

衡量标准还可能向注册会计师表明相关财务报表信息存在重大错报风险的可能性。例如，业绩衡量可能表明，被审计单位与同行业其他实体相比具有异常快速的增长率或盈利水平。

管理层及其他人员通常衡量和评价其认为重要的事项。注册会计师询问管理层后可能发现，管理层依据特定关键指标（无论该指标是否可以公开获取）评价财务业绩并采取适当行动。在这种情况下，注册会计师可以通过考虑被审计单位用于经营管理的信息，识别相关内部或外部的业绩衡量标准。如果询问结果表明被审计单位不存在业绩衡量和评价，则存在未发现和未更正错报的风险可能增加。

### （二）了解被审计单位财务业绩的衡量和评价时需要考虑的事项

注册会计师应当考虑的管理层在衡量和评价财务业绩时使用的内部生成信息如下：

（1）关键业绩指标（财务或非财务的）、关键比率、趋势和经营统计数据。

（2）同期财务业绩比较分析。

（3）预算、预测、差异分析，分部信息与分部、部门或其他不同层次的业绩报告。

（4）员工业绩考核与激励性报酬政策。

(5) 被审计单位与竞争对手的业绩比较。

外部机构或人员也可能衡量和评价被审计单位的财务业绩。外部评价也可能为注册会计师提供有用的信息,如分析师报告和信用评级机构报告,这些报告通常可以从被审计单位获取。

注册会计师应当运用职业判断确定需要了解被审计单位及其环境的程度。评价了解的程度是否恰当,关键是看注册会计师对被审计单位及其环境的了解是否足以识别和评估财务报表的重大错报风险。如果了解被审计单位及其环境获得的信息足以识别和评价财务报表的重大错报风险,设计和实施进一步审计程序,那么了解的程度就是恰当的。

## 六、固有风险因素对认定发生错报的影响

了解被审计单位及其环境和适用的财务报告编制基础有助于注册会计师识别出一些事项和情况,这些事项和情况的特征可能影响各类交易、账户余额和披露的认定易于发生错报的可能性,这些特征即为固有风险因素。固有风险因素可能通过影响错报发生的可能性和严重程度来影响认定易于发生错报的可能性。

(1) 某类交易、账户余额及相关披露由于其复杂性或主观性而导致易于发生错报的可能性,通常与其变化或不确定性的程度密切相关。例如,如果被审计单位存在一项基于假设的会计估计,其假设的选择涉及重大判断,则这项会计估计的计量可能受到主观性和不确定性的影响。

(2) 某类交易、账户余额及相关披露由于其复杂性或主观性而导致易于发生错报的可能性越大,注册会计师越有必要保持职业怀疑。如果某类交易、账户余额和披露由于其复杂性、主观性、变化或不确定性而导致易于发生错报,这些固有风险因素可能为管理层偏向(无论无意或有意)创造了机会,并影响由管理层偏向导致的易于发生错报的可能性。注册会计师识别重大错报风险和评估认定层次固有风险,受到固有风险因素之间相互关系的影响。

了解固有风险因素怎样影响认定易于发生错报的可能性有助于注册会计师初步了解错报发生的可能性和严重程度,并帮助注册会计师识别认定层次的重大错报风险。了解固有风险因素在何种程度上影响认定易于发生错报的可能性,有助于注册会计师在评估固有风险时评估错报发生的可能性和严重程度,并按照风险应对准则的规定设计和实施进一步审计程序。

**【例 6-4 案例分析】** XY 公司财务报表舞弊的案例

XY 公司为国内一家拟首次发行股票并上市的公司,主要从事天然彩棉的研究和开发。公司的主要产品以天然彩棉为核心的初级产品及终端产品,初级产品为彩棉种子、彩色皮棉等,终端产品为彩色棉纱、彩棉服装等。公司重要财务数据(未审计)如表 6-2 所示。

**表 6-2　XY 公司重要财务数据一览表**　　金额单位:万元

| 项目 | 2004 年 2 月末 | 2003 年年末 | 2002 年年末 | 2001 年年末 |
|---|---|---|---|---|
| 资产总额 | 48 979 | 48 805 | 27 300 | 17 905 |
| 其中:存货 | 25 098 | 25 169 | 13 441 | 11 965 |
| 应收账款 | 5 237 | 4 392 | 3 453 | 699 |

（续表）

| 项目 | 2004 年 2 月末 | 2003 年年末 | 2002 年年末 | 2001 年年末 |
|---|---|---|---|---|
| 主营业务收入 | 1 848 | 17 216 | 10 069 | 5 617 |
| 主营业务利润 | 867 | 6 911 | 2 802 | 825 |
| 其中:种子利润 | | 3 971 | 2 359 | |
| 毛利润 | 47% | 40% | 28% | 15% |
| 净利润 | 234 | 3 702 | 1 409 | 202 |

**一、存货、主营业务成本、收入在传统模式下的审计情况**

（一）存货及主营业务成本

盘点结果:存货数量账实基本相符。

产品成本计算和结转方法:对联产品成本的计算,按联产品销售市价比例法确定各产品入账成本,符合有关规定;存货的发出计价和成本结转用加权平均法按月进行计算。

存货期末价值:期末市价高于成本,无需计提减值准备。

（二）收入

合同显示,2002 年以前公司提供种子给种植单位,按照合同的约定价格收购籽棉,并保证种植单位每亩收益不低于 1 000 元,不足部分由公司补足,此时向种植单位转移种子未按销售进行会计处理。

2001 年 12 月公司取得种子经营许可证后,合同明确了种子销售给种植单位以后,不再保证种子种植单位最低收益,公司仅按合同约定价格收购籽棉。公司具体确认种子收入的时点为销售合同已经签订、棉种已出库转移给对方、发票已开出或价款已收到。

注册会计师未发现重大问题,据此出具了无保留意见的审计报告。

**二、根据审计风险评估准则的有关要求的分析**

初审材料上报后,证监会要求重新核查。根据准则中了解被审计单位及其环境的有关要求来简要分析舞弊风险。

（一）行业环境分析

天然彩棉为高科技项目,处于开发初期,国内同类产品的开发应用也处在未成熟、未大规模推广阶段。该阶段特点为:研发费用高昂、规模经济效益尚未形成;虽然产品符合人们对天然环保概念潮流的追求,但能否成为传统白色棉花的替代品或以后棉纺织品的主流无法定论,经营前景存在较大不确定性;公司是国内较早推出该产品的企业之一,且经营规模是最大的。

（二）企业经营活动的性质分析

公司的主要产品为彩色棉花的研究开发和相关产品的生产销售。该产品的特点为天然彩色,符合人们对天然环保的追求,但与传统的白色棉花相比,使用价值与经济价值上的比较优势不明显。不过,财务报表显示,其主要产品的毛利率近 50%,远远超过传统白色棉花产业。由于开发初期的研发费用高昂,规模经济效益尚未形成,对高额的利润率有质疑的理由。

（三）经营模式的分析

公司初级产品是彩棉种子、彩色皮棉等,采取销售彩棉种子给各种植单位,然后收购籽棉，加工成彩色皮棉、棉种等系列产品再进行销售的方式；终端产品为彩色棉纱、彩棉内衣等，也是向加工单位提供彩色皮棉等原材料，加工成各种终端产品后，由公司统一对外销售的方式。显然，公司的主要经营模式为委托加工。

（四）重要会计政策的分析

1. 收入确认分析

公司属委托加工模式，公司所生产的原材料或初级产品的对外转移，在实质上不构成销售，在此阶段不能确认相关收入。

然而，同为委托加工，公司对交易确认方法横向、纵向不一致，已经显示出操纵的成分，加之种子的销售利润分别占2002、2003年度主营业务利润的8 419％、57.46％，占公司净利润的167％、107％，因而基本可以确认公司在操纵收入。

2. 成本确认与计量分析

公司按联产品销售市价比例计算联产品成本，用加权移动平均法计算成本结转，表明上产品成本的确认符合有关规定。但从行业环境角度看，由于公司在国内处于垄断地位，销售价格实际上完全由公司自行确定，相关产品的售价并非真正意义的市场价格，缺乏公允性，在此价格基础上确定的联产品成本失去了可靠的基础。

同样，虽然存货期末价值根据报告日前后公司的销售发票验证，表明存货的期末市价均高于成本价，但是由于市价实际上也并非真正意义上的市场公允价格，存货减值准备的确定也存在问题。

事实证明：公司高层通过系统手段，精心构造并不存在的交易，并在形式上合规，通过粉饰财务报表取得上市资格。

## 第三节 了解被审计单位内部控制体系

按照《中国注册会计师审计准则第1211号——重大错报风险的识别和评估》(2022)的要求，注册会计师应当了解被审计单位内部控制体系各要素。

内部控制体系是指由治理层、管理层和其他人员设计、执行和维护的体系，以合理保证被审计单位能够实现财务报告的可靠性，提高经营效率和效果，以及遵守适用的法律法规等目标。控制是指被审计单位为实现控制目标所制定的政策和程序；政策是指被审计单位为了实施控制而做出的应当或不应当采取某种措施的规定；程序是指为执行政策而采取的行动。

内部控制体系包含五个相互关联的要素：内部环境（控制环境）；风险评估过程；与财务报告相关的信息系统与沟通；控制活动；对控制的监督。

内部控制体系各要素的性质不同：①注册会计师了解被审计单位的内部环境、风险评估和内部监督要素，更有可能影响财务报表层次重大错报风险的识别和评估。②注册会计师了解被审计单位的信息与沟通以及控制活动要素，更有可能影响认定层次重大错报风险的识别和评估。

内部环境、风险评估和内部监督中的控制主要是间接控制，即该类控制不足以精准地防止、发现并纠正认定层次的错报，但可以支持其他控制，因此可能间接影响及时防止或发现错报发生的可能性。由于内部环境、风险评估和内部监督是被审计单位内部控制体系的基础，其运行中的任何缺陷都可能对财务报表的编制产生广泛的影响。因此，注册会计师对这些要素的了解和评价，影响其对财务报表层次重大错报风险的识别和评估，也可能影响其对认定层次重大错报风险的识别和评估。

## 一、控制环境

控制环境是指对建立、加强或削弱特定政策、程序及其效率产生影响的各种因素。控制环境包括治理职能和管理职能，以及治理层和管理层对内部控制及其重要性的态度、认识和措施。内部控制环境为内部控制体系其他要素的运行奠定了总体基础。

注册会计师为了解与财务报表编制相关的内部控制环境，应当实施下列风险评估程序。

1. 了解涉及下列方面的控制、流程和组织结构

(1) 管理层如何履行其管理职责，例如，被审计单位的组织文化，管理层是否重视诚信、道德和价值观。注册会计师可以通过询问管理层和员工并考虑外部来源的信息了解：①管理层如何向员工传达对商业行为惯例和符合道德要求的行为的看法。②检查管理层的书面行为守则并观察管理层是否按照该守则行事。

(2) 在治理层与管理层分离的体制下，治理层的独立性以及治理层监督内部控制体系的情况。董事会是否建立了审计委员会或类似机构；治理层是否与内部和外部审计人员有联系和沟通，联系和沟通的性质以及频率是否与被审计单位的规模和业务复杂程度相匹配；治理层的成员是否具备适当的经验和资历；治理层是否独立于管理层；治理层会议的数量和时间是否与被审计单位的规模和业务复杂程度相匹配；治理层是否充分参与了财务报告的过程；治理层是否对经营风险的监控有足够的关注，进而影响被审计单位和管理层的风险评估进程(包括舞弊风险)；治理层成员是否有很高的流动性。

(3) 被审计单位内部权限和职责的分配情况。被审计单位的组织结构为计划、运作、控制及监督经营活动提供了一个整体框架。通过集权或分权决策，可在不同部门间进行适当的职责划分，建立适当层次的报告体系。组织机构将影响权利、责任和工作任务在组织成员中的分配。被审计单位组织结构的合理性在一定程度上取决于被审计单位的规模和经营活动的性质。

注册会计师应考虑被审单位内部是否有明确的职责划分，是否已针对授权交易建立了适当的政策，包括如何分配经营活动的职权与责任、如何建立关系和职权等级。

(4) 被审计单位如何吸引、培养和留住具有胜任能力的人员。内部控制的有效性通常取决于执行人，因此，被审单位员工的能力与诚信是控制环境中不可缺少的因素。注册会计师可考虑的主要因素：被审计单位是否在招聘、培训、考核、晋升、薪酬、调动和辞退员工方面都有适当的政策和程序(特别是在会计、财务和信息系统方面)；是否有书面的员工岗位职责手册，或者在没有书面文件时，对岗位职责是否作了适当的沟通和交流；人力资源政策与程序是否清晰，并且定期发布和更新；是否设定适当的程序，对分散在各地区和海外的经营人员建立和沟通人力资源政策与程序。

(5) 被审计单位如何使其人员致力于实现内部控制体系的目标。

2. 评价下列方面的情况

(1) 在治理层的监督下，管理层是否营造并保持了诚实守信和合乎道德的文化。

(2) 根据被审计单位的性质和复杂程度，内部环境是否为内部控制体系的其他要素奠定了适当的基础。

(3) 识别出的内部环境方面的控制缺陷是否会削弱被审计单位内部控制体系的其他要素。

## 二、风险评估过程

风险评估是被审计单位识别、评估和管理影响实现经营目标能力的各种风险(经营风险)的过程。针对财务报告目标的风险评估过程包括：识别与财务报告相关的经营风险，评估风险的重大性和发生的可能性，以及采取何种措施管理这些风险。

注册会计师评价风险评估工作，有助于其了解被审计单位识别的可能发生风险的领域以及被审计单位如何应对这些风险。评价被审计单位如何识别经营风险以及如何评估和应对这些风险，有助于注册会计师了解被审计单位是否已根据其性质和复杂程度，适当地识别、评估和应对所面临的风险。注册会计师对这些事项的评价可以帮助其识别、评估财务报表层次和认定层次的重大错报风险。

注册会计师为了解被审计单位与财务报表编制相关的风险评估工作，应当实施以下风险评估程序：

(1) 了解被审计单位的下列工作，包括：识别与财务报告目标相关的经营风险；评估上述风险的重要程度和发生的可能性；应对上述风险。注册会计师考虑的主要因素可能包括：①被审计单位是否已建立并沟通其整体目标，并辅以具体策略和业务流程层面的计划。②被审计单位是否已建立风险评估过程，包括识别风险、估计风险的重要性、评估风险发生的可能性以及决定应对这些风险的措施。③被审计单位是否已建立某种机制，识别和应对可能对被审计单位产生重大且影响广泛的变化。④会计部门是否建立了某种流程，以识别会计准则的重大变化。⑤当被审计单位业务操作发生变化并影响交易记录的流程时，是否存在沟通渠道以通知会计部门。⑥风险管理部门是否建立了某种流程，以识别经营环境(包括监管环境)发生的重大变化。

(2) 根据被审计单位的性质和复杂程度，评价其风险评估工作是否适合其具体情况。如果被审计单位已建立风险评估过程，注册会计师应当了解风险评估过程及其结果。假如识别出未被管理层识别的重大错报风险，注册会计师应当评价是否存在这类风险，即注册会计师预期被审计单位风险评估过程应当识别出而未被识别出的风险。如果存在这类风险，注册会计师应当了解风险评估过程未能识别出的原因，并评价风险评估过程是否适合具体情况，或者确定与风险评估过程相关的内部控制是否存在值得关注的内部控制缺陷。

如果被审计单位没有建立风险评估过程，或具有非正式的风险评估过程，注册会计师应当与管理层讨论是否识别出与财务报告目标相关的经营风险以及如何应对这些风险。注册会计师应当评价缺少记录的风险评估过程是否适合具体情况，或确定是否表明存在值得关注的内部控制缺陷。

## 三、与财务报告相关的信息系统与沟通

信息系统与沟通是收集与交换被审计单位执行、管理和控制业务活动所需信息的过程，包括收集和提供信息给适当人员，使之能够履行职责。信息系统与沟通的质量直接影响管

理层对经营活动做出正确决策和编制可靠的财务报告的能力。

与财务报告相关的信息系统包括用于生成、记录、处理和报告交易、事项和情况，对相关资产、负债和所有者权益履行经营管理责任的程序和记录。

交易可能通过人工或自动化程序生成。记录包括识别和收集与交易、事项有关的信息。处理包括编辑、核对、计量、估价、汇总和调节活动，可由人工或自动化程序来执行。报告是指用电子或书面形式编制财务报告和其他信息，被审计单位用于衡量和考核财务及其他方面的业绩。

与财务报告相关的信息系统应当与业务流程相适应。业务流程是指被审计单位开发、采购、生产、销售、发送产品和提供服务、保证遵守法律法规、记录信息等一系列活动。与财务报告相关的信息系统所生成信息的质量，对管理层能否做出恰当的经营管理决策以及编制可靠的财务报告具有重大影响。

与财务报告相关的信息系统通常包括下列职能：①识别与记录所有的有效交易。②及时、详细地描述交易，以便在财务报告中对交易做出恰当分类。③恰当计量交易，以便在财务报告中对交易的金额做出准确记录。④恰当确定交易生成的会计期间。⑤在财务报表中恰当列报交易。

与财务报告相关的沟通包括使员工了解各自在与财务报告有关的内部控制方面的角色和职责，员工之间的工作联系，以及向适当级别的管理层报告例外事项的方式。

公开的沟通渠道有助于确保例外情况得到报告和处理。沟通可以采用政策手册、会计和财务报告手册及备忘录等形式进行，也可以通过发送电子邮件、口头沟通和管理层的行动来进行。

注册会计师为了解被审计单位与财务报表编制相关的信息与沟通，应当实施以下风险评估程序：

第一，了解被审计单位的信息处理活动(包括数据和信息)，在这些活动中使用的资源，针对相关交易类别、账户余额和披露的信息处理活动的政策。这具体包括：

(1) 信息在被审计单位信息系统中的传递情况，包括交易如何生成，与交易相关的信息如何进行记录、处理、更正、结转至总账、在财务报表中报告，以及其他方面的相关信息如何获取、处理、在财务报表中披露。

(2) 与信息传递相关的会计记录、财务报表特定项目以及其他支持性记录。

(3) 被审计单位的财务报告过程。

(4) 与上述三点相关的被审计单位资源，包括信息技术环境。

第二，了解被审计单位如何沟通与财务报表编制相关的重大事项，以及信息系统和内部控制体系其他要素中的相关报告责任。这具体包括：

(1) 被审计单位内部人员之间的沟通，包括就与财务报告相关的岗位职责和相关人员的角色进行的沟通。

(2) 管理层与治理层之间的沟通。

(3) 被审计单位与监管机构等外部各方的沟通。

第三，评价被审计单位的信息与沟通是否能够为被审计单位按照适用的财务报告编制基础编制财务报表提供适当的支持。

## 四、控制活动

控制活动是指有助于确保管理层的指令得以执行的政策和程序，包括与授权、业绩评价、信息处理、实物控制和职责分离等相关的活动。

注册会计师应当了解与审计相关的控制活动。与审计相关的控制活动，是注册会计师为评估认定层次重大错报风险并设计进一步审计程序应对评估的风险而认为有必要了解的控制活动。

1. 被审计单位的相关控制活动

(1) 授权。授权包括一般授权和特别授权。授权的目的在于保证交易在管理层授权范围内进行。一般授权是指管理层制定的要求组织内部遵守的普遍适用于某类交易或活动的政策。特别授权是指管理层针对特定类别的交易或活动逐一设置的授权，如重大资本支出和股票发行等。特别授权也可能用于超过一般授权限制的常规交易。例如，同意因某些特别原因，对某个不符合一般信用条件的客户赊购商品。

(2) 业绩评价。与业绩评价有关的控制活动，主要包括被审计单位分析评价实际业绩与预算(或预测、前期业绩)的差异，综合分析财务数据与经营数据的内在关系，将内部数据与外部信息来源相比较，评价职能部门、分支机构或项目活动的业绩(如银行客户信贷经理复核各分行、地区和各种贷款类型的审批和收回)，以及对发现的异常差异或关系采取必要的调查与纠正措施。

通过调查非预期的结果和非正常的趋势，管理层可以识别可能影响经营目标实现的情形。管理层对业绩信息的使用(如将这些信息用于经营决策，还是同时用于对财务报告系统报告的非预期结果进行追踪)，决定了业绩指标的分析是只用于经营目的，还是同时用于财务报告目的。

(3) 信息处理。与信息处理有关的控制活动包括信息技术的一般控制和应用控制。被审计单位通常执行各种措施，检查各种类型信息处理环境下的交易的准确性、完整性和授权。信息处理控制可以是人工的、自动化的，或是基于自动流程的人工控制。信息处理控制分为两类，即信息技术的一般控制和应用控制。

信息技术一般控制是指与多个应用系统有关的政策和程序，有助于保证信息系统持续恰当地运行(包括信息的完整性和数据的安全性)，支持应用控制作用的有效发挥，通常包括数据中心和网络运行控制，系统软件的购置、修改及维护控制，接触或访问权限控制，应用系统的购置、开发及维护控制。例如，程序改变的控制、限制接触程序和数据的控制、与新版应用软件包实施有关的控制等都属于信息系统一般控制。

信息技术应用控制是指主要在业务流程层次运行的人工或自动化程序，与用于生成、记录、处理、报告交易或其他财务数据的程序相关，通常包括检查数据计算的准确性，审核账户和试算平衡表，设置对输入数据和数字序号的自动检查，以及对例外报告进行人工干预。例如：日期格式、电话号码位数的自动校验；国外周薪的范围校验；是否连续编号的自动检查等。

(4) 实物控制。对资产和记录采取适当的安全保护措施，对访问计算机程序和数据文件设置授权，以及定期盘点并将盘点记录与会计记录相核对。例如，对现金、有价证券和存货的定期盘点控制。实物控制的效果影响资产的安全，从而对财务报表的可靠性及审计产生影响。

(5) 职责分离。被审计单位如何将交易授权、交易记录以及资产保管等职责分配给不同员工,以防范同一员工在履行多项职责时可能发生的舞弊或错误。当信息技术在信息系统中运用时,职责分离可以通过设置安全控制来实现。

2. 注册会计师实施的风险评估程序

(1) 识别用于应对认定层次重大错报风险的控制,包括:①应对特别风险的控制。②与会计分录相关的控制,这些会计分录包括用以记录非经常性的、异常的交易,以及用于调整的非标准会计分录。③注册会计师拟测试运行有效性的控制,包括用于应对仅实施实质性程序不能提供充分、适当审计证据的风险的控制。④注册会计师根据职业判断认为适当的、能够有助于其实现与认定层次重大错报风险有关目标的其他控制。

(2) 基于上述识别的控制,识别哪些信息技术应用程序及信息技术环境的其他方面,可能面临运用信息技术导致的风险。

(3) 针对上述第(2)项中识别的信息技术应用程序及信息技术环境的其他方面,进一步识别:①运用信息技术导致的相关风险。②被审计单位用于应对这些风险的信息技术一般控制。

(4) 针对上述第(1)项以及第(3)项第2点识别出的每项控制:①评价控制的设计是否有效,即这些控制能否应对认定层次重大错报风险或为其他控制的运行提供支持。②询问被审计单位内部人员,并实施其他风险评估程序,以确定控制是否得到执行。

注册会计师了解控制活动的范围包括:应当重点考虑一项控制活动单独或连同其他控制活动,是否能够以及如何防止或发现并纠正各类交易、账户余额、列报存在的重大错报。审计准则并不要求注册会计师了解与每类重大交易、账户余额和披露及其认定相关的所有控制活动。注册会计师的工作重点是识别和了解针对重大错报可能发生的领域的控制活动。如果多项控制活动能够实现同一目标,注册会计师则不必了解与该目标相关的每项控制活动。与审计相关的控制活动包括:

(1) 与特别风险相关的控制活动,以及与仅通过实质性程序无法获取充分、适当的审证据的风险相关的控制活动。

(2) 注册会计师运用职业判断认为相关的控制活动。

在判断一项控制活动是否与审计相关时,注册会计师需要考虑下列两个因素:

(3) 注册会计师识别出的可能导致重大错报的风险。

(4) 在确定实质性程序的范围时,注册会计师认为测试控制运行的有效性是否适当。

## 五、对控制的监督

对控制的监督是指被审计单位评价内部控制在一段时间内运行有效性的过程,该过程包括及时评价控制的设计和运行,以及根据情况的变化采取必要的纠正措施。例如,管理层对是否定期编制银行存款余额调节表进行复核,内部审计人员评价销售人员是否遵守公司关于销售合同条款的政策,法律部门定期监控公司的道德规范和商务行为准则是否得到遵循等。监督对控制的持续有效运行十分重要。例如,如果没有对银行存款余额调节表是否得到及时和准确的编制进行监督,该项控制可能无法得到持续的执行。

通常,被审计单位通过持续的监督活动、专门的评价活动或两者相结合,来实现对控制的监督。持续的监督活动通常贯穿于被审计单位的日常经营活动与常规管理工作中。例如，销售经理、采购经理和车间主任对经营活动十分了解，会对有重大差异的报告提出疑问，并作必要的追踪调查和处理。被审计单位可能使用内部审计人员或具有类似职能的人员对内部控制的设计和执行进行专门的评价，以找出内部控制的优点和不足，并提出改进建议。

为了解被审计单位对与财务报表编制相关的内部控制体系的监督工作，应当实施以下风险评估程序：

(1) 了解被审计单位实施的持续性评价和单独评价，以及识别出控制缺陷的情况和整改的情况。考虑的主要因素可能包括：①被审计单位是否定期评价内部控制。②被审计单位人员在履行正常职责时，能够在多大程度上获得内部控制是否有效运行的证据。③与外部的沟通能够在多大程度上证实内部产生的信息或者指出存在的问题。④管理层是否采纳内部审计人员和注册会计师有关内部控制的建议。⑤管理层是否及时纠正控制运行中的偏差；⑥管理层根据监管机构的报告及建议是否及时采取纠正措施。

(2) 了解被审计单位的内部审计，包括内部审计的性质、职责和活动。内部审计责任的性质以及内部审计如何适合被审计单位的组织结构；内部审计已实施或拟实施的活动。

(3) 了解被审计单位在监督内部控制体系的过程中所使用信息的来源，以及管理层认为这些信息足以信赖的依据。监督活动中使用的很多信息可能由被审计单位的信息系统产生。如果管理层假定用于监督的数据是准确的，而这一假定没有依据，则这些信息可能存在错误，导致管理层从监督活动中得出错误的结论。

(4) 根据被审计单位的性质和复杂程度，评价被审计单位对内部控制体系的监督是否适合其具体情况。

以上是内部控制的四个要素。注册会计师在了解和评价被审计单位内部控制时，应充分认识到内部控制是有固有限制的。注册会计师在财务报表审计中，需要保持应有的职业怀疑，充分关注内部控制的下列固有限制：①在决策时人为判断可能出现错误和因人为失误而导致内部控制失效。例如，控制的设计和修改可能存在失误。同样的，控制的运行可能无效。再如，由于负责复核信息的人员不了解复核的目的或没有采取适当的措施，内部控制生成的信息(如例外报告)没有得到有效使用。②控制可能由于两个或更多的人员串通或管理层不当地凌驾于内部控制之上而被规避。例如，管理层可能与客户签订“背后协议”，修改标准的销售合同条款和条件，从而导致不适当的收入确认。再如，软件中的编辑控制旨在识别和报告超过赊销信用额度的交易，但这一控制可能被凌驾或不能得到执行。③内部控制的设计和运行受制于成本与效益原则。在设计和执行控制时，管理层可能对选择执行的控制的性质和范围以及选择承担的风险的性质和程度做出判断。内部控制一般都是针对经常而重复发生的业务设置的，如出现不经常发生或未预计到的业务，原有控制就可能不适用。

## 第四节 识别和评估重大错报风险

注册会计师实施风险评估程序了解被审计单位及其环境、适用的财务报告编制基础以及内部控制体系各要素的目标是评估重大错报风险，识别、评估财务报表层次和认定层次重大错报风险，从而为设计和实施应对措施提供依据。

## 一、识别和评估财务报表层次和认定层次的重大错报风险

### （一）识别和评估重大错报风险的程序

在获得被审计单位及其环境的了解后，注册会计师应当评估重大错报风险，并根据风险评估的结果确定必要的审计程序。在识别和评估重大错报风险时，注册会计师应当按步骤实施下列审计程序：

（1）在了解被审计单位及其环境（包括与风险相关的控制）的整个过程中，结合对财务报表中各类交易、账户余额和披露（包括定量披露和定性披露）的考虑识别风险。例如，被审计单位因相关环境法规的实施需要更新设备，可能面临原有设备闲置或贬值的风险；宏观经济的低迷可能预示应收账款的回收存在问题；竞争者开发的新产品上市，可能导致被审计单位的主要产品在短期内过时，预示将出现存货跌价和长期资产的减值。

（2）评估识别出的风险，并评价其是否更广泛地与财务报表整体相关，进而潜在地影响多项认定。例如，销售困难使产品的市场价格下降，可能导致年末存货成本高于其可变现净值，需要计提存货跌价准备，这显示存货的计价认定可能发生错报。

（3）结合对拟测试的相关控制的考虑，将识别出的风险与认定层次可能发生错报的领域相联系。在评估重大错报风险发生的可能性时，除考虑可能的风险外，还要考虑控制对风险的抵销和遏制作用，有效的控制会减少错报发生的可能性，而控制不当或缺乏控制，潜在错报就会变成现实。控制可能与某一认定有关，也可能与多项认定有关，关系越间接，控制对防止或发现并纠正错报的效果越小。

（4）考虑发生错报的可能性（包括发生多项错报的可能性），以及潜在错报是否足以导致重大错报。注册会计师还要考虑上述识别的风险是否导致财务报表发生重大错报。例如，考虑存货的账面余额是否巨大，是否已适当计提存货跌价准备等。在某些情况下，尽管识别的风险重大，但仍不至于导致财务报表发生重大错报。例如，期末财务报表中存货的余额较低，尽管识别的风险重大，但不至于导致存货的计价认定发生重大错报风险。又如，被审计单位对存货跌价准备的计提实施了比较有效的内部控制，管理层根据可变现净值，计提了相应的跌价准备，在这种情况下，发生重大错报的可能性将相应降低。

注册会计师应当利用实施风险评估程序获取的信息，包括在评价控制设计和确定其是否得到执行时获取的审计证据，作为支持风险评估结果的审计证据。注册会计师应当根据风险评估结果，确定实施进一步审计程序的性质、时间和范围。

### （二）可能表明被审计单位存在重大错报风险的事项和情况

当存在以下事项和情况时，注册会计师应当关注被审计单位是否存在重大错报风险，具体包括：①在经济不稳定的国家或地区开展业务。②在高度波动的市场开展业务。③在严厉、复杂的监管环境中开展业务。④持续经营和资产流动性出现问题，包括重要客户流失。⑤融资能力受到限制。⑥行业环境发生变化。⑦供应链发生变化。⑧开发新产品或提供新服务，或进入新的业务领域，开辟新的经营场所。⑨发生重大收购、重组或其他非经常性事项。⑩拟出售分支机构或业务分部。⑪存在未决诉讼和或有负债。⑫运用表外融资、特殊目的实体以及其他复杂的融资协议。⑬复杂的联营或合资。⑭重大的关联方交易。⑮缺乏具备胜任能力的会计人员。⑯关键人员变动。⑰内部控制薄弱。⑱信息技术战略与经营战略不协调。⑲信息技术环境发生变化。⑳安装新的与财务报告有关的重大信息技术系统。

㉑经营活动或财务报告受到监管机构的调查。㉒以往存在重大错报或本期期末出现重大会计调整。㉓发生重大的非常规交易。㉔按照管理层特定意图记录的交易。㉕应用新颁布的会计准则或相关会计制度。㉖会计计量过程复杂。㉗事项或交易在计量时存在重大不确定性。

注册会计师应当充分关注可能表明被审计单位存在重大错报风险的上述事项和情况，并考虑由于上述事项和情况导致的风险是否重大，以及该风险导致财务报表发生重大错报的可能性。

**（三）关注两个层次的重大错报风险**

在对重大错报风险进行识别和评估后，注册会计师应当确定，识别的重大错报风险是与特定的某类交易、账户余额披露认定相关，还是与财务报表整体广泛相关，进而影响多项认定。某些重大错报风险可能与特定的各类交易、账户余额披露的认定相关。例如，被审计单位存在复杂的联营或合资，这一事项表明长期股权投资账户的认定可能存在重大错报风险。又如，被审计单位存在重大的关联方交易，该事项表明关联方及关联方交易的披露认定可能存在重大错报风险。

对于识别出的认定层次重大错报风险，注册会计师应当分别评估固有风险和控制风险。对于识别出的认定层次重大错报风险，注册会计师应当通过评估错报发生的可能性和严重程度来评估固有风险。在评估时，注册会计师应当考虑：固有风险因素如何以及在何种程度上影响相关认定易于发生错报的可能性；财务报表层次重大错报风险如何以及在何种程度上影响认定层次重大错报风险中固有风险的评估。

某些重大错报风险可能与财务报表整体广泛相关，进而影响多项认定。例如，在经济不稳定的国家和地区开展业务、资产的流动性出现问题、重要客户流失、融资能力受到限制等，可能导致注册会计师对被审计单位的持续经营能力产生重大疑虑。又如，管理层缺乏诚信或承受异常的压力可能引发舞弊风险，这些风险与财务报表整体相关。

对于识别出的财务报表层次重大错报风险，注册会计师应当从下列两方面对其进行评估：一是评价这些风险对财务报表整体产生的影响；二是确定这些风险是否影响对认定层次风险的评估结果。

**【例 6-5 单选题】** 下面各项中，与丙公司财务报表层次重大错风险评估最相关的是（　　）。

A. 丙公司应收账款周转率呈明显下降趋势

B. 丙公司持有大量高价值且易被盗窃的资产

C. 丙公司的生产成本计算过程相当复杂

D. 丙公司控制环境薄弱

**解答：**

内控的好坏是影响财务报表层次重大错风险评估直接因素，选项 ABC 都是相对具体的，有一定关系但不主要。因此正确答案是选项 D。

**（四）内部控制对评估重大错报风险的影响**

财务报表层次的重大错报风险很可能源于薄弱的控制环境。薄弱的控制环境带来的风险可能对财务报表产生广泛影响，难以限于交易、账户余额、列报层次。因此，注册会计师应当采取总体应对措施。例如,如果被审计单位治理层、管理层对内部控制的重要性缺乏认识,没有建立必要的制度和程序;或管理层经营理念偏于激进,又缺乏实现激进目标的人力资源等,薄弱的控制环境所造成的缺陷可能对财务报表产生广泛影响,需要注册会计师采取总体应对措施。

在评估重大错报风险时,注册会计师还应当将所了解的控制与特定认定相联系。这是因为控制有助于防止或发现并纠正认定层次的重大错报。在评估重大错报发生的可能性时,除了考虑可能的风险外,还要考虑控制对风险的抵销和遏制作用。有效的控制会减少错报发生的可能性,而控制不当或缺乏控制,错报就会有可能变成现实。

控制可能与某一认定直接相关,也可能与某一认定间接相关。关系越间接,控制在防止或发现并纠正认定中错报的作用越小。注册会计师可能识别出有助于防止或发现并纠正特定认定发生重大错报的控制。在确定这些控制是否能够实现上述目标时,注册会计师应当将控制活动和其他要素综合考虑。例如,将销售和收款的控制置于其所在的流程和系统中考虑,以确定其能否实现控制目标。因为单个的控制活动本身并不足以控制重大错报风险,只有多种控制活动和内部控制的其他要素综合作用才足以控制重大错报风险。

## 二、需要特别考虑的重大错报风险

### (一) 判断需要特别考虑的重大错报风险

注册会计师应当在考虑识别出的控制对相关风险的抵销效果前,根据风险的性质、潜在错报的重要程度(包括该风险是否可能导致多项错报)和发生的可能性,判断风险是否属于特别风险。

特别风险是指注册会计师识别出的符合下列特征之一的重大错报风险:①根据固有风险因素对错报发生的可能性和错报的严重程度的影响,注册会计师将固有风险评估为达到或接近固有风险等级的最高级。②根据其他审计准则的规定,注册会计师应当将其作为特别风险。

在确定风险的性质时,注册会计师应当考虑下列事项:①风险是否属于舞弊风险。②风险是否与近期经济环境、会计处理方法和其他方面的重大变化有关。③交易的复杂程度。④风险是否涉及重大的关联方交易。⑤财务信息计量的主观程度,特别是对不确定事项的计量存在较大区间。⑥风险是否涉及异常或超出正常经营过程的重大交易。

日常的、不复杂的、经常规处理的交易不太可能产生特别风险,特别风险通常与重大的非常规交易和判断事项有关。

1. 非常规交易

非常规交易是指由于金额或性质异常而不经常发生的交易。例如,企业并购、债务重组、重大或有事项等。对于非常规交易,管理层会更多地介入会计处理;数据收集和处理涉及更多的人工成分;需要复杂的计算或会计处理方法;非常规交易的性质可能使被审计单位难以对由此产生的特别风险实施有效控制。由于非常规交易具有上述特征,与重大非常规交易相关的特别风险可能导致更高的重大错报风险。

2. 判断事项

判断事项通常包括做出的会计估计,如资产减值准备金额的估计、需要运用复杂估值技术确定的公允价值计量等。判断事项的特征表现在:①对涉及会计估计、收入确认等方面的会计原则存在不同的理解。②所要求的判断可能是主观和复杂的，或需要对未来事项做出假设。由于上述原因，与重大判断事项相关的特别风险可能导致更高的重大错报风险。

**（二）考虑针对特别风险的控制设计及其执行**

对特别风险，注册会计师应当评价相关控制的设计情况，并确定其是否已经得到执行。由于与重大非常规交易或判断事项相关的风险很少受到日常控制的约束，注册会计师应当了解被审计单位是否针对该特别风险设计和实施了控制。例如，做出会计估计所依据的假设是否由管理层或专家进行复核，是否建立会计估计的正规程序，重大会计估计结果是否由治理层批准等。又如，管理层在收到重大诉讼事项的通知时采取的措施，包括这类事项是否提交适当的专家（如内部或外部的法律顾问）处理，是否对该事项的潜在影响做出评估，是否确定该事项在财务报表中的披露问题及如何处理。

了解与特别风险相关的控制，有助于注册会计师制定有效的审计方案予以应对。如果管理层未能实施控制以恰当应对特别风险，注册会计师应当认为内部控制存在重大缺陷，并考虑其对风险评估的影响。在此情况下，注册会计师应当考虑就此类事项与治理层沟通。

如果计划测试旨在减轻特别风险的控制运行的有效性，注册会计师不应依赖以前审计获取的关于内部控制运行有效性的审计证据。注册会计师应当专门针对识别的特别风险实施实质性程序，由于仅凭实质性分析程序并不足以应对特别风险，注册会计师应当实施细节测试，或将实质性分析程序与细节测试结合运用。

**【例 6-6 单选题】** 下列有关特别风险的说法中，正确的是（　　）。

A. 注册会计师在判断重大错报风险是否为特别风险时，应当考虑识别出的控制对于相关风险的抵销效果

B. 注册会计师应当将管理层凌驾于控制之上的风险评估为特别风险

C. 注册会计师应当对特别风险实施细节测试

D. 注册会计师应当了解并测试与特别风险相关的控制

**解答：**

在判断重大错报风险是否为特别风险时，注册会计师不应当考虑识别出的控制对于相关风险的抵销效果，选项 A 不正确；注册会计师应当对特别风险实施实质性程序，选项 C 错误；注册会计师应当了解与特别风险相关的控制，如果了解到相关的内部控制无效，此时不需要测试相关的控制，选项 D 错误。因此正确答案是选项 B。

## 三、仅通过实质性程序无法应对的重大错报风险

审计准则指出，作为风险评估的一部分，如果认为仅通过实质性程序获取的审计证据无法将认定层次的重大错报风险降至可接受的水平，注册会计师应当评价被审计单位针对这些风险设计的控制，并确定其执行情况。例如，在被审计单位对日常交易采用高度自动化处理的情况下，审计证据可能仅以电子形式存在，其充分性和适当性通常取决于自动化信息系统相关控制的有效性。注册会计师应当考虑仅通过实施实质性程序不能获取充分、适当审计证据的可能性。如果认为仅通过实施实质性程序不能获取充分、适当的审计证据，注册会计师应当考虑依赖的相关控制的有效性，并对其进行了解、评估和测试。

## 四、风险评估结果的修正

在评估重大错报风险时，注册会计师应当利用实施风险评估程序获取的信息，包括在评价控制设计和确定其是否得到执行时获取的审计证据，作为支持风险评估结果的审计证据。并且，应当根据风险评估结果，确定实施进一步审计程序的性质、时间安排和范围。

注册会计师对被审计单位及其环境的了解和重大错报风险的评估是一个持续的过程，贯穿于审计过程的始终，对认定层次重大错报风险的评估应以获取的审计证据为基础，并可能随着不断获取审计证据而做出相应的变化。如果通过实施进一步审计程序，包括控制测试和实质性程序，获取的审计证据与初始评估获取的审计证据相矛盾，注册会计师应当修正风险评估结果，并相应修改原计划实施的进一步审计程序，对风险评估的修正要贯穿于审计过程的始终。

本书案例公正会计师事务所对新欣股份公司2019年报审计中，评估的认定层次重大错报风险如表6-3所示。

**表6-3　评估的认定层次重大错报风险**　底稿索引号 F1-2

被审计单位：新欣公司　编制人：章艺　日期：2020年2月6日

报表期间：2019年　复核人：李明　日期：2020年2月13日

| 风险编号 | 风险的性质（不考虑相关控制） | 相关控制 | 识别的重大错报风险 | | 是否为特别风险及原因 | 重大错报风险水平 |
|---|---|---|---|---|---|---|
| | | | 交易 | 相关账户及列报 | | |
| R1 | 报表显示公司实现了年初制定的12%的销售收入增长目标，但当年行业整体销售增长5%，管理层可能虚增收入 | 销售单、出库单、发票事先编号；定期向客户寄送对账单 | 销售交易 | 主营业务收入 | 是，属于舞弊风险 | 高 |
| | | | | 应收账款 | 是，属于舞弊风险 | 高 |
| R2 | …… | | | | | |
| …… | …… | | | | | |

## 课后复习题

### 一、思考题

1. 什么是风险评估？其意义何在？
2. 注册会计师实施的风险评估程序有哪些？
3. 内部控制的内涵、要素是什么？
4. 内部控制环境包括哪些？
5. 控制活动有哪些？
6. 如何评估重大错报风险？
7. 如何对控制进行监督？

### 二、名词解释

1. 风险评估程序

2. 内部控制
3. 控制环境
4. 风险评估过程
5. 控制活动
6. 特别风险

# 第七章 风险应对

**知识导航**

- 风险应对
  - 针对财务报表层次重大错报风险的总体应对措施
    - 财务报表层次重大错报风险的总体应对措施
    - 总体应对措施对拟实施进一步审计程序的总体审计方案的影响
  - 针对认定层次重大错报风险的进一步审计程序
    - 进一步审计程序的概念和要求
    - 设计进一步审计程序需考虑的因素
    - 进一步审计程序的性质及选择
    - 进一步审计程序的时间及选择
    - 进一步审计程序的范围及确定
  - 控制测试
    - 控制测试的概念和要求
    - 控制测试的性质
    - 控制测试的时间
    - 控制测试的范围
    - 对控制运行的有效性形成评价结论
  - 实质性程序
    - 实质性程序的概念和要求
    - 实质性程序的性质
    - 实质性程序的时间
    - 实质性程序的范围

## 学习目标

通过本章的学习，学生应掌握针对评估的财务报表层次重大错报风险应采取的总体应对措施、针对评估的认定层次重大错报风险实施的进一步审计程序；掌握控制测试和实质性程序的内涵、性质和范围。

**引入案例**

### 瑞华事务所对康得新的审计失败案例

2019 年 1 月，康得新复合材料集团股份有限公司(以下简称康得新)发生债券违约事件，后经中国证监会查明存在以下违法事实：①“2015 年至 2018 年年度报告存在虚假记载。康得新通过虚构销售业务、虚构采购、生产、研发、产品运输费用等方式，虚增营业收入、营业成本、研发费用和销售费用，导致 2015 年至 2018 年年度报告虚增利润总额分别为 2 242 745 642.37 元、

2 943 420 778.01 元、3 908 205 906.90 元、2 436 193 525.40 元，分别占各年度报告披露利润总额的 136.22%、127.85%、134.19%、711.29%。”。②“未及时披露及未在年度报告中披露为控股股东提供关联担保的情况。2018 年 7 月至 12 月，康得新将募集资金经过多道流转后，主要资金最终回流至康得新，用于归还银行贷款、配合虚增利润等方面。”

康德新 2015 年至 2018 年连续四年虚增利润总额 119 亿元，净利润实际为负。瑞华会计师事务所（以下简称瑞华所）自 2012 年开始对康德新财务报表进行审计，在涉及业务造假的四年里共收取审计费用 840 万元，却未对存在的问题及隐患予以识别和披露，在 2015 至 2017 年均出具了无保留意见审计报告。在 2019 年康得新债务违约和大股东占用资金东窗事发后，瑞华所才对其 2018 年财务报告出具无法表示意见的审计报告。康得新公司股票可能被实施重大违法强制退市，瑞华所正在被调查当中。

瑞华所对康得新审计失败的成因在于几个方面：①风险评估不完善。询问程序流于形式；检查记录及文件程序执行不严格。②审计程序执行不当。未执行有效分析程序，未能及时发现财务数据的异常情况；未执行有效细节测试。③关联方审计程序实施不充分。④质量控制制度不健全。⑤注册会计师专业胜任能力不足。注册会计师在其连续三年大额虚增利润的情况下没能关注到这一重要问题，未采取任何措施，注册会计师未能及时复核重大事项，忽略财务舞弊的事实。

通过上述案例可知，制定充分合理的审计风险应对策略、方案与程序并在审计过程中保持应有的职业谨慎，对于会计师事务所和注册会计师极其重要。本章将系统介绍注册会计师如何应对财务报表层次和认定层次重大错报风险，如何合理安排执行控制测试和实质性程序的性质、时间安排和范围。

《中国注册会计师审计准则第 1231 号——针对评估的重大错报风险采取的应对措施》规定，注册会计师应针对评估的重大错报风险确定总体应对措施，设计和实施进一步审计程序。因此，注册会计师应当针对评估的重大错报风险实施审计程序，即针对评估的财务报表层次重大错报风险确定总体应对措施，针对评估的认定层次重大错报风险设计和实施进一步审计程序，以将审计风险降至可接受的水平。

## 第一节 针对财务报表层次重大错报风险的总体应对措施

### 一、财务报表层次重大错报风险的总体应对措施

在财务报表重大错报风险评估过程中，注册会计师应当确定，识别的重大错报风险是与特定的某类交易、账户余额、列报的认定相关，还是与财务报表整体广泛相关，进而影响多项认定。如果是后者，则属于财务报表层次的重大错报风险。

注册会计师应当针对评估的财务报表层次重大错报风险确定以下总体应对措施。

（1）向项目组强调在收集和评价审计证据过程中保持职业怀疑态度的必要性。

（2）分派更有经验或具有特殊技能的注册会计师，或利用专家的工作。由于各行业在经营业务、经营风险、财务报告、法规要求等方面具有特殊性，注册会计师的专业分工细化成为一种趋势。审计项目组成员中应有一定比例的人员曾经参与过被审计单位前一年度的审

计，或具有被审计单位所处特定行业的相关审计经验。必要时，要考虑利用信息技术、税务、评估、精算师等方面的专家的工作。

(3) 提供更多的督导。对于财务报表层次重大错报风险较高的审计项目，项目组的高级别成员，如项目负责人、项目经理等经验较丰富的人员，要对其他成员提供更详细、更频繁、更及时的指导和监督，并加强项目质量复核。

(4) 在选择进一步审计程序时，融入更多的不可预见因素。被审计单位人员，尤其是管理层，如果熟悉注册会计师的审计套路，就可能采取种种规避手段，掩盖财务报告中的舞弊行为。因此，在设计拟实施审计程序的性质、时间安排和范围时，为了避免既定思维对审计方案的限制，避免对审计效果的人为干涉，从而使得针对重大错报风险的进一步审计程序更加有效，注册会计师应当考虑使某些程序不被审计单位管理层预见或事先了解。在实务中，注册会计师可以通过以下方式提高审计程序的不可预见性：①对某些未测试过的低于设定的重要性水平或风险较小的账户余额和认定实施实质性程序。②调整实施审计程序的时间，使被审计单位不可预期。③采取不同的审计抽样方法，使当期抽取的测试样本与以前有所不同。④选取不同的地点实施审计程序，或预先不告知被审计单位所选定的测试地点。增加审计程序的不可预见性示例如表 7-1 所示。

**表 7-1　　审计程序的不可预见性示例**

| 审计领域 | 可能适用的不可预见性程序 |
|---|---|
| 存货 | 向以前审计过程中接触不多的员工询问，例如采购、销售、生产人员等 |
| | 在事前不通知的情况下，选择一些以前未曾到过的盘点地点进行监盘 |
| 销售与应收账款 | 向以前审计过程中接触不多或未曾接触的员工询问，例如负责处理大客户账户的销售人员 |
| | 改变实施实质性分析程序的对象，例如对收入按细类进行分析 |
| | 针对销售和销售退回延长截止测试期间 |
| | 使用以前未曾考虑过的审计程序，例如<br>(1) 函证确认销售条款或者选定销售额较不重要，以前未曾关注过的交易，如对出口销售实施实质性程序。<br>(2) 实施更细致的分析程序，如使用计算机辅助审计技术复核销售及客户账户。<br>(3) 测试以前未曾函证过的账户余额，如金额为负数或是零的账户，或者余额低于以前设定的重要性水平的账户。<br>(4) 改变函证日期，把所有函证账户的截止时间提前或者推迟。<br>(5) 对关联公司销售和相关账户余额，除进行函证外，再实施其他审计程序。 |
| 采购与应付账款 | 如果以前未曾对应付账款余额普遍进行函证，可考虑直接向供货商函证确认余额。如果经常采用函证方式，可考虑改变函证的范围或时间 |
| | 对以前由于低于设定的重要性水平而未曾测试过的采购项目进行细节测试 |
| | 使用计算机辅助审计技术审阅采购和付款账户，以发现一些特殊项目，例如是否有不同的供货商使用相同的银行账户 |
| 现金和银行存款 | 多选几个月的银行存款余额调节表进行测试 |
| | 对有大量银行存款账户的，考虑改变抽样方法 |

（续表）

| 审计领域 | 可能适用的不可预见性程序 |
|---|---|
| 固定资产 | 对以前由于低于设定的重要性水平而未曾测试过的固定资产进行测试，例如考虑实施盘点一些价值较低的固定资产，如汽车和其他设备 |
| 集团审计项目 | 修改组成部分审计工作的范围或者区域，如增加某些不重要的组成部分的审计工作量，或实施去组成部分开始审计工作 |

（5）对拟实施审计程序的性质、时间安排和范围做出总体修改。根据风险评估结果对拟实施的审计程序的性质、时间安排和范围做出适当的调整。

财务报表层次的重大错报风险很可能源于薄弱的控制环境。薄弱的控制环境带来的风险可能对财务报表产生广泛影响，难以限于某类交易、账户余额、披露，注册会计师应当采取总体应对措施。相应地，注册会计师对控制环境的了解影响其对财务报表层次重大错报风险的评估。有效的控制环境可以使注册会计师增强对内部控制和被审计单位内部产生的证据的信赖程度。如果控制环境存在缺陷，注册会计师在对拟实施审计程序的性质、时间安排和范围做出总体修改时应当考虑：①在期末而非期中实施更多的审计程序。控制环境的缺陷通常会削弱期中获得的审计证据的可信赖程度。②主要依赖实质性程序获取审计证据。良好的控制环境是其他控制要素发挥作用的基础。控制环境存在缺陷通常会削弱其他控制要素的作用，导致注册会计师可能无法信赖内部控制，而主要依赖实施实质性程序获取审计证据。③修改审计程序的性质，获取更具说服力的审计证据。修改审计程序的性质主要是指调整拟实施审计程序的类别及组合，比如原先可能主要限于检查某项资产的账面记录或相关文件，而调整审计程序的性质后可能意味着更加重视实地检查该项资产。④扩大审计程序的范围。例如扩大样本规模，或采用更详细的数据实施分析程序。

**【例 7-1 多选题】** 下列有关审计程序不可预见性的说法中，正确的有（　　）。

A. 注册会计师需要与被审计单位管理层事先沟通拟实施具有不可预见性的审计程序的要求，但不能告知其具体内容

B. 注册会计师应当在签订审计业务约定书时明确提出拟在审计过程中实施具有不可预见性的审计程序，但不能明确具体内容

C. 注册会计师采取不同的抽样方法使当年抽取的测试样本与以前有所不同，可以增加审计程序的不可预见性

D. 注册会计师通过调整实施审计程序的时间，可以增加审计程序的不可预见性

**解答：**B选项错误，审计业务约定书没有强制要求明确提出拟在审计过程中实施具有不可预见性的审计程序。因此正确答案是选项ACD。

## 二、总体应对措施对拟实施进一步审计程序的总体审计方案的影响

财务报表层次重大错报风险难以界定某类交易、账户余额、披露的特点，意味着此类风险可能对财务报表的多项认定产生广泛影响，并相应增加注册会计师对认定层次重大错报风险的评估难度。因此，注册会计师评估的财务报表层次重大错报风险以及采取的总体应对措施，对拟实施进一步审计程序的总体方案具有重大影响。

注册会计师针对认定层次重大错报风险拟实施的进一步审计程序的总体方案包括实质

性方案和综合性方案。其中,实质性方案是指注册会计师实施的进一步审计程序以实质性程序为主;综合性方案是指注册会计师在实施进一步审计程序时,将控制测试与实质性程序结合使用。当评估的财务报表层次重大错报风险属于高风险水平(并相应采取更强调审计程序不可预见性、重视调整审计程序的性质、时间和范围等总体应对措施)时,拟实施进一步审计程序的总体方案往往更倾向于实质性方案。

## 第二节 针对认定层次重大错报风险的进一步审计程序

### 一、进一步审计程序的概念和要求

**(一) 进一步审计程序的概念**

进一步审计程序是相对于风险评估程序而言的,是指注册会计师针对评估的各类交易、账户余额及相关披露认定层次重大错报风险实施的审计程序,包括控制测试和实质性程序。

**(二) 进一步审计程序的要求**

《中国注册会计师审计准则第 1231 号——针对评估的重大错报风险采取的应对措施》要求,在设计拟实施的进一步审计程序时,注册会计师应当:

(1) 考虑形成某类交易、账户余额及相关披露的认定层次重大错报风险评估结果的依据。形成某类交易、账户余额及相关披露的认定层次重大错报风险评估结果的依据包括:①因相关类别的交易、账户余额及相关披露的具体特征而导致重大错报的可能性(即固有风险)。②风险评估是否考虑了相关控制(即控制风险),从而要求注册会计师获取审计证据以确定控制是否有效运行(即注册会计师在确定实质性程序的性质、时间安排和范围时,拟信赖控制运行的有效性)。

(2) 评估的风险越高,需要获取越有说服力的审计证据。

这些条款的实质是要求注册会计师实施的审计程序具有目的性和针对性,有的放矢地配置审计资源,提高审计效率和效果。

需要说明的是,尽管在应对评估的认定层次重大错报风险时,拟实施的进一步审计程序的性质、时间安排和范围都应当确保其具有针对性,但其中进一步审计程序的性质是最重要的。例如,注册会计师评估的重大错报风险越高,实施进一步审计程序的范围通常越大;但是只有首先确保进一步审计程序的性质与特定风险相关时,扩大审计程序的范围才是有效的。

### 二、设计进一步审计程序需考虑的因素

(1) 风险的重要性。风险的重要性是指风险造成的后果的严重程度。风险的后果越严重,就越需要注册会计师关注和重视,越需要精心设计有针对性的进一步审计程序。

(2) 重大错报发生的可能性。重大错报发生的可能性越大,同样越需要注册会计师精心设计进一步审计程序。

(3) 涉及的各类交易、账户余额及相关披露的特征。不同的交易、账户余额及相关披露,产生的认定层次的重大错报风险也会存在差异,适用的审计程序也有差别,需要注册会计师区别对待,并设计有针对性的进一步审计程序予以应对。

(4) 被审计单位采用的特定控制的性质。不同性质的控制(不论是人工控制还是自动化控制)对注册会计师设计进一步的审计程序具有重要影响。

(5) 注册会计师是否拟获取审计证据,以确定内部控制在防止或发现并纠正重大错报方面的有效性。如果注册会计师拟在风险评估时预期内部控制运行有效,随后拟实施的进一步审计程序必须包括控制测试,且实质性程序自然会受到之前控制测试结果的影响。

综合上述几方面因素,注册会计师对认定层次重大错报风险的评估为确定进一步审计程序的总体方案奠定了基础。因此,注册会计师应当根据对认定层次重大错报风险的评估结果,恰当选用实质性方案或综合性方案。

通常情况下,注册会计师出于成本效益的考虑可以采用综合性方案设计进一步审计程序,即将测试控制运行的有效性与实质性程序结合使用。但在某些情况下注册会计师必须通过实施控制测试,才可能有效应对评估出的某一认定的重大错报风险;而在另一些情况下,注册会计师可能认为仅实施实质性程序就是适当的。

还需要特别说明的是,注册会计师对重大错报风险的评估毕竟是一种主观判断,可能无法充分识别所有重大错报风险,同时内部控制存在固有局限性(特别是存在管理层凌驾于内部控制之上的可能性),因此,无论选择何种方案,注册会计师都应当对所有重大的各类交易、账户余额、列报设计和实施实质性程序。

## 三、进一步审计程序的性质及选择

### (一) 进一步审计程序的性质

进一步审计程序的性质是指进一步审计程序的目的和类型。进一步审计程序的目的包括通过实施控制测试以确定内部控制运行的有效性,通过实施实质性程序以发现认定层次的重大错报;进一步审计程序的类型包括检查、观察、询问、函证、重新计算、重新执行和分析程序。

在应对评估的风险时,合理确定审计程序的性质是最重要的。这是因为不同的审计程序应对特定认定错报风险的效力不同。例如,对于与收入完整性认定相关的重大错报风险,控制测试通常更能有效应对;对于与收入发生认定相关的重大错报风险,实质性程序通常更能有效应对。又如,实施应收账款的函证程序可以为应收账款在某一时点存在的认定提供审计证据,但通常不能为应收账款的计价认定提供审计证据。对应收账款的计价认定,注册会计师通常需要实施其他更为有效的审计程序,如审查应收账款账龄和期后收款情况,了解欠款客户的信用情况等。

### (二) 进一步审计程序的性质的选择

在确定进一步审计程序的性质时,注册会计师应当根据认定层次重大错报风险的评估结果选择审计程序。

评估的认定层次重大错报风险越高,对通过实质性程序获取的审计证据的相关性和可靠性的要求越高,从而可能影响进一步审计程序的类型及其综合运用。例如,当注册会计师判断某类交易协议的完整性存在更高的重大错报风险时,除了检查文件以外,注册会计师还可能决定向第三方询问或函证协议条款的完整性。除了从总体上把握认定层次重大错报风险的评估结果对选择进一步审计程序的影响外,在确定拟实施的审计程序时,注册会计师接下来应当考虑评估的认定层次重大错报风险产生的原因,包括考虑各类交易、账户余额、列报的具体特征以及内部控制。又如，注册会计师可能判断某特定类别的交易即使在不存在相关控制的情况下发生重大错报的风险仍较低，此时注册会计师可能认为仅实施实质性程序就可以获取充分、适当的审计证据。再如，对于经由被审计单位信息系统日常处理和控制的某类交易，如果注册会计师预期此类交易在内部控制运行有效的情况下发生重大错报的风险较低，且拟在控制运行有效的基础上设计实质性程序，注册会计师就会决定先实施控制测试。

需要说明的是，如果在实施进一步审计程序时拟利用被审计单位信息系统生成的信息，注册会计师使用了被审计单位生成的非财务信息或预算数据。例如，注册会计师在对被审计单位的存货期末余额实施实质性程序时，拟利用被审计单位信息系统生成的各个存货存放地点及其余额时，注册会计师应当就信息的准确性和完整性获取审计证据。

## 四、进一步审计程序的时间及选择

### (一) 进一步审计程序的时间

进一步审计程序的时间是指注册会计师何时实施进一步审计程序，或审计证据适用的期间或时点。

可以从以下两个方面理解进一步审计程序的时间的选择问题：一方面，进一步审计程序的时间是指注册会计师选择执行审计程序的时间；另一方面，进一步审计程序的时间是指注册会计师选择获取的审计证据的期间或时点。第一个层面的选择问题主要集中在如何权衡期中与期末实施审计程序的关系；第二个层面的选择问题分别集中在如何权衡期中审计证据与期末审计证据的关系、如何权衡以前审计获取的审计证据与本期审计获取的审计证据的关系。这两个层面的最终落脚点都是如何确保获取审计证据的效率和效果。

### (二) 进一步审计程序的时间的选择

注册会计师可以在期中或期末实施控制测试或实质性程序。

注册会计师应当如何选择实施审计程序的时间，一项基本的考虑因素应当是注册会计师评估的重大错报风险，当重大错报风险较高时，注册会计师应当考虑在期末或接近期末实施实质性程序，或采用不通知的方式，或在管理层不能预见的时间实施审计程序。

虽然在期末实施审计程序在很多情况下非常必要，但仍然不排除注册会计师在期中实施审计程序可能发挥的积极作用。在期中实施进一步审计程序(期中可以指所审计期间内资产负债表日以前的任何时点)，可能有助于注册会计师在审计工作初期识别重大事项，并在管理层的协助下及时解决这些事项，或针对这些事项制定有效的实质性方案或综合性方案。

期中实施进一步审计程序的局限性包括：首先，注册会计师往往难以仅凭在期中实施的进一步审计程序获取有关期中以前的充分、适当的审计证据(如某些期中以前发生的交易或事项在期中审计结束时尚未完结)；其次，即使注册会计师在期中实施的进一步审计程序能够获取有关期中以前的充分、适当的审计证据，但从期中到期末这段剩余期间往往会发生重大的交易或事项(包括期中以前发生的交易、事项的延续，以及期中以后发生的新的交易、事项)，从而对所审计期间的财务报表认定产生重大影响；最后，被审计单位管理层也完全有可能在注册会计师于期中实施了进一步审计程序之后对期中以前的相关会计记录做出调整甚至篡改，注册会计师在期中实施了进一步审计程序所获取的审计证据已经发生了变化。因此，如果在期中实施了进一步审计程序，注册会计师还应当针对剩余期间获取审计证据。

**（三）选择进一步审计程序的时间应考虑的重要因素**

（1）控制环境。良好的控制环境可以抵销在期中实施进一步审计程序的局限性，使注册会计师在确定实施进一步审计程序的时间时有更大的灵活度。

（2）何时能得到相关信息。例如，某些控制活动可能仅在期中（或期中以前）发生，而之后可能难以再被观察到。又如，某些电子化的交易和账户文档如果未能及时取得，就可能被覆盖。在这些情况下，注册会计师如果希望获取相关信息，则需要考虑能够获取相关信息的时间。

（3）错报风险的性质。例如，被审计单位可能为了保证盈利目标的实现，在会计期末以后伪造销售合同以虚增收入，此时注册会计师需要考虑在期末（即资产负债表日）这个特定时点获取被审计单位截至期末所能提供的所有销售合同及相关资料，以防范被审计单位在资产负债表日后伪造销售合同虚增收入的做法。

（4）审计证据适用的期间或时点。注册会计师应当根据需要获取的特定审计证据确定何时实施进一步审计程序。例如，为了获取资产负债表日的存货余额证据，显然不宜在与资产负债表日间隔过长的期中时点或期末以后时点实施存货监盘等相关审计程序。

需要说明的是，虽然注册会计师在很多情况下可以根据具体情况选择实施进一步审计程序的时间，但也存在着一些限制选择的情况。例如，某些审计程序只能在期末或期末以后实施，包括将财务报表与会计记录相核对、检查财务报表编制过程中所做的会计调整等。如果被审计单位在期末或接近期末发生了重大交易，或重大交易在期末尚未完成，注册会计师应当考虑交易的发生或截止等认定可能存在的重大错报风险，并在期末或期末以后检查此类交易。

**【例 7-2 单选题】** 下列有关注册会计师实施进一步审计程序的时间的说法中，错误的是（　　）。

A. 如果被审计单位的控制环境良好，注册会计师可以更多地在期中实施进一步审计程序

B. 注册会计师在确定何时实施进一步审计程序时需要考虑能够获取相关信息的时间

C. 对于被审计单位发生的重大交易，注册会计师应当在期末或期末以后实施实质性程序

D. 如果评估的重大错报风险为低水平，注册会计师可以选择资产负债表日前适当日期为截止日实施函证

**解答：**

对于被审计单位发生的重大交易，注册会计师应当在期末或接近期末（即期末前后，包括期末之前，未必必须在期末之后）实施实质性程序，为的是取得是取得一手资料，防止被审计单位在期末篡改重大交易的数据而使其中获得证据不相关。因此正确答案是选项 C。

## 五、进一步审计程序的范围及确定

**（一）进一步审计程序的范围**

进一步审计程序的范围是指实施进一步审计程序的数量，包括抽取的样本量、对某项控制活动的观察次数等。

**(二) 进一步审计程序的范围的确定**

确定进一步审计程序的范围时考虑的因素有如下几方面。

(1) 确定的重要性水平。确定的重要性水平越低,注册会计师实施进一步审计程序的范围越广。

(2) 评估的重大错报风险。评估的重大错报风险越高,对拟获取审计证据的相关性、可靠性的要求越高,因此注册会计师实施的进一步审计程序的范围也越广。

(3) 计划获取的保证程度。计划获取的保证程度是指注册会计师计划通过所实施的审计程序对测试结果的可靠性所获取的信心。计划获取的保证程度越高,对测试结果可靠性要求越高。计划获取的保证程度越高,注册会计师实施的进一步审计程序的范围越广。例如,注册会计师对财务报表是否不存在重大错报的信心可能来自控制测试和实质性程序。如果注册会计师计划从控制测试中获取更高的保证程度,则控制测试的范围就更广。

鉴于进一步审计程序的范围往往是通过一定的抽样方法加以确定的,因此,注册会计师需要慎重考虑抽样过程对审计程序范围的影响是否能够有效实现审计目的。如果存在下列情形,注册会计师依据样本得出的结论可能与对总体实施同样的审计程序得出的结论不同,而出现不可接受的风险:①从总体中选择的样本量过小。②选择的抽样方法对实现特定目标不适当。③未对发现的例外事项进行恰当的追查。

此外,注册会计师在综合运用不同审计程序时,除了面临各类审计程序的性质选择问题,还面临如何权衡各类程序的范围问题。注册会计师在综合运用不同审计程序时,不仅应当考虑各类审计程序的性质,还应当考虑测试的范围是否适当。

## 第三节 控制测试

### 一、控制测试的概念和要求

**(一) 控制测试的概念**

控制测试是指用于评价内部控制在防止或发现并纠正认定层次重大错报方面的运行有效性的审计程序。这一概念需要与"了解内部控制"进行区分。"了解内部控制"包含两层含义:一是评价控制的设计;二是确定控制是否得到执行。因此,在概念上容易引起混淆的是"测试控制运行的有效性"与"确定控制是否得到执行"。测试控制运行的有效性与确定控制是否得到执行所需获取的审计证据是不同的。

首先,在实施风险评估程序以获取控制是否得到执行的审计证据时,注册会计师应当确定某项控制是否存在、被审计单位是否正在使用。

其次,在测试控制运行的有效性时,注册会计师应当从以下方面获取关于控制是否有效运行的审计证据:①控制在所审计期间的不同时点是如何运行的。②控制是否得到一贯执行。③控制由谁执行。④控制以何种方式运行(如人工控制或自动化控制)。从这四个方面来看,控制运行有效性强调的是控制能够在各个不同时点按照既定设计得到一贯执行。因此,在了解控制是否得到执行时,注册会计师只需抽取少量的交易进行检查或观察某几个时点。但在测试控制运行的有效性时,注册会计师需要抽取足够数量的交易进行检查或对多个不同时点进行观察。

测试控制运行的有效性与确定控制是否得到执行所需获取的审计证据虽然存在差异，但两者也有联系。为评价控制设计和确定控制是否得到执行而实施的某些风险评估程序并非专为控制测试而设计的，但可能提供有关控制运行有效性的审计证据，注册会计师可以考虑在评价控制设计和获取其得到执行的审计证据的同时，测试控制运行有效性，以提高审计效率；同时，注册会计师应当考虑这些审计证据是否足以实现控制测试的目的。例如，被审计单位可能采用预算管理制度，以防止或发现并纠正与费用有关的重大错报风险。通过询问管理层是否编制预算，观察管理层对月度预算费用与实际发生费用的比较，并检查预算金额与实际金额之间的差异报告。注册会计师可能获取有关被审计单位费用预算管理制度的设计及其是否得到执行的审计证据，同时也可能获取相关制度运行有效性的审计证据。当然，注册会计师需要考虑所实施的风险评估程序获取的审计证据是否能够充分、适当地反映被审计单位费用预算管理制度在各个不同时点按照既定设计得以一贯执行。

控制测试与细节测试的目的不同。前者的目的是为控制运行的有效性提供审计证据，后者的目的是为认定的错报提供审计证据。尽管两者目的不同，但注册会计师可以考虑针对同一交易同时实施控制测试和细节测试，以实现双重目的，这种做法称为双重目的测试。例如注册会计师通过检查某笔交易的发票可以确定其是否经过适当的授权，也可以获取关于该交易的金额、发生时间等细节证据。当然，如果拟实施双重目的测试，注册会计师应当仔细设计和评价测试程序。

**(二) 控制测试的要求**

作为进一步审计程序的类型之一，控制测试并非在任何情况下都需要实施。当存在下列情形之一时，注册会计师应当实施控制测试。

(1) 在评估认定层次重大错报风险时，预期控制的运行是有效的。如果在评估认定层次重大错报风险时预期控制的运行是有效的，注册会计师应当实施控制测试，就控制在相关期间或时点的运行有效性获取充分、适当的审计证据。注册会计师通过实施风险评估程序，可能发现某项控制的设计是存在的，也是合理的，同时得到了执行。在这种情况下，出于成本效益的考虑，注册会计师可能预期，如果相关控制在不同时点都得到了一贯执行，与该项控制有关的财务报表认定发生重大错报的可能性就不会很大，也就不需要实施很多的实质性程序。为此，注册会计师可能会认为值得对相关控制在不同时点是否得到了一贯执行进行测试，即实施控制测试。这种测试主要是出于成本效益的考虑，其前提是注册会计师通过了解内部控制以后认为某项控制存在被信赖和利用的可能。因此，只有认为控制设计合理、能够防止或发现和纠正认定层次的重大错报，注册会计师才有必要对控制运行的有效性实施测试。

(2) 仅实施实质性程序不足以提供认定层次充分、适当的审计证据。如果认为仅实施实质性程序获取的审计证据无法将认定层次重大错报风险降至可接受的水平，注册会计师应当实施相关的控制测试，以获取控制运行有效性的审计证据。

## 二、控制测试的性质

**(一) 控制测试性质的概念**

控制测试的性质是指控制测试所使用的审计程序的类型及其组合。注册会计师应当选择适当类型的审计程序以获取有关控制运行有效性的保证。计划从控制测试中获取的保证水平是决定控制测试性质的主要因素之一。计划的保证水平越高，对有关控制运行有效性的审计证据的可靠性要求越高。当拟实施的进一步审计程序主要以控制测试为主，尤其是仅实施实质性程序获取的审计证据无法将认定层次重大错报风险降至可接受的水平时，注册会计师应当获取有关控制运行有效性的更高的保证水平。

虽然控制测试与了解内部控制的目的不同，但两者采用审计程序的类型通常相同，包括询问、观察、检查、重新执行和穿行测试。此外，控制测试的程序还包括重新执行。

(1) 询问。注册会计师可以向被审计单位适当员工询问，获取与内部控制运行情况相关的信息。例如，询问信息系统管理人员有无未经授权地接触计算机硬件和软件；向负责复核银行存款余额调节表的人员询问如何进行复核，包括复核的要点是什么，发现不符事项如何处理等。然而，仅仅通过询问不能为控制运行的有效性提供充分的证据，注册会计师通常需要印证被询问者的答复，如向其他人员询问和检查执行控制时所使用的报告、手册或其他文件等。因此，虽然询问是一种有用的手段，但它必须和其他测试手段结合使用才能发挥作用。在询问过程中，注册会计师应当保持职业怀疑态度。

(2) 观察。观察是测试不留下书面记录的控制(如职责分离)的运行情况的有效方法。例如，观察存货盘点控制的执行情况。观察也可运用于实物控制，如查看仓库门是否锁好，或空白支票是否妥善保管等。通常情况下，注册会计师通过观察直接获取的证据比间接获取的证据更可靠。但是，注册会计师还要考虑其观察到的控制在注册会计师不在场时可能未被执行的情况。

(3) 检查。对运行情况留有书面证据的控制，检查非常适用。书面说明、复核时留下的记号，或其他记录在偏差报告中的标志都可以被看作控制运行情况的证据。例如，检查销售发票是否有复核人员签字，检查销售发票是否附有客户订购单和出库单等。

(4) 重新执行。通常只有当询问、观察和检查程序结合在一起仍无法获得充分的证据时，注册会计师才考虑通过重新执行来证实控制是否有效运行。例如，为了合理保证计价认定的准确性，被审计单位的一项控制是由复核人员核对销售发票上的价格与统一价格单上的价格是否一致。要检查复核人员有没有认真执行核对，仅仅检查复核人员是否在相关文件上签字是不够的，注册会计师还需要自己选取一部分销售发票进行核对，这就是重新执行程序。但是，如果需要进行大量的重新执行，注册会计师就要考虑通过实施控制测试以缩小实质性程序的范围是否有效率。

(5) 穿行测试。除了上述四类控制测试常用的审计程序以外，实施穿行测试也是一种重要的审计程序。值得注意的是，穿行测试不是单独的一种程序，而是将多种程序按特定审计需要进行结合运用的方法。穿行测试是通过追踪交易在财务报告信息系统中的处理过程，来证实注册会计师对控制的了解、评价控制设计的有效性以及确定控制是否得到执行。可见，穿行测试更多地在了解内部控制时运用。但在执行穿行测试时，注册会计师可能只获取部分控制运行有效性的审计证据。

询问本身并不足以测试控制运行的有效性，注册会计师应当将询问与其他审计程序结合使用，以获取有关控制运行有效性的审计证据。观察提供的证据仅限于观察发生的时点，本身也不足以测试控制运行的有效性；将询问与检查或重新执行结合使用，通常能够比仅实施询问和观察获取更高的保证。

### （二）确定控制测试性质应考虑的因素

按照《中国注册会计师审计准则第 1231 号——针对评估的重大错报风险采取的应对措施》，在设计和实施控制测试时，注册会计师应当：①将询问与其他审计程序结合使用，以获取有关控制运行有效性的审计证据。②确定拟测试的控制是否依赖其他控制（间接控制）。如果依赖其他控制，确定是否有必要获取支持这些间接控制有效运行的审计证据。注册会计师确定控制测试性质应考虑的具体因素包括：

（1）特定控制的性质。注册会计师应当根据特定控制的性质选择所需实施审计程序的类型。例如，某些控制可能存在反映控制运行有效性的文件记录，在这种情况下，注册会计师可以检查这些文件记录以获取控制运行有效的审计证据；某些控制可能不存在文件记录（如一项自动化的控制活动），或文件记录与能否证实控制运行有效性不相关，注册会计师应当考虑实施检查以外的其他审计程序（如询问和观察）或借助计算机辅助审计技术，以获取有关控制运行有效性的审计证据。

（2）与认定直接相关和间接相关的控制。在设计控制测试时，注册会计师不仅应当考虑与认定直接相关的控制，还应当考虑这些控制所依赖的与认定间接相关的控制，以获取支持控制运行有效性的审计证据。例如，被审计单位可能针对超出信用额度的例外赊销交易设置报告和审核制度（与认定直接相关的控制）；在测试该项制度的运行有效性时，注册会计师不仅应当考虑审核的有效性，还应当考虑与例外赊销报告中信息准确性有关的控制（与认定间接相关的控制）是否有效运行。

（3）自动化的应用控制。对于一项自动化的应用控制，由于信息技术处理过程的内在一贯性，注册会计师可以利用该项控制得以执行的审计证据和信息技术一般控制（特别是对系统变动的控制）运行有效性的审计证据，作为支持该项控制在相关期间运行有效性的重要审计证据。

（4）控制测试的目的。控制测试的目的是评价控制是否有效运行；细节测试的目的是发现认定层次的重大错报。尽管两者目的不同，但注册会计师可以考虑针对同一交易同时实施控制测试和细节测试，以实现双重目的。例如，注册会计师通过检查某笔交易的发票可以确定它是否经过适当的授权，也可以获取关于该交易的金额、发生时间等细节证据。当然，如果拟实施双重目的的测试，注册会计师应当仔细设计和评价测试程序。

（5）实施实质性程序的结果对控制测试结果的影响。如果通过实施实质性程序未发现某项认定存在错报，这本身并不能说明与该认定有关的控制是有效运行的；但如果通过实施实质性程序发现某项认定存在错报，注册会计师应当在评价相关控制的运行有效性时予以考虑。因此，注册会计师应当考虑实施实质性程序发现的错报对评价相关控制运行有效性的影响（如降低对相关控制的信赖程度、调整实质性程序的性质、扩大实质性程序的范围等）。如果实施实质性程序发现被审计单位没有识别出的重大错报，通常表明内部控制存在重大缺陷，注册会计师应当就这些缺陷与管理层和治理层进行沟通。

## 三、控制测试的时间

### （一）控制测试时间的含义

控制测试的时间包含两层含义：一是何时实施控制测试；二是测试所针对的控制适用的时点或期间。一个基本的原理是：如果测试特定时点的控制，注册会计师仅得到该时点控制运行有效性的审计证据；如果测试某一期间的控制，注册会计师可获取控制在该期间有效运行的审计证据。注册会计师应当根据控制测试的目的确定控制测试的时间，并确定拟信赖的相关控制的时点或期间。

关于根据控制测试的目的确定控制测试的时间，如果仅需要测试控制在特定时点的运行有效性（如对被审计单位期末存货盘点进行控制测试），注册会计师只需要获取该时点的审计证据。如果需要获取控制在某一期间有效运行的审计证据，仅获取与时点相关的审计证据是不充分的，注册会计师应当辅以其他控制测试，包括测试被审计单位对控制的监督。换言之，关于控制在多个不同时点的运行有效性的审计证据的简单累加并不能构成控制在某期间的运行有效性的充分、适当的审计证据。而所谓的“其他控制测试”应当具备的功能是：能提供相关控制在所有相关时点都运行有效的审计证据。被审计单位对控制的监督起到的就是一种检验相关控制在所有相关时点是否都有效运行的作用，因此注册会计师测试这类活动能够强化控制在某期间运行有效性的审计证据效力。

**（二）对期中审计证据的考虑**

注册会计师可能在期中实施进一步审计程序。对于控制测试，注册会计师在期中实施此类程序具有更积极的作用。但需要说明的是，即使注册会计师已获取有关控制在期中运行有效性的审计证据，仍然需要考虑如何能够将控制在期中运行有效性的审计证据合理延伸至期末，一个基本的考虑是针对期中至期末这段剩余期间获取充分、适当的审计证据。因此，如果已获取有关控制在期中运行有效性的审计证据，并拟利用该证据，注册会计师应当实施下列审计程序。

1. 获取审计证据

获取这些控制在剩余期间变化情况的审计证据。针对期中已获取过审计证据的控制，考察这些控制在剩余期间的变化情况（包括是否发生了变化以及如何变化）：如果这些控制在剩余期间没有发生变化，注册会计师可能决定信赖期中获取的审计证据；如果这些控制在剩余期间发生了变化（如信息系统、业务流程或人事管理等方面发生变动），注册会计师需要了解并测试控制的变化对期中审计证据的影响。

确定针对剩余期间还需获取的补充审计证据。针对期中证据以外的、剩余期间的补充证据。在执行该项规定时，注册会计师应当考虑下列因素。

2. 确定补充审计证据

（1）评估的认定层次重大错报风险的重大程度。评估的重大错报风险对财务报表的影响越大，注册会计师需要获取的剩余期间的补充证据越多。

（2）在期中测试的特定控制。例如，对自动化运行的控制，注册会计师更可能测试信息系统一般控制的运行有效性，以获取控制在剩余期间运行有效性的审计证据。

（3）在期中对有关控制运行有效性获取的审计证据的程度。如果注册会计师在期中对有关控制运行有效性获取的审计证据比较充分，可以考虑适当减少需要获取的剩余期间的补充证据。

（4）剩余期间的长度。剩余期间越长，注册会计师需要获取的剩余期间的补充证据越多。

（5）在信赖控制的基础上拟减少进一步实质性程序的范围。注册会计师对相关控制的信赖程度越高，通常在信赖控制的基础上拟减少进一步实质性程序的范围就越大。在这种情况下，注册会计师需要获取的剩余期间的补充证据越多。

(6) 控制环境。在注册会计师总体上拟信赖控制的前提下，控制环境越薄弱(或把握程度越低)，注册会计师需要获取的剩余期间的补充证据越多。

除了上述测试剩余期间控制的运行有效性，测试被审计单位对控制的监督也能够作为一项有益的补充证据，以便更有把握地将控制在期中运行有效性的审计证据延伸至期末。如前所述，被审计单位对控制的监督起到的是一种检验相关控制在所有相关时点是否都有效运行的作用，通过测试剩余期间控制的运行有效性或测试被审计单位对控制的监督，注册会计师可以获取补充审计证据。

**(三) 对以前审计获取审计证据的考虑**

注册会计师应当如何考虑以前审计获取的有关控制运行有效性的审计证据。一方面，内部控制中的诸多要素对于被审计单位往往是相对稳定的(相对于具体的交易、账户余额和列报)，因此注册会计师在本期审计时还是可以适当考虑利用以前审计获取的有关控制运行有效性的审计证据；另一方面，内部控制在不同期间可能发生重大变化，注册会计师在利用以前审计获取的有关控制运行有效性的审计证据时需要格外慎重，充分考虑各种因素审计准则也规定了很多限制条件。

1. 基本思路

考虑以前审计获取的有关控制运行有效性的审计证据的基本思路是考虑拟信赖的以前审计中测试的控制在本期是否发生变化。如果拟信赖以前审计获取的有关控制运行有效性的审计证据，注册会计师应当通过实施询问并结合观察或检查程序，获取这些控制是否已经发生变化的审计证据。例如，在以前审计中，注册会计师可能确定被审计单位某项自动控制能够发挥预期作用，那么在本期审计中，注册会计师需要获取审计证据以确定是否发生了影响该自动控制持续有效发挥作用的变化。又如，注册会计师可以通过询问管理层或检查日志，确定哪些控制已经发生变化。

2. 当控制在本期发生变化时的处理

如果控制在本期发生变化，注册会计师应当考虑以前审计获取的有关控制运行有效性的审计证据是否与本期审计相关。例如，如果系统的变化仅仅使被审计单位从中获取新的报告，这种变化通常不影响以前审计所获取证据的相关性；如果系统的变化引起数据累积或计算发生改变，这种变化可能影响以前审计所获取证据的相关性。如果拟信赖的控制自上次测试后已发生变化，注册会计师应当在本期审计中测试这些控制的运行有效性。

3. 当控制在本期未发生变化时的处理

如果拟信赖的控制自上次测试后未发生变化，且不属于旨在减轻特别风险的控制，注册会计师应当每 3 年至少对控制测试一次，并且在每年审计中测试部分控制，以避免将所有拟信赖控制的测试集中于某一年，而在之后的两年中不进行任何测试。在确定利用以前审计获取的有关控制运行有效性的审计证据是否适当以及再次测试控制的时间间隔时，需要考虑的因素或情况包括以下几方面：

(1) 内部控制其他要素的有效性，包括控制环境、对控制的监督以及被审计单位的风险评估过程。例如，当被审计单位控制环境薄弱或对控制的监督薄弱时，注册会计师应当缩短再次测试控制的时间间隔或完全不信赖以前审计获取的审计证据。

(2) 控制特征(人工控制还是自动化控制)产生的风险。当相关控制中人工控制的成分较大时,考虑到人工控制一般稳定性较差,注册会计师可能决定在本期审计中继续测试该控制的运行有效性。

(3) 信息技术一般控制的有效性。当信息技术一般控制薄弱时,注册会计师可能更少地依赖以前审计获取的审计证据。

(4) 控制设计及其运行的有效性,包括在以前审计中测试控制运行有效性时发现的控制运行偏差的性质和程度以及是否发生对控制运行产生重大影响的人员变动。例如,当所审计期间发生了对控制运行产生重大影响的人事变动时,注册会计师可能决定在本期审计中不依赖以前审计获取的审计证据。

(5) 是否存在由于环境发生变化而特定控制缺乏相应变化导致的风险。当环境的变化表明需要对控制做出相应的变动,但被审计单位的控制却没有做出相应变动时,注册会计师应当充分意识到控制不再有效,从而导致本期财务报表发生重大错报的可能性,此时不应再依赖以前审计获取的有关控制运行有效性的审计证据。

(6) 重大错报的风险和对控制的拟信赖程度。如果重大错报风险较大或对控制的拟信赖程度较高,注册会计师应当缩短再次测试控制的时间间隔或完全不信赖以前审计获取的审计证据。

**(四) 不得依赖以前审计所获取证据的情形**

鉴于特别风险的特殊性,对于旨在减轻特别风险的控制,不论该控制在本期是否发生变化,注册会计师都不应依赖以前审计获取的证据。因此,如果确定评估的认定层次重大错报风险是特别风险,并拟信赖旨在减轻特别风险的控制,注册会计师不应依赖以前审计获取的审计证据,而应在本期审计中测试这些控制的运行有效性。也就是说,如果注册会计师拟信赖针对特别风险的控制,那么所有关于该控制运行有效性的审计证据必须来自当年的控制测试。相应地,注册会计师应当在每次审计中都测试这类控制。

## 四、控制测试的范围

控制测试的范围,主要是指某项控制活动的测试次数。注册会计师应当设计控制测试,以获取控制在整个拟信赖的期间有效运行的充分、适当的审计证据。对控制有效性的信赖程度越高,注册会计师需要获取越有说服力的审计证据,可能需要扩大控制测试的范围。

**(一) 确定控制测试范围的一般考虑因素**

(1) 在整个拟信赖的期间,被审计单位执行控制的频率。控制执行的频率越高,控制测试的范围越大。

(2) 在所审计期间,注册会计师拟信赖控制运行有效性的时间长度。拟信赖控制运行有效性的时间长度不同,在该时间长度内发生的控制活动次数也不同。注册会计师需要根据拟信赖控制的时间长度确定控制测试的范围。拟信赖期间越长,控制测试的范围越大。

(3) 为证实控制能够防止或发现并纠正认定层次重大错报,所需获取审计证据的相关性和可靠性。对审计证据的相关性和可靠性要求越高,控制测试的范围越大。

(4) 通过测试与认定相关的其他控制获取的审计证据的范围。针对同一认定,可能存在不同的控制。当针对其他控制获取审计证据的充分性和适当性较高时,测试该控制的范围可适当缩小。

(5) 在风险评估时拟信赖控制运行有效性的程度。注册会计师在风险评估时对控制运行有效性的拟信赖程度越高,需要实施控制测试的范围越大。

(6) 控制的预期偏差可以用控制未得到执行的预期次数占控制应当得到执行次数的比率加以衡量(也可称为预期偏差率)。考虑该因素,是因为在考虑测试结果是否可以得出控制运行有效性的结论时,不可能只要出现任何控制执行偏差就认定控制运行无效,所以需要确定一个合理水平的预期偏差率。控制的预期偏差率越高,需要实施控制测试的范围越大。如果控制的预期偏差率过高,注册会计师应当考虑控制可能不足以将认定层次的重大错报风险降至可接受的水平,从而针对某一认定实施的控制测试可能是无效的。在控制测试中,对样本规模的影响因素及方向,详见《中国注册会计师审计准则第 1314 号——审计抽样》及其指南。

**(二) 对自动化控制的测试范围的特别考虑**

审计准则指出,除非系统(包括系统使用的表格、文档或其他永久性数据)发生变动,否则注册会计师通常不需要增加自动化控制的测试范围。

信息技术处理具有内在一贯性,除非系统发生变动,一项自动化应用控制应当一贯运行。对于一项自动化应用控制,一旦确定被审计单位正在执行该控制,注册会计师通常无须扩大控制测试的范围,但需要考虑执行下列测试以确定该控制持续有效运行:①测试与该应用控制有关的一般控制的运行有效性。②确定系统是否发生更改,如果发生更改,是否存在适当的系统更改控制。③确定对交易的处理是否使用授权批准的软件版本。例如,注册会计师可以检查信息系统安全控制记录,以确定是否存在未经授权的接触系统的硬件和软件,以及系统是否发生变动。

**(三) 对间接控制的考虑**

在设计和实施控制测试时,注册会计师应当确定拟测试的控制是否依赖其他控制(间接控制)。如果依赖其他控制,注册会计师应当确定是否有必要获取支持这些间接控制有效运行的审计证据。

在某些情况下,注册会计师可能有必要获取有关间接控制运行有效性的审计证据。例如,被审计单位可能针对超出信用额度的例外赊销交易设置报告和审核制度,在测试这项制度运行的有效性时,审核制度和相关的跟进措施是与测试直接相关的控制,与例外赊销报告中信息准确性相关的控制(如信息技术一般控制)则被称为间接控制,也需要对其实施控制测试。这是因为,由于信息技术处理过程的内在一贯性,有关自动化应用控制得到执行的审计证据,需要连同信息技术一般控制(特别是对系统变动的控制)运行有效性的审计证据一起,才可能提供有关自动化应用控制运行有效性的重要审计证据。

## 五、对控制运行的有效性形成评价结论

控制测试的结果是注册会计师评价控制运行有效性的直接依据。然而,在评价相关控制运行的有效性时,除直接根据控制测试的结果进行评价外,注册会计师还应当评价通过实施实质性程序发现的错报是否表明控制未得到有效运行。因为,实施实质性程序发现的重大错报,是表明内部控制存在值得关注的内部控制缺陷的重要迹象。但通过实质性程序未发现错报,并不能证明与所测试认定相关的控制是有效的。

控制测试的结果可能表明被审计单位的控制运行存在偏差，造成偏差的原因有很多，包括关键人员发生变动、人为错误等。如果发现拟信赖的控制出现偏差，注册会计师应当进行专门询问以了解这些偏差及其潜在后果，并确定：

（1）已实施的控制测试是否为信赖这些控制提供了适当的基础。

（2）是否有必要实施追加的控制测试。

（3）是否需要针对潜在的错报风险实施实质性程序。

如果发现的控制偏差率较高（尤其是在与预期偏差率进行比较后），注册会计师可能无法信赖该控制，进而无法将认定层次的风险降至注册会计师评估的水平。在这种情况下，注册会计师需要更多地依靠实质性程序，以将最终的审计风险降至可接受的水平。

本书案例中公正会计师事务所受托对新欣股份公司2019年度报表进行审计，注册会计师设计了针对销售与收款的控制测试方案，如表7-2所示。

**表7-2　　销售与收款循环的控制测试**　　索引号F2-1

客户名称：新欣公司　　编制人：章艺　　日期：2020年2月6日

报表期间：2019年　　复核人：李明　　日期：2020年2月13日

| 相关控制 | 防止或发现舞弊的控制 | 重要账户或列报 | 相关认定 | | | | | | | 评价控制的设计与执行 | | 评价控制运行的有效性 | | |
|---|---|---|---|---|---|---|---|---|---|---|---|---|---|---|
| | | | 完整性 | 存在或发生 | 准确性 | 截止 | 计价分摊 | 权利或义务 | 分类可理解性 | 执行程序的结果 | 工作底稿索引号 | 审计程序的性质范围 | 控制测试结果 | 工作底稿索引号 |
| 销售通知单、出库单、发票事先编号 | 是 | 主营业务收入 | 是 | | | 是 | | | | 设计合理并执行 | F2-2 | 检查销售通知单等是否按照编号顺序使用 | 有效 | F2-3 |
| | | 应收账款 | 是 | | | | | | | | | | | |
| 定期向客户寄送对账单 | 是 | 主营业务收入 | | 是 | 是 | | | | | | | | | |
| | | 应收账款 | | 是 | | | 是 | | | | | | | |
| … | | | | | | | | | | | | | | |

**【例7-3】** 控制测试的职业判断

ABC会计师事务所负责审计甲公司2020年度财务报表，审计工作底稿中与内部控制相关的部分内容摘录如下：

（1）甲公司营业收入的发生认定存在特别风险。相关控制在2019年度审计中经测试运行有效。因这些控制在本年未发生变化，审计项目组拟继续予以信赖，并依赖了上年审计获取的有关这些控制运行有效的审计证据。

（2）考虑到甲公司2020年固定资产的采购主要发生在下半年，审计项目组从下半年固定资产采购中选取样本实施控制测试。

(3) 甲公司与原材料采购批准相关的控制每日运行数次，审计项目组确定样本规模25个。考虑到该控制自2020年7月1日起发生重大变化，审计项目组从上半年和下半年的交易中分别选取12个和13个样本实施控制测试。

(4) 审计项目组对银行存款实施了实质性程序，未发现错报，因此认为甲公司与银行存款相关的内部控制运行有效。

(5) 甲公司内部控制制度规定，财务经理每月应复核销售返利计算表，检查销售收入金额和返利比例是否准确，如有异常及时进行调查并处理，复核完成后签字存档。审计项目组选取了3个月的销售返利计算表，检查了财务经理的签字，认为该控制运行有效。

(6) 审计项目组拟信赖与固定资产折旧计提相关的自动化应用控制。因该控制在2019年度审计中测试结果满意，且在2020年未发生变化，审计项目组仅对信息技术一般控制实施测试。

**问题：**针对上述第(1)项～第(6)项，逐项指出审计项目组的做法是否恰当。如不恰当，简要说明理由。

**解答：**

事项(1)：做法不恰当。因相关控制是应对特别风险的，应当在当年测试相关控制的运行有效性，不能利用以前审计中获取的审计证据。

事项(2)：做法不恰当。控制测试的样本应当涵盖整个期间。

事项(3)：做法不恰当。因为控制发生重大变化，应当分别测试/2020年上半年和下半年与原材料采购批准相关的内部控制活动不同，应当分别测试25个。

事项(4)：做法不恰当。通过实质性程序未发现错报，并不能证明与所测试认定相关的内部控制是有效的/注册会计师不能以实质性程序的结果推断内部控制的有效性。

事项(5)：做法不恰当。只检查财务经理的签字不足够/应当检查财务经理是否按规定完整实施该控制。

事项(6)：做法恰当。

# 第四节 实质性程序

## 一、实质性程序的概念和要求

### (一) 实质性程序的概念

实质性程序是指注册会计师针对评估的重大错报风险实施直接用于发现认定层次重大错报的审计程序。注册会计师应当针对评估的重大错报风险设计和实施实质性程序，以发现认定层次的重大错报。实质性程序包括对各类交易、账户余额及相关披露的细节测试以及实质性分析程序。

由于注册会计师对重大错报风险的评估是一种判断，可能无法充分识别所有的重大错报风险，并且由于内部控制存在固有局限性，无论评估的重大错报风险结果如何，注册会计师都应当针对所有重大的各类交易、账户余额及相关披露实施实质性程序。

**（二）实施实质性程序的要求**

注册会计师实施的实质性程序应当包括如下与财务报表编制完成阶段相关的审计程序：

（1）将财务报表与其所依据的会计记录进行核对或调节，包括核对或调节披露中的信息，无论该信息是从总账和明细账中获取，还是从总账和明细账之外的其他途径获取。

（2）检查财务报表编制过程中做出的重大会计分录和其他会计调整。注册会计师对会计分录和其他会计调整检查的性质和范围，取决于被审计单位财务报告过程的性质和复杂程度以及由此产生的重大错报风险。

如果认为评估的认定层次重大错报风险是特别风险，注册会计师应当专门针对该风险实施实质性程序。例如，如果认为管理层面临实现盈利指标的压力而可能提前确认收入，注册会计师在设计询证函时不仅应当考虑函证应收账款的账户余额，还应当考虑询证销售协议的细节条款（如交货、结算及退货条款）。注册会计师还可考虑在实施函证的基础上针对销售协议及其变动情况询问被审计单位的非财务人员。

如果针对特别风险仅实施实质性程序，注册会计师应当使用细节测试，或将细节测试和实质性分析程序结合使用，以获取充分、适当的审计证据。

## 二、实质性程序的性质

**（一）实质性程序性质的含义**

实质性程序的性质是指实质性程序的类型及其组合。实质性程序的两种基本类型包括细节测试和实质性分析程序。细节测试是对各类交易、账户余额及相关披露的具体细节进行测试，目的在于直接识别财务报表认定是否存在错报。实质性分析程序从技术特征上看仍然是分析程序，主要是通过研究数据间关系评价信息，只是将该技术方法用于实质性程序，即用于识别各类交易、账户余额、列报及相关认定是否存在错报。

**（二）实质性程序的设计**

1. 细节测试和实质性分析程序的适用性

由于细节测试和实质性分析程序的目的和技术手段存在一定差异，所以各自有不同的适用领域。注册会计师应当根据各类交易、账户余额及相关披露的性质选择实质性程序的类型。细节测试适用于对各类交易、账户余额及相关披露认定的测试，尤其是对存在或发生、计价认定的测试；对在一段时期内存在可预期关系的大量交易，注册会计师可以考虑实施实质性分析程序。

细节测试、实质性分析程序在审计中各有其独特的作用，不可相互替代。实质性分析程序的结果往往为细节测试提供一定的方向性指导。注册会计师在认定层次实施的实质性程序可以是细节测试、实质性分析程序，或者两者的结合。在确定实施何种审计程序（包括是否实施实质性分析程序）时，注册会计师需要判断各种可供使用的审计程序在将认定层次的审计风险降至可接受的水平时的效果和效率。

2. 细节测试的方向

对于细节测试，注册会计师应当针对评估的风险设计细节测试，获取充分、适当的审计证据，以达到认定层次所计划的保证水平。该规定的含义是，注册会计师需要根据不同的认定层次的重大错报风险设计有针对性的细节测试。例如，在针对存在或发生认定设计细节测试时，注册会计师应当选择包含在财务报表金额中的项目，并获取相关审计证据。又如，在针对完整性认定设计细节测试时，注册会计师应当选择有证据表明应包含在财务报表金额中的项目，并调查这些项目是否确实包括在内。如为应对被审计单位漏记本期应付账款的风险，注册会计师可以检查期后付款记录。

3. 设计实质性分析程序时考虑的因素

实质性分析程序是指用作实质性程序的分析程序。在某些审计领域，如果重大错报风险较低且在一段时期内存在可预期关系的大量交易，注册会计师可以单独使用实质性分析程序以获取充分、适当的审计证据。但是，与细节测试相比，实质性分析程序能够达到的精确度可能受到限制(例如数据可靠性等)，所提供的证据在很大程度上是间接证据，证明力相对较弱。因此，从审计过程整体来看，注册会计师不能仅依赖实质性分析程序，而忽视对细节测试的运用。

鉴于实质性分析程序的使用存在限制条件，审计准则规定，在设计和实施实质性分析程序时，无论单独使用或与细节测试结合使用，注册会计师都应当考虑的一系列因素：①对特定认定使用实质性分析程序的适当性。②对已记录的金额或比率做出预期时，所依据的内部或外部数据的可靠性。③做出预期的准确程度是否足以在计划的保证水平上识别重大错报。④已记录金额与预期值之间可接受的差异额。

此外，审计准则还规定，如果评估的认定层次重大错报风险是特别风险，注册会计师应当专门针对该风险实施实质性程序。而且，仅有实质性分析程序是不够的，必须包括细节测试，当实施实质性分析程序时，如果使用被审计单位编制的信息，注册会计师应当考虑测试与信息编制相关的控制，以及这些信息是否在本期或前期经过审计。

## 三、实质性程序的时间

### (一) 对期中实施实质性程序的考虑

在期中实施实质性程序，一方面消耗了审计资源，另一方面期中实施实质性程序获取的审计证据又不能直接作为期末财务报表认定的审计证据，注册会计师仍然需要消耗进一步的审计资源使期中审计证据能够合理延伸至期末。于是这两部分审计资源的总和是否能够显著小于完全在期末实施实质性程序所需消耗的审计资源，是注册会计师需要权衡的。注册会计师在考虑是否在期中实施实质性程序时应当考虑的一系列因素如下。

(1) 控制环境和其他相关的控制。控制环境和其他相关的控制越薄弱，注册会计师越不宜依赖期中实施的实质性程序。

(2) 实施审计程序所需信息在期中之后的可获得性。如果实施实质性程序所需信息在期中之后可能难以获取(如系统变动导致某类交易记录难以获取)，注册会计师应考虑在期中实施实质性程序；但如果实施实质性程序所需信息在期中之后的可获得性并不存在明显困难，该因素不应成为注册会计师在期中实施实质性程序的重要影响因素。

(3) 实质性程序的目标。如果针对某项认定实施实质性程序的目标就包括获取该认定的期中审计证据(从而与期末比较)，注册会计师应在期中实施实质性程序。

(4) 评估的重大错报风险。注册会计师评估的某项认定的重大错报风险越高(如审计准则第六十五条提到的舞弊导致的重大错报风险)，针对该认定所需获取的审计证据的相关性和可靠性要求也就越高，注册会计师就应当考虑将实质性程序集中于期末（或接近期末）实施。

(5) 各类交易或账户余额以及相关认定的性质。例如，某些交易或账户余额以及相关认定的特殊性质（如收入截止认定、未决诉讼）决定了注册会计师必须在期末（或接近期末）实施实质性程序。

(6) 针对剩余期间，能否通过实施实质性程序或将实质性程序与控制测试相结合，降低期末存在错报而未被发现的风险。

如果针对剩余期间，注册会计师可以通过实施实质性程序或将实质性程序与控制测试相结合，较有把握地降低期末存在错报而未被发现的风险，注册会计师应当考虑在期中实施实质性程序；但如果针对剩余期间，注册会计师认为还需要消耗大量审计资源才有可能降低期末存在错报而未被发现的风险，甚至没有把握通过适当的进一步审计程序降低期末存在错报而未被发现的风险，注册会计师就不宜在期中实施实质性程序。

**(二) 对期中审计证据的考虑**

(1) 如果在期中实施了实质性程序，注册会计师应当针对剩余期间实施进一步的实质性程序，或将实质性程序和控制测试结合使用，以将期中测试得出的结论合理延伸至期末。该规定指出了在如何将期中实施的实质性程序得出的结论合理延伸至期末时，注册会计师有两种选择：其一是针对剩余期间实施进一步的实质性程序；其二是将实质性程序和控制测试结合使用。即如果拟将期中测试得出的结论延伸至期末，注册会计师应当考虑针对剩余期间仅实施实质性程序是否足够。如果认为实施实质性程序本身不充分，注册会计师还应测试剩余期间相关控制运行的有效性或针对期末实施实质性程序。

(2) 对于舞弊导致的重大错报风险，注册会计师更应慎重考虑能否将期中测试得出的结论延伸至期末。因此，如果已识别出由于舞弊导致的重大错报风险，未将期中得出的结论延伸至期末而实施的审计程序通常是无效的，则注册会计师应当考虑在期末或者接近期末实施实质性程序。

(3) 如果已在期中实施了实质性程序，或将控制测试与实质性程序相结合，并拟信赖期中测试得出的结论，注册会计师应当将期末信息和期中的可比信息进行比较、调节，识别和调查出现的异常金额，并针对剩余期间实施实质性分析程序或细节测试。

(4) 在确定针对剩余期间拟实施的实质性程序时，注册会计师应当考虑是否已在期中实施控制测试，并考虑与财务报告相关的信息系统能否充分提供与期末账户余额及剩余期间交易有关的信息。

(5) 在针对剩余期间实施实质性程序时，注册会计师应当重点关注并调查重大的异常交易或分录、重大波动，以及各类交易或账户余额在构成上的重大或异常变动。

(6) 如果在期中检查出某类交易或账户余额存在错报，注册会计师应当考虑修改与该类交易或账户余额相关的风险评估，以及针对剩余期间拟实施实质性程序的性质、时间安排和范围，或考虑在期末扩大实质性程序的范围或重新实施实质性程序。

**(三) 对以前审计获取审计证据的考虑**

在以前期审计中实施实质性程序获取的审计证据，通常对本期只有很弱的证据效力或没有证据效力，不足以应对本期的重大错报风险。只有当以前期获取的审计证据及其相关事项未发生重大变动时（如以前期审计通过实质性程序测试过的某项诉讼在本期没有任何实质性进展)，以前期获取的审计证据才可能用作本期的有效审计证据。但是，如果拟利用以前期审计中实施实质性程序获取的审计证据，注册会计师应当在本期实施审计程序，以确定这些审计证据是否具有持续相关性。

**【例 7-4 单选题】** 下列有关实质性程序时间安排的说法中，错误的是(　　)。

A. 控制环境和其他相关的控制越薄弱，注册会计师越不宜在期中实施实质性程序

B. 注册会计师评估的某项认定的重大错报风险越高，越应当考虑将实质性程序集中在期末或接近期末实施

C. 如果实施实质性程序所需信息在期中之后难以获取，注册会计师应考虑在期中实施实质性程序

D. 如果在期中实施了实质性程序，注册会计师应当针对剩余期间实施控制测试，以将期中测试得出的结论合理延伸至期末

**解答：**

如果在期中实施了实质性程序，注册会计师应当针对剩余期间实施进一步的实质性程序，或将实质性程序和控制测试结合使用，以将期中测试得出的结论合理延伸至期末。因此正确答案是选项 D。

## 四、实质性程序的范围

评估的认定层次重大错报风险和实施控制测试的结果是注册会计师在确定实质性程序的范围时的重要考虑因素。注册会计师评估的认定层次的重大错报风险越高，需要实施实质性程序的范围越广。如果对控制测试结果不满意，注册会计师应当考虑扩大实质性程序的范围。

在设计细节测试时，注册会计师除了从样本量的角度考虑测试范围外，还要考虑选样方法的有效性等因素。例如，从总体中选取大额或异常项目，而不是进行代表性抽样或分层抽样。在设计细节测试时如何使用审计抽样和其他选取测试项目的方法，参见《中国注册会计师审计准则第 1314 号——审计抽样》及其指南。

实质性分析程序的范围有两层含义。第一层含义是对什么层次上的数据进行分析。注册会计师可以选择在高度汇总的财务数据层次进行分析，也可以根据重大错报风险的性质和水平调整分析层次。例如，按照不同产品线、不同季节或月份、不同经营地点或存货存放地点等实施实质性分析程序。第二层含义是需要对什么幅度或性质的偏差展开进一步调查。实施分析程序可能发现偏差，但并非所有的偏差都值得展开进一步调查。如果可容忍或可接受的偏差(即预期偏差)越大，作为实质性分析程序一部分的进一步调查的范围就越小，于是确定适当的预期偏差幅度同样属于实质性分析程序的范畴。因此，审计准则规定，在设计实质性分析程序时，注册会计师应当确定已记录金额与预期值之间可接受的差异额。在确定该差异额时，注册会计师应当主要考虑各类交易、账户余额及相关披露认定的重要性和计划的保证水平。关于如何运用实质性分析程序的进一步说明，参见《中国注册会计师审计准则第 1313 号——分析程序》及其指南。

本书案例公正会计师事务所对新欣公司 2019 年度报表审计，针对销售与收款循环计划实施的实质性程序如表 7-3 所示。

表 7-3 销售与收款循环的实质性程序 索引号 F2-1

客户名称:新欣公司 编制人:章艺 日期:2020 年 2 月 6 日

报表期间:2019 年 复核人:李明 日期:2020 年 2 月 13 日

| 审计程序的性质和时间 | 重要账户或列报 | 相关认定 | | | | | | | |
|---|---|---|---|---|---|---|---|---|---|
| | | 完整性 | 存在/发生 | 准确性 | 截止 | 计价/分摊 | 权利/义务 | 分类/可理解性 | 底稿索引号 |
| 实质性分析程序 | | | | | | | | | |
| …… | | | | | | | | | |
| 细节测试 | | | | | | | | | |
| 函证 15 个余额较大应收账款的明细账项目 | 应收账款 | | 是 | | | 是 | | | F3-2 |
| 选取 12 月 31 日前后的 20 张出库单并与主营业务收入明细账核对 | 主营业务收入 | | | | 是 | | | | F3-3 |
| …… | | | | | | | | | |
| …… | | | | | | | | | |
| …… | | | | | | | | | |

## 课后复习题

### 一、思考题

1. 财务报表层次重大错报风险的总体应对措施有哪些?
2. 如何提高审计程序的不可预见性?
3. 在期中实施进一步审计程序有何局限性?
4. 进一步程序的性质、时间和范围的含义分别是指什么?
5. 什么是控制测试? 什么情况下不能进行控制测试?
6. 在实施进一步程序时如何考虑期中审计证据?
7. 怎样理解针对财务报表重大错报风险所采取的总体应对措施? 它对实施进一步审计程序的总体方案有什么影响?

### 二、名词解释

1. 进一步程序
2. 控制测试
3. 实质性程序
4. 细节测试
5. 实质性分析程序

# 第八章　审计抽样技术

## 知识导航

- 审计抽样技术
  - 审计抽样概述
    - 统计抽样与非统计抽样
    - 抽样风险与非抽样风险
  - 控制测试中的审计抽样技术
    - 样本设计阶段
    - 选取样本阶段
    - 评价样本结果阶段
  - 实质性程序中的审计抽样技术
    - 单位平均数抽样
    - 差额估计抽样
    - 比率估计抽样
    - 概率比例规模抽样

## 学习目标

通过本章学习，学生应了解审计抽样和抽样风险；理解并掌握抽样技术在控制测试中的应用；理解并掌握抽样技术在实质性程序中的应用。

## 引入案例

### 弱水三千，取一瓢足矣

在现实中，若要检测“三千弱水”纯净与否，“取一瓢”可能不足以说明问题。审计工作中亦是如此。面对如此庞杂的物、证、账、表以及其他相关记录，若抽出的样本不具代表性，则很可能会功亏一篑。例如，瑞华会计师事务所(特殊普通合伙)(以下简称瑞华所)在对辽宁振隆特产股份有限公司(以下简称振隆特产)的存货抽盘审计中就栽了大跟头。

2017 年 3 月，中国证监会公布了对瑞华所的行政处罚决定：责令瑞华所改正违法行为，没收业务收入 130 万元，并处以 260 万元罚款；对两名签字注册会计师给予警告，并分别处以 10 万元罚款。处罚原因：作为振隆特产 IPO 的审计机构，瑞华所在对振隆特产 2012 年、2013 年及 2014 年财务报表的审计过程中未勤勉尽责，其所出具的审计报告存在虚假记载。其中一个重要的方面体现在存货审计上。由于土特产这类存货具有容易变质的特点，因此在抽盘时应特别考虑是否存在以次充好或直接空装的情形，特别是在存货密集堆放的情形下更是可疑。证监会的调查结果显示：瑞华所的注册会计师在存货监盘过程中，在存货密集堆放、各垛物品间没预留可查看空间的情况下，只对顶层、侧面以及外围的存货进行抽样检查，未对垛中心存货进行检查。实际监盘时，瑞华所仅从每一垛存货中抽出部分存货进行称重或查看质量，进而认为整垛存货是经过抽盘的，故瑞华所实际抽盘的比例远低于审计底稿记载的比例(90%左右)。此外，2012—2014年振隆特产虚增的以及存放于天津代工厂的存货金额分别占各年末存货金额的比例为24.84%、30.97%及41.49%，该部分存货于各年末在振隆特产的自有库房中是无法盘点出来的，而瑞华所在审计工作底稿中记录的各年抽盘比例分别是54.36%、67.85%及88.56%。

通过上述案例可以看出，抽样并不意味着可以随心所欲地抽查，而是应遵循一定的程序、规则与方法。那么，到底什么是审计抽样？哪些审计程序适合审计抽样？审计抽样的方法有哪些？如何确定审计抽样规模？如何根据抽样结果推断总体的情况？如何执行控制测试和实质性程序的抽样审计，两者又有何区别？本章将予以介绍。

# 第一节 审计抽样概述

审计抽样是指注册会计师对具有审计相关性的总体中低于百分之百的项目实施审计程序，使所有抽样单元都有被选取的机会，为注册会计师针对整个总体得出结论提供合理基础。其中，总体是指注册会计师从中选取样本并期望据此得出结论的整个数据集合，抽样单元是指构成总体的个体项目。

审计抽样并不是在所有审计程序中都可使用。例如，在控制测试中，审计抽样可以用于检查这一程序，但不能用于询问、观察和重新执行。在实质性程序中，审计抽样仅适用于细节测试而不适用于分析性程序。

## 一、统计抽样与非统计抽样

审计抽样按抽样决策的依据不同，可以分为统计抽样与非统计抽样。注册会计师在进行审计抽样时，可以使用统计抽样，也可以使用非统计抽样，这取决于注册会计师的职业判断。

### (一) 统计抽样

统计抽样是一种利用数学和概率统计，依据随机原则抽取样本，据以推断总体的审计抽样方法。可见，统计抽样应同时具备两个特征：①随机选取样本，以合理保证总体中每一项目都有被抽取的机会。②运用概率论统计并评价样本，而不是完全依靠注册会计师的主观标准进行判断。因此，在统计抽样中，注册会计师需要设定与可靠性和精确度相关的各种参数来确定样本规模和可信水平，并且采用一致而有序的抽样方法来选取样本以及评价抽样结果，从而对总体的特征进行合理的估计。

一般来说，统计抽样方法适用于总体规模较大以及样本容易获取的情况。统计抽样作为科学的抽样方法，具有以下几个方面的优点：①使用科学的方法确定样本规模，从而能客观地计量并控制抽样风险。②随机抽取样本，使得样本分布接近于总体分布，从而更具有代表性。③利用概率论，注册会计师可以对抽样结果进行定量的评价。④为审计抽样提供了一个统一的框架，使审计工作更加规范。

需要特别说明的是，统计抽样运用数学和统计的方法来确定样本规模、随机选取样本以及评价抽样结果，但这并不意味着在整个抽样过程中没有职业判断，实际上，从样本规模的确定、样本的选取到抽样结果的评价，每个步骤及其具体程序都建立在相关的职业判断基础之上。

**（二）非统计抽样**

非统计抽样是一种主观的审计抽样方法，不同时具备统计抽样两个基本特征的抽样方法均属于非统计抽样。在非统计抽样中，注册会计师主要凭借个人的主观标准和经验来确定样本规模、选取样本和评价抽样结果。因此，个人经验和主观判断能力也就成为非统计抽样能否取得预期成效的关键。非统计抽样主要适用于总体规模较小或者某些样本难以获取的情况。

非统计抽样的优点是充分利用了注册会计师的职业经验和主观判断。但与统计抽样相比，非统计抽样存在以下几个缺点：①样本的选取不符合随机原则，从而导致样本的代表性有所下降，并且难以确定样本规模是否适当。抽取过多的样本，将会增加不必要的审计成本：而抽取过少的样本，将会降低抽样结果的准确性。②抽样过程主要依赖于注册会计师的素质和经验。素质较低、经验较少的注册会计师可能难以抽取合适的样本，从而无法获得恰当的审计证据。③注册会计师对抽样结果只能进行定性的评价，难以得出定量的结果。

由此可见，统计抽样和非统计抽样的选用，主要涉及的是审计程序实施的范围问题，并不影响对样本项目实施审计程序。统计抽样和非统计抽样都是被审计准则所允许的。但是，由于统计抽样更具有科学性和一致性并能有效地量化审计风险，因此在大多数情况下，注册会计师应当尽可能地采用统计抽样的方法。

## 二、抽样风险与非抽样风险

在使用审计抽样方法的过程中，注册会计师同样会面临两类风险：抽样风险和非抽样风险。两者往往会对重大错报风险的评估和检查风险的确定产生影响，从而影响总体审计风险。

**（一）抽样风险**

抽样风险是指注册会计师根据样本得出的结论可能与审计对象总体特征不相符的风险。抽样风险是由抽样引起的，与样本模型和抽样方法相关。

在控制测试中，抽样风险包括信赖过度风险和信赖不足风险。

信赖过度风险是指推断的控制有效性高于其实际有效性的风险，也就是说，样本结果使注册会计师的信赖程度超过了其实际上可予以信赖的程度。信赖过度风险与审计的效果有关，如果注册会计师评估的控制有效性高于其实际有效性，则会低估重大错报风险水平，从而不适当地减少从实质性程序中获取的证据，导致审计的有效性降低。

信赖不足风险是指推断的控制有效性低于其实际有效性的风险，也可以说，样本结果使注册会计师的信赖程度低于其实际上应予以信赖的程度，信赖不足风险与审计的效率有关，如果注册会计师评估的控制有效性低于其实际有效性，则会高估重大错报风险水平，从而可能会增加不必要的实质性程序，导致审计效率降低。对于注册会计师而言，信赖过度风险更容易导致其发表不恰当的审计意见，因而更应予以关注。

在实质性程序的细节测试中，抽样风险包括误受风险和误拒风险。

误受风险是指注册会计师推断某一重大错报不存在而实际存在的风险。与信赖过度风险类似，误受风险与审计效果有关。例如，账面金额实际上存在重大错报，而注册会计师认为其不存在重大错报，因而不再继续对该账面金额进行测试，并根据样本结果得出该账面金额无重大错报的结论。

误拒风险是指注册会计师推断某一重大错报存在而实际不存在的风险.与信赖不足风险类似，误拒风险与审计效率有关。例如，账面金额不存在重大错报，而注册会计师认为其存在重大错报，从而扩大细节测试的范围并考虑获取其他审计证据，虽然最终也会得出恰当的结论，但审计效率可能会因此大大降低。同样，由于误受风险更容易导致注册会计师发表不恰当的审计意见，因此更应予以关注。

由此可见，在控制测试和实质性程序的细节测试中，抽样风险都可以分为两种类型：一类是影响审计效果的抽样风险，包括控制测试中的信赖过度风险和细节测试中的误受风险；另一类是影响审计效率的抽样风险，包括控制测试中的信赖不足风险和细节测试中的误拒风险。

只要使用了审计抽样，就会有抽样风险。但无论是在控制测试中还是细节测试中，注册会计师都可以通过扩大样本规模的方式来降低抽样风险。一般来说，样本规模越小，抽样风险就越大；样本规模越大，抽样风险就越小。当对总体中的所有项目都实施检查时，抽样风险就不存在了，而此时审计风险完全由非抽样风险产生。

**（二）非抽样风险**

非抽样风险是指注册会计师由于其他与抽样风险无关的原因未能发现重大错报而得出错误结论的风险，即使对某类交易或账户余额的所有项目实施审计程序，注册会计师也存在难以发现一些重大错报或无效控制的风险。在审计过程中，可能导致非抽样风险的原因包括下列情况：

（1）注册会计师选择的总体目标不适合测试目标。

（2）注册会计师未能适当地定义误差（包括控制偏差或错报），导致其未能发现样本中存在的偏差或错报。

（3）注册会计师选择了不适于实现特定目标的审计程序。

（4）注册会计师未能适当地评价审计发现的情况。

（5）其他原因。

非抽样风险是由人为错误造成的，因而可以降低、消除或防范。虽然非抽样风险不能被量化，但是注册会计师可以通过采取适当的质量控制政策和程序，对审计工作进行适当的指导、监督和复核，并仔细设计审计程序，将非抽样风险尽量降低至可接受的水平。

## 第二节 控制测试中的审计抽样技术

在控制测试中，注册会计师需要对内部控制是否健全或其是否被有效执行进行测试。也就是说，注册会计师在控制测试中只需要对内部控制的总体错误率进行测试，而不需要估计总体错误的金额大小。而属性抽样是一种用来对总体中某一时间发生率得出结论的统计抽样方法，正好满足控制测试的需求，因此注册会计师一般在控制测试中使用属性抽样。在控制测试中使用审计抽样可分为三个阶段，即样本设计阶段、选取样本阶段和评价样本结果阶段。

## 一、样本设计阶段

### （一）确定测试目标

注册会计师实施控制测试的目标是为了获取并评价有关控制运行有效性的审计证据以将重大错报风险降低至可接受的水平。只有当注册会计师认为控制设计合理，并且能够防止、发现、纠正管理层认定的重大错报时，才需要对该控制运行的有效性进行测试。

### （二）定义总体和抽样单元

定义总体是指注册会计师在控制测试中考虑总体的同质性，确定总体中的所有项目都具有同样的特征。例如，假设被审计单位具有多个分支机构，且每个分支机构由不同的人运行。如果注册会计师关心的是被审计单位整体的经营，且每个分支机构的控制具有的相同点足够多，则可以把整个被审计单位当作一个总体；如果注册会计师关心的是每个分支机构的内部控制，则可将每个分支机构当作一个独立的总体。

定义抽样单元是指选择能够提供控制运行证据的一份文件、一个记录或者其中一行。注册会计师定义的抽样单元应该与审计测试的目标相一致。例如，如果被审计单位设定的控制要求主管人员必须在付款单上签字后方可进行付款，则抽样单元应该被定义为每一张付款单；如果每一张付款单内含有几张发票，则抽样单元可能被定义为每一张发票。抽样单元的定义必须恰当，过宽可能会影响审计效率，过窄则可能影响审计效果。

### （三）定义偏差

注册会计师必须根据对被审计单位控制的理解，确定能够显示控制测试运行情况的特征，据以定义所需要测试的控制以及可能出现的偏差。例如，被审计单位设定的控制要求每笔付款都必须有主管人员签字的付款单、发票、验收报告等证明文件，且认为这些文件足以证明控制运行有效。在这种情况下，偏差应该定义为没有主管人员签字的付款单、发票、验收报告等证明文件的付款。

### （四）定义测试期间

注册会计师一般选取期中实施控制测试，但是期中测试所获取的审计证据仅仅与控制在测试时点运行的情况有关，因此，注册会计师必须确定如何获取关于剩余期间的审计证据。

## 二、选取样本阶段

### （一）确定样本规模

注册会计师在设计完样本后，必须根据所设计的样本确定样本的规模，决定需要审查多少样本。在属性抽样中，样本规模主要受以下因素的影响。

1. 预计误差率

预计误差率又称为预计总体偏差率是指注册会计师预计发生误差的项目数占总项目数的比率。预计误差率可以根据审计前期调查阶段对内部控制的了解或根据上一年度的审计情况进行估计，也可以通过测试试验性样本进行估计。在其他因素不变的情况下，预计误差率与样本规模之间是正相关的，即预计误差率越大，则需要测试的样本规模也越大；而预计误差率越小，则需要测试的样本规模也越小。

2. 可容忍误差率

可容忍误差率是指注册会计师能够接受的最大误差率。注册会计师需要根据控制属性的重要性，依靠其职业判断来确定可容忍误差率的大小。一般来说，控制属性对于整体控制政策和程序越重要，可容忍误差率就越低；反之，可容忍误差率就越高。在其他因素不变的情况下，可容忍误差率与样本规模之间是负相关的，即可容忍误差率越小，则所需的样本规模越大；反之所需的样本规模越小。

3. 有效运行的控制可降低重大错报风险的程度

如果在认定层次估计的重大错报风险包括对控制运行有效的预期，则注册会计师就需要执行控制测试。一般来讲，从控制有效运行处获得的保证越多，对重大错报风险的估计也就越低。在风险评估中，注册会计师越依赖内部控制的有效性，对控制测试的范围也就越大。

4. 总体规模

总体规模就是审计对象总体中所包含的项目数，如某一期间的记账凭证数量、开出的销售发票数量等。注册会计师通常将抽样单元超过 5 000 个的总体定义为大规模总体，对于大规模总体而言，总体规模对样本规模几乎没有影响。而对于小规模总体而言，审计抽样不如其他选择测试项目方法的效率高。因此，在审计抽样中，注册会计师往往会忽略总体规模对样本规模的影响。

5. 可接受的信赖过度风险

由于信赖过度风险的可接受性是注册会计师发表审计意见的重要基础之一，因此大多数注册会计师通常都根据经验判断，将可接受的信赖过度风险水平设定在 5%～10%之间的较低水平。在其他因素不变的情况下，可接受的信赖过度风险水平与样本规模之间是负相关的，即可接受的信赖过度风险水平越低，则所需的样本规模越大；反之所需的样本规模越小。

在影响样本规模的五个因素当中，总体规模超过一定数量时对样本规模的影响程度很小，而有效运行的控制是通过可容忍误差率来降低重大错报风险程度对样本规模的影响。因此注册会计师通过设定预计误差率、可容忍误差率和可接受的可靠性水平，就可以确定样本规模的大小。在属性抽样中，因为预计误差率、可容忍误差率和可接受的可靠性水平的取值范围均有限，所以，在审计实务中开发了一些确定属性抽样样本规模的表格。这样，在属性抽样中，注册会计师就不需要使用公示来计算规模，而是直接查表即可，信赖过度风险水平为 5%时属性抽样的样本规模，如表 8-1 所示。

**表 8-1　信赖过度风险水平为 5%时属性抽样的样本规模**

| 预计误差率 | 可容忍误差率 | | | | | | | | | | |
|---|---|---|---|---|---|---|---|---|---|---|---|
| | 2% | 3% | 4% | 5% | 6% | 7% | 8% | 9% | 10% | 15% | 20% |
| 0.00% | 149<br>(0) | 99<br>(0) | 74<br>(0) | 59<br>(0) | 49<br>(0) | 42<br>(0) | 36<br>(0) | 32<br>(0) | 29<br>(0) | 19<br>(0) | 14<br>(0) |
| 0.25% | 236<br>(1) | 157<br>(1) | 117<br>(1) | 93<br>(1) | 78<br>(1) | 66<br>(1) | 58<br>(1) | 51<br>(1) | 46<br>(1) | 30<br>(1) | 22<br>(1) |
| 0.50% | * | 157<br>(1) | 117<br>(1) | 93<br>(1) | 78<br>(1) | 66<br>(1) | 58<br>(1) | 51<br>(1) | 46<br>(1) | 30<br>(1) | 22<br>(1) |
| 0.75% | * | 208<br>(2) | 117<br>(1) | 93<br>(1) | 78<br>(1) | 66<br>(1) | 58<br>(1) | 51<br>(1) | 46<br>(1) | 30<br>(1) | 22<br>(1) |

（续表）

| 预计误差率 | 可容忍误差率 | | | | | | | | | | |
|---|---|---|---|---|---|---|---|---|---|---|---|
| | 2% | 3% | 4% | 5% | 6% | 7% | 8% | 9% | 10% | 15% | 20% |
| 1.00% | * | * | 156 (2) | 93 (1) | 78 (1) | 66 (1) | 58 (1) | 51 (1) | 46 (1) | 30 (1) | 22 (1) |
| 1.25% | * | * | 156 (2) | 124 (2) | 78 (1) | 66 (1) | 58 (1) | 51 (1) | 46 (1) | 30 (1) | 22 (1) |
| 1.50% | * | * | 192 (3) | 124 (2) | 103 (2) | 66 (1) | 58 (1) | 51 (1) | 46 (1) | 30 (1) | 22 (1) |
| 1.75% | * | * | 227 (4) | 153 (3) | 103 (2) | 88 (2) | 77 (2) | 51 (1) | 46 (1) | 30 (1) | 22 (1) |
| 2.00% | * | * | * | 181 (4) | 127 (3) | 88 (2) | 77 (2) | 68 (2) | 46 (1) | 30 (1) | 22 (1) |
| 2.25% | * | * | * | 208 (5) | 127 (3) | 88 (2) | 77 (2) | 68 (2) | 61 (2) | 30 (1) | 22 (1) |
| 2.50% | * | * | * | * | 150 (4) | 109 (3) | 77 (2) | 68 (2) | 61 (2) | 30 (1) | 22 (1) |
| 2.75% | * | * | * | * | 173 (5) | 109 (3) | 95 (3) | 68 (2) | 61 (2) | 30 (1) | 22 (1) |
| 3.00% | * | * | * | * | 195 (6) | 129 (4) | 95 (3) | 84 (3) | 61 (2) | 30 (1) | 22 (1) |
| 3.25% | * | * | * | * | * | 148 (5) | 112 (4) | 84 (3) | 61 (2) | 30 (1) | 22 (1) |
| 3.50% | * | * | * | * | * | 167 (6) | 112 (4) | 84 (3) | 76 (3) | 40 (2) | 22 (1) |
| 3.75% | * | * | * | * | * | 185 (6) | 129 (5) | 100 (4) | 76 (3) | 40 (2) | 22 (1) |
| 4.00% | * | * | * | * | * | * | 146 (6) | 100 (4) | 89 (4) | 40 (2) | 22 (1) |
| 5.00% | * | * | * | * | * | * | * | 158 (8) | 116 (6) | 40 (2) | 30 (2) |
| 6.00% | * | * | * | * | * | * | * | * | 170 (11) | 50 (3) | 30 (2) |
| 7.00% | * | * | * | * | * | * | * | * | * | 68 (5) | 37 (3) |

注：(1) 本表假定总体规模足够大。
　　(2) 括号中为预计误差数。

下面通过一个例子，具体说明属性抽样中确定样本规模的过程。假设注册会计师在进行收入循环的控制测试时，打算审查销售交易的发生认定。这个控制测试的一个属性是检查销售交易单据的存在性。对于每张销售发票，都应当有相应的客户订单、销售单、出库单和装运凭证相配合，缺少这四个单据中的任何一个，都将被作为一个误差。根据上一年度的审计情况以及本年度对于内部控制的初步调查和评价，注册会计师预计有2%的销售发票存在单据不全的差错，即预计误差率为 2%。此外，注册会计师设定可容忍误差率为 5%，同时希望以 95%的把握来相信总体的实际误差率小于等于 5%，即可接受的信赖过度风险水平为 5%。根据表 8-1 可以得出，当信赖过度风险为 5%、预计误差率为 2%和可容忍误差率为 5%时，样本规模为 181。因此，注册会计师必须选取 181 张销售发票，检查这 181 张销售发票是否都有相应的支持性凭证为依据。

**（二）样本的选取**

在确定了样本规模之后，注册会计师就需要按照定的原则和方法来选取样本。在统计抽样中，样本的选取必须保证总体中每个项目被抽取的概率都是相等的。注册会计师使用的统计选样方法主要包括以下两种：①随机选样。随机选样是指对审计对象总体或次级总体的所有项目，按随机规则选取样本。②系统选样。系统选样是指首先计算选样间隔，确定选样起点，然后按照间隔顺序选取样本。

**（三）样本的审查**

注册会计师在选取了样本以后，必须针对各个样本单位的一个或多个属性进行审查。根据在样本设计阶段确定的测试目标、定义的总体、抽样单元、测试期间以及偏差，审查所抽样本项目是否恰当。

## 三、评价样本结果阶段

注册会计师经过选取样本阶段之后，进入评价样本结果阶段。这个阶段包括以下三个步骤：计算实际误差率上限；比较实际误差率上限与可容忍误差率；根据比较的结果，确定实质性程序的程度和范围。

**（一）计算实际误差率上限**

实际误差率上限就是根据抽样结果计算得出的最大误差率，它受到可接受的信赖过度风险水平、样本规模和实际误差数的影响，信赖过度风险水平为 5%时的实际误差率上限如表 8-2 所示。

如果所要查找的样本规模没有包括在统计抽样结果评价表中，则应选择表中最接近实际样本规模的数值来计算实际误差率上限。

延续上面确定样本规模的例子，如果注册会计师选取了 181 张销售发票，进行测试后，共发现 2 个偏差，则注册会计师利用表 8-2，得出实际误差率上限为 3.2%。

**表 8-2　　信赖过度风险水平为 5%时的实际误差率上限**

| 样本规模 | 实际误差数 | | | | | | | | | | |
|---|---|---|---|---|---|---|---|---|---|---|---|
| | 0 | 1 | 2 | 3 | 4 | 5 | 6 | 7 | 8 | 9 | 10 |
| 25 | 11.3 | 17.6 | * | * | * | * | * | * | * | * | * |
| 30 | 9.5 | 14.9 | 19.6 | * | * | * | * | * | * | * | * |
| 35 | 8.3 | 12.9 | 17.0 | * | * | * | * | * | * | * | * |
| 40 | 7.3 | 11.4 | 15.0 | 18.3 | * | * | * | * | * | * | * |
| 45 | 6.5 | 10.2 | 13.4 | 16.4 | 19.2 | * | * | * | * | * | * |

（续表）

| 样本规模 | 实际误差数 | | | | | | | | | | |
|---|---|---|---|---|---|---|---|---|---|---|---|
| | 0 | 1 | 2 | 3 | 4 | 5 | 6 | 7 | 8 | 9 | 10 |
| 50 | 5.9 | 9.2 | 12.1 | 14.8 | 17.4 | 19.9 | * | * | * | * | * |
| 55 | 5.4 | 8.4 | 11.1 | 13.5 | 15.9 | 18.2 | * | * | * | * | * |
| 60 | 4.9 | 7.7 | 10.2 | 12.5 | 14.7 | 16.8 | 18.8 | * | * | * | * |
| 65 | 4.6 | 7.1 | 9.4 | 11.5 | 13.6 | 15.5 | 17.4 | 19.3 | * | * | * |
| 70 | 4.2 | 6.6 | 8.8 | 10.8 | 12.6 | 14.5 | 16.3 | 18.0 | 19.7 | * | * |
| 75 | 4.0 | 6.2 | 8.2 | 10.1 | 11.8 | 13.6 | 15.2 | 16.9 | 18.5 | 20.0 | * |
| 80 | 3.7 | 5.8 | 7.7 | 9.5 | 11.1 | 12.7 | 14.3 | 15.9 | 17.4 | 18.9 | * |
| 90 | 3.3 | 5.2 | 6.9 | 8.4 | 9.9 | 11.4 | 12.8 | 14.2 | 15.5 | 16.8 | 18.2 |
| 100 | 3.0 | 4.7 | 6.2 | 7.6 | 9.0 | 10.3 | 11.5 | 12.8 | 14.0 | 15.2 | 16.4 |
| 125 | 2.4 | 3.8 | 5.0 | 6.1 | 7.2 | 8.3 | 9.3 | 10.3 | 11.3 | 12.3 | 13.2 |
| 150 | 2.0 | 3.2 | 4.2 | 5.1 | 6.0 | 6.9 | 7.8 | 8.6 | 9.5 | 10.3 | 11.1 |
| 200 | 1.5 | 2.4 | 3.2 | 3.9 | 4.6 | 5.2 | 5.9 | 6.5 | 7.2 | 7.8 | 8.4 |

注：本表假定总体规模足够大。

**（二）比较实际误差率上限与可容忍误差率**

在计算出实际误差率上限后，注册会计师需要将实际误差率上限与可容忍误差率进行比较。如果实际误差率上限超过了可容忍误差率，则注册会计师应当考虑调高对该属性重大错报风险的评价水平。

**（三）根据比较的结果，确定实质性程序的程度和范围**

如果实际误差率上限未超过可容忍误差率的属性，注册会计师可以考虑将该属性的重大错报风险设定在较低的水平；而如果实际误差率上限超过可容忍误差率，注册会计师应该考虑将该属性的重大错报风险维持在较高的水平并扩大实质性程序的程度和范围。

## 第三节 实质性程序中的审计抽样技术

在实施实质性程序时，注册会计师需要对被审计单位财务报表中的数额、余额是否在错误以及错误的大小进行定量测试和分析评价。本章在第一节中已经指出，审计抽样仅适用于实质性程序中的细节测试，而不适用于分析性程序。与控制测试中的统计抽样不同，细节测试中的统计抽样主要是针对金额的估计，而不是针对比率的估计。属性抽样虽然在控制测试中极为有用，但并不能提供有关被审计项目货币价值量的信息，因此不适用于实质性程序。

变量抽样是一种通过对样本审查并根据抽样结果来推断总体价值、估计交易的发生额或账户的余额，从而确定是否存在重大金额误差的抽样方法。因此，注册会计师在进行实质性程序时通常采用变量抽样的抽样方法。变量抽样主要包括传统变量抽样和概率比例规模抽样,而传统变量抽样又具体包括三种方法:单位平均数抽样、差额估计抽样和比率估计抽样。

## 一、单位平均数抽样

单位平均数抽样是一种传统的变量抽样方法,主要是通过计算样本平均值,并将平均值与总体项目数相乘,从而得出审定的总体价值。这种变量抽样方法的适用范围十分广泛,无论被审计单位提供的数据是否完整可靠,甚至在被审计单位缺乏基本经济业务或事项的账面记录的情况下,均可使用该方法。

与控制测试一样,在实质性程序中,审计抽样也可分为样本设计、选取样本和评价样本结果三个阶段。

### (一) 样本设计阶段

1. 确定测试目标

在实质性程序中,注册会计师进行审计抽样的目的主要是为有关财务报表金额的一项或多项认定提供合理保证。

2. 定义总体

在实质性程序中,注册会计师应该考虑总体的适当性和完整性,确保抽样总体适合特定的审计目标。此外,注册会计师还应该利用其职业判断,识别某项账户余额或者交易类型中是否存在某些重大项目,该项目可能存在特别的风险或金额较大,因而应该进行单独测试而不能放在抽样总体中。

3. 定义抽样单元

在实质性程序中,抽样单元可以是一个账户的余额、一项交易或交易中的一个记录,甚至也可以是每个货币单元。注册会计师应该根据审计目标和所实施的审计程序,同时结合实施计划的审计程序和替代程序的难易程度定义抽样单元。

4. 界定错报

在实质性程序中,错报就是误差,注册会计师应该根据审计目标对错报进行界定。值得注意的是,对于被审计单位在审计过程中所发现的但在适当期间进行了更正的错报,注册会计师应予以排除。

### (二) 选取样本阶段

1. 确定样本规模

在单位平均数抽样中,样本规模的大小主要受以下因素的影响:

(1) 注册会计师对重大错报风险的估计。按照审计风险模型,在相同的总体审计风险条件下,注册会计师对重大错报风险水平的估计越高,检查风险就越低,需要的样本规模越大。注册会计师对重大错报风险的估计受到固有风险和控制风险这两个因素的影响。如果注册会计师没有执行控制测试,就需要通过更多的实质性程序来获取更多的审计证据。将检查风险维持在较低的水平,所需要的样本规模也就越大。

(2) 可容忍错报水平。对于特定的账户余额或交易类型而言,当误受风险一定时,注册会计师打算接受的可容忍错报水平越低,需要的样本规模就越大;反之所需要的样本规模就越小。

(3) 其他实质性程序在同一认定上的使用情况。对某一特定交易或账户余额,注册会计计师越依赖于通过其他实质性程序来将检查风险降低到可接受的水平，则需要从抽样中获取的保证就越少，所需要的样本规模就越小。

(4) 注册会计师要求的可靠水平。在实施实质性程序时，注册会计师主要关注的是误受风险。在其他因素不变的情况下，可接受的误受风险水平与样本规模之间是负相关的，即可接受的误受风险水平越低，则所需要的样本规模就越大；反之所需要的样本规模就越小。

(5) 总体规模。总体规模就是审计对象总体中包括的项目总数，如应收账款的明细项目数量、存货明细表中的存货项目数量等。总体规模与样本规模之间是正相关的，即总体规模越大，则样本规模也越大：而总体规模越小，则样本规模也越小。

(6) 总体(或样本)标准差。总体标准差是衡量总体中个别项目值在总体平均值周围变异或离散程度的尺度。总体中的个体数值分布越聚集，则标准差越小；反之，总体单位的个体数值分布越分散，则标准差越大。总体标准差与样本规模之间是正相关的，即总体标准差越大，则所需的样本规模也越大；反之，总体标准差越小，则所需的样本规模也越小。

2. 样本规模的计算

因为变量抽样不像属性抽样那样取值范围有限，所以不能采用查表的方式确定样本规模，而必须采用样本规模确定公式来计算。单位平均数抽样法下的样本规模计算公式如下：

$$n' = \left(\frac{U_r \cdot S \cdot N}{P}\right)^2$$

$$n = \frac{n'}{1+\frac{n'}{N}}$$

式中，$U_r$ 表示可信赖程度系数；$S$ 表示预计总体标准差；$N$ 表示总体规模；$P$ 表示预计抽样误差(即可容忍误差－预计总体误差)；$n'$表示放回抽样时的样本规模；$n$ 表示不放回抽样时的样本规模。

3. 样本的选取及审查

在确定了样本规模之后，注册会计师就可以依据一定的原则，通过随机抽样或系统抽样的方式来选取样本并进行审查。需要指出的是，在确定样本规模时，为了估计标准差而抽取的试验性样本也可以作为最终样本的组成部分。因此，注册会计师只需要再选取除试验性样本以外的剩余样本单位数即可。

**(三) 评价样本结果阶段**

在单位平均数抽样法中，抽样结果的评价主要有以下几个步骤：

1. 估算总体价值

$$E = N \cdot \bar{V}$$

式中，E 表示总体的估计价值；N 表示总体规模；$\bar{V}$ 表示样本审计值的平均值。

2. 根据抽样误差计算总体的区间估计值

$$P_2 = U_r \cdot \frac{S_2}{\sqrt{n_2}} \cdot N \cdot \sqrt{1-\frac{n_2}{N}}$$

$$I = E \pm P_2$$

式中，$P_2$ 表示实际抽样误差；$S_2$ 表示样本的标准差；$n_2$ 表示样本规模；$I$ 表示总体的区间估计值。

3. 得出结论

如果总体账面价值落在总体的区间估计值之内，则说明账面记录值可以接受；而如果总体账面价值没有落在总体的区间估计值之内，则注册会计师应该分析原因，并采取相应的措施，如扩大样本量或要求被审计单位调整账面价值并重新评价抽样结果。

## 二、差额估计抽样

差额估计抽样是单位平均数抽样的一种变形，其原理是通过比较样本的审定值($AV$)和账面值($BV$)并计算两者的平均差异，并以此来估计总体实际价值与账面价值的平均差异，再以这个平均差异乘以总体项目个数求得总体的实际价值与账面价值的差异总额，最后将账面价值加上差异总额来推算总体的实际价值总额。如果"$AV-BV$"为正，则表示账面值是低估的；如果"$AV-BV$"为负，则表示账面值是高估的。

差额估计抽样有以下三个适用条件，只有这些条件同时满足时，注册会计师才能在实质性程序中采用差额估计抽样：①每个总体单位的账面值都是可以取得的，并且总体账面值必须是个体账面值的总和，即明细账中的账户金额合计必须等于总账中的控制账户金额。②样本规模必须足够大，且满足正态分布。③总体规模较大，且总体中的高估金额和低估金额几乎相等，即差异与账面价值不成正比，注册会计师预期样本项目中的差异金额不受项目范围的影响。

由于个体单位审定值与账面值之间的差额的标准差必定小于个体单位审定值的标准差，因此差额估计抽样所需的样本规模小于单位平均数抽样所需的样本规模。在可行的情况下，差额估计抽样比单位平均数抽样更符合成本效益原则。差额估计抽样的步骤与单位平均数抽样较为类似，这里就不再详述。差额估计抽样的计算公式如下：

平均错报＝样本实际金额与账面金额的差额÷样本规模

推断的总体错报＝平均错报×总体规模

例如，注册会计师从总体规模为 1 000 的存货项目中选取 300 个项目进行检查，经过逐一对比每个样本，确定 300 个样本项目的审定金额和账面金额加总分别是 1 345 000 元和 1 330 000 元，则"$AV-BV$"等于 15 000 元，平均错报则等于 50 元(15 000÷300)，以此推断总体错报为 50 000 元(50×1 000)。

## 三、比率估计抽样

比率估计抽样是差额估计抽样方法的变异，其原理与之极为类似，是指以样本审定值与账面值的比率关系来估计总体实际值与账面值之间的比率关系，然后再以这个比率去乘以总体的账面值，从而求出总体实际值的估计金额。比率估计抽样是假设误差与账面值成正比，其整体过程与差额估计抽样基本相同，只是在评价样本结果时有所差异。其计算公式如下：

比率＝样本审定金额之和÷样本账面金额之和

估计的总体金额＝比率×总体的账面金额

推断的总体错报＝估计的总体实际金额－总体账面金额

假如注册会计师用比率估计抽样对A公司被审年度设备和其他资产的增加的有关证据进行了检查，且发现了样本中多披露的净货币性误差，有关信息如表8-3所示。

表8-3　　比率估计抽样时计算总体估计金额所需的数据

| | |
|---|---|
| 新增加的账面金额 | 2 000 000元 |
| 新增加的数量 | 1 000个 |
| 样本量 | 400个 |
| 样本的账面值 | 400 000元 |
| 发现误差的金额 | 20 000元 |
| 样本的审定值 | 380 000元 |
| 可容忍误差 | 200 000元 |

根据比率估计抽样这一方法计算的比率为0.95(380 000÷400 000)，因此，推断的总体估计金额为1 900 000元(2 000 000×0.95)。若注册会计师使用的差额估计抽样，则所计算的平均差额为500元(200 000÷400)，估计总体差额为500 000元(50×1 000)，推断的总体估计金额为1 500 000元(2 000 000－500 000)。

在以上所介绍的三种变量抽样方法中，差额估计抽样和比率估计抽样所需的样本量较小，但必须知道样本的账面值，而且样本的审定值与样本的账面值之间必须存在一定的差额。在采用分层技术时，差额估计抽样和比率估计抽样这两种方法对样本量的影响较小，而单位平均数抽样则可以大大缩小样本量。

## 四、概率比例规模抽样

概率比例规模抽样(即PPS抽样)是属性抽样的一种变形，是指运用属性抽样原理对货币金额而不是对发生率得出结论的一种统计抽样方法。概率比例规模抽样的基本原理是以货币单元为抽样单元，但并不是对总体中的货币单元实施检查，而是对包含被选货币单元的余额或交易实施检查。在概率比例规模抽样法下，总体中每一项目被选中的概率等于该项目金额与总体金额的比率，也就是说项目金额越大，被选中的概率也越大。在概率比例规模抽样中，注册会计师关注的是差错的金额，而不是差错率，它根据抽样结果计算差错额上限，并将其与所设定的可容忍差错额进行比较以推断总体价值。

概率比例规模抽样作为从传统的属性抽样发展而来的变量抽样方法，除了具备统计抽样的一般特征之外，还具有以下几个优点：①不需要计算标准差，不必抽取试验性样本。②总体自动进行分层，较大金额的差错被发现的概率较大。③大多数情况下需要的样本规模相对较小，更符合成本效益原则。④采用单元抽样，从而能考虑审计对象总体分布的非对称性。

同时，概率比例规模抽样也存在以下几个缺陷：①总体的自动分层使低估(即账面值偏低)的样本单位被抽取的概率远低于高估(即账面值偏高)的样本单位，因此，使用概率比例规模抽样对于高估的情况来说比较简便，而对于低估的情况就变得十分复杂了，限制了概率比例规模抽样的适用范围。②在选择零余额时需要注册会计师特别考虑，因为随着预期错误数目的增加，恰当的样本规模也增加了，从而导致需要比其他变量抽样方法更大的样本规模，不符合成本效益原则。概率比例规模抽样主要适用于总体的单位数和变异性未知、总体只包含借方余额、总体差错较少且存在高估差错等情况。例如，注册会计师根据对被审计单位的了解，认为存在重大金额的维修费用被错误地资本化；注册会计师认为存货中存在数目较少的差错，而这些差错都是重大的高估错误；注册会计师通过分析性程序以及对被审计单位经济状况的了解，认为其应收账款存在重大的高估错误。此外，概率比例规模抽样也适用于高估错误和低估错误同时存在的情况，但是此时应用概率比例规模抽样的过程更为复杂。

## 课后复习题

**思考题**

1. 什么是统计抽样？什么是非统计抽样？二者各有什么优缺点？
2. 什么是抽样风险？什么是非抽样风险？二者有哪些表现形式？
3. 什么是属性抽样？什么是变量抽样？二者有何区别与联系？
4. 在控制测试中的审计抽样技术有哪些？
5. 在实质性程序中的审计抽样技术有哪些？
6. 哪些因素影响样本规模的确定？它们是如何影响样本规模的？
7. 在属性抽样中，如何利用样本的特性来判断总体特征？
8. 在变量抽样中，如何利用样本的特性来判断总体特征？

# 第九章　销售与收款循环审计

## 知识导航

- 销售与收款循环审计
  - 销售与收款循环概述
    - 销售与收款循环涉及的主要业务活动
    - 销售与收款循环涉及的主要凭证与会计记录
    - 销售与收款循环的审计目标
  - 销售与收款循环的内部控制及控制测试
    - 销售与收款循环的内部控制
    - 销售与收款循环的内部控制的了解与描述
    - 销售与收款循环内部控制的初步评价
    - 销售与收款循环重大错报风险的识别与评估
    - 销售与收款循环的内部控制测试
    - 进一步评价销售与收款循环的内部控制
  - 销售与收款循环的实质性程序
    - 测试登记入账的销售交易是否真实
    - 测试已发生的销售交易是否均已登记入账
    - 测试登记入账的销售交易是否准确计价
    - 测试登记入账的销售交易是否分类恰当
    - 测试销售交易的记录是否及时
    - 测试销售交易是否已正确计入明细账并准确地汇总
  - 营业收入的实质性程序
    - 营业收入的审计目标
    - 主营业务收入的实质性程序
    - 其他业务收入的实质性程序
  - 应收账款的实质性程序
    - 应收账款的审计目标
    - 应收账款——账面余额的实质性程序
    - 应收账款——坏账准备的实质性程序
  - 其他相关账户的实质性程序
    - 应收票据的实质性程序
    - 预收账款的实质性程序
    - 应交税费的实质性程序
    - 税金及附加的实质性程序
    - 销售费用的实质性程序

## 学习目标

通过本章学习，学生应了解销售与收款循环的主要业务活动和所涉及的主要会计凭证及会计记录；理解并掌握销售与收款循环的内部控制及其测试内容；理解并掌握销售与收款循环重大错报风险的识别和评估内容；理解并掌握营业收入和应收账款的实质性测试程序。

引入案例

## 德勤对科龙电器的收入审计失败案例

科龙电器股份有限公司(以下简称科龙电器)是在香港、深圳证券交易所的上市公司。2001年,科龙财务报表出现问题,当时负责审计的安达信会计师事务所出具了无法表示意见的审计报告。安达信会计师事务所破产后,德勤会计师事务所(以下简称德勤)接受委托,承担了该上市公司2002—2004年的年报审计工作。虽然德勤是四大会计师事务所之一,有很高的声誉,但是在审计过程当中却没有采取充分恰当的审计程序,以至于德勤对于科龙电器审计期间共计75.5亿元的不正常现金流居然没有丝毫的察觉。后经调查,德勤对科龙电器的审计过程中存在如下主要问题:

(1) 德勤对科龙电器存货及主营业务成本执行的审计程序不充分、不适当。德勤对科龙电器各期存货及主营业务成本进行审计时,直接按照科龙电器期末存货盘点数量和各期平均单位成本确定存货期末余额,并推算出科龙电器各期主营业务成本。在未对产成品进行有效测试和充分抽样盘点的情况下,德勤通过上述审计程序对存货和主营业务成本进行审计并予以确认,其审计方法和审计程序均不合理。

(2) 德勤在存货抽盘过程中缺乏必要的职业谨慎,确定的抽盘范围不适当,执行的审计程序不充分。德勤在年报审计过程中实施抽样盘点程序时,未能确定充分有效的抽样盘点范围,导致其未能发现科龙电器通过压库方式确认虚假销售收入的问题。存货监盘也是一项重要的审计程序,如果进行账实相符核查,科龙电器虚增的主营业务利润其实并不难发现。

(3) 德勤在对应收账款及主营业务收入审计的过程中执行的程序不充分,函证方法不当;收入的确认应该以货物的风险和报酬是否转移为标准,一般来说仅以"出库开票"确认收入明显不符合会计准则。德勤对科龙电器2003年度审计时,就存货已出库未开票项目向4家客户所发的询证函中,客户仅对询证函的首页盖章确认,但该首页没有对后附明细列表进行金额或数量的综述。因此,调查人员认为该类询证函的回函结果不能满足发函的目的。如果一项销售行为不符合收入确认原则,就不应确认为收入。未曾实现的销售被确认为当期收入必然导致利润虚增。科龙电器销售收入的确认问题,体现出德勤未能恰当地解释和应用会计准则,同时这也说明德勤未能收集充分适当的审计证据。对较敏感的"销售退回"这一块,德勤也没有实施必要的审计程序,致使科龙电器通过关联交易利用销售退回大做文章,转移资产,虚增利润,这也是德勤不能回避的错误。德勤审计科龙电器分公司时,没有对各年未进行现场审计的分公司执行其他必要审计程序,导致无法有效确认其主营业务收入实现的真实性及应收账款等资产的真实性。

(4) 德勤未能就科龙电器2003年度确认对合肥维希的销售收入30 484万元事项对其出具的2003年度审计报告进行更正或相关处理。另外,德勤出具的2004年度审计报告中保留意见金额错误。

资料来源:冀锋昌,孟宪胜.审计学[M].北京:中国财政经济出版社,2016.

在上述案例中,科龙电器通过关联方虚构业务和违规确认来实现收入和利润,德勤未能采取充分恰当的审计程序而导致审计失败。那么,在销售与收款循环审计中,注册会计师应如何对公司销售业务的真实性进行核查？本章将予以详细介绍。

# 第一节 销售与收款循环概述

## 一、销售与收款循环涉及的主要业务活动

销售与收款循环是企业向客户提供商品或劳务，直至收回款项的有关活动所组成的业务循环。销售与收款循环涉及销售业务、收款业务（包括现销和应收账款收回）、销售调整业务（包括销售折扣、折让和退回，坏账准备的提取和冲销）等内容。

### （一）接受客户订单

顾客向企业提出订货要求，是整个销售与收款循环的起点。订单管理部门应区分现购订单和赊购订单，根据以前列出已批准销售的客户名单决定是否同意接受某客户的订单。如果该客户未被列入，则通常需要由销售单管理部门的主管来决定是否同意销售。如果同意销售则由销售单管理部门编制一式多联的销售单。

销售单是证明管理层有关销售交易"发生"认定的凭据之一，也是销售交易轨迹的起点，能够帮助注册会计师实现对销售交易的真实性进行测试的审计目标。

### （二）批准赊销信用

对于顾客提出的赊销业务，企业应当设置单独的信用管理部门进行审批。销售部门编制的销售单，应由信用管理部门根据管理层的赊销政策在每个客户的已授权的信用额度内进行。执行人工赊销信用检查时应避免销售人员为扩大销售而使企业承受不适当的信用风险。对新客户应进行信用调查（包括获取信用评审机构对客户信用等级的评定报告）。无论批准赊销与否，都要求被授权的信用管理部门人员在销售单上签署意见，然后再将已签署意见的销售单送回销售单管理部门。

因此，设计信用批准控制与应收账款账面余额的"计价和分摊"认定有关。

### （三）按销售单供货

企业管理层通常要求仓库只有在收到经批准的销售单时，才能供货。设计该控制活动的目的是防止仓库在未授权情况下擅自发货。经过信用审批后的销售单送回销售部门后，第一联直接送仓库作为按销售单供货和发货给装运部门的授权依据，第二联交开具账单部门，第三联由销售部留存。仓库开具预先连续编号的发货单，并在销售的产品装运后，将相关副本分送开具账单部门、运输单位和客户。

### （四）按销售单装运货物

发运部门职员应在经授权的情况下装运产品，使企业按销售单装运与供货的职责相分离。发运部门职员在装运前，还必须进行独立验证，确定从仓库收到的商品都附有已批准的销售单，且与销售单内容相符。

商品发运时，应编制一式多联的装运凭证（或取得运输企业开具的提货单），并连续编号。按序归档的装运凭证通常由发运部门保管。装运凭证提供了商品确实已装运的证据，因此是证实销售交易"发生"认定的另一种形式的凭证。故定期检查每张装运凭证是否附有相应的销售发票，将有助于保证销售交易完整性认定的正确性。

**（五）向客户开具账单**

开具账单包括编制账单和寄送事先连续编号的销售发票给顾客。销售发票副联的档案通常由开单部门保管。这一程序涉及的主要问题有：①是否对所有装运的货物都开了账单（即完整性认定问题）。②是否只对实际装运的货物才开账单，有无重复开单或虚构交易（即发生认定问题）。③是否按已授权的价格计价（即准确性认定问题）。

开具账单部门职员在编制每张销售发票之前，独立检查是否存在装运凭证和相应的经批准的销售单，在销售订单、销售通知单、出库单（或提货单）等核对相符的前提下，会计部门将事先编号的销售发票提供给客户，销售发票的内容要与客户订单一致，将装运凭证上的商品总数与销售发票上的商品总数核对，对照已授权批准的商品价目表编制销售发票，检查销售发票计价和计算的正确性。开具发票后，即可通知出纳员办理结算收取货款。

因此，开具账单与销售交易的“发生”“完整性”“准确性”认定有关。

**（六）记录销售**

在手工会计系统中，记录销售的过程包括区分赊销、现销，并按销售发票编制记账凭证，再据以登记销售明细账和应收账款明细账（或现金、银行存款日记账）。

为保证正确记录销售发票，将销货交易归属于适当的会计期间，企业需设计并执行以下记录销售的控制活动：

（1）只依据附有有效装运凭证和销售单的销售发票记录销售，这些装运凭证和销售单应能证明销售交易已真实发生。

（2）控制所有事先连续编号的销售发票。

（3）独立检查已处理销售发票上的销售金额同会计记录金额的一致性。

（4）记录销售的职责应与前述处理销货交易的其他功能相分离。

（5）对记录过程中所涉及的有关记录的接触予以限制，以减少未经授权批准的记录的发生。

（6）定期独立检查应收账款明细账同总账的一致性。

（7）定期向顾客寄送对账单，并要求顾客将任何例外情况直接向所指定的未涉及执行或记录销售与收款循环业务的会计主管报告。

因此，记录销售与销售交易的“发生”“完整性”“准确性”及应收款项的“准确性、计价和分摊”认定有关。

**（七）办理和记录收款业务**

在办理收到客户的货款后，会计部门应编制相应的收款凭证，并及时完整地记入库存现金、银行存款日记账或应收账款明细账，并如数、及时地将现金存入银行，以减少货币资金失窃的可能性。销售发票附寄汇款通知书的方法可以有效加强对这一环节的控制。

**（八）办理和记录销货退回、折扣与折让**

顾客如果对商品不满意，销货企业一般都同意接受退货，或给予一定的销售折让；顾客如果提前支付货款，销货企业则可能会给予一定的销货折扣。发生此类事项时，必须经授权批准，并应确保与办理此事的部门和职员各司其职，分别控制实物流和会计处理过程。在这方面，严格使用货项通知单无疑会起到关键的作用。

**（九）注销坏账**

不管赊销部门的工作如何主动，顾客因宣告破产、死亡等原因而不能支付货款的事件仍会发生。企业若认为某项货款确实无法收回，应根据既定程序注销这笔货款。对这些坏账，正确的处理方法应该是获取货款无法收回的确凿证据，经适当审批后及时进行会计调整。

**(十) 提取坏账准备**

企业必须按照会计准则的规定计提坏账准备，坏账准备提取的数额必须能够抵补企业以后无法收回的本期销货款，但不得提取秘密准备。

## 二、销售与收款循环涉及的主要凭证与会计记录

销售与收款循环涉及的主要凭证和会计记录如下。

1. 原始凭证

(1) 顾客订货单。订货单是顾客提出的书面订货要求。

(2) 销售单。销售单是列示顾客所订商品的名称、规格、数量以及其他与顾客订货单有关资料的表格，作为销售方内部处理顾客订货单的依据。

(3) 发运凭证。发运凭证是由装运部门在发货时填写的一式多联、连续编号的凭证，用于反映发出商品的名称、规格、数量及其他有关信息。发运凭证的一联寄送给顾客，其余联由企业保存。这种凭证可用作向顾客开具账单的依据。

(4) 销售发票。销售发票上反映了所销售货物的规格、数量、单价和销售金额等内容，是表明企业收入已经确认的原始凭证之一。发票的第一联应寄给顾客，副联由开单部门保管。

(5) 商品价目表。商品价目表上列示了可供销售的各种商品的价格。商品价目表的编制和修改均由相关部门授权批准。

(6) 汇款通知书。汇款通知书是一种与销售发票一起寄给顾客，由顾客在付款时再寄回销货单位的凭证。

(7) 贷项通知单。贷项通知单是一种用来表示由于销货退回或经批准的折让而引起的应收销货款减少的凭证。

(8) 坏账审批表。坏账审批表是一种用来记录某些应收账款注销为坏账的凭证，是经股东大会或董事会等权力执行机构批准注销为坏账的应收账款明细表。

2. 记账凭证

记账凭证类主要包括收款凭证、付款凭证和转账凭证。

3. 明细账和序时账

明细分类账和序时账类主要包括应收账款明细账、主营业务收入明细账和其他业务收入明细账、折扣与折让明细账，以及现金日记账和银行存款日记账。

4. 总账

总账类主要包括库存现金、银行存款、应收账款、应收票据、坏账准备、预收账款、财务费用(用以记录顾客已享受的销货折扣)、主营业务收入、其他业务收入、主营业务成本、其他业务成本、税金及附加、应交税费、其他应交款、销售费用。

## 三、销售与收款循环的审计目标

根据管理层对财务报表的认定，销售及收款循环审计的目标主要有：

(1) 确定销售与收款循环中各业务的存在或发生，即确定的交易业务在审计期间内是否实际发生；确认应收账款是否存在。

(2) 确认销售与收款循环中各业务的完整性，即本期发生的所有赊销、现销等交易业务

是否都已登记入账，记录是否完整；应收账款增减变动的记录是否完整。

(3) 确认应收账款的所有权，即确认应收账款是否归被审计单位所有，有无虚列应收账款的情况。

(4) 确认销售与收款循环中各业务的正确性，即确定所有交易业务是否均已正确入账；确认坏账准备的计提是否恰当；确定应收账款年末余额是否正确等。

(5) 确认销售与收款循环中各业务截止日期的正确性，即涉及应收账款和收入的所有交易业务是否都在规定日期入账，有无提前或推迟入账的情况。

(6) 确认销售与收款循环中各业务的表达与披露，即确认各项收入的分类是否正确，会计报表中包括所有涉及主营业务收入、应收账款、坏账准备、应收票据、预收账款、代销商品款、应交税费、税金及附加、其他业务收入、其他业务成本、和销售费用等的应披露事项是否均已在会计报表中充分、恰当地进行披露。

## 第二节 销售与收款循环的内部控制及控制测试

### 一、销售与收款循环的内部控制

与销售有关的内部控制目标有：

(1) 登记入账的销售交易确系已经发货给真实的顾客(发生)。

(2) 所有销售交易均已登记入账(完整性)。

(3) 登记入账的销售数量确系已发货的数量，已正确开具收款账单并登记入账(计价和分摊)。

(4) 销售交易的分类恰当(分类)。

(5) 销售交易的记录及时(截止)。

(6) 销售交易已经正确地记入明细账，并经正确汇总(准确性、计价和分摊)。

为识别、防止销售与收款业务中存在的控制风险，企业应当在该循环的关键环节设计和执行控制政策与程序。销售与收款循环的内部控制主要涉及以下几方面。

**(一) 授权审批**

企业的销售业务必须经过适当授权审批。例如，销售发票和发货单须经企业有关负责部门和人员审批；由信用部门或专门的人员负责建立并及时更新有关客户信用的记录；授权额度内的销货，信用部门有权批准，超过这一限额则应由更高级别的主管人员负责决策；销售价格的确定，销售方式、结算方式的选择，销货折让与折扣制度的制定、调整，销售退回等均须经企业有关负责部门和人员审批；对确实无法收回的应收账款，按规定程序批准后，方可作为坏账处理。

**(二) 职责分离**

将销售与收款循环过程中各项职责进行明确的分工，分别由不同的部门或人员执行，建立岗位责任制，使各项工作之间既相互联系，又相互牵制，从而防止错误或舞弊的发生。下列职务通常是不相容的，不得由同一人或同一部门办理相应的业务。

(1) 办理销售、发货、收款三项业务的部门应分别设立。

(2) 赊销审批部门或人员与销售工作应分开。

(3) 订立合同的人员与谈判人员应分开。

(4) 编制销售发票通知单的人员与开具发票的人员应当分离,填制发票人员不能同时负责发票的复核工作。

(5) 应收票据的取得和贴现必须经由保管票据以外的主管人员的书面批准。

(6) 登记应收账款、主营业务收入等明细账的人员与登记总账的人员应分开。

(7) 出纳人员不得登记库存现金日记账及银行存款日记账。

(8) 负责退货实物验收的人员不得同时担任退货账务的记录工作。

(9) 应由独立于销售和收款的其他人员确认坏账是否发生。

**(三) 会计记录**

对内部控制来说,只有具备充分的记账手续、充分的凭证和记录,才有可能实现其各项控制目标。例如,销售通知单、发票和出库单应事先编号,并按顺序填列签发;所有的销售发票都连同相应的出库单一并交给客户,经客户签字确认;建立并及时登记应收账款总账、明细账,主营业务收入总账、明细账等账簿;使用事先编号的退货凭证,退回的货物经检验入库后退款给客户;使用事先编号的凭证来记录坏账的核销,并保留坏账的有关记录,以便冲销的应收账款以后又收回时进行会计处理。同时,坏账的有关记录还是信用部门确定赊销限额的一个重要的参考依据。采用适当的方法记录收入、应收账款以及估计坏账准备的金额等。

**(四) 销售业务**

(1) 建立销售预算管理制度,制定销售目标,确立销售管理责任制。

(2) 建立销售定价控制制度,制定价目表、折扣政策、付款政策并严格执行。

(3) 加强赊销管理。对于超出销售政策和信用政策的赊销业务,实行集体决策审批。

(4) 明确规定销售谈判、合同订立、合同审批、销售、发货等环节的岗位责任、职责权限及管理措施,并严格执行。

(5) 建立销售退回管理制度。销售退回须经销售主管审批。

(6) 建立完整的销售登记制度,加强对销售合同、销售计划、销售通知单、发货凭证、运货凭证、销售发票等的核对工作。销售部门应当设置销售台账。

**(五) 收款业务**

(1) 销售收入及时入账,不得账外设账,不得擅自坐支现金。销售与收款职能应当分开,销售人员应当避免接触现金。

(2) 建立应收账款账龄分析制度和逾期应收账款催收制度。

(3) 按客户设置应收账款台账。

(4) 加强应收账款的管理,及时足额收回款项。对于可能成为坏账的应收账款应当报告有关决策机构,以确定是否确认为坏账。发生的坏账应查明原因,明确责任。

(5) 对已注销的坏账进行备查登记,做到账销案存。收回已注销的坏账应及时入账。

(6) 加强对应收票据的管理,其取得和贴现必须由保管票据以外的主管人员书面批准。

(7) 定期与客户核对往来款项,如有不符,应查明原因及时处理。

**(六) 定期核对**

企业应建立定期核对制度,以达到账账、账实相符。例如,应收账款总账、明细账,主营业务收入的总账、明细账等应定期进行核对,以保证账账相符;应收账款要有核对催收制度,每月由不负责现金、销货及应收账款记账的人员负责向客户寄送对账单,并定期检查确定账龄较长的欠款，在必要的情况下，调整这类客户的信用限额。

(1) 定期检查销售与收款业务相关岗位及人员的设置情况。

(2) 定期检查销售与收款业务授权批准制度的执行情况。

(3) 定期检查销售的管理情况。

(4) 定期检查收款的管理情况。

(5) 定期检查销售退回的管理情况。

**(七) 内部核查**

由内部审计人员或其他独立人员核查销货业务的处理和记录，是实现内部控制目标不可或缺的一项控制措施。核查的具体内容包括：

(1) 销售与收款相关岗位及人员的设置情况。重点检查是否存在销售与收款交易不相容职务混岗的现象。

(2) 销售与收款业务授权批准的执行情况。重点检查授权批准手续是否健全，是否存在越权审批行为。

(3) 销售的管理情况。重点检查信用政策、销售政策的执行是否符合规定。

(4) 收款的管理情况。重点检查销售收入是否及时入账，应收账款的催收制度是否有效，坏账核销和应收票据的管理是否符合规定。

(5) 销售退回的管理情况。重点检查销售退回手续是否齐全，退回货物是否及时入库

企业应当对所有主要的内部控制制度执行的有效性进行内部核查，并进行相应的标记，审计人员在审计时可以检查这些核查标记。

## 二、销售与收款循环的内部控制的了解与描述

注册会计师通过询问、观察、检查凭证等审计程序，取得对被审计单位销售与收款循环的内部控制政策和程序的了解。注册会计师应重点了解以下情况：

(1) 了解行业宏观政策有无重大变动、所在行业的市场供求与竞争如何、生产经营的季节性和周期性、产品生产技术的变化、能源供应与成本、行业的关键指标和统计数据等。

(2) 了解企业销售政策及风险。例如企业销售采用的是现销还是赊销，对于赊销是否严格授权审批等。

(3) 了解企业对销售收入的确认是否符合销售收入确认原则，有无提前或推迟确认收入的情况。

(4) 了解企业对异常销售(如销售退回、销售折让与折扣)的处理是否正确。

(5) 了解企业销售业绩评价标准的制定是否合理。

注册会计师应将所了解到的情况进行书面记录，销售与收款循环内部控制调查表如表 9-1所示。

## 三、销售与收款循环内部控制的初步评价

注册会计师对销售与收款循环的内部控制了解后，应根据所收集的审计证据做出初步评价。注册会计师对销售与收款循环相关内部控制的设计有效性和是否得到执行两方面进行评价。由于对内部控制的理解和初步评价是在穿行测试完成后，但又在测试控制运行有效性前，因此只是初步结论，以后会随着对控制测试后实质性程序的结果而发生变化。

**表 9-1　　　　　　　　　销售与收款内部控制调查表**

编制人：　　　　　　　　审计日期：　　　　　　　　被审计单位：

复核人：　　　　　　　　复核日期：　　　　　　　　截止日或期间：

| 主要业务活动 | 提出问题 | 是 | 否 | 不适用 | 备注 |
|---|---|---|---|---|---|
| 接受顾客订单 | (1) 是否将顾客订单与批准顾客清单核对<br>(2) 新顾客是否由主管批准<br>(3) 对每张已接受的顾客订单是否都编制销售单 | | | | |
| 批准信用 | (1) 是否对所有新顾客都执行信用检查<br>(2) 是否在每次销售前都检查顾客的信用额度 | | | | |
| 按销售单供货与装货 | (1) 供货前是否都要求有已批准的销售单<br>(2) 是否独立检查从仓库收到的商品同已批准销售单的一致性<br>(3) 每次装运货物是否都编制了装运凭证 | | | | |
| 开账单给顾客 | (1) 每次开单是否都有相应的装运凭证和已批准销售单<br>(2) 每张装运凭证是否都有相应的销售发票<br>(3) 独立检查销售发票计价和计算的正确性 | | | | |
| 记录销售 | (1) 销售发票计算合计数，该合计数是否与销售账和应收账款记录的金额一致<br>(2) 是否每月给顾客寄出对账单 | | | | |

注册会计师对内部控制了解后，只对那些拟信赖的内部控制实施控制测试。注册会计师在风险评估时对内部控制的设计和执行有效性的拟信赖程度越高，需要实施控制测试的范围越大。内部控制的预期偏差率越高，需要实施控制测试的范围越大。

## 四、销售与收款循环重大错报风险的识别与评估

### (一) 销售与收款循环重大错报风险的识别

注册会计师应当关注由于舞弊或错误导致财务报表重大错报的可能性，并了解其对确定进一步审计程序的性质、时间安排和范围的影响，主要包括被审计单位面临的经营风险、财务报表容易发生的错报的领域以及发生错报的方式，特别是由于舞弊导致重大错报的可能性。

销售与收款循环业务中可能出现多种风险征兆，一般包括以下方面。

1. 管理层舞弊风险

管理层可能出于被审计单位外部或内部实现特定利润目标的压力，特别是当没有实现特定的财务目标将会对管理层产生重大不利后果时，其可能对财务信息做出虚假报告。虚增收入，相应虚增应收账款，是提高管理层财务业绩的最常见手段。因此，注册会计师应注意与收入相关科目的变化情况，如货币资金科目、坏账准备等。

2. 员工舞弊风险

如果内部控制可以被处于关键管理职位或熟知内部控制的某个薄弱环节的人员所凌驾或规避，那么就存在着对财务信息做出虚假报告或挪用资产的机会。一般来说，利用职务之便侵占公司资产是员工舞弊的常见手段，主要是利用内部控制的缺陷来达到个人私利目的。

3. 经营流程风险

在经营流程中，由于领导能力、员工的诚信、未遵守流程中的相关法规、技术的广泛存在性以及信息系统中的潜在薄弱环节、规划和预算工作不恰当、售后服务达不到要求、经营效益低下或经营不恰当、流程及业务活动缺乏可靠的信息等等，都会导致企业经营流程失败，达不到公司预期目标，从而导致了重大错报风险的产生。

4. 会计政策风险

注册会计师可以通过阅读前期年度公司年报，或在同管理层沟通的过程中，逐步了解企业的重大会计政策是如何选定并判断其是否符合会计准则。如收入的确认是否符合准则的规定。

5. 会计估计风险

企业管理层的责任是基于目前现有信息，根据最合理假设，采取合理的方法做出最佳估计。注册会计师需要了解企业做出估计的全过程是否存在重大错报的可能性，如对坏账准备的计提、售后服务费用等进行估计。

6. 信息处理风险

信息处理涵盖从业务流程开始到结束的整个过程，由于人为原因导致信息在传递过程中出的错误，包括订单、发货、开具账单等出现的错误。

7. 披露风险

披露风险是指财务报告形成时产生的风险。信息披露的最高质量原则是及时、充分、易懂，能使一个正常的财务报表使用者不会因此而被误导。披露风险包括财务报表合并、财务报表追加调整以及报表和附注编制时产生错误的可能性，如财务报表中前后数字不一致、关联方交易的披露不符合会计准则和监管要求等。

**（二）销售与收款循环重大错报风险的评估**

注册会计师在完成对销售与收款循环重大错报风险识别的基础上，应当根据其重大错报风险发生的可能性及其影响进行风险评估。由于风险的各种潜在来源相互作用，共同决定影响销售与收款循环的实际风险是否存在以及是否重大。因此，注册会计师有必要理解风险的各种来源。

如果某种风险具有复合影响，特别是管理层舞弊风险，会对财务报表信息产生一系列的深远影响，注册会计师更应重视该风险。因此，与其他风险相比，注册会计师可能会投入更多的时间来评价员工舞弊、跨越内部控制的管理层舞弊的影响。如果已了解到可能产生舞弊动机或压力、提供舞弊机会、营造舞弊行为合理化环境外部和内部因素，那么注册会计师在评估时就会认为重大错报风险较高。

## 五、销售与收款循环的内部控制测试

销售与收款循环的控制测试包括以下内容。

**（一）抽取一定数量的销售发票进行检查**

销售发票的开具是销售成立的标志之一，也是向客户收取货款及登记销售收入明细账的依据。注册会计师可以从销售发票存根联中选取样本，作为测试的起点，并在审核时抽取一定数量的销售发票进行检查。

(1)检查发票是否连续编号，对作废发票的处理是否正确。

(2) 核对销售发票与销售订单、销售通知单、出库单(或提货单)所载明的品名、规格、数量、价格是否一致。

(3) 检查销售通知单上是否有信用部门的有关人员核准赊销的签字。

(4) 复核销售发票上所列的数量、单价和金额是否正确。例如,将销售发票上所列商品的单价与商品价目表上的价格相核对,检验发票金额是否正确。

(5) 从销售发票追查至有关的记账凭证、应收账款明细账及主营业务收入明细账,确定企业是否正确、及时地登记有关的凭证、账簿。

**(二) 检查销售货物是否均已开发票**

抽取一定数量的出库单或提货单,并与相关的销售发票相核对,检查已发出的商品是否均已向顾客开出发票。记录尚未发货的销售业务可能是无意的错误,也可能是有意的舞弊。

**(三) 审核销售收入明细账的记录**

从主营业务收入明细账中抽取一定数量的会计记录,并与有关的记账凭证、销售发票进行核对,以确定是否存在收入高估或低估的情况。

**(四) 审查销售退回和折让、折扣业务的处理**

抽取一定数量的销售调整业务的会计凭证,检查销售退回、折让、折扣的核准与会计核算。

(1) 确定销售退回与折让的批准与货项通知单的签发职责是否分离。

(2) 确定现金折扣是否经过适当授权,授权人与收款人的职责是否分离。

(3) 检查销售退回和折让是否附有按顺序编号并经主管人员核准的货项通知单。

(4) 检查退回的商品是否有仓库签发的退货验收报告(或入库单),并就验收报告上的数量、金额与货项通知单等进行核对。

(5) 确定退货、折扣、折让的会计记录是否正确。

**(五) 抽取一定数量的记账凭证、应收账款明细账进行检查**

(1) 从应收账款明细账中抽取一定的记录并与相应的记账凭证进行核对,比较二者登记的时间、金额是否一致。

(2) 从应收账款明细账中抽查一定数量的坏账注销业务,并与相应的记账凭证、原始凭证进行核对,确定坏账的注销是否符合规定,是否经企业主管人员核准等。

(3) 确定企业是否定期与顾客对账,在可能的情况下,将企业一定期间的对账单与相应的应收账款明细账的余额相核对,如有差异,应进一步追查。

**(六) 对内部控制进行观察**

观察职员获得或接触资产、凭证和记录(包括存货、销售通知单、出库单、销售发票、凭证与账簿、现金及支票等)的途径,并观察职员在执行授权、发货、开票等职责时的表现,确定企业是否存在必要的职务分离,其内部控制在执行过程中是否恰当。

## 六、进一步评价销售与收款循环的内部控制

注册会计师在对销售与收款循环进行控制测试后,应对内部控制进行重新评价,根据再次评价的控制风险水平,重新考虑和推算检查风险的水平,内部控制是否经过适当的设计以达到控制目标,并被有效地运行。这将决定是否将特定的账户和审计目标的控制风险评估为低水平,以及注册会计师是否能按原计划减少实质性测试的范围。如果评估结果不同于

初步评估控制风险时的预期水平，注册会计师就需要重新考虑原计划的实质性测试性质、时间安排和范围。

评价销售与收款循环的内部控制对控制风险的考虑如表9-2所示。

表9-2 销售与收款循环内部控制风险的考虑

| 主要业务活动 | 可能的错报 | 关键控制点 | 可能的控制测试 |
|---|---|---|---|
| 接受顾客订单 | 可能把商品销售给了未经授权的顾客 | (1) 确定顾客在已批准的顾客清单上<br>(2) 每次销售都有批准的销售单 | 审查已批准的顾客清单和销售单 |
| 批准信用 | 承担了不适当的信用风险 | (1) 信用部门须对所有新顾客做信用调查<br>(2) 在销售前检查顾客的信用额度<br>(3) 要求被授权的信用部门人员在销售单上签署意见 | (1) 询问对新顾客做信用调查的程序。<br>(2) 核对信用额度与销售情况<br>(3) 审查赊销信用是否经适当的授权批准 |
| 按销售单供货与装运货 | (1) 所发出、装运的货物可能与被订购的货物不符<br>(2) 可能有未经授权的发出、装运货物 | (1) 发货、装货都须有已批准的销售单<br>(2) 按销售单发货和装运的职责分离<br>(3) 每次装运都编制装运单 | (1) 观察发出、装运货物的职责分工情况<br>(2) 审查装运凭证及独立稽核的证据 |
| 开账单给顾客 | (1) 可能对虚构的交易开账单或重复开账单<br>(2) 有些装运凭证可能没有开账单<br>(3) 销售发票可能计价错误 | (1) 每张发票须有与之配合的装运凭证和已批准的销售单<br>(2) 每张装运凭证须有与之相配合的销售发票<br>(3) 由独立人员对销售发票的编制做内部检查 | (1) 将发票与装运凭证和已批准的销售单核对<br>(2) 追查装运凭证至销售单<br>(3) 检查和计算发票的计价 |
| 记录销售 | (1) 发票可能未入销售收入账和顾客账<br>(2) 发票可能过到错误的顾客账 | (1) 销售发票与销售账和顾客的金额一致<br>(2) 每月定期给顾客寄送对账单 | (1) 复核独立检查证据<br>(2) 观察月末对账单情况 |
| 办理和记录现金、银行存款收入 | (1) 货币资金失窃<br>(2) 收款记录错误 | (1) 采用汇款通知单<br>(2) 独立检查入账联、过账的金额与每日现金汇总表的一致性<br>(3) 定期编制银行存款调节表 | (1) 核对发运凭证与相关的销售发票和主营业务收入明细账及应收账款中的分录<br>(2) 审查银行存款调节表 |

对于表9-2中可能的错报和关键控制点，是注册会计师通过对销售交易处理业务的了解，以及会计师事务所提供的适合被审计单位的问题调查表等相关内容得出来的。注册会计师可以根据对被审计单位内部控制制度的了解，确认其是否设计并执行了必要的内部控制。

注册会计师将执行控制测试所获取的证据，用于评价与销售交易有关的每项重要认定的控制风险，并将评价过程的结论和相关依据记录在审计工作底稿中。

如果被审计单位销售与收款的内部控制不存在，或尽管存在但得不到遵循，或者控制测试的工作量不能达到减少实质性测试程序的工作量，则注册会计师就不应再继续实施控制测试，而应直接进行实质性测试程序。

**【例 9-1】** ABC 会计师事务所审计师接受委托，对甲上市公司 2012 年度财务报表进行审计。审计师于 2012 年 12 月 1～8 日对甲公司的内部控制制度进行了解和测试，了解到甲公司在销售与收款循环控制活动有如下几项。

(1) 销售部门收到顾客寄来的订单后，由销售经理 A 对品种、规格、数量、价格、付款条件、结算方式等详细审核后盖章，由销售部门为顾客打印一式两份的销售单，一份送到信用部门批准，另一份与顾客订单一起存档，但未连续编号。

(2) 装运部门收到经批准的销售单后，编制一式多联的预先编号的装运凭证。仓库部门核对经批准的销售单与装运凭证后发货。

(3) 开具账单部门收到销售单后，根据单中所列资料，开具统一的销售发票，将顾客联寄送顾客，将销售发票交应收账款记账员 B，作为记账和收款的凭证。

(4) 应收账款记账员 B 收到发票后，将发票与销售单、商品价目表等核对，如无错误，据以登记应收账款明细账和总账，并将发票和销售单按顾客顺序归档保存。

(5) 为提高办事效率，甲公司允许销售人员直接收款，销售人员收款后，为方便，允许其将款项存入个人账户，10 天之内交款到公司财务部门。

(6) 甲公司 5 年以上未收到的应收账款共四笔，金额总计 150 万元。经询问，都是以前遗留的应收账款，当事人已经不在，债务方也很难找到，由于无人负责，只好挂账。

**问题：**根据资料假定未描述的其他内部控制不存在缺陷，请逐项指出甲公司销售与收款循环内部控制在设计与运行方面的缺陷，并提出改进建议。

**解答：**

事项(1)：销售单未连续编号且未做到一式多联，不能保证销售交易的完整性与真实性。建议甲公司对销售单连续编号且做到一式多联，以备内部核查所需。

事项(2)：装运部门发货后才编制一式多联预先编号的装运凭证，不能在货物尚未发出就凭销售单编制装运凭证，仓库应按经批准的销售单供货。建议甲公司的仓库在发货时必须根据经批准的销售单，装运部门按经批准的销售单装货并进行相应的核对后才能编制一式多联、事先编号的装运凭证。

事项(3)：开具账单部门仅凭销售单并且没有和商品价目表核对就编制销售发票。建议甲公司开具账单部门在开具销售发票前，独立检查是否存在装运凭证和经批准的销售单，并根据已授权批准的商品价目表编制销售发票。

事项(4)：记账员 B 既登记应收账款总账又登记明细账。建议由不同的人员分别担任应收账款总账和明细账的记账工作，应收账款记账员要做到不相容职务的分离设置。

事项(5)：销售人员不许直接收现款且销售现款应及时存入开户银行而不是销售人员的个人账户。建议甲公司明确规定销售人员任何情况下不允许接触销售现款，款项收到后应及时入账。

事项(6)：甲公司没有建立或没有很好地执行应收账款的逾期催收制度，发生的坏账没有及时注销。建议甲公司建立并执行应收账款的催收制度并认真执行,对于确实无法收回的坏账应及时报主管部门审批后注销,并备案登记,形成相应记录。

## 第三节 销售与收款循环的实质性程序

根据销售与收款循环内部控制的目标,注册会计师应当实施的实质性程序有以下几个方面。

### 一、测试登记入账的销售交易是否真实

销售业务的真实性目标与管理层关于"发生"的认定有关是指确保登记入账的销售业务确实已发货给真实的客户。对于这一目标,注册会计师应充分关注以下三类错弊的可能性,并实施有效的审计程序:

**(一) 未发货已入账**

记录尚未发货的销售业务可能是无意的错误,也可能是有意的舞弊。

检查尚未发货已入账这类错误,注册会计师可以采用逆查法,从主营业务收入明细账中抽取若干笔业务,追查有无发运凭证及其他佐证,以查明有无事实上并未发货却登记入账的销售交易。如果对发运凭证的真实性有疑问,则可以进一步追查到存货的永续盘存记录,测试存货余额有无减少,复核主营业务收入明细账中的大额或异常项目,结合应收账款函证,核实收入真实性。

例如,"黎明股份"在 1999 年为了粉饰其经营业绩,虚增主营业务收入 1.5 亿元,虚增利润总额 8 679 万元,虚增的主营业务收入和利润总额分别占该公司对外披露数字的 37%和 166%。经审定之后,该公司实际亏损 3 448 万元。更为严重的是,该企业出现的上述问题中,90%以上的数额是编造假账、完全虚构的,如通过与 11 家关联企业或非关联企业对开增值税发票的形式,在规避应交增值税的情况下,虚增主营业务收入 1.07 亿和利润 2 902 万元。通过完全虚构销售对象,虚增收入 2 269 万元。

**(二) 重复入账**

在企业的销售记录事先连续编号的情况下,销售业务重复入账的可能性很小。注册会计师应检查销售记录是否事先连续编号、已入账的销售记录的序号是否存在连续、重复或缺号的情况。

**(三) 虚假入账**

向虚假客户销售并登记入账是舞弊行为,注册会计师较难发现。

注册会计师应检查主营业务收入明细账中与销售分录相应的销售单,查明有无赊销批准手续和发货审批手续,追查应收账款明细账贷方发生额记录,如贷方为注销坏账或长期未收回,则是虚构的。

### 二、测试已发生的销售交易是否均已登记入账

销售交易的审计一般偏重于检查虚报资产与收入的问题,因此,通常无须对完整性目标实施交易实质性程序。如果内部控制不健全就有必要对其实施交易实质性程序。

测试未开票的发货的有效程序是:从发货部门的档案中选取部分发运凭证,并追查至有

关的销售发票副本和主营业务收入明细账。但前提是必须能够确定全部发运凭证均已归档，这可以通过检查凭证的编号顺序来查明。

## 三、测试登记入账的销售交易是否准确计价

计价目标与管理层的“准确性、计价和分摊”认定相关，是指保证销售收入的准确计算与记录。

销售交易的准确计价具体包括以下三个方面：

（1）按订货数量发货。

（2）按发货数量准确地开具账单。

（3）将账单上的数额准确地记入会计账簿。

典型的实质性程序包括核对和验算会计记录中的数据，通常的做法是：

（1）从主营业务收入明细账中抽取适量的会计记录，与应收账款明细账和销售发票存根进行比较核对。

（2）将销售发票存根上所列的单价，与经过批准的商品价目表进行比较核对，包括其金额小计和合计数的复算。

（3）将销售发票中列示的商品的规格、数量和顾客代号等，与发运凭证进行比较核对。

（4）审核顾客订货单和销售单中的同类数据。

## 四、测试登记入账的销售交易是否分类恰当

分类目标与管理层的“分类”认定相关是指保证销售业务的分类正确。销售分类恰当的测试一般可与计价准确性测试一并进行。

注册会计师可以通过审核原始凭证来确定具体交易业务的类别是否恰当，并以此与账簿的实际记录做比较。对大多数企业而言，合理编制并使用会计科目表和产品代码表就能为实现这一目标，提供足够的保证。注册会计师应检查被审单位的会计科目表是否适当，是否编制并使用了商品分类编码表。

## 五、测试销售交易的记录是否及时

为了防止无意漏记销售交易，确保将其记入正确的会计期间，发货后应尽快开具账单并登记入账。注册会计师一般可在执行计价准确性测试的同时，将所选取的提货单或其他发运凭证的日期与相应的销售发票存根、主营业务收入明细账和应收账款明细账上的日期做比较。如有重大差异，就可能存在销售截止期限上的错误。

在测试时，注册会计师应审查尚未送达开单部门的发运凭证和尚未登记入账的销售业务，判断其正确的入账日期，已发现应于当期入账而未入账的销售业务。例如，“东方锅炉”上市后，在“利润截止”上大做手脚，将 1996 年度的销售收入 1.76 亿元和销售利润 3 800 万元，调整至 1997 年度；1997 年又以同样的方法，将该年度的销售收入 2.26 亿元和销售利润 4 700 万元转移到 1998 年，从而创造连续 3 年稳定盈利，净资产收益率增长平衡的假象。

## 六、测试销售交易是否已正确计入明细账并准确地汇总

在多数审计中，注册会计师通常都应采用加总主营业务收入明细账数，并将加总数和一

些具体内容分别追查至主营业务收入总账和应收账款明细账或库存现金、银行存款日记账等测试方法，以检查在销售过程中是否存在有意或无意的错报问题。

从主营业务收入明细账追查至应收账款明细账，一般与为实现其他审计目标所做的测试一并进行；而将主营业务收入明细账加总，并追查、核对加总数至其总账，则应作为单独的一项测试程序来执行。过账与汇总目标与管理层的“准确性、计价和分摊”认定相关。

## 第四节 营业收入的实质性程序

### 一、营业收入的审计目标

营业收入的审计目标一般包括：确定记录的营业收入是否已发生，且与客户有关；确定营业收入记录是否完整；确定与营业收入有关的金额及其他数据是否已恰当记录，包括对销售退回、销售折扣与折让的处理是否适当；确定营业收入是否已记录于正确的会计期间；确定营业收入是否已按照企业会计准则的规定在财务报表中做出恰当的列报。

### 二、主营业务收入的实质性程序

#### （一）获取或编制主营业务收入明细表

（1）复核加计是否正确，并与报表数、总账和明细账合计数核对是否相符；同时结合“其他业务收入”科目金额，与报表数核对相符。主营业务收入明细表如表 9-3 所示。

（2）检查以非记账本位币结算的折算汇率及折算是否正确。

**表 9-3** 主营业务收入明细表 索引号:D1-2

客户名称:新欣公司 编制人:章艺 日期:2020 年 2 月 13 日

报表期间:2019 年 复核人:李明 日期:2020 年 2 月 15 日 单位:万元

| 月份 | 产品 1 | 产品 2 | 产品 3 | 产品 4 | 产品 7 | 合计 |
|---|---|---|---|---|---|---|
| 1 | 120 | 90 | 80 | …… | …… | 1 000 |
| 2 | 200 | 110 | 90 | …… | …… | 1 200 |
| 3 | 100 | 120 | 100 | …… | …… | 900 |
| 4 | 120 | 80 | 110 | …… | …… | 1 000 |
| 5 | 200 | 130 | 100 | …… | …… | 950 |
| 6 | 100 | 110 | 120 | …… | …… | 900 |
| 7 | 120 | 100 | 110 | …… | …… | 1 000 |
| 8 | 200 | 150 | 90 | …… | …… | 1 200 |
| 9 | 100 | 120 | 130 | …… | …… | 900 |
| 10 | 120 | 110 | 120 | …… | …… | 1 000 |
| 11 | 200 | 100 | 130 | …… | …… | 1 200 |
| 12 | 100 | 150 | 110 | …… | …… | 1 000 |
| 合计 | 1 680 | 1 370 | 1 290 | …… | …… | 12 250 |

**(二)实施分析程序**

(1)针对已识别需要运用分析程序的有关项目,并基于对被审计单位及其环境的了解,通过进行以下比较,同时考虑有关数据间关系的影响,建立有关数据的期望值。

第一,将本期与上期的主营业务收入进行比较,分析产品销售结构和价格的变动是否正常,并分析异常变动的原因。

第二,比较本期各月主营业务收入的波动情况,分析其变动趋势是否正常,并查明异常现象和重大波动的原因。

第三,计算本期重要产品的毛利率,分析比较本期与上期各类产品毛利率的变化情况,注意收入与成本是否配比,并查明重大波动和异常情况的原因。

第四,计算重要客户的销售额及其产品毛利率,分析比较本期与上期有无异常变化。

第五,依据纳税申报表,估计全年收入并与实际入账收入核对、分析,查明有无虚开发票或已销售而未开发票的行为。

(2)确定可接受的差异额。

(3)将实际情况与期望值相比较,识别需要进一步调查的差异。

(4)如果其差额超过可接受的差异额,调查并获取充分的解释和恰当的、佐证性质的审计证据(如通过检查相关的凭证等)。

(5)评估分析程序的测试结果。

**【例 9-2】** 某会计师事务所对某公司进行审计时,编制了销售收入的分析表。具体数据如表 9-4 所示。

**表 9-4　　2020 年度销售收入分析表**　　单位:元

| 月　份 | 实际收入额 | 计划收入额 | 上年度收入额 | 计划完成 | 收入增长 |
|---|---|---|---|---|---|
| 1 | 318 769 | 250 000 | 265 380 | 127.51% | 120.12% |
| 2 | 226 430 | 150 000 | 148 750 | 150.95% | 152.22% |
| 3 | 538 667 | 400 000 | 423 880 | 134.67% | 127.08% |
| 4 | 414 239 | 350 000 | 336 526 | 123.09% | 123.09% |
| 5 | 383 882 | 400 000 | 413 897 | 95.97% | 92.75% |
| 6 | 406 391 | 400 000 | 363 571 | 101.60% | 111.78% |
| 7 | 476 558 | 400 000 | 398 275 | 119.14% | 119.66% |
| 8 | 321 676 | 300 000 | 287 643 | 107.23% | 111.83% |
| 9 | 487 439 | 500 000 | 452 788 | 97.49% | 107.65% |
| 10 | 619 887 | 550 000 | 534 266 | 112.71% | 116.03% |
| 11 | 223 164 | 450 000 | 437 659 | 49.59% | 50.99% |
| 12 | 181 435 | 350 000 | 331 272 | 51.84% | 54.77% |
| 合计 | 4 598 537 | 4 500 000 | 4 393 907 | 102.19% | 104.66% |

**问题:**根据销售收入分析表,对该公司年度收入情况进行总括分析,并初步确定应进一步审查的范围。

**解答:**

从上述销售收入分析表可以看出,该公司年度收入的情况是比较好的,较好地完成了本年的计划，比去年的收入水平有所提高。从各月份的相对数分析可看出，该公司上半年的增长幅度大，下半年的前四月也保持了持续增长的势头。但是，该公司在年末时的一个月份收入情况不好，仅是收入计划和上年实际的一半。因此，注册会计师应将11、12月份作为审计的重点审计范围，进一步按收入类别、各产品进行分析，以判断公司收入的实际情况。

该公司的收入在全年保持了较好的势头，但年末出现较大滑坡。注册会计师应根据此表提供的数据了解收入滑坡的原因。应当注意，如果没有外在因素和正当理由，注册会计师应进一步审查该公司有无在年末月份漏计、少计，甚至隐瞒收入，为下一年的经营情况打埋伏等情况。

### （三）审查主营业务收入的确认和计量是否符合企业会计准则的规定

按照《企业会计准则第14号——收入》的规定，企业与客户之间的合同同时满足下列五项条件的，企业应当在履行了合同中的履约义务，即在客户取得相关商品控制权时确认收入：一是合同各方已批准该合同并承诺将履行各自义务；二是该合同明确了合同各方与所转让商品相关的权利和义务；三是该合同有明确的与所转让商品相关的支付条款；四是该合同具有商业实质，即履行该合同将改变企业未来现金流量的风险、时间分布或金额；五是企业因向客户转让商品而有权取得的对价很可能收回。因此，对主营业务收入的实质性审计程序，应在了解被审计单位确认商品销售收入的会计政策的基础上，重点测试被审计单位是否根据上述五个条件确认产品销售收入。具体来说，被审计单位采取的销售方式不同，确认销售的时点也是不同的：

（1）采用交款提货销售方式，通常应于货款已收到或取得收取货款的权利，同时已将发票账单和提货单交给购货单位时确认收入的实现。对此，注册会计师应着重检查被审计单位是否收到货款或取得收取货款的权利，发票账单和提货单是否已交付购货单位。应注意有无扣押结算凭证，将当期收入转入下期入账的现象，或者虚记收入、开具假发票、虚列购货单位，将当期未实现的收入虚转为收入记账，在下期予以冲销的现象。

（2）采用预收账款销售方式，通常应于商品已经发出时，确认收入的实现。对此，注册会计师应重点检查被审计单位是否收到了货款，商品是否已经发出。应注意是否存在对已收货款并已将商品发出的交易不入账转为下期收入，或开具虚假出库凭证虚增收入等现象。

（3）采用托收承付结算方式，通常应于商品已经发出，劳务已经提供，并已将发票账单提交银行办妥收款手续时确认收入的实现。对此，注册会计师应重点检查被审计单位是否发货、托收手续是否办妥、货物发运凭证是否真实、托收承付结算回单是否正确。

（4）对委托其他单位代销商品的销售，应于代销商品已经销售并取得代销单时确认收入的实现。注册会计师应注意查明有无编制虚假代销清单、虚增本期收入的情况。

（5）销售合同或协议明确销售价款的收取采用递延方式，实质上具有融资性质的，应当按照应收的合同或协议价款的公允价值确定销售商品收入金额。应收的合同或协议价款与其公允价款之间的差额，通常应当在合同或协议期间内采用实际利率法进行摊销，计入当期损益。

（6）长期工程合同收入，如果合同的结果能够可靠估计，通常应当根据完工百分比法确认合同收入。注册会计师应重点检查收入的计算、确认方法是否合乎规定，并核对应计收入与实际收入是否一致，注意查明有无随意确认收入、虚增或虚减本期收入的情况。

(7) 销售商品房的，通常应在商品房已经移交并将销售发票提交对方时确认收入。对此，审计人员应重点检查已办理的移交手续是否符合规定要求，销售发票是否已交对方。如果被审计单位事先与买方签订了不可撤销合同，按合同要求开发房地产，则通常应按建造合同的处理方式。

**【例 9-3】** 注册会计师于 2021 年 2 月 25 日在审查 ABC 公司 2020 年 12 月份银行存款日记账时，发现 12 月 20 日摘要栏中注明预收某产品货款，金额 300 000 元。查阅其相应的凭证，其会计分录如下。

借：银行存款　　300 000

　　贷：主营业务收入　　300 000

该凭证所附的原始凭证仅是一张信汇收账通知，无发票记账联。经过询问当事人并调阅有关销售合同，该款项为预收某单位产品预购款，产品交货时间为 2013 年 1 月 5 日。

**问题**：分析存在的问题，提出处理意见，并在审计底稿中编制审计调整分录(不考虑对利润及相关税费的影响)。

**解答**：

(1) 存在问题：根据企业会计准则规定，预收账款方式销售的产品应在交货时确认收入，该公司违反规定，在预收货款时确认收入，虚增了 2020 年利润。

(2) 处理意见：注册会计师应提请该公司调整会计处理，冲销提前确认的收入，同时编制审计调整分录。同时调整会计报表的其他项目。

审计调整分录如下。

借：主营业务收入　　300 000

　　贷：预收账款　　300 000

### (四) 核对收入交易的原始凭证与会计分录

以主营业务收入明细账中的会计分录为起点，检查相关的原始凭证，包括订购单、销售合同、销售单、发运凭证和发票等，以评价已入账的营业收入是否真实发生。

检查订购单、销售合同和销售单，用以确认存在真实的客户购买要求，销售交易已经过授权批准。发票存根上所列的单价要和价目表进行核对，发票所列的商品规格、名称、数量和客户代码等要和发运凭证相核对，尤其是客户的签收联，确定已按合同约定完成交易。

注册会计师应向企业索取产品价格目录，并抽取一部分发票及收入明细账，检查售价是否符合价格政策，并注意销售给关联方或关系密切的客户产品价格是否合理，有无低价或高价结算以转移收入和利润的现象。

### (五) 审查主营业务收入的真实性

在测试中，注册会计师一般关心三类错误发生的可能性：一是未曾发货却已将销货业务登记入账；二是销货业务重复入账；三是向虚构的顾客发货，并作为销货业务登记入账。

(1) 对于未曾发货却已将销货业务登记入账的错误。注册会计师可以从主营业务收入明细账中抽查一定数量的记账凭证，追查有无发运凭证、销售单、销售发票等原始凭证，审查存货的出库日期、品名、数量等是否与销售发票、销售合同一致，借以查明登记入账的销售交易的真实性。如果注册会计师对发运凭证等的真实性有怀疑，还应进一步检查销售是否履行赊销批准手续和发货审批手续，有必要再进一步追查存货的永续盘存记录，测试存货余额有无减少，甚至可以追查至应收账款明细账贷方发生额的记录。

(2) 对于销货业务重复入账的错误。为确定被审计单位是否存在上述错误，注册会计师可对企业为防止重复编号而设有序号的销货交易记录清单进行复核。

(3) 对于向虚构的顾客发货并作为销货业务登记入账的错误。这类错误，一般只在登记销货的职员同时又兼有批准发货职能时才会发生，当内部制存在该缺陷时，注册会计师就很难察觉这种虚构的发货。审查收入明细与销货分录相应的销货单，检查其是否经过赊销批准手续和发货审批手续，是测试是否向虚构的顾客发货的办法之一。

检查是否存在上述三类多报销货错误的另一个有效方法是，追查应收账款明细账中贷方发生额的记录。如果应收账款最终得以收回货款或者收到退货，则记录入账的销货业务通常是真实的；如果贷方发生额是注销坏账，或者直到审计时所欠货款仍未收回，就必须详细追查相应的发运凭证和顾客订单等，因为这些迹象都说明可能存在虚构的销货业务。

**(六) 审查主营业务收入的完整性**

审计实务中，对于主营业务收入的审计一般应侧重于真实性，即有无高估收入的问题，因此，无须测试主营业务收入的完整性。但如果被审计单位的内部控制不健全，没有建立由发运凭证追查至主营业务收入明细账这一独立的内部检查程序，就有必要进行主营业务收入的完整性测试。测试程序为：从发货部门的档案中，抽取本期一定数量的发运凭证，并追查至有关的销售发票副本和主营业务收入明细账，借以审查有无漏记(未开票发货)的主营业务收入。为使这一程序成为一项有意义的测试，注册会计师必须确信全部装运凭证均已归档，这可通过检查凭证的编号顺序来实现。

由原始凭证追查至明细账与从明细账至原始凭证是有区别的：前者用来测试遗漏了的业务(验证完整性认定)；后者用来测试不真实的业务(验证发生认定)。在验证其他认定时，测试方向一般无关紧要。如测试销货业务的估价时，可由销售发票追查至装运凭证，也可反向审查。

验证发生认定时，起点是明细账，即从主营业务收入明细账中抽取一个发票号码样本，核查至销售发票存根、装运凭证以及顾客订货单。验证完整性认定时，起点应是发货凭证，即从装运凭证中选取样本，追查至销售发票存根和主营业务收入明细账，借以测试遗漏事项。

**(七) 实施销售的截止测试**

截止测试是确认所有的交易、事项是否记录于正确的会计期间。对销售的截止测试目的主要在于检查客户主营业务收入的会计记录归属期的正确性，是否存在应计入本期或下期的主营业务收入被推迟至下期或提前至本期的情况。

在审计过程中，注册会计师应该充分关注与主营业务收入确认密切相关的三个重要日期：一是发票开具日期；二是记账日期；三是发货日期(服务业则是提供劳务的日期)。这里的发票开具日期是指开具增值税专用发票或增值税普通发票的日期；记账日期是指被审计单位确认主营业务收入实现并将该笔经济业务记入主营业务收入账户的日期；发货日期是指仓库开具出库单并发出库存商品的日期。检查三者是否归属于同一适当会计期间常常是主营业务收入截止测试的关键所在。围绕上述三个重要日期，在审计实务中，注册会计师可以考虑选择三条审计路径实施主营业务收入的截止期测试。

(1) 以账簿记录为起点。从资产负债表日前后若干天的账簿记录追查至记账凭证，检查发票存根与发运凭证，目的是证实已入账收入是否在同一期间已开具发票并发货，有无多记收入。使用这种方法主要是为了防止高估主营业收入(真实性)。

这种方法的优点是比较直观，容易追查至相关凭证记录，以确定其是否应在本期确认收入，特别是在连续审计两个以上会计期间时，检查跨期收入十分便捷，可以提高审计效率。缺点是缺乏全面性和连贯性，只能检查多记，无法查漏记，尤其是本期漏记收入延至下期而审计时被审计单位尚未及时登账时，不易发现应记入而未记入报告期收入的情况。因此，使用这种方法主要是为了防止多记收入。

(2) 以销售发票为起点。从报表日前后若干天的发票存根追查至发运凭证与账簿记录，确定已开具发票的货物是否已发货并于同一会计期间确认收入。使用这种方法主要是为了防止低估主营业收入(完整性)。

具体做法是抽取在报表日前后使用的若干张发票存根，追查至发运凭证和账簿记录，查明有无漏记收入现象。这种方法也有其优缺点，优点是较全面、连贯，容易发现漏记的收入；缺点是较费时费力，有时难以查找相应的发货及账簿记录，而且不易发现多记的收入。使用该方法时应注意两点：①相应的发运凭证是否齐全，特别应注意有无报告期内已作收入而下期初用红字冲回，并且无发货、收货记录，以此来调节前后期会计利润的情况。②是被审计单位的发票存根是否已全部提供，有无隐瞒。为此，应查看被审计单位的发票领购簿，尤其应关注增值税普通发票的领购和使用情况。使用这种方法主要是为了防止低估营业收入。

(3) 以发运凭证为起点。选取资产负债表日前后若干天一定金额以上的发运凭证，追查至发票开具情况与账簿记录，与应收账款和收入明细账进行核对，以确定主营业务收入是否已记入恰当的会计期间。使用这种方法主要也是为了防止低估主营业收入(完整性)。

该方法的优缺点与方法(2)类似。使用该方法时应注意两点：①相应的发运凭证是否齐全，特别应注意有无报告期内已作收入而下期初用红字冲回，并且无发货、收货记录，以此来调节前后期利润的情况。②被审计单位的发票存根是否已全部提供，有无隐瞒。为此，应查看被审计单位的销售发票存根的连续编号是否完整，并考虑查看发票领购簿，尤其应关注增值税普通发票的领购和使用情况。因此，使用这种方法主要是为了防止少记收入。

本书案例中公正会计师事务所对新欣公司销售收入的审计中编制的销售截止测试检查表如表 9-5 所示。

**表 9-5　　销售截止测检查表**　　索引号：D1-3

客户名称：新欣公司　　编制人：章艺　　日期：2020 年 2 月 10 日

报表期间：2019 年 12 月 31 日　　复核人：李明　　日期：2020 年 2 月 13 日　　单位：元

| 发票号码 | 客户名称 | 发票内容 | | | | | | 记入主营业务收入明细账的日期 | 核对 | | |
|---|---|---|---|---|---|---|---|---|---|---|---|
| | | 日期 | 品名 | 规格 | 数量 | 单价 | 总价 | | | | |
| 16235 | 大众 | 2019年12月28日 | 男装 | A1 | 1 000 | 300 | 300 000 | 2019年12月29日 | √ | √ | √ |
| 16236 | 强生 | 2019年12月29日 | 男装 | A2 | 8 000 | 350 | 280 000 | 2019年12月30日 | √ | √ | √ |
| 16237 | 大众 | 2019年12月31日 | 女装 | B1 | 1 200 | 350 | 420 000 | 2019年12月31日 | √ | √ | √ |
| 16238 | 逸民 | 2020年1月1日 | 女装 | B2 | 2 000 | 125 | 250 000 | 2020年1月2日 | √ | √ | √ |
| 16239 | 立会 | 2020年1月2日 | 童装 | C2 | 2 000 | 175 | 350 000 | 2020年1月2日 | √ | √ | √ |

（续表）

<table>
<tr><th rowspan="2">发票号码</th><th rowspan="2">客户名称</th><th colspan="6">发票内容</th><th rowspan="2">记入主营业务收入明细账的日期</th><th rowspan="2">核对</th></tr>
<tr><th>日期</th><th>品名</th><th>规格</th><th>数量</th><th>单价</th><th>总价</th></tr>
<tr><td colspan="7">审计说明：<br>＃16238 发票对应的发货单日期为 2019 年 12 月 31 日，故应确认为 2019 年的营业收入，相关的主营业务成本为 200 000 元。<br>调整分录如下：<br>借：应收账款　282 500<br>　贷：主营业务收入　250 000<br>　　应交税费——应交增值税（销项税额）　32 500<br>借：主营业务成本　200 000<br>　贷：库存商品　200 000</td><td colspan="3">核对说明：<br>1. 品名、数量与发货单核对相符；<br>2. 正确过入主营业务收入、应收账款明细账；<br>3. 正确过入总账。</td></tr>
</table>

### （八）审查主营业务收入的会计处理是否恰当

在审查主营业务收入时，应认真审查其会计处理过程。注册会计师应抽取企业被审计期间内一定数量的销售发票，进行从原始凭证到记账凭证、主营业务收入明细账的全过程审查，核实其记录、过账、加总是否正确，并将抽取的收入与应收账款明细账、现金或银行存款日记账、产成品明细账相核对，以进一步确定发货日期、销售数量、品名、单价、金额等是否相符。重点审查企业实现的销售收入是否及时足额地入账，有无少计收入、偷漏税金等问题。

**【例 9-4】** 注册会计师李永在对 A 公司 2020 年的收入、成本及利润审计中，发现公司会计凭证中有大量的退货业务，红字冲销当年收入、成本及利润。李永决定进一步审查，以查明原因。

李永仔细查阅了该公司 2020 年 2 月至 12 月的全部退货凭证，发现该公司开具红字发票，对西安某公司等 5 家公司发生的 49 780 台 X 产品销售业务，以客户要求退货办理了退货手续，并冲销了其全部的收入、成本及利润。公司的会计处理为（负数用方框表示）：

借：应收账款　180 973 564.21

　贷：主营业务收入　160 153 596.65

　　应交税费——应交增值税（销项税额）　20 819 967.56

借：主营业务成本　111 193 682.20

　贷：库存商品　111 193 682.20

经审核，至退货之日起，该公司尚未发货且上述业务既无购货方退回单，也无本公司退货入库单，更无任何合同或协议。李永采取追踪审计方式，审查了 2007 年有关会计凭证，发现以下会计处理：

借：应收账款　180 973 564.21

　贷：主营业务收入　160 153 596.65

　　应交税费——应交增值税　20 819 967.56

借：主营业务成本　111 193 682.20

　贷：库存商品　111 193 682.20

李永进一步审查有关原始单据，发现有以上5家公司的声明函(格式一致)：已办理退货手续，该产品所有权已归公司，现委托某公司中转站代为保管。

**(九) 检查销售退回、折扣与折让**

审计时，应检查销售折扣、销售退回与折让业务是否真实，内容是否完整，相关手续是否符合规定，折扣与折让的计算和会计处理是否正确。主要是根据销售合同的具体规定，审阅有关收入明细账和存货明细账，抽查有关会计凭证，验算核对账证是否相符。如有不符，需进一步分析原因，核实取证。具体的实质性程序主要包括：

(1) 获取或编制折扣与折让明细表，复核加计正确，并与明细账合计数核对相符。

(2) 取得被审计单位有关折扣与折让的具体规定和其他文件资料，并抽查较大的折扣与折让发生额的授权批准情况，与实际执行情况进行核对，检查其是否经授权批准，是否合法、真实。

(3) 销售折扣与折让是否及时足额提交对方，有无虚设中介、转移收入、私设账外"小金库"等情况。

(4) 检查折扣与折让的会计处理是否正确。存在销货退回的，检查相关手续是否符合规定，结合原始销售凭证检查其会计处理是否正存在确，结合存货项目审计关注其真实性。

**(十) 检查特殊的销售行为**

检查有无特殊的销售行为，如附有销售退回条件的商品销售、委托代销、售后回购、以旧换新、商品需要安装和检验的销售、分期收款销售、出口销售、售后租回等，选择恰当的审计程序进行审核。

**(十一) 函证本期主营业务收入**

结合对应收账款实施的函证程序，选择主要客户函证本期销售额。

**(十二) 检查关联方销售**

一方面要记录关联方交易品种、价格、数量、金额以及占主营业务收入总额的比例。对于合并范围内的销售活动，记录应予合并抵销的金额。另一方面，要调查集团内部销售的情况，记录其交易价格、数量和金额，并追查在编制合并财务报表时是否已予以抵销。

**(十三) 确定主营业务收入的列报与披露是否当恰当**

注册会计师应结合其他业务收入科目数额，检查利润表中营业收入项目的金额是否与审定数相符，确认主营业务收入所采用的会计政策是否已在财务报表附注中披露。按照企业会计准则的规定，企业应当在年度财务报告附注中说明：

(1) 收入确认所采用的会计政策，主要包括：在各项重大的交易中，企业确认收入采用的确认原则；是否有采用分期收款确认的情况；确定劳务的完成程度所采用的方法。

(2) 当期确认每一重大的收入项目的金额，包括商品销售收入、劳务收入、利息收入、使用费收入。

## 三、其他业务收入的实质性程序

(1) 应首先取得或编制其他业务收入明细表。

(2) 计算本期其他业务收入与其他业务成本的比率，并与上期进行比较，查明重大波动的原因，分析其合理性。

(3) 检查其他业务收入的内容是否真实、合法，收入确认原则及会计处理是否符合规定。

(4) 关注异常项目，追查其入账依据及有关法律文件是否充分。

(5) 必要时，实施截止测试，追踪至发票、收据等，确定其入账时间是否正确，并对重大跨期项目做出必要的调整。

(6) 确定其他业务收入披露的恰当性。

# 第五节 应收账款的实质性程序

## 一、应收账款的审计目标

应收账款的审计目标一般包括：

(1) 确定应收账款是否存在。

(2) 确定应收账款是否归被审单位所有。

(3) 确定应收账款增减变动的记录是否完整。

(4) 确定应收账款是否可收回，坏账准备的计提方法和比例是否恰当，计提是否充分。

(5) 确定应收账款和坏账准备期末余额是否正确。

(6) 确定应收账款和坏账准备在会计报表上的披露是否恰当。

## 二、应收账款——账面余额的实质性程序

### (一) 获取或编制应收账款明细表

(1) 复核加计数是否正确，并与总账和明细分类账进行核对相符；结合“坏账准备”科目与报表数相符。将应收账款明细表的合计数与其总账余额进行核对。

(2) 分析有贷方余额的项目，应查明原因，必要时做重分类调整。

(3) 结合其他应收款、预收账款等往来项目的明细账，查明有无同一客户多处挂账、异常余额或销售无关的其他款项，如有，应做出记录，必要时提出调整建议。

### (二) 对应收账款实施分析程序

注册会计师可以利用如下比例关系进行分析程序：

(1) 复核应收账款借方累计发生额与主营业务收入是否匹配，若存在不匹配的情况应查明原因。

(2) 在明细表上标注重要客户，并编制对重要客户的应收账款增减变动表，将其与上期进行比较分析，必要时，应收集客户相关资料分析其变动合理性。

(3) 计算应收账款周转率、应收账款周转天数等指标，并与客户上年指标、同行业同期相关指标进行对比分析，检查是否存在重大异常情况。

### (三) 分析应收账款账龄

应收账款的账龄是指资产负债表中的应收账款从销售实现产生应收账款之日起，至资产负债表日止所经历的时间。由于应收账款可收回程度与其账龄成反比，即应收账款过期未收回的时间越长，其收回的可能性越小。所以，为了确定应收账款的可收回程度，注册会计师应向被审计单位索取或自行编制结账日应收账款账龄分析表。编制应收账款账龄分析

表时可以选择重要的顾客及其余额列示，不重要或余额较小的，可以汇总列示。注册会计师通过审查该表，可以分析各项应收账款的可收回金额。也可以在对应收账款进行函证时，作为确定函证对象的依据。

**（四）函证应收账款**

注册会计师在审查应收账款账户记录数额是否正确的基础上，应进一步对应收账款的数额进行函证。应收账款函证是指直接发函给被审计单位的债务人，要求核实被审计单位应收账款是否真实、正确。我国的审计准则要求采用函证的方法核实应收账款金额，规定如果没有回函或对回函结果不满意，注册会计师应当实施必要的替代程序，以获取相应的证据。

(1) 函证的目的。注册会计师对应收账款进行函证，是为了证实应收账款账户金额的真实性、正确性，防止和发现被审计单位及其有关人员在销售收款业务中发生的差错和舞弊行为。

(2) 函证的范围。除非有充分的证据表明应收账款对被审计单位财务报表而言是不重要的，或者函证很可能是无效的，否则，注册会计师应当对应收账款进行函证。影响函证范围的主要因素有：注册会计师通常不需要对所有的应收账款发函询证，在确定函证数量的大小和函证范围时应考虑如下因素：①应收账款在全部资产中的比重。如果应收款占全部资产的比重较大，则函证范围应相应大一些。②被审计单位内部控制的强弱。如果内部控制较健全，则可相应缩小函证范围；反之，则应扩大函证范围。③以前年度的函证结果。若以前年度函证中发现重大差异，或欠款纠纷较多，则函证范围相应地应扩大一些。④函证方式的选择。若选择肯定式函证，则可相应减少函证量；若选择否定式函证，则要相应增加函证量。⑤分析程序的结果。如果通过分析程序认为应收账款存在异常波动或总体合理性较差，就应增加函证数量。

(3) 函证的对象。一般情况下，注册会计师应选择以下项目作为函证对象：①大额或账龄较长的项目。②与债务人发生纠纷的项目。③关联方项目。④主要客户（包括关系密切的客户）项目。⑤交易频繁但期末余额较小甚至余额为零的项目。⑥可能产生重大错报或舞弊的非正常项目。

(4) 函证时间的选择。为了能从函证中获得可靠的审计证据，注册会计师应安排好发函证的时间，通常安排在与资产负债表日相近的时间，同时也应考虑对方复函的时间。一般来说，可选在结账日，也可选择在结账日前的某一天。如果选择结账日前的某一天，注册会计师必须对函证日与结账日之间发生的有关赊销业务进行审计，以免发生遗漏。如果重大错报风险评估为低水平，注册会计师可选择资产负债表日前适当日期为截止日实施函证，并对所函证项目自截止日起至资产负债表日止这一期间实施进一步的实质性程序或将实质性程序和控制测试结合使用，以将期中测试得出的结论合理延伸至期末。

(5) 函证的方式与适用范围。函证采用两种方式：肯定式函证和否定式函证。

肯定式函证，又称积极式函证。就是向债务人发出询证函，请其确认询证函中所列信息是否正确，或填列询证函要求的信息，无论任何情况都要求其复函。

积极式函证具体可分为两种形式：一种是在询证函中列明拟函证的账户余额或其他信息，要求被询证者确认所函证的款项是否正确；一种在询证函中并不列明账户余额或其他信息，而要求被询证者填写相关信息或提供进一步信息。其参考格式如下：

**企业询证函** 编号：

__________（公司）：

本公司聘请的××会计师事务所正在对本公司××年度会计报表进行审计，按照《中国注册会计师审计准则》的要求，应当询证本公司与贵公司的往来款项等事项。下列信息出自本公司账簿记录，如与贵公司记录相符，请在本函下端"信息证明无误"处签章证明；如有不符，请在"信息不符"处列明不符金额。回函请直接寄至××会计师事务所。

回函地址：

邮编： 电话： 传真： 联系人：

1. 本公司与贵公司的往来款项列示如下：

| 截止日期 | 贵公司欠 | 欠贵公司 | 备　　注 |
|---|---|---|---|
| | | | |
| | | | |

2. 其他事项

本函仅为复核账目之用，并非催款结算。若款项在上述日期之后已经付清，仍请及时函复为盼。

（公司签章）　　（日期）

结论：信息证明无误

（签章）　　（日期）

信息不符，请列明不符金额及具体内容

（签章）　　（日期）

否定式函证，又称消极式函证，是向债务人发出询证函，若所函证的款项核对相符时则不必回函，只有在所函证的款项不符时才须向注册会计师回函。因此，在采取这种方式时，如果能收到回函，则为注册会计师提供了证明力较强的审计证据；如果未收到回函，可能是由于被询证者收到询证函且核对无误，也可能是被询证者从来就没有收到询证函，此时的询证函证明力较差。除非同时满足下列条件，注册会计师不得将消极式函证作为唯一实质性程序，以应对评估的认定层次重大错报风险：①注册会计师将重大错报风险评估为低水平，并已就与认定相关的控制运行的有效性获取了充分、适当的审计证据。②需要实施消极式函证程序的总体由大量小额、同质的账户余额、交易或事项构成。③预期不符事项的发生率很低。④没有迹象表明接收询证函的人员或机构不认真对待函证。因此，在采取否定式询证函时，通常还需要执行其他审计程序。审计准则中的函证指南提供的参考格式如下：

**企业询证函** 编号：

__________（公司）：

本公司聘请的××会计师事务所正在对本公司××年度会计报表进行审计，按照《中国注册会计师审计准则》的要求，应当询证本公司与贵公司的往来款项等事项。下列信息出自本公司账簿记录，如与贵公司记录相符，则无需回函；如有不符，请直接通知会计师事务所，并请在空白处列明贵公司认为是正确的信息，回函请直接邮寄给××会计师事务所。

回函地址：

邮编：　　　　　　电话：　　　　　　传真：　　　　　　联系人：

1. 本公司与贵公司的往来款项列示如下：　　　　　单位：元

| 截止日期 | 贵公司欠 | 欠贵公司 | 备　注 |
| --- | --- | --- | --- |
| | | | |
| | | | |

2. 其他事项

本函仅为复核账目之用，并非催款结算。若款项在上述日期之后已经付清，仍请及时核对为盼。

（公司签章）　　　　　　　　　　　　　　　　　　　　　　（日期）

××××会计师事务所：

上面的信息不准确，差异如下：

（公司签章）　　　　　　（日期）

注册会计师采用哪种函证方式，可以根据下述情形做出选择。

肯定式函证的结果比较可靠，能为注册会计师提供较高的保证，但肯定式函证成本较高。当债务人符合下列情况时，采用肯定式函证较好：个别账户的欠款金额较大；有理由相信欠款可能会存在争议、差错或问题。

采用否定式函证的成本较低，但是否定式函证结果的可靠性较差。当债务人符合以下所有条件时，可以采用否定式函证：相关的内部控制是有效的；预计差错率较低；欠款余额小的债务人数量很多；注册会计师有理由确信大多数被函证者都能认真对待询证函，并对不正确的情况做出反馈。

有时候两种函证方式结合起来使用可能更适宜：对于大额账项采用肯定式函证，对于小额账项则采用否定式函证。

(6) 函证的控制。为了保证询证函结果的真实、可靠，注册会计师应当对函证过程进行直接控制，包括从询证函的发出到收回的全过程。

在具体实施控制时，必须注意以下几个问题。

首先是选择被询证者的控制，具体控制体现为：当被审计单位的管理层不同意注册会计师对拟函证的某些账户余额或其他信息实施函证时，注册会计师应当考虑该要求是否合理。如果认为该要求合理，注册会计师应实施替代程序，以获取与这些账户余额与其他信息相关的证据；如果认为管理层的要求不合理，且被其阻挠无法实施函证，注册会计师应该视为审计范围受到限制，并考虑可能对审计报告产生的影响。

其次是函证过程的控制，注册会计师应该采取以下措施对函证的过程控制：①将被询证者的名称、地址与被审计单位的有关记录相核对。②将询证函中列示的账户余额或其他信息与被审计单位有关资料相核对。③询证函经被审计单位盖章后，由注册会计师直接发出；在询证函中指明直接向接受业务委托的会计师事务所回函以保证回函直接寄给注册会计师。如果被询证者以传真、电子邮件等方式回函，注册会计师应当直接接收，并要求被询证者寄回询证函原件。④对于退回的询证函，注册会计师必须仔细分析、研究，查明是由于被函证者迁移或地址出现差错，还是客户蓄意舞弊造假。⑤对于没有收到复函的肯定式函证，应发送第二次乃至第三次询证函，如果仍得不到答复，就应采用必要的替代审计程序。例如，检查与销售有关的文件，包括销售合同、销售订单、销售发票副本及发运凭证等，以验证应收账款的真实性。⑥将已发出询证函的事项记录于工作底稿。⑦将收到的回函形成工作底稿，并汇总函证结果。

注册会计师应该将收到的回函形成工作底稿，并汇总函证结果。应收账款函证结果汇总表的格式如表 9-6 所示。

**表 9-6** **应收账款函证结果汇总表**

被审计单位： 编表人： 编制日期：

结账日： 年 月 日 复核人： 编制日期：

| 函证编号 | 债务人名称 | 债务人地址 | 函证方式 | 函证日期 | | 账面余额 | 函证结果 | 差异金额及说明 | 审定金额 |
|---|---|---|---|---|---|---|---|---|---|
| | | | | 第一次 | 第二次 | | | | |
| | | | | | | | | | |

(7) 对函证结果的分析。注册会计师应对函证结果做如下分析。

如果注册会计师认为函证结果是可靠的，并且被询证人认可询证函中的应收账款金额，则说明被审计单位期末应收账款余额是真实和正确的，注册会计师可将收回的询证函汇总编入审计工作底稿，作为审计证据。

如果被询证人认可的金额或日期，与询证函中相应的内容不符，注册会计师应进一步查明原因，必要时与被询证的债务人直接联系加以核实。产生差异的原因，有可能是购销双方记账时间不同，也有可能是由于一方或双方记账错误，甚至可能是弄虚作假或舞弊行为。由于记录时间不同而产生的差异，主要表现为：①询证函发出时，债务人已经付款，而被审计单位尚未收到货款。②询证函发出时，被审计单位的货物已发出并已做销售记录，但货物仍在途中，债务人尚未收到货物或未验收入库。③债务人由于某种原因将货物退回，而被审计单位尚未收到。④债务人对收到货物的数量、质量及价格等有争议而全部或部分拒付货款。对函证出现的差异，注册会计师应尽可能与被审单位取得直接联系，以核实差异，并根据情况要求被审单位进行调整。

如果询证函中的有关内容并没有得到对方的确认，注册会计师应分清不符事项的性质，考虑不符事项是否构成错报及其对会计报表可能产生的影响，并将结果记录于工作底稿。如果不符事项构成错报，注册会计师应当重新考虑所实施审计程序的性质、时间安排和范围。应当注意的是，如果实施函证和替代审计程序都不能获取会计报表有关认定的充分、适当的审计证据，注册会计师必须采取追加的审计程序加以调查。一般可以采取的措施主要有：①查询结账日后的现金收入日记账和应收账款明细账，以查明被询证人是否已经在结账日后至收到询证函期间实际支付了所欠货款。②追查与应收款业务有关的业务凭证，如销售合同、顾客订货单、销售通知书、出库单、销售发票等，以验证应收款项业务的真实性。③向独立于被审计单位之外的机构如工商企业注册机构、资信咨询机构等进行查询，以验证被询证债务人的地址、信用与财务状况，以及是否确有其人。如果查明被询证人是虚构的，则应予以披露。

(8) 对函证结果的评价。注册会计师应将函证的过程和情况记录在工作底稿中，并据以总结和评价应收账款情况。注册会计师对函证结果可进行如下评价。

注册会计师应重新考虑过去对内部控制的评价是否适当；控制测试的结果是否适当；分析程序的结果是否适当；相关的风险评价是否适当等等。

如果函证结果表明没有审计差异，且函证样本的设计和对样本的审计是适当的，则注册会计师可以合理地推论出全部应收账款总体是正确的。

如果函证结果表明存在审计差异，则注册会计师应当估算应收账款总额中可能出现的累计差错是多少，估算未被选中进行函证的应收账款的累计差错是多少。为了更加准确地估计应收账款的累计差错，也可以进一步扩大函证范围。

(9) 应对管理层不允许寄发询证函时的措施。如果管理层不允许寄发询证函，注册会计师应当：①询问管理层不允许寄发询证函的原因，并就其原因的正当性及合理性收集审计证据。②评价管理层不允许寄发询证函对评估的相关重大错报风险(包括舞弊风险)，以及其他审计程序的性质、时间安排和范围的影响。③实施替代程序，以获取相关、可靠的审计证据。

如果认为管理层不允许寄发询证函的原因不合理，或实施替代程序无法获取相关、可靠的审计证据，注册会计师应当按照《中国注册会计师审计准则第 1151 号——与治理层的沟通》的规定，与治理层进行沟通。注册会计师还应当按照《中国注册会计师审计准则第 1502 号——在审计报告中发表非无保留意见》的规定，确定其对审计工作和审计意见的影响。

**【例 9-5】** 大华会计师事务所接受委托，审计至成公司 2019 年度的会计报表。注册会计师李红了解和测试了与应收账款相关的内部控制，并将控制风险评估为高水平。李红取得了 2019 年 12 月 31 日的应收账款明细表，并于 2020 年 1 月 15 日采用了肯定式函证方式对所有重要客户寄发了询证函。

李红将与函证结果相关的重要异常情况汇总如表 9-7 所示。

**表 9-7　重要异常情况汇总表**

| 异常情况 | 函证编号 | 客户名称 | 询证金额(元) | 回函日期 | 回函内容 |
|---|---|---|---|---|---|
| (1) | 11 | 甲 | 600 000 | 2020.01.18 | 购买 Y 公司 600 000 元货物属实，但款项已于 2019 年 12 月 25 日支票支付 |
| (2) | 34 | 乙 | 500 000 | 2020.01.19 | 因产品质量不符要求，根据合同于 2019 年 12 月 28 日退回 |
| (3) | 59 | 丙 | 540 000 | 2020.01.19 | 2019 年 12 月 10 日收到至成公司委托本公司代销的货物 540 000 元，尚未销售 |

（续表）

| 异常情况 | 函证编号 | 客户名称 | 询证金额（元） | 回函日期 | 回函内容 |
|---|---|---|---|---|---|
| (4) | 81 | 丁 | 600 000 | 2020.01.18 | 用分期付款方式购货 600 000 元，根据合同，已于 2019 年 12 月 25 日首付 300 000 元 |
| (5) | 123 | 戊 | 900 000 | 因地址错误被退回邮局 | — |

**问题：**针对上述各种异常情况，请问注册会计师应实施哪些重要审计程序？

**解答：**

(1) 检查 2019 年 12 月 25 日及其以后的银行存款日记账、收款凭证及银行对账单等，查明是否收到该笔款项，以及如何进行处理等。

(2) 检查销售合同及销售退回相关的增值税发票、入库单，查明退回货物是否已经验收入库等。

(3) 检查代销合同和代销清单，查明是否存在编制虚假代销清单、虚增本期收入和应收账款的情况。

(4) 检查分期收款销售合同、发运凭证、银行存款日记账、收款凭证及银行对账单，查明本期是否收到款项，是否存在提前确认收入和应收账款的情况。

(5) 确定正确的地址，第二次寄发询证函，或实施替代审计程序，即检查销售合同、销售发票存根、发运凭证、销售单等原始凭证。

**（五）审查未函证的应收账款**

由于注册会计师不需要也不可能对所有应收账款进行函证，只是采用抽样方法函证。所以对于未函证的应收账款，注册会计师应抽查有关销售业务的原始凭证，如销售合同、顾客订货单、销售发票副本及出库单等，以验证这些应收账款是否真实正确。

**（六）检查已收回的大额应收账款**

注册会计师应请客户协助，在应收账款明细表上标出自审计时已收回的应收账款金额。注册会计师应对已收回的大额款项进行常规检查，如核对收款凭证、银行对账单、销售发票等，并关注凭证的发生日期是否合理。

**（七）抽查不属于结算业务的债权**

应收账款是结算过程中发生的债权。非结算业务发生的债权，应在其他应收款中进行核算。经常出现有的企业将应收账款记入其他应收款来隐瞒利润的情况，或因记账错误将二者混淆。因此，注册会计师应抽查应收账款明细账，并结合其他应收款的审查，追查有关的原始凭证，查证有无将应收账款和其他应收款混淆的情况。如果有，应做记录或建议被审计单位做适当调整。

**（八）审查外币应收账款的折算**

对于用非记账本位币结算的应收账款，注册会计师应审查外币应收账款的增减变化是否按业务发生时的市场汇率或期末市场汇率折合为记账本位币金额，所选择折合汇率是否前后期一致；期末外币应收账款余额是否按期末市场汇率折合为记账本位币金额；折算差额的会计处理是否正确。

**（九）检查应收账款的关联方及其交易情况**

注册会计师应标明应收关联方的款项，注明合并财务报表时应予抵销的金额，通过了解与关联方交易事项的目的、价格、条件、检查销售合同、销售发票存根等凭证资料，检查应收账款的结算单据等审计程序的实施，验证与关联方交易的真实性、准确性。

**（十）分析应收账款明细账的余额方向**

一般情况下，应收账款明细账的余额在借方。注册会计师在分析应收账款明细账余额时，若发现贷方余额，就应进一步查明原因，必要时建议客户重作分类调整。

**（十一）确定应收账款在资产负债表上的列报是否恰当**

注册会计师应该检查应收账款在报表和附注中披露的恰当性。应收账款应在资产负债表上单独列示，审查时应注意该表中"应收账款"是否根据审定的应收账款期末余额填列，如果被审计单位设置有"预收账款"账户，应注意资产负债表中"应收账款"项目的数额是否根据"应收账款"和"预收账款"账户所属的明细账户的期末借方余额的合计数填列。如果被审计单位为上市公司，其财务报表附注还应披露期初、期末余额的账龄分析，期末欠款金额较大的单位账款，以及持有5%以上股份的股东单位账款等情况。

**【例9-6】** 某企业年末"应收账款"借方余额为20万元，其所属明细账有借方余额的合计数为30万元，有贷方余额的合计数为10万元。该企业年末"预收账款"总账贷方余额10万元，其所属明细账有贷方余额的合计数为15万元，有借方余额的合计数为5万元。

该企业财务制度规定，按"应收账款"总账年末余额的3‰计提坏账准备。该企业计提坏账准备金额为600元（200 000×3‰）。

**问题：**根据上述事项提出审计建议。

**解答：**

本题"应收账款"总账表现为借方余额20万元，而明细账合计表现为借方余额30万元，贷方余额10万元。其实质是："应收账款"贷方余额10万元为预收账款，是债务。

"预收账款"总账表现为贷方余额10万元，而明细账合计表现为贷方余额15万元，借方余额5万元。其实质是："预收账款"借方余额5万元是应收账款，是资产。

所以，该企业应收账款年末余额不能按总账余额计提，而应按资产负债表上"应收账款"项目数额（即应收账款借方余额与预收账款贷方余额合计数）计提。其计算方式如下：

$$300\,000 + 50\,000 = 350\,000（元）$$

如果该企业是首次计提坏账准备，按3‰比例计提，则应计提的坏账准备金额计算方式如下：

$$350\,000 \times 3‰ = 1\,050（元）$$

由于坏账准备计入应用减值损失，则利润表中"应用减值损失"应调增450元，税前利润调减450元，同时调整该所得税费用及其相关项目账户。由于坏账准备增加，还应调减资产负债表中"应收账款"项目450元及相关项目的余额。

## 三、应收账款——坏账准备的实质性程序

《企业会计准则》规定，企业应当在期末对应收款项进行检查，并预计可能产生的坏账损失。应收款项包括应收票据、应收账款、预付款项、应收利息、应收股利、其他应收款和长期

应收款等。下面以应收账款相关的坏账准备为例，阐述坏账准备审计常用的实质性程序。

（1）取得或编制坏账准备明细表，复核加计是否相符，与坏账准备总账数、明细账合计数核对是否相符。如不符，应查明原因，并提请被审计单位进行必要的调整。

（2）检查坏账准备的计提。将应收账款坏账准备本期计提数与信用减值损失相应项目的发生额核对是否相符。

主要应查明坏账准备的计提方法和比例是否符合《企业会计准则》的规定，计提的数额是否恰当，会计处理是否正确，前后期是否一致。

（3）检查坏账损失。注册会计师应特别关注有无通过核销已收款的应收款来掩盖挪用资金的行为，重点查明坏账损失的原因是否清楚，是否符合有关规定，有无授权批准，有无已做坏账处理后又重新收回的应收款项，相应的会计处理是否正确。对于不能收回的应收款项是否查明原因，并追究责任。对有确凿证据表明确实无法收回的应收款项，如债务单位已撤销、破产、资不抵债、现金流量严重不足等，是否根据管理权限，经股东大会或董事会，或经理（厂长）会议或类似机构批准作为坏账损失，冲销已提取的坏账准备。

（4）检查长期挂账的应收账款。注册会计师应检查应收账款明细账及相关原始凭证，查找有无资产负债表日后仍未收回的长期挂账的应收账，若有应建议客户适当处理。

（5）检查函证结果。对债务人回函中反映的例外事项及存在争执的余额，注册会计师应查明原因并做记录，必要时，应提请被审计单位做适当的调整。

（6）实施实质性分析程序。通过计算坏账准备余额占应收款项余额的比例，并和以前期间的相关比例核对，检查分析其重大差异，可以发现有重要问题的审计领域，确定审计重点。

（7）检查坏账准备列报的恰当性。客户应在年度会计报表附注中披露坏账的确认标准，坏账准备的计提方法和计提比例。除此以外，还应披露如下事项：①本期全额计提坏账准备，或计提坏账准备的比例较大的（≥40%，下同），应说明计提的比例以及理由。②以前期间已全额计提坏账准备，或计提坏账准备的比例较大的但在本期又全额或部分收回的，或通过重组等其他方式收回的，应说明其原因、原估计计提比例的理由以及原估计计提比例的合理性。③对某些金额较大的应收款项不计提或计提坏账比例较低（≤5%）的理由。④本期实际冲销的应收款项及其理由。其中，实际冲销的关联交易产生的应收款项应单独披露。

## 第六节 其他相关账户的实质性程序

销售与收款循环审计中除包括前述主要账户外，还涉及其他如应收票据、预收账款、应交税费、税金及附加、销售费用等账户的审计。下面介绍其中主要账户相应的实质性审计程序。

### 一、应收票据的实质性程序

应收票据是在企业赊销业务中产生的，所以对应收票据的审计必须结合销售业务一起来进行。企业对销售、收取票据、计息、贴现、收款等活动的控制是保证应收票据正确核算的基础。注册会计师应根据销售与收款循环的控制测试情况，判断与应收票据有关的内部控制制度是否有效的执行，并作为进一步确定实质性程序审计程序的依据。

应收票据的审计目标一般包括:确定应收票据是否存在;确定应收票据是否归本身单位所有;确定应收票据增减变动的记录是否完整;确定应收票据是否有效,可否收回;确定应收票据期末余额是否正确;确定应收票据的披露是否恰当。

应收票据实质性程序的程序包括如下几项。

(1) 获取或编制应收票据明细表。获取或编制应收票据明细表,列明出票人姓名、出票日、到期日、金额和利率等内容。

注册会计师首先应复核加计是否正确,并与报表数、总账余额和明细账余额合计数核对是否相符。注册会计师在复核加计正确及与上述有关数额核对相符的基础上,抽查部分票据,并追查有无相关销售业务,票据是否到期,有无逾期而应转为应收账款的票据。

(2) 监盘库存票据。注册会计师监盘库存票据时,应注意票据的种类、号数、签收的日期、到期日、票面金额、合同交易号、付款人、承兑人、背书人姓名或单位名称,以及利率、贴现率、收款日期、收回金额等是否与应收票据登记簿的记录相符;是否存在已做背书转让或贴现,贴现额是否被退回等情况与应收票据登记簿的记录核对相符;是否存在已做抵押的票据和银行退回的票据。

(3) 函证应收票据。注册会计师应在核实应收票据明细表中的应收票据实有数与应收票据总分类账户余额相符的基础上,抽取部分应收票据向出票人函证,证实其存在性和可收回性并编制函证结果汇总表。同时,根据函证和账户资料一致的应收票据实有数和自结算日至审查日应收票据的增减数,用调节法核实资产负债表中"应收票据"的项目数额是否真实可靠。

(4) 检查应收票据的利息收入入账是否正确。如果注册会计师计算的应计利息金额与账面所列金额不符,则应加以分析,特别要对"财务费用——利息收入"账户中那些与应收票据账户中所列任何票据均不相关的贷方金额加以注意,因为这些贷项可能代表据以收取利息的票据未曾入账。如果有未入账的应收票据,则会给不法分子贪污票据本息以可乘之机。

(5) 审查已贴现的应收票据。因已贴现的应收票据除在应收票据账户的贷方反映外,还会在应收票据登记簿中被注明贴现情况,注册会计师应结合应收票据登记簿审查票据贴现额与利息额的计算是否正确,会计处理方法是否适当,复核已贴现以及已转让但未到期的应收票据的金额与应收票据贷方账户登记是否一致。

(6) 审查外币结算的应收票据。对以非记账本位币结算的应收票据,应检查其采用的折算汇率和汇兑损益的处理是否正确。

(7) 确定应收票据在会计报表上的披露是否恰当。注册会计师应检查被审计单位资产负债表中应收票据项目的数额是否与审计定数相符,是否剔除了已贴现票据。如果被审计单位是一般企业,其已贴现的商业承兑汇票应在报表下端补充资料内的"已贴现的商业承兑汇票"项目中加以反映;如果被审计单位是上市公司,其会计报表附注通常应披露贴现或用作抵押的应收票据的情况和原因说明,以及持股5%(含5%)以上股份的股东单位欠款情况。

## 二、预收账款的实质性程序

预收账款是在企业销售业务成立前,预先收取的部分货款。注册会计师应结合企业销货业务对预收账款进行审计。其审计目标一般包括确定预收账款的发生及偿还记录是否完整，确定预收账款的期末余额是否正确，确定预收账款的披露是否恰当。因此，预收账款的实质性程序的审计程序通常如下。

(1) 获取或编制预收账款明细表。注册会计师应获取或编制预收账款明细表，复核加计是否正确，并核对其期末余额合计数与报表数、总账数和明细账合计数是否相符。

(2) 审查预收账款期末余额的真实性、正确性。抽查预收账款有关的销售合同、收款凭证、发货凭证，检查已实现销售的商品是否及时转销预收账款，确保预收账款期末余额的真实性和正确性。

(3) 函证预收账款。应选择预收账款的若干重大项目如大额或账龄较长的项目、关联方项目及主要客户合同等进行函证，根据回函情况编制函证结果汇总表。对于回函金额不符的，应查明原因并做出记录或建议被审计单位做适当调整；对于未回函的，应再次函证或通过检查报表日后已转销的预收账款是否与发运凭证、销售发票相一致等替代程序，确定其是否真实、正确。

(4) 审查有关账务处理的正确性、完整性。提请被审计单位协助，在预收账款明细表上标出至审计日止已转销的预收账款，对已转销金额较大的预收账款进行检查，核对记账凭证，仓库发运凭证、销售发票等，查明有关账务处理是否正确、完整。

(5) 结合销售业务进行审查，查明有无将预收账款作为销售收入入账的情况，防止企业高估收入、低估负债，粉饰财务状况。

(6) 检查预收账款长期挂账的原因，并做出记录，必要时提请被审计单位予以调整。

(7) 对税法规定应予纳税的预收销售款，结合应交税费项目，检查是否及时、足额计缴有关税金。

(8) 确定预收货款是否已在资产负债表上做恰当披露。如果被审计单位是上市公司，其会计报表通常应披露持有其5%(含5%)以上股份的股东单位账款情况。

## 三、应交税费的实质性程序

企业应在每月末对本月取得的营业收入和实现的利润按规定计算出应向国家缴纳的各种税费，并于下月初预缴，在尚未交纳前记入应交税费等有关账户，形成企业的一项负债。其中增值税和所得税与销售业务关系较为密切，我们将应交税费放在销售与收款循环中审计。在对应交税费审计时应结合收入、利润账户进行，并注意与税金及附加账户相关数据核对。

其审计目标一般包括：确定应交和已交税费的记录是否完整；确定应交税费的期末余额是否正确；确定应交税费的披露是否恰当。

应交税费的实质性程序如下：

(1) 获取或编制应交税费明细表，复核其加计数是否正确，并核对其期末余额与报表数、总账数和明细账合计数是否相符。特别应注意印花税、耕地占用税等有无记入应交税费项目。

(2) 查阅被审计单位纳税鉴定或纳税通知及征、免、减税的批准文件，了解被审计单位适用的税种、计税基础、税率，以及征、免、减税的范围与期限，确认其在被审计期间内的应纳税的内容。对重要的减、免、抵、退税收批文应索取复印件，作为审计工作底稿。

(3) 核对期初未交税费与税务机关的认定数是否一致，如有差额，应查明原因并做出记录，必要时提请被审计单位做适当调整。

(4) 取得税务部门汇算清缴或其他确认文件、有关政府部门的专项检查报告、税务代理机构的专业报告、企业纳税申报有关资料等，分析其有效性，并与上述明细表及账面情况进行核对。

(5) 检查应交增值税的核算是否正确，具体包括：①获取或编制应交增值税明细表，加计复核其正确性，并与明细账核对相符。②将"应交增值税明细表"与"企业增值税纳税申报表"核对，检查进项，销项的入账与申报期间是否一致，金额是否相符，增值税纳税申报表是否经税务机关认定。③复核国内采购货物、进口货物、购进的免税农产品、接受投资或捐赠、接受应税劳务等应计的进项税额是否按规定进行了会计处理。④复核存货销售，非货币性交易换出的存货或将存货用于投资、无偿捐赠他人、分配给股东(或投资者)应计的销项税额，以及将自产、委托加工的产品用于非应税项目应计的销项税额的计算是否正确，是否按规定进行了会计处理。⑤复核因存货改变用途或发生非常损失应计的进项税额转出数的计算是否正确，是否按规定进行了会计处理，检查出口货物退税的计算是否正确，是否按规定进行了会计处理。⑥对经主管税务机关批准实行核定征收率征收增值税的被审计单位，应检查其是否按照有关规定正确执行。如果申报增值税金额小于核定征收率计算的增值税金额，应注意超过申报额部分的会计处理是否正确。

(6) 检查应交车船税和房产税的计算是否正确。获取被审计单位自有车船数量、吨位(或座位)及自有房屋建筑面积、用途、造价(购入原价)、购建年月等资料，并与固定资产(含融资租入固定资产)明细账复核一致；了解其使用、停用时间及其原因等情况；通过审核本期完税单，检查其是否如实申报和按期交纳，是否按规定进行了会计处理。

(7) 检查应交消费税的计算是否正确。结合税金及附加等项目根据审定的应税消费品销售额(或数量)，检查消费税的计税依据是否正确，适用税率(或单位税额)是否符合税法规定，是否按规定进行了会计处理，并分项复核本期应交消费税税额。

(8) 检查应交资源税的计算是否正确，是否按规定进行了会计处理。

(9) 检查应交城市维护建设税的计算是否正确。结合税金及附加和其他业务成本等项目，根据审定的计税基础和按规定适用的税率，计算复核被审计单位本期应交城市维护建设税税额。

(10) 检查应交土地增值税的计算是否正确，是否按规定进行了会计处理，具体包括：①根据审定的土地使用权及房地产转让收入与其规定的扣除金额，复核计算房地产转让增值额，并与有关明细账核对。②结合税金及附加等项目，根据房地产转让增值额和按规定适用的税率，计算复核被审计单位应交土地增值税，并与应交税费的有关明细账核对。③抽查本期已交土地增值税资料，确定已交数额是否正确。

(11) 检查企业应交所得税。结合所得税项目，确定应纳税所得额及企业所得税税率，复核应交企业所得税的计算是否正确，是否按规定进行了会计处理，具体要求：①取得被审计单位有关所得税的纳税鉴定资料，核对所得税适用税率、减免税及期限与被审计单位的计税依据是否一致，结合审定的利润额和所得税费用项目，复核所得税计算是否正确。②检查计算纳税所得时应按税法规定进行调整的有关账户是否已作纳税调整，复核调整计算是否正确。③检查所得税的会计处理方法是否正确，应付税款法或纳税影响会计法的采用前期后各期是否一致。④复核本期已预交所得税金额，确定应交数额是否正确。

(12) 检查除上述税项外的其他税项及代扣税项的计算是否正确,是否按规定进行了会计处理。

(13) 确定本期应交纳的税款。检查有关账簿记录和交税凭证,确认本期已交税款和期末未缴税款。

(14) 确定应交税费是否已在资产负债表恰当披露。如果被审单位是上市公司,在其会计报表附注中要列示税种、税率、应交税费等。

## 四、税金及附加的实质性程序

税金及附加是指企业由于销售产品、提供劳务等负担的税金及附加,包括消费税、城市维护建设税和教育费附加等。其审计目标一般包括:确定税金及附加的记录是否完整;确定税金及附加的计算和会计处理是否正确;确定税金及附加的披露是否恰当。对税金及附加的实质性程序,应在查明被审计单位应交纳的税种基础上结合主营业务收入总账、明细账与有关原始凭证,以及与该账户对应的"应交税费""其他应交款"等账户进行审查,必要时,向有关部门,单位和人员进行查询。

税金及附加实质性审计程序如下:

(1) 取得或编制税金及附加明细表,复核加计是否正确,并与报表数、总账数和明细账合计数核对相符。

(2) 确定被审计单位的纳税范围与税种是否符合国家规定。

(3) 根据审定的应税消费品销售额(或数量),按规定的适用的税率,分项计算、复核本期应纳消费税税额。

(4) 根据审定的应税资源税产品的课税数量,按规定适用的单位税额,计算、复核本期应纳资源税税额。

(5) 检查城市维护建设税、教育费附加等项目的计算依据是否和本期应纳增值税、消费税合计数一致,并按规定适用的税率或费率计算、复核本期应纳城建税、教育费附加税费额。

(6) 复核各项税费与应交税费项目的勾稽关系。

(7) 确定被审计单位是否划清了减免税销售额与应税销售额的界限,减免税的项目是否真实,理由是否充分,手续是否完备。

(8) 确定税金及附加在利润表上的披露是否恰当。

## 五、销售费用的实质性程序

销售费用是指企业在销售产品和提供劳务过程中发生的各项费用及专设销售机构的各项经费。其审计目标内容包括:确定利润表中记录的销售费用确已发生并与被审计单位有关;确定所有应当记录的销售费用均已记录;确定销售费用的分类、归属和会计处理是否正确;确定销售费用的披露是否恰当。其实质性程序如下。

(1) 获取或编制销售费用明细表,复核加计正确,与报表数、总账数及明细账合计数核对,检查是否相符,并检查其明细项目的设置是否符合规定的核算内容与范围。

(2) 确定销售费用的项目设置及各项目开支标准是否符合有关规定,查明其项目设置是否划清了销售费用与其他费用的界限,有关费用支出是否与被审计单位的产品销售等活动有关,计算是否正确。

（3）将本期销售费用与上期销售费用进行比较，并将本期各月的销售费用进行比较，如有重大波动和异常情况应查明原因，并做适当处理（因为费用的增长与销售额的增长呈正相关，分析以前年度与销售额的比例，并结合行业平均值，关注异常波动，查明原因）。

（4）选择重要或异常的销售费用，检查其原始凭证是否合法、会计处理是否正确，必要时，对销售费用实施截止期测试，检查有无跨期入账的现象，对于重大跨期项目应提请被审计单位进行适当调整。

（5）确定销售费用的结转是否正确、合规，查明有无多转、少转或不转销销售费用，从而人为调节利润的情况。

（6）确定销售费用在利润表上的披露是否恰当。

## 课后复习题

**思考题**

1. 销售与收款循环的关键内部控制有哪些？如何进行销售与收款循环的控制测试？

2. 如何实施销售与收款循环交易类别的实质性程序？

3. 如何实施主营业务收入余额的实质性程序？

4. 如何实施应收账款余额的实质性程序？

5. 在确定应收账款函证方式时，积极式函证与消极式函证分别适用于哪些情况？

6. 应收账款函证结果与客户会计记录不一致的原因主要有哪些？注册会计师应相应实施哪些主要的审计程序？

**二、名词解释**

1. 交易循环
2. 控制测试
3. 肯定式函证
4. 截止测试
5. 否定式函证

# 第十章　采购与付款循环审计

## 知识导航

- 采购与付款循环审计
  - 采购与付款循环概述
    - 采购与付款循环涉及的主要业务活动
    - 采购与付款循环涉及的主要凭证和会计记录
    - 采购与付款循环的审计目标
  - 采购与付款循环的内部控制及控制测试
    - 采购与付款循环的业务特点
    - 采购与付款循环的内部控制
    - 采购与付款循环内部控制的了解和描述
    - 初步评价内部控制
    - 重大错报风险的识别与评估
    - 采购与付款循环的控制测试
    - 进一步评价采购与付款循环的内部控制
  - 采购与付款循环的实质性程序
    - 采购交易的实质性程序
    - 应付账款的实质性程序
    - 固定资产——账面余额的实质性程序
    - 固定资产——累计折旧的实质性程序
    - 固定资产——固定资产减值准备的实质性程序
    - 预付账款的实质性程序
    - 应付票据的实质性程序
    - 管理费用的实质性程序

## 学习目标

通过本章学习，学生应当了解采购与付款循环涉及的主要经济业务、会计凭证及会计记录；掌握采购与付款循环的内部控制测试及测试内容；掌握重大错报风险的识别和评估内容；掌握应付账款、固定资产及其折旧等主要项目的实质性测试程序。

## 引入案例

### 达尔曼因财务舞弊而退市

2005 年 3 月 25 日，达尔曼实业股份有限公司(以下简称达尔曼)成为中国第一个因无法披露定期报告而遭退市的上市公司。从上市到退市，在长达八年的时间里，达尔曼极尽造假之能事，通过一系列精心策划的系统性舞弊手法，制造出具有欺骗性的发展轨迹，从股市和银行骗取资金高达 30 多亿元，给投资者和债权人造成沉重损失。

达尔曼实业股份有限公司于 1996 年 12 月在上交所挂牌上市。从公司报表数据看，

1997—2003 年，达尔曼销售收入合计 18 亿元，净利润合计 4.12 亿元，资产总额达到 22 亿元，净资产达到 12 亿元。2003 年公司首次出现净利润亏损，主营业务收入由 2002 年的 3.16 亿元下降到 2.14 亿元，亏损达 1.4 亿元，每股收益为－0.49 元，同时公司的重大违规担保事项浮出水面，涉及人民币 3.45 亿元，美元 133.5 万元；还有重大质押事项，涉及人民币 5.18 亿元。

2004 年 5 月 10 日，达尔曼被上海证券交易所实行特别处理，变更为“ST 达尔曼”，同时证监会对公司涉嫌虚假陈述行为立案调查。2004 年 9 月公司总资产锐减为 13 亿元，净资产 3.46 亿元，半年亏损高达 14 亿元。2005 年 3 月 25 日，达尔曼被终止上市。

达尔曼虚假陈述、欺诈发行、银行骗贷、转移资金等行为是一系列有计划、有组织的系统性财务舞弊和证券违法行为。在上市的 8 年时间里，达尔曼不断变换造假手法，持续地编造公司经营业绩和生产记录：

(1) 虚增销售收入，虚构公司经营业绩和生产记录。

(2) 虚假采购、虚增存货。虚假采购一方面是为了配合公司虚构业绩需要，另一方面是通过虚假采购达到转移资金目的。达尔曼的虚假采购主要是通过关联公司和形式上无关联的壳公司来实现的。从年报看出，公司对大股东翠宝集团的原材料采购在 1997—2001 年呈现递增状态，2001 年起采购额占到了全年购货额的 26%。2002 年年报显示公司当年存货期末数增加了 8 641 万元，增幅达 86.15%。从 2001 年公司开始披露的应付账款前五名的供货商名单可以看出，公司的采购过于集中，而且呈加剧状态，到 2003 年，前五位供货商的应付账款占到全部应付账款的 91%。

(3) 虚构往来，虚增在建工程、固定资产和对外投资。为了伪造公司盈利假象，公司销售收入大大高于销售成本与费用，对这部分差额，除了虚构往来外，公司大量采用虚增在建工程、固定资产，伪造对外投资手法来转出资金，这样公司造假现金就可以循环使用。据统计，从上市以来达尔曼共有大约 15 个主要投资项目，支出总金额约 10.6 亿元。然而无论是 1997 年的“扩建珠宝首饰加工生产线”项目还是 2003 年的“珠宝一条街”项目，大多都被许宗林用来作为转移资金的手段。2002 年年报中的“在建工程附表”显示公司有很多已开工两年以上的项目，以进口设备未到或未安装为借口挂账，而 2003 年年报的审计意见中更是点明“珠宝一条街”等许多项目在投入巨额资金后未见到实物形态，而公司也无法给出合理的解释。证监会的处罚决定指控达尔曼 2003 年年报虚增在建工程约 2.16 亿元。

(4) 伪造与公司业绩相关的资金流，并大量融资。

资料来源：叶雪芬. 舞弊审计[M]. 北京：经济科学出版社，2008.

在上述案例中，达尔曼通过不断变换造假手法虚假采购、虚增存货、在建工程、和固定资产，持续地编造公司经营业绩。在审计采购与付款审计中，注册会计师应该如何应对？学习本章，将会得到答案。

## 第一节 采购与付款循环概述

### 一、采购与付款循环涉及的主要业务活动

采购与付款循环由企业从外部采购原材料、商品、固定资产或接受劳务和支付款项等活

动组成。根据会计报表项目与业务循环的相关程度,采购与付款循环相关的会计报表项目包括:预付账款、固定资产、在建工程、工程物资、固定资产清理、应付票据和应付账款等,相关的利润表项目通常为管理费用。本章主要介绍应付账款和固定资产的审计。

**(一) 请购商品或劳务**

对需要购买的已列入存货清单的项目由仓库负责编制请购单,但对所需要购买的未列入存货清单的项目,通常由使用部门编制请购单。请购单可由手工或计算机编制,请购单可由任何部门开出,它们很少事先编号,但为加强控制,每张请购单必须经过对这类支出负预算责任的主管人员签字批准后才能交采购部门。

大多数企业均对正常经营所需物资的购买作一般授权,如仓库在现有库存达到再订购点时就可直接提出申请,其他部门也可为正常的维修工作和类似工作直接申请采购有关物品。但涉及资本支出和租赁合同的采购等,通常由获得特别授权的指定人员提出请购。

请购单是证明有关采购交易的“发生”认定的凭据之一,也是采购交易轨迹的起点。

**(二) 编制订购单**

采购部门在收到请购单后,只能对经过批准的请购单发出订购单。对每张订购单,采购部门应确定最佳的供应来源。对一些主要项目,应采取竞价方式来确定供应商,以保证供货的质量、及时性和成本的低廉。

订购单应正确填写所需要商品或劳务的种类、数量、价格、厂商名称和地址,预先编号并且由被授权的采购人员签名。其正联送交供应商,副联则送至企业内部的验收部门、应付凭单部门和编制请购单的部门。为促使验收人员仔细验收商品,最好将送至验收部门的订购单副联中的采购数量涂掉。随后,应独立检查订购单的处理,以确保商品或劳务实际收到和入账的正确性。这项检查与采购交易的“完整性”认定有关。

**(三) 验收商品**

有效的订购单代表企业已授权验收部门接收供应商发运来的商品。购入的商品,均应由独立于采购、存储等以外的部门负责验收。验收部门职员应首先核对所收到商品在名称、规格、数量、到货时间等方面是否与订购单上的要求相符,然后再盘点商品并检查商品有无损坏。验收人员应对已收货的每张订购单编制一式多联的有预先编号的验收单。

验收人员将货品送交仓库或其他请购部门时,应取得经过签字的收据,或要求其在验收单的副联上签收,以确立他们对所采购的资产应负的保管责任。验收人员还应将其中的一联验收单,送应付凭单部门和采购部门。

采购部门在接到验收单后,如发现货物的数量或质量不符合订单要求,应及时通知供应商。对于数量的短缺,一般要求供应商补足;对于质量的问题,一般决定是退货还是要求折让。如果退货,采购部门应编制退货通知单并授权运输部门将货物退回,同时将退货通知单副本寄交供应商,运输部门在货物退回后,应通知采购部门和会计部门。采购部门在货物退回后,应编制借项凭证,经主管人员审查后,转交会计部门,用以调整应付账款。如果要求供应商折让,采购部门也应在折让金额确定后,编制借项凭单,通知会计部门调整应付账款。由于退货和折让业务大多是非常规的,因此,可设专人定期审查有关退货和折让的业务记录及相关凭证,以确保退货和折让的合理性、真实性。

验收单是支持资产或费用以及与采购有关负债的“存在”或“发生”认定的重要凭证,而后执行定期独立检查验收单以确定每笔采购交易都已编制凭单的程序,则与采购交易的“完整性”认定有关。

**(四) 储存已验收的商品存货**

由独立的部门(如仓库)负责接收已验收的货物,并承担保管责任。将已验收商品的保管与采购的其他职责相分离,可减少未经授权采购和盗用商品的风险。货物入库前,仓储部门应先行点验,然后在验收单副联上签收。签收后,仓储部门应将实际入库货物的数量通知会计部门。

存放商品的仓储区应相对独立,仓储部门应为每一种存货填制标签,并根据存货的品质分类存放在设有相应安全措施的场所,限制接近并由保安人员适当守卫。这些控制与商品的“存在”认定有关。

**(五) 编制付款凭单**

记录采购交易之前,应付凭单部门应编制凭单。这项功能的控制包括:

(1) 确定供应商发票的内容同相关验收单和订购单的一致性。

(2) 确定供应商发票计算的正确性。

(3) 编制有预先编号的付款凭单,并附上支持性凭证(订购单验收单和供应商发票)。

(4) 独立检查付款凭单计算的正确性。

(5) 在付款凭单上填入应借记的资产或费用账户名称或代号。

(6) 由被授权人员在凭单上签字,以示批准照此凭单付款。

所有尚未支付的付款凭单副联应保存在应付凭单部门的未付凭单档案中,以待日后付款。经适当批准和有预先编号的凭单为记录采购交易提供了依据。因此,这些控制活动与“发生”“完整性”和“准确性”认定有关。

**(六) 确认与记录负债**

企业应正确地确认已验收货物的债务,并要求会计部门准确、及时地记录负债。应付凭单部门应将已批准的未付款凭单送达会计部门,据以编制有关记账凭证和登记有关账簿。会计主管应监督为采购交易编制的记账凭证中账户分类的适当性,并通过定期核对编制记账凭证的日期与凭单副联的日期,以监督入账的及时性。而独立检查人员则应核对会计人员所送来的每日凭单汇总表是否一致,并定期独立检查应付账款总账余额与应付凭单部门未付款凭单中的总金额是否一致。

**(七) 付款**

企业通常由应付凭单部门负责确定在未付款凭单到期日之前偿付负债。以支票结算方式为例,填写支票有两种方式:一是应付凭单部门将到期的凭单送交财务部门,再由财务部门填写支票;二是由应付凭单部门根据到期凭单填写支票,再连同凭单一起送交财务部门签字。编制和签署支票的有关控制包括:

(1) 独立检查已签发支票的总额(通常在支票汇总表中列示)与已处理的付款凭单的总额的一致性。

(2) 应由被授权的财务部门的人员负责签署支票。

(3) 被授权签署支票的人员应确定每张支票都附有一张已适当批准的未付款凭单,还应确定支票受款人姓名和金额与凭单内容的一致性。

(4) 支票一经签署就应在其凭单和支持性凭证上加盖印戳或打洞将其注销,并连同支票的副本归入已付款凭单档案,以免重复付款。

(5) 支票签署人应控制支票的邮寄。

(6) 不应签发无记名支票甚至空白支票。

(7) 应使用预先连续编号的支票,保证支出支票存根的完整性和作废支票处理的恰当性。

(8) 应确保只有被授权的人员才能接近空白支票和签字簿。

上述控制与现金支出交易的发生、完整性以及准确性认定有关。

**(八) 记录现金支出**

在手工系统下,会计人员应根据已签发支票编制付款记账凭证记账及其他相关账簿。以记录银行存款支出为例,有关控制包括:

(1) 会计主管应独立检查记入银行存款日记账、应付账款明细账金额的一致性,并与财务部门送来的支票汇总表记录核对相符。

(2) 通过定期比较银行存款日记账记录的日期与支票副本的日期,独立检查记账及时性。

(3) 独立编制银行存款余额调节表。

## 二、采购与付款循环涉及的主要凭证和会计记录

采购与付款循环涉及的主要凭证和会计记录如下。

1. 原始凭证

(1) 请购单。由仓库、商品制造、资产使用等部门的有关人员填写,送交采购部门,申请购买商品、劳务或其他资产的书面凭证。

(2) 订购单。由采购部门填写,向另一企业购买订单上所指定商品、劳务或其他资产的书面凭证。

(3) 验收单,或称"验收报告""入库单"。收到商品等资产时编制的凭证,列明从供应商那里收到的商品等资产的种类、数量和质量等。

(4) 供应商发票。供应商开具的,交给买方以载明所发运货物或所提供劳务的名称、应付款金额和付款条件等事项的凭证。

(5) 付款凭单。采购方企业应付凭单部门编制的,以载明已收到商品等资产或所接受劳务的厂商名称及地址、应付款金额和付款日期的凭证。付款凭单是企业内部记录和偿付负债的授权证明文件。

2. 记账凭证

涉及的记账凭证主要包括转账凭证、付款凭证。

3. 明细账和序时账

涉及的账簿资料主要包括存货明细账、应付账款明细账、现金和银行存款日记账。

4. 总账

涉及的总账类账户主要包括"库存商品""原材料""库存现金""银行存款""固定资产""工程物资""在建工程""预付账款""应付账款""应交税费"等。

5. 其他

(1) 凭单汇总表。列示每批或每天所处理的全部凭单的报告。

(2) 未收货订购单档案。汇集已交给供应商但尚未收到商品或劳务的订购单。

(3) 未付款凭单档案。汇集已收到商品或劳务且已入账的,但尚未付款的已批准凭单及其支持性凭证。未付凭单合计应与应付账款总账余额相等。

(4) 已付款凭证档案。汇集已经付款的凭单及其支持性凭证。

(5) 支票。要求银行向受款人给付指定金额的正式通知。

(6) 支票汇总表。列示某批或某日所签发支票的表格。

### 三、采购与付款循环的审计目标

采购与付款循环审计的目标是收集与此循环交易和余额相关的每项重要认定的证据,其审计的具体目标如下:

(1) 真实性。确认会计报表所记载的存货、固定资产的采购及与之相关的应付账款或货款支付业务是否确实发生,所采购物的数量和质量与订货合同、采购发票、验收单是否一致,有无虚构的情况。

(2) 完整性。确认企业所有的采购业务及所有应付款的发生与偿还是否均已完整记录,是否存在漏记事项。

(3) 所有权。确认企业对会计报表所记载的固定资产、预付账款是否拥有完整的所有权;其中固定资产有无抵押担保情况,或者在企业是否对其做了充分的说明。

(4) 估价。确认固定资产的计价,折旧费用的计算、分摊是否正确、合理和一贯;确认应付账款、固定资产、预付账款、应付票据等账户的期末余额是否正确。

(5) 截止日期。确认采购的截止日期是否恰当。

(6) 披露。确认有关采购与付款事项是否都已在会计报表上做了恰当的披露。

## 第二节　采购与付款循环的内部控制及控制测试

### 一、采购与付款循环的业务特点

采购与付款循环的审计风险较高,是审计的重点领域,注册会计师可从以下方面了解采购与付款循环业务特点:购货与付款循环业务是财务报表重要错报的来源;购货与付款循环的交易量一般很大;可能发生未授权的采购和现金支出;已购买的资产可能被侵吞或滥用;可能出现划分资本性支出和费用性支出方面的问题。

注册会计师应通过查阅被审计单位的有关规章制度和文件资料,以向有关人员口头查询和现场观察等方式,了解被审计单位采购与付款循环的特点和相关的内部控制,并采用适当的方法进行描述,载入审计工作底稿。

### 二、采购与付款循环的内部控制

采购与付款是企业重要的经营活动,涉及生产、采购、验收、会计等部门。一般来说,一个健全、有效的采购与付款循环的内部控制制度应包括以下内容。

1. 职责分离控制

适当的职责分离有助于防止各种有意或无意的错误。单位应当建立采购与付款业务的岗位责任制,明确相关部门和岗位的职责、权限,确保办理采购与付款业务的不相容岗位相互分离、制约和监督。

采购与付款循环中所需处理的主要业务有请购、采购、验收、储存、会计记录、付款等。在这些业务中,需要职务分离的不相容岗位至少包括:①请购与审批。②询价与确定供应商。③采购合同订立与审批。④采购与验收。⑤采购、验收与相关会计记录。⑥付款审批与付款执行。被审计单位不得由同一部门或个人办理采购与付款业务的全过程,应当根据具体情况对办理采购与付款业务的人员进行岗位轮换。

2. 授权审批控制

单位应当对采购与付款业务建立严格的授权批准制度,明确审批人对采购与付款业务的授权批准方式、权限、程序、责任和相关控制措施,规定经办人办理采购与付款业务的职责范围和工作要求。

审批人应当根据采购与付款业务授权批准制度的规定,在授权范围内进行审批,不得超越审批权限;经办人应当在职责范围内,按照审批人的批准意见办理采购与付款业务。

对于审批人超越授权范围审批的采购与付款业务,经办人员有权拒绝办理,并及时向审批人的上级授权部门报告。对于重要和技术性较强的采购业务,应当组织专家进行论证,实行集体决策和审批,防止出现决策失误而造成严重损失。严禁未经授权的机构或人员办理采购与付款业务。

3. 请购业务控制

企业应当建立采购申请制度,依据购置物品或劳务类型,确定归口管理部门,授予相应的请购权,并明确相关部门或人员的职责权限及相应的请购程序。

单位应当加强采购业务的预算管理。对于预算内采购项目,具有请购权的部门应当严格按照预算执行进度办理请购手续;对于超预算和预算外采购项目,具有请购权的部门应对需求部门提出的申请进行审核后再行办理请购手续。具体情况包括:

(1) 原材料或零配件购进。一般首先由生产部门根据生产计划或即将签发的生产通知单提出请购单。材料保管人员接到请购单后,应将材料保管卡上记录的库存数同生产部门需要的数量进行比较。当生产所需材料和仓储所需后备数量合计已超过库存数量时,则应同意请购。

(2) 临时性物品的购进。通常由使用者而不需经过仓储部门直接提出,由于这种需要很难列入计划之中,所以,使用者在请购单上一般要对采购需要做出描述,解释其目的和用途。请购单须由使用者的部门主管审批同意,并须经过资金预算的负责人同意签字后,采购部门才能办理采购手续。

4. 订货业务控制

企业应当建立采购环节的管理制度,对采购方式确定、供应商选择程序等做出明确规定,确保采购过程的透明化。

企业应当根据物品或劳务等的性质及其供应情况确定采购方式。一般物品或劳务等的采购应采用订单采购或合同订货等方式,小额零星物品或劳务等的采购可以采用直接购买等方式。企业应当制定例外紧急需求的特殊采购处理程序。单位应当充分了解和掌握供应商的信誉、供货能力等有关情况,采取由采购、使用等部门共同参与比质量比价格的程序,并按规定的授权批准程序确定供应商。

采购部门在收到请购单后发出采购订单前,应明确订购多少、向谁订购、何时采购等问题。在上述方面决定做出后，采购部门应及时填制采购订单，并对其进行控制，主要是预先应对每份订单进行编号；在采购订单向供应商发出前，必须由专人检查该订单是否得到授权人的签字；由专人复查采购订单的编制过程和内容；采购订单的副本应递交给请购、保管与会计部门等。

5. 验收业务控制

单位应当根据规定的验收制度和经批准的订单、合同等采购文件，由独立的验收部门或指定专人对所购物品或劳务等的品种、规格、数量、质量和其他相关内容进行验收，出具验收证明。

(1) 对于数量，验收部门在货运单上签字之前，应通过计数、过磅或测量等方法来证明货运单上所列的数量，并要求两个收货人在收货单上签字。

(2) 对于质量，验收部门应检验有无因运输损失而导致的缺陷，在货物质量检验需要有较高的专业知识或必须经过仪器、实验才能进行的情况下，收货部门应将部门样品送交专家和实验室对其质量进行检验。

(3) 每项收到的货物必须在检验以后填制包括供应商名称、收货日期、货物名称、数量和质量，以及运货人名称、原采购订单编号等内容的收货报告单，并将其及时报告请购、采购和会计部门。

6. 应付账款的控制

对应付账款的控制包括：①应付账款的记录必须由独立于请购、采购、验收、付款的职员来进行。②应付账款的入账必须在取得和审核各种必要的凭证以后才能进行。③单位应当加强应付账款和应付票据的管理，由专人按照约定的付款日期、折扣条件等管理应付款项。已到期的应付款项需经有关授权人员审批后方可办理结算与支付；对于有预付货款的交易，在收到供应商发票后，应将预付金额充抵部分发票金额，以此来记录应付账款。④必须分别设置应付账款的总账和明细账。⑤对于享有折扣的交易，应根据供应商发票金额减去折扣金额的净额登记应付账款。⑥每月应将应付账款明细账与客户的对账单进行核对，如有不符，应查明原因，及时处理。

7. 付款控制

单位应当按照《现金管理暂行条例》《支付结算办法》和《内部会计控制规范——货币资金(试行)》等规定办理采购付款业务。

财会部门在办理付款业务时，应当对采购发票、结算凭证、验收证明等相关凭证的真实性、完整性、合法性进行严格审核。企业应当建立预付账款和定金的授权批准制度，加强预付账款和定金的管理。

采购与付款循环中主要业务活动、对相应的凭证及账户、相关的认定、重要控制点的关系如表 10-1 所示。

**表 10-1　　采购与付款循环中的各种关系**

| 主要业务活动 | 相关凭证及账户 | 相关部门 | 相关认定 | 重要控制点 |
|---|---|---|---|---|
| 请购商品或劳务 | 请购单 | 仓库、其他部门 | | 签字批准 |
| 编制订购单 | 订货单 | 采购部门 | 完整性 | 订货单预先编号、一式多联 |

（续表）

| 主要业务活动 | 相关凭证及账户 | 相关部门 | 相关认定 | 重要控制点 |
| --- | --- | --- | --- | --- |
| 验收商品 | 订购单、验收单 | 验收部门 | 存在、完整性 | 验收单预先编号、一式多联 |
| 储存已验收商品 | 验收单 | 仓库部门 | 存在 | 保管和采购职能分离 |
| 编制付款凭单 | 付款凭单、订购单、验收单、发票 | 应付凭单部门 | 存在、完整性、计价和分摊 | 预先编号并经适当批准 |
| 确认记录负债 | 请购单、验收单、供应商发票、转账凭证、应付账款明细账 | 会计部门 | 存在、完整性、计价和分摊 | 记录库存现金收支人员不得经手库存现金、有价证券和其他资产 |
| 支付并记录负债 | 付款凭单 | 应付凭单部门、财务部门 | 存在、完整性、计价和分摊 | 支票预先编号、相关凭证要注销 |
| 记录现金银行存款支出 | 现金与银行存款日记账、付款凭证 | 会计部门 | 存在、完整性、计价和分摊 | 账账核对、账证核对、独立编制银行存款余额调节表 |

## 三、采购与付款循环内部控制的了解和描述

了解被审计单位采购与付款循环的内部控制是评价重大错报风险的基础，注册会计师主要凭借以往与客户交往的经验，并通过运用询问、观察、检查凭证和查阅文件等程序，来了解被审计单位采购与付款内部控制的情况。注册会计师一般利用调查表来描述内部控制的情况。采购与付款循环的内部控制调查表如表 10-2 所示。

**表 10-2　　采购与付款内部控制调查表**

编制人：　　审计日期：　　被审计单位：

复核人：　　复核日期：　　截止日或期间：

| 主要业务活动 | 提出问题 | 是 | 否 | 不适用 | 备注 |
| --- | --- | --- | --- | --- | --- |
| 请购商品或劳务 | (1) 是否已建立请购的一般和特别授权批准程序 | | | | |
| | (2) 每笔采购业务是否都必须具有经过批准的请购单 | | | | |
| 订购商品或劳务 | (1) 每笔采购业务是否均填制订购单 | | | | |
| | (2) 是否使用预先编号的订购单并加以控制 | | | | |
| 验收商品 | (1) 验收部门接收货物之前是否必须取得订购单 | | | | |
| | (2) 是否清点、检验货物，并与订购单相核对 | | | | |
| | (3) 验收单是否预先编号，并附有验收人员的签字 | | | | |
| | (4) 验收部门将商品送交仓库后，是否取得对方签章的收据 | | | | |
| 存储已验收的商品 | (1) 商品是否存放在安全的地点，并仅限经过批准的人接近 | | | | |
| | (2) 是否设有保安人员守卫仓库存货 | | | | |

（续表）

| 主要业务活动 | 提出问题 | 是 | 否 | 不适用 | 备注 |
|---|---|---|---|---|---|
| 编制付款凭单 | （1）编制付款凭单，是否将付款凭单同订购单、验收单、发票相互配合 | | | | |
| | （2）是否独立检查发票和凭单计算的准确性 | | | | |
| | （3）付款凭单是否经过批准 | | | | |
| 确认并记录负债 | （1）是否对有关记账凭证的分录进行独立检查，以确定分类的适当性和入账的及时性 | | | | |
| | （2）是否核对采购发票与相关的订购单、验收单等，审核其内容是否一致 | | | | |

## 四、初步评价内部控制

对采购与付款交易进行初步评价，其目的在于注册会计师对其进行实质性程序前确定对采购交易内部控制的可依赖程度。

注册会计师可通过下列措施来完成初步评价：①确定该项认定可能发生哪些潜在的错报或漏报。②确认哪些控制可以防止或发现更正这些错报或漏报。

注册会计师通过比较必要的控制和现有控制，初步评价计划依赖的采购交易的内部控制。如果被审计单位没有建立注册会计师认为的必要控制，或者现有控制不足以防止或检查错报或漏报，那么注册会计师应该考虑控制缺陷对审计的影响，如扩大采购交易实质性程序的范围。初步评价的结果应记录在工作底稿之中。

## 五、重大错报风险的识别与评估

注册会计师应在了解被审计单位及其环境的过程中，识别和评估采购与付款循环中的重大错报风险。通过研究被审计单位的行业状况、法律环境与监管环境及其他外部因素，了解被审计单位的性质、目标及相关经营风险，初步评价了相关内部控制后，在采购与付款循环审计中，影响采购与付款循环的风险有很多来源，具体包括：

（1）管理层舞弊风险：管理层会采取虚增经营资产价值，维持企业经营资产规模不断扩大的假象。虚增资产价值，后期可以获得更多的税收抵减。也可能由于当期利润的压力而随意变更折旧和摊销金额，不按真实情况计提资产减值。

（2）员工舞弊风险：主要是利用内部控制的缺陷，获取非法采购回扣，或干脆向不存在的供应商付款。

（3）经营流程风险：在经营流程中，由于未能取得充足数量和质量的材料、不恰当付款、信息处理不及时、应付账款金额不准确、未及时记录负债和及时付款等风险，从而导致报表出现重大错报。

（4）会计政策风险：会出现资产的计价与准则不一致。在非货币性交易中，没有严格按照会计准则关于具有商业实质交易和无商业实质交易，对交易的非货币性资产正确计价。

（5）会计估计风险：注册会计师需要对固定资产的折旧和减值准备计提等进行估计，判断是否存在会计估计风险。

(6) 信息处理风险：在信息处理中没有将所有的请购单生成订单；应付账款估价有误；现金折扣、购货折让和退回信息有误；没有及时处理购货信息；资产减值准备计提不充分或过多。

(7) 披露风险：主要是在财务报表中披露的资产、负债前后数字不一致；非货币性交易的披露不透明、不充分。

## 六、采购与付款循环的控制测试

采购与付款循环中可能产生的错报、必要的控制和可能执行的控制测试如表 10-3 所示。

**表 10-3　　采购与付款循环控制风险的考虑**

| 主要业务活动 | 可能的错报 | 关键控制点 | 可能的控制测试 |
| --- | --- | --- | --- |
| 请购商品或劳务 | 可能请购过多的商品 | (1) 由经授权的专门机构和人员填制请购单<br>(2) 每张请购单应经过对这类支出负责预算的主管签字批准 | 检查授权和批准的情况 |
| 编制订购单 | 可能有未授权的采购 | 订购单一式多联并连续编号，经被授权的采购人员签名 | 抽查订购单的连续性 |
| 验收商品 | (1) 可能收到未订货的商品<br>(2) 收到商品的名称数量质量可能不符合要求 | (1) 收到货物时，应由独立于采购、仓储、运输职能的验收部门或人员点收，根据订购单验收商品，并编制一式多联的验收报告单<br>(2) 每张请购单应经过对这类支出负责预算的主管签字批准 | (1) 检查验收报告单后附的请购单、订购单<br>(2) 检查验收人员实际验收过程 |
| 储存已验收商品 | 商品可能被盗走 | (1) 将保管与采购的其他职责分开<br>(2) 只有经授权的人员才能接近保管的资产 | (1) 检查入库单<br>(2) 观察接近资产的情况 |
| 编制付款凭单 | 可能对未订货的商品或未收到的商品编制付款凭单 | 每张凭单应与订购单、验收单和供货商发票配合。 | 检查与每张凭单相配合的订购单、验收单和供货商发票 |
| 确认与记录负债 | 凭单可能未入账 | 独立检查每日的凭单汇总表和有关记账凭证上金额的一致性 | 审查执行独立检查的证据，重新执行独立检查 |
| 记录现金支出 | (1) 支票可能未入账<br>(2) 支票记录时可能出错<br>(3) 支票可能未及时入账 | (1) 使用和控制预先编号的支票<br>(2) 定期独立编制银行存款余额调节表<br>(3) 独立检查支票的日期和记账日期 | (1) 检查使用和控制预先编号支票的证据<br>(2) 审查银行存款余额调节表<br>(3) 重新执行独立检查 |

### (一) 采购与付款循环的控制测试

1. 职责分离控制的测试

注册会计师应审阅有关程序手册、人事政策、组织章程、账簿和系统使用的其他文件和记录，以及采用询问的方式，同参与业务处理的员工讨论责任分工情况，确认在采购、付款等业务中是否存在明确的职务分工。注册会计师还应观察员工们在履行职责时的表现，确定其是否做到尽职尽责。

2. 请购商品或劳务内部控制的测试

请购制度有助于对订货单和采购发票的控制，从而使得控制测试的结果为进一步信赖该制度提供有力的证据。注册会计师尤其应关注对请购单的提出和核准的控制程序。对其进行控制测试时，应选择若干张请购单，检查摘要、数量及日期和相应文件的完整性，审核核准的证据手续是否完整，有无核准人签字等。

3. 订货商品或劳务内部控制的测试

订货单是经核准的采购业务的执行凭证，注册会计师通常更注意对订货单的填制和处理的控制，关注订货单是否准确处理和全部有效。进行测试时，应注意审查订货单的完整性，如编号、日期、摘要、数量、价格、规格、质量及运输要求等是否齐全，审查订货单是否附有请购单或其他授权文件。

4. 货物验收内部控制的测试

注册会计师应确定采购发票是否与验收单一致；验收部门是否独立行使职责，并编制正确的验收单；查询并观察验收部门在收货时对货物的检查情况，检查按编号顺序处理的验收单的完整性，即验收单的内容的填写是否完整；查阅货物质量检验单的内容和处理程序。

5. 应付账款内部控制的测试

注册会计师应检查采购业务的原始凭证，包括每张记录负债增加的记账凭证是否均附有订货单、验收单、采购发票，审核这些原始凭证的数量、单价、金额是否一致，原始凭证上的各项手续是否齐全。应注意现金折扣的处理是否由经授权的经办人按规定处理，测试中可抽查部分采购发票，注意有关人员是否在现金折扣期限内按原发票价格支付货款，再从供货方取得退款支票或现金，中饱私囊，造成企业资金的损失。注册会计师还应根据付款凭证记录的内容，分别追查应付账款和存货明细账与总账是否进行平行登记，金额是否一致。

6. 付款业务内部控制的测试

注册会计师可通过查询、观察、检查及重复执行内部控制等措施等对资金支出进行测试，其步骤与方法是：①检查支票样本，审核付款是否经过批准，支票是否与应付凭单一致，付款后是否注销凭单，支票是否由经过授权批准的人员签发。②检查支票登记簿的编号次序，与相应的应付账款明细账和银行存款日记账核对，审查其金额是否一致。③观察编制凭证和签发支票、签发支票与保管支票的职责分配是否符合内部控制原则。④检查付款支票样本，确定资金支付是否完整地记录在适当的会计期间。

**【例 10-1】** A 和 B 注册会计师于 2020 年 12 月 1 日至 7 日对红星公司采购与付款循环的内部控制进行了解和测试，并在相关审计工作底稿中记录了了解和测试的事项，摘录如下。

(1) 红星公司的材料采购需要经授权批准后方可进行。采购部根据经批准的请购单进行操作。货物运达后，验收部根据订购单的要求验收货物，并编制一式多联的未连续编号的验收单。仓库根据验收单验收货物，在验收单上签字后，将货物移入仓库加以保管。验收单上有数量、品名、单价等要素。验收单一联交采购部登记采购明细账和编制付款凭单，付款凭单经批准后，月末交会计部；一联交会计部登记材料明细账；一联由仓库保留并登记材料明细账。会计部根据只附验收单的付款凭单登记有关账簿。

(2) 会计部审核付款凭单后，支付采购款项。红星公司授权会计部的经理签署支票，经理将其授权给会计人员丁负责，但保留了支票印章。丁根据已适当批准的凭单，在确定支票受款人名称与凭单内容一致后签署支票，并在凭单上加盖“已支付”的印章。对付款控制程序的穿行测试表明，注册会计师A和B未发现与公司规定有不一致之处。

**问题**：根据上述摘录，请代A和B注册会计师指出采购与付款循环内部控制方面的缺陷，并提出改进建议。

**解答**：

红星公司采购与付款循环内部控制方面的缺陷如下：

(1) 验收单未连续编号，不能保证所有的采购都已记录或不被重复记录。应建议红星公司对验收单进行连续编号。

(2) 付款凭单未附订购单及采购发票等，会计部无法核对采购事项是否真实，登记有关账簿时，金额或数量可能出现差错。应建议红星公司将订购单和发票等与付款凭单一起交会计部。

(3) 会计部月末审核付款凭单后才付款，未能及时将材料采购和债务登记入账并按约定时间付款。应建议红星公司采购部及时将付款凭单交会计部，按约定时间付款。

### (二) 固定资产的控制测试

固定资产的内部控制是采购与付款循环内部控制的重要组成部分，在多数制造业企业中，固定资产在其资产总额中占有很大的比重，大额固定资产的购建会影响其现金流，而固定资产折旧、维修等费用则影响其损益。鉴于其重要性，这里单独列示固定资产的内部控制及其测试。

1. 固定资产的预算制度

预算制度是固定资产内部控制中最重要的部分。通常，大企业应编制年度预算以预测与控制固定资产增减和合理运用资金的情况；小企业即使没有正规的预算，对固定资产的购建也应事先编制计划。

注册会计师应注意检查固定资产的取得和处置是否均依据预算，对实际支出与预算之间的差异以及未列入预算的特殊事项，应检查其是否履行特别的审批手续。如果固定资产增减均处于良好的经批准的预算控制之下，注册会计师即可适当减少对固定资产增加、减少实施的实质性程序的样本量。

2. 授权批准制度

完善的授权批准制度包括：①企业的资本性预算只有经过董事会等高层管理机构批准方可生效。②所有固定资产的取得和处置均须经企业管理层的书面认可。

注册会计师不仅要检查客户固定资产授权批准制度本身是否完善，还需关注授权批准制度是否得到切实执行。

3. 账簿记录制度

客户须设置固定资产总账、固定资产明细分类账和固定资产登记卡，按固定资产类别、使用部门和每项固定资产进行明细分类核算。固定资产的增减变化均应有充分的原始凭证。一套设置完善的固定资产明细分类账和登记卡，将有助于注册会计师分析固定资产的取得和处置、复核折旧费用和修理支出的列支。

4. 职责分工制度

对固定资产的取得、记录、保管、使用、维修、处置等，均应明确划分责任，由专门部门和专人负责。明确的职责分工制度，有利于防止舞弊，降低注册会计师的审计风险。

5. 资本性支出和收益性支出的区分制度

企业应制定区分资本性支出和收益性支出的书面标准。通常须明确资本性支出的范围和最低金额，凡不属于资本性支出的范围、金额低于下限的任何支出，均应列出费用并抵减当期收益。

6. 固定资产的处置制度

固定资产的处置包括投资转出、报废、出售等，均要有一定的申请报批程序。

7. 固定资产的定期盘点制度

对固定资产的定期盘点，是验证账面各项资产是否真实存在、了解资产放置地点和使用状况以及发现是否存在未入账固定资产的必要手段。注册会计师应了解和评价企业固定资产盘点制度，并应关注盘盈、盘亏固定资产的处理情况。

8. 固定资产的维护保养制度

固定资产应有严密的维护保养制度，以防止其因各种自然和人为的因素而遭受损失，并应建立日常维护和定期检修制度，以延长其使用寿命。

固定资产内部控制测试的要点如下：

(1) 对于固定资产的预算制度，注册会计师选取固定资产投资预算和投资可行性项目论证报告，检查是否编制预算并进行论证，以及是否经适当层次审批；对实际支出与预算之间的差异以及未列入预算的特殊事项，应检查其是否履行特别的审批手续。如果固定资产增减均能处于良好的经批准的预算控制之下，注册会计师即可适当减少对固定资产增加、减少审计中的实质性程序样本量。

(2) 对于固定资产的授权批准制度，注册会计师不仅应检查被审计单位固定资产授权批准制度本身是否完善，还应选取固定资产请购单及相关采购合同，检查是否得到适当的审批和签署，关注授权批准制度是否得到切实执行。

(3) 对于固定资产的账簿记录制度，注册会计师应当认识到，一套设置完善的固定资产明细分类账和登记卡，将为注册会计师分析固定资产的取得和处置、复核折旧费用和修理支出的列支带来帮助。

(4) 对于固定资产的职责分工制度，注册会计师应当认识到，明确的职责分工制度，有利于防止舞弊，降低注册会计师的审计风险。因此，注册会计师应通过对前面所讲关键环节有无明确职责划分进行测试，了解职责分工情况。

(5) 对于资本性支出和收益性支出的区分制度，注册会计师应当检查该项制度是否遵循企业会计准则的要求，是否适应被审计单位的行业特点和经营规模，并抽查实际发生与固定资产相关的支出时是否按照该制度进行恰当的会计处理。

(6) 对于固定资产的处置制度，注册会计师应当关注被审计单位是否建立了有关固定资产处置的分级申请报批程序；抽取固定资产盘点明细表，检查账实之间的差异是否经审批后及时处理；抽取固定资产报废单，检查报废是否经适当批准和处理；抽取固定资产内部调拨单，检查调入、调出是否已进行适当处理；抽取固定资产增减变动情况分析报告，检查是否经复核。

(7) 对于固定资产的定期盘点制度，注册会计师应了解和评价企业固定资产盘点制度，并应注意查询盘盈、盘亏固定资产的处理情况。

(8) 对于固定资产的保险情况，注册会计师应抽取固定资产保险单盘点表，检查是否已办理商业保险。

考虑到采购与付款循环控制测试的重要性，注册会计师往往对这一循环采用属性抽样审计方法。对该循环中的大多数属性进行测试时，注册会计师通常选择相对较低的可容忍误差。

注册会计师应当通过控制测试获取支持将被审计单位的控制风险评价为中或低的证据。如果能够获取这些证据，注册会计师就可以接受较高的检查风险，并在很大程度上可以通过实施实质性分析程序获取进一步的审计证据，同时减少对采购与付款交易和相关余额实施细节测试的依赖。

### 七、进一步评价采购与付款循环的内部控制

采购与付款循环的内部控制的进一步评价目的是对采购与付款业务进行实质性程序前，是否信赖其内部控制，以及可信赖程度的一种评价。注册会计师执行控制测试以后，应对内部控制进行重新评价，根据再次评价的控制风险水平，重新考虑和推算检查风险的水平，从而可以确定将要执行的实质性测试的性质、时间安排和范围。

## 第三节 采购与付款循环的实质性程序

采购与付款循环的主要重大错报风险通常是低估费用和应付账款，从而高估利润，粉饰财务报表，因此注册会计师应着重关注采购费用支出及应付债务的审计。采购与付款循环的实质性程序主要包括对应付账款、固定资产、累计折旧，以及相关的在建工程、固定资产清理、预付账款、管理费用等账户的审计。

### 一、采购交易的实质性程序

#### (一) 测试登记入账的采购业务是否真实

为测试登记入账的采购业务是否真实，注册会计师应实施以下实质性程序：

(1) 复核采购明细账、总账及应付账款明细账，注意是否有大额或不正常的金额。

(2) 审查购货方发票、验收单、订货单和请购单的合理性和真实性。

(3) 追查存货的采购至存货永续盘存记录。

(4) 检查取得的固定资产。

上述测试与发生认定相关。如果注册会计师对被审计单位内部控制的有效性感到满意，为查找不正确、不真实存在的交易而执行的实质性程序就可大大减少。恰当的控制可以防止管理层和职员受益而非企业本身受益的交易，作为企业的营业支出或资产记入账中。例如，职员未经批准购置个人用品，或通过在付款凭单登记虚假采购而侵吞公款，支付企业管理人员在俱乐部的个人会费、支付管理人员及其家属的度假费用等。如果发觉企业对这些不正当交易的控制不充分，注册会计师就需对与这些交易有关的单据进行更大样本的检查。

### (二) 测试发生的采购业务是否均已登记入账

应付账款是在正常的商业过程中接受商品和劳务而产生的未予付款的负债。已经验收的商品和劳务若未予以入账，将直接影响应付账款余额，从而少计企业的负债。如果注册会计师确信被审计单位所有的采购业务均已准确、及时地登记入账，就可以从了解和测试其内部控制入手进行审计，从而大大减少固定资产和应付账款等财务报表项目的实质性程序工作量，降低审计成本。

注册会计师通常采用下列程序测试已发生的采购业务是否均已登记入账：

(1) 从验收单追查至采购明细账。

(2) 从销货方发票追查至采购明细账。

上述测试与完整性认定相关。

**【例 10-2】** 注册会计师李华去参加佳佳乐商贸公司的审计，发现其“存货”账户有负数出现，进一步了解后发现公司有大量商品从供货方赊购后未入库就直接销售给客户，该公司在账务处理上确认了收入，同时也结转了销售成本，但未确认存货和应付账款。该公司的财务科长解释说，本公司的商品销售非常顺畅，很多时候还没有入库就销售完毕，因此选择这样的会计处理，不但简单快捷，而且对公司的损益不产生任何影响。

**问题：**如果你是李华，该如何看待此种处理和对方财务科长的说法？

**解答：**

该商贸公司在商品赊购和销售环节上不确认存货和应付账款的做法是不符合会计规范的。此种处理虽然不影响损益，但会影响公司的资产和负债数额，直接降低了公司的资产负债率，美化了与此相关的多个财务指标，如总资产利润率，负债与权益比率，可认为是为了获得银行贷款或获取上市资格而采取的会计投机行为。公司财务科长的说法显然是企图掩盖真相，蒙混过关，应当提请被审计的公司进行补充会计处理。

### (三) 测试登记入账的采购业务的估价是否准确

资产、负债和费用项目的估价有赖于交易在采购明细账上的正确记录，这些报表项目实质性程序的范围，在很大程度上取决于注册会计师对被审计单位购货交易内部控制运行效果的评价。如果注册会计师认为其购货交易内部控制运行有效，则注册会计师对这些报表项目计价准确性实施的实质性程序数量，显然要比内部控制制度不健全或形同虚设的企业少得多。

当被审计单位对存货采用永续盘存制核算时，如果注册会计师确信其永续盘存记录是准确、及时的，则存货项目的实质性程序就可予以简化。被审计单位对永续盘存制中购入环节的内部控制，一般应作为审计中对购入业务进行控制测试的对象之一，如果这些控制能够有效运行，并且永续盘存记录又能反映出存货的数量和单位成本，则还可以减少存货监盘和存货单位成本计价测试的工作量。

未测试登记入账的采购业务的估价是否准确，注册会计师应当采用的典型程序是将采购明细账中记录的业务与销货方发票、验收单和其他证明文件比较，复核包括折扣和运费在内的销货方发票计算的准确性。

### (四) 测试登记入账的采购业务的分类是否正确

采购业务分类是否正确的测试一般可与估价测试一并进行。注册会计师可以通过审核销货方发票等原始凭证和会计科目表来确定具体业务的类别是否正确，并以此与账簿的实际记录做比较。

**(五) 测试采购业务的记录是否及时**

在执行估价实质性程序的同时，将验收单和销货方发票上的日期与采购明细账中的日期进行比较，以确定采购业务的记录是否及时。如有重大差异，就可能存在购货截止期限的错误，需进行存货截止测试。

存货截止测试，就是检查截止到 12 月 31 日，企业已购入并包括在 12 月 31 日存货盘点范围内的存货，是否记入当年财务报表内。存货正确截止的关键在于存货实物纳入盘点范围的时间与存货引起的借贷双方会计科目的入账时间都处于同一会计期间。如果当年 12 月 31 日购入货物，并已包括在当年 12 月 31 日的实物盘点范围内，而购货发票于次年 1 月 1 日后才收到，并已记入次年 1 月份账内，当年 12 月份账上并无进货和对应的负债记录，这就少计了存货和应付账款；相反，如果在当年 12 月 31 日就收到一张购货发票，并记入当年 12 月份账内，而这张发票所对应的存货实物却在次年 1 月 1 日后才收到，未包括在当年年底的盘点范围内，这样就有可能少计本年的利润。

按照存货正确截止的基本要求，若未将年终在途货物列入当年存货盘点范围内，只要相应的负债亦同时记入次年账内，对财务报表的影响并不重要。

存货截止测试的主要方法是抽查存货盘点日期前后的购货发票与验收单，档案中的每张发票均附有验收单。12 月底入账的发票如果附有 12 月 31 日或之前的验收单，则货物肯定已经入库，并包括在本年的实地盘点存货范围内。如果验收报告日期为 1 月份的日期，则货物不会列入年底实地盘点存货范围内；反之，仅有验收单而无购货发票，则应认真审核每一张验收单是否加盖暂估入库印章，并以暂估价记入当年存货账内，待次年年初以红字冲销。存货截止测试的另一种方法是审阅验收部门的业务记录，凡是接近年底(包括次年年初)购入的货物，必须查明对应的购货发票是否在同期入账，对于未收到购货发票的入库存货，是否将入库单分开存放并暂估入账。

在确定截止测试样本时，一般以截止日为界限，分别向前倒推或向后顺推若干日，按顺序选取较大金额采购业务的发票或验收单作为审计样本。截止测试完成后，对于发现的截止错误，应提请被审计单位做必要的账务调整。

**(六) 测试采购业务是否已正确地记入明细账并准确地汇总**

为测试过账和汇总的准确性，常用的实质性程序有：

(1) 加总合计采购明细账。

(2) 追查过入采购总账和应付账款、存货明细账的数额，并与采购明细账核对相符。

## 二、应付账款的实质性程序

**(一) 获取或编制应付账款明细表**

(1) 复核明细表金额并计算是否正确，并与报表数、总账数和明细账合计数核对是否相符。

(2) 检查非记账本位币应付账款的折算汇率及折算是否正确。

(3) 分析出现借方余额的项目，查明原因，必要时，建议做重分类调整。

**(二) 对应付账款实施分析程序**

(1) 对本期期末应付账款余额与上期期末余额进行比较,分析其波动原因。

(2) 分析长期挂账的应付账款,要求被审计单位做出解释,判断被审计单位是否缺乏偿债能力或利用应付账款隐瞒利润。并注意其是否可能无须支付,对确实无须支付的应付款的会计处理是否正确,依据是否充分。

(3) 计算应付账款对存货的比率、应付账款对流动负债的比率,并与以前期间对比,分析评价应付账款整体的合理性。

(4) 根据存货、主营业务收入和主营业务成本的增减变动幅度,判断应付账款增减变动的合理性。

**(三) 函证应付账款**

一般情况下,应付账款不需要函证,这是因为函证不能保证查出未记录的应付账款,况且注册会计师能够取得采购发票等外部凭证来证实应付账款的余额。但如果控制风险较高,应付账款明细账户金额较大或被审计单位处于财务困难阶段,则应进行应付账款的函证。

进行函证时,注册会计师应选择较大金额的债权人,账龄较长的或长期不送对账单的债权人,以及那些在资产负债表日金额不大、甚至为零,但为企业重要供货商的债权人,作为函证对象。函证最好采用积极形式,并具体说明应付金额。同应收账款的函证一样,注册会计师必须对函证的过程进行控制,要求债权人直接回函,并根据回函情况编制与分析函证结果汇总表,对未回函的,应考虑是否再次函证。

如果存在未回函的重大项目,注册会计师应采用替代审计程序。比如,可以检查决算日后应付账款明细账及现金和银行存款日记账,核实其是否已支付,同时检查该笔债务的相关凭证资料,核实交易事项的真实性。

**(四) 检查应付账款是否计入正确的会计期间,是否存在未入账的应付账款**

为了防止企业低估负债,注册会计师在检查客户有无故意漏记应付账款时,可从以下几个方面予以考虑:

(1) 检查债务形成的相关原始凭证(如供应商发票、验收报告或入库单等),查找有无未及时入账的应付账款,确定应付账款期末余额的完整性。

(2) 检查资产负债表日后应付账款明细账贷方发生额的相应凭证,关注其购货发票的日期,确认其入账时间是否合理。

(3) 获取被审计单位与其供应商之间的对账单(应从非财务部门获取,如采购部门),并将对账单和被审计单位财务记录之间的差异进行调节(如在途款项、在途货物、付款折扣、未记录的负债等),查找有无未入账的应付账款,确定应付账款金额的准确性。

(4) 针对资产负债表日后付款项目,检查银行对账单及有关付款凭证(如银行划款通知、供应商收据等),询问被审计单位内部或外部的知情人员,查找有无未及时入账的应付账款。

(5) 结合存货监盘,检查被审计单位在资产负债日前后的存货入库资料(验收报告或入库单),检查是否有大额"料到单未到"的情况,确认相关负债是否计入了正确的会计期间。

本书案例中公正会计师事务所的注册会计师编制的新欣股份公司的购货截止测试检查表如表10-4所示。

**表 10-4** **购货截止测试检查表** 索引号：A21-1-2

被审计单位：新欣公司 截止日：2019 年 12 月 31 日

编制人：章艺 复核人：李明

日期：2020 年 2 月 13 日 日期：2020 年 2 月 15 日

| 序号 | 订单号码 | 购货发票 | | | | 入库单 | | | | 记账凭证 | | | 过账 | |
|---|---|---|---|---|---|---|---|---|---|---|---|---|---|---|
| | | 日期 | 发票号码 | 1 | 2 | 日期 | 编号 | 3 | 4 | 日期 | 5 | 6 | 7 | 8 |
| 1 | 0126 | 12/30 | 2615 | √ | √ | 12/30 | 101 | √ | √ | 12/30 | √ | √ | √ | √ |
| 2 | 0127 | 12/31 | 3611 | √ | √ | 12/31 | 102 | √ | √ | 12/31 | √ | √ | √ | √ |
| 3 | 0128 | 12/31 | 3619 | √ | √ | 12/31 | 103 | √ | √ | 12/31 | √ | √ | √ | √ |
| 4 | 0129 | 1/1 | 3718 | √ | √ | 12/31 | 104 | √ | √ | 1/2 | √ | √ | √ | √ |
| 5 | 0130 | 1/2 | 3912 | √ | √ | 1/2 | 105 | √ | √ | 1/3 | √ | √ | √ | √ |
| | … | … | | | | | | | | | | | | |

核对说明：

1. 发票所列货名、型号、规格、数量、金额与订单核对一致；
2. 发票入账前经主管人员审核批准；
3. 入库单货名、型号、规格、数量、金额与发票核对一致；
4. 记账凭证分录正确；
5. 记账凭证金额与发票核对一致；
6. 已过入原材料、应付账款明细账；
7. 已过入原材料、应付账款总账。

审计说明：

抽查 2019 年 12 月 31 日前后一周内的材料采购业务，发现＃0129 订单的入账时间有误，涉及金额 10 000 元，应编制调整分录：

借：原材料 10 000

应交税费——应交增值税（进项税） 1 300

贷：应付账款 11 300

**（五）检查应付账款是否存在借方余额**

如果应付账款明细账有借方余额，注册会计师应查明是否由于漏记购货款或记入了预付账款所致，必要时应建议被审计单位作重分类调整。

**（六）检查应付账款的偿还**

针对已偿付的应付账款，追查至银行对账单、银行付款单据和其他原始凭证，检查其是否在资产负债表日前真实偿付。

**（七）检查异常或大额交易及重大调整事项**

针对大额的购货折扣或退回，会计处理异常的交易，未经授权的交易，或缺乏支持性凭证的交易等，检查相关原始凭证和会计记录，以分析交易的真实性、合理性。

**（八）检查不同债务重组方式下的会计处理方法是否正确**

不同方式的债务重组的会计处理是否符合准则相应的规定。

**（九）检查是否存在应付关联方账款**

若存在应付关联方账款，应通过了解关联交易事项的目的、价格和条件，检查采购合同等，以确认应付账款的合法性和合理性；通过向关联方或其他注册会计师查询及函证等方法，以确认交易的真实性。

**(十) 检查应付账款的分类是否恰当**

结合预付账款的明细余额,查明有无在应付账款和预付账款同时挂账的项目;结合其他应付款的明细余额,查明有无不属于应付账款的其他应付款。如有,应做出记录,必要时,建议被审计单位做重分类调整或会计误差调整。

**(十一) 检查带有现金折扣的应付账款**

有现金折扣的应付账款是否按发票上记载的全部应付金额入账,待实际获得现金折扣时再冲减财务费用项目

**(十二) 检查应付账款列报的恰当性**

一般来说,应付账款项目应根据应付账款和预付账款科目所属明细科目的期末贷方余额的合计数填列。如果被审计单位为上市公司,则通常在其会计报表附注中应说明有无欠持有5%以上(含5%)表决权股份的股东单位账款;说明账龄超过3年的大额应付账款未偿还的原因,并在期后事项中反映资产负债表日后是否偿还。

**【例10-3】** A公司利用应付账款隐瞒收入

注册会计师李永对A公司2020年度的销售收入进行分析程序时,发现本年度的销售收入比上年明显减少。对照在前期调查了解到A公司本年度生产销售情况是历史上最好的实际情况,李永感到销售收入的真实性值得怀疑,于是,抽查了9月份、12月份相关的会计凭证。发现其原始凭证中有销货发票的记账联,而记账凭证中反映的是"应付账款",共计120万元。李永针对这种情况,询问了有关的当事人,并向应付账款的对方企业函证,结果发现A公司是将企业正常的销售收入反映在"应付账款"中,作为其他企业的暂存款处理。

李永对此业务的审计处理是:

(1) 扩大抽查原始凭证的比例,检查其他月份是否存在将正常销售收入反映在"应付账款"中的事项。

(2) 提请被审计单位作相应的会计调整,并调整会计报表相关的数额。

(3) 如果被审计单位拒绝接受调整,则将查证的金额与重要性水平相比,选择相应的审计报告类型。

## 三、固定资产——账面余额的实质性程序

固定资产的审计目标一般包括:确定固定资产是否存在;确定固定资产是否属于被审计单位所有或控制;确定固定资产的计价方法是否恰当;确定固定资产的折旧政策是否恰当;确定折旧费用的分摊是否合理、一贯;确定固定资产减值准备的计提是否充分、完整,方法是否恰当;确定固定资产、累计折旧和固定资产减值准备的记录是否完整;确定固定资产、累计折旧和固定资产减值准备的期末余额是否正确确定固定资产、累计折旧和固定资产减值准备的披露是否恰当。固定资产审计的实质性程序一般包括如下内容。

**(一) 获取或编制固定资产、累计折旧及减值准备分类汇总表**

注册会计师应首先取得或编制固定资产及累计折旧分类汇总表,检查固定资产的分类是否正确,复核加计是否正确并与总账数和明细账合计数核对相符;结合累计折旧、固定资产减值准备科目与报表数核对相符。

固定资产、累计折旧及减值准备分类汇总表,如表10-5所示。

表 10-5　　固定资产、累计折旧及减值准备分类汇总表　　索引号:A42-2

项目:固定资产、累计折旧及减值准备明细表　　报表截止日/期间:2019 年 12 月 31 日

编制人:章艺　　复核人:李明

日期:2020 年 2 月 13 日　　日期: 2020 年 2 月 15 日

| 项目名称 | 期初余额 | 本期增加 | 本期减少 | 期末余额 |
| --- | --- | --- | --- | --- |
| 一、原价 | | | | |
| 房屋、建筑物 | 10 200 000 | 500 000 | — | 10 700 000 |
| 机器设备 | 1 600 000 | 100 000 | — | 1 700 000 |
| 运输工具 | 1 200 000 | 100 000 | 100 000 | 1 200 000 |
| 合计 | 13 000 000 | 700 000 | 100 000 | 13 600 000 |
| 二、累计折旧 | | | | |
| 房屋、建筑物 | 1 500 000 | 50 000 | — | 1 550 000 |
| 机器设备 | 210 000 | 10 000 | — | 220 000 |
| 运输工具 | 190 000 | 10 000 | 85 000 | 115 000 |
| 合计 | 1 900 000 | 70 000 | 85 000 | 1 885 000 |
| 三、减值准备 | | | | |
| 房屋、建筑物 | | | | |
| 机器设备 | | | | |
| 运输工具 | | | | |
| 合计 | | | | |
| 四、账面价值 | | | | |
| 房屋、建筑物 | 8 700 000 | 450 000 | — | 9 150 000 |
| 机器设备 | 1 390 000 | 90 000 | — | 1 480 000 |
| 运输工具 | 1 010 000 | 90 000 | 15 000 | 1 085 000 |
| 合计 | 11 100 000 | 630 000 | 15 000 | 11 715 000 |

### (二) 实施分析程序

根据具体情况,选择适当的方法对固定资产实施分析程序。

(1) 计算固定资产原值与本期产品产量的比率,并与以前期间比较,可能发现闲置固定资产或已减少固定资产未在账户上注销的问题。

(2) 计算本期计提折旧额与固定资产总成本的比率,将此比率同上期比较,旨在发现本期折旧额计算上的错误。

(3) 计算累计折旧与固定资产总成本的比率,将此比率同上期比较,旨在发现累计折旧核算上的错误。

(4) 比较本期各月之间、本期与以前各期之间的修理及维护费用,旨在发现资本性支出和收益性支出上可能存在的错误。

（5）比较本期与以前各期的固定资产增加和减少。由于被审计单位的生产经营情况在不断地变化，各期之间固定资产增加和减少的数额相关很大。注册会计师应当深入分析其差异，并根据被审计单位以往和今后的生产经营趋势，判断差异产生的原因是否合理。

（6）分析固定资产的构成及其增减变动情况，与在建工程、现金流量表、生产能力等相关信息交叉复核，检查固定资产相关金额的合理性和准确性。

**【例 10-4】** 蓝田公司扔到水里的固定资产

湖北蓝田股份有限公司（以下简称蓝田），主要从事农副水产养殖和加工，自 1996 年上市以来，业绩优良，创造了中国农业企业的“蓝田神话”，号称中国农业第一股。然而，2001 年 10 月，有学者撰文揭露了蓝田的造假行为，披露了该公司已经无力归还 20 亿元贷款的事实，使蓝田神话彻底破灭。

对于蓝田历年的财务报表，注册会计师都出具了无保留意见的审计报告。实际上种种迹象表明蓝田报表存在严重的错报风险，包括其偿债能力不足，收入和资产涉嫌造假等，其中比较典型的是“扔到水里的固定资产”。据蓝田解释，其巨额营业收入资金大部分转化为固定资产（如鱼塘工程改造），造成固定资产大规模的增加。但据专家分析，蓝田公司 2000 年底固定资产占总资产的 76.4%，高于同行业平均值的一倍多，作为农业企业，固定资产占如此高的比重很不正常。而且由于农业企业的特殊性，资产无法盘点，如在湖里打几根桩，鱼塘里还有多少只甲鱼，注册会计师是无法有效审计的。

湖北蓝田审计失败的案例启发我们：在现实的审计实践中，注册会计师在审计固定资产时不仅要重点关注其存在、所有权、账务处理的准确性，还应在多方面进行了解后实地观察，实施相应的分析程序。

### （三）检查固定资产的增加

被审计单位如果不能正确核算固定资产的增加，将对资产负债表和利润表产生长期的影响，因此，审计固定资产的增加，是固定资产实质性程序中的重要内容。固定资产的增加有多种途径，审计中应注意：

（1）对于外购固定资产，通过核对采购合同、发票、保险单、发运凭证等资料，抽查测试其入账价值是否正确，授权批准手续是否齐备，会计处理是否正确；如果购买的是房屋建筑物，还应检查契税的会计处理是否正确；检查分期付款购买固定资产入账价值及会计处理是否正确。

（2）对于在建工程转入的固定资产，应检查竣工决算、验收和移交报告是否完备，与在建工程相关的记录是否核对相符；对已达到预定可使用状态但尚未办理竣工决算的固定资产，检查其是否已经暂估入账，并按规定计提折旧；竣工决算完成后，是否及时调整。

（3）对于投资者投入的固定资产，检查投资者投入的固定资产是否按投资各方确认的价值入账，并检查确认价值是否公允，交接手续是否齐全；涉及国有资产的是否有资产评估报告并经国有资产管理部门备案或核准确认。

（4）对于更新改造增加的固定资产，检查通过更新改造而增加的固定资产，增加的原值是否符合资本化条件，是否真实，会计处理是否正确；重新确定的剩余折旧年限是否恰当。

（5）对于融资租赁增加的固定资产，获取融资租入固定资产的相关证明文件，检查融资和租赁合同主要内容，并结合长期应付款、未确认融资费用科目检查相关的会计处理是否正确。

(6) 对于企业合并、债务重组和非货币性资产交换增加的固定资产，检查产权过户手续是否齐备，检查固定资产入账价值及确认的损益和负债是否符合规定。

(7) 检查固定资产的后续支出是否符合资本化条件，会计处理是否正确。

(8) 如果被审计单位为外商投资企业，检查其采购国产设备退还增值税的会计处理是否正确。

(9) 检查被审计单位的固定资产是否需要预计弃置费用，相关的会计处理是否符合规定。

**(四) 检查固定资产的减少**

固定资产的减少主要包括出售、向其他单位投资转出、向债权人抵债转出、报废、毁损、盘亏等。固定资产减少审计的主要目的就在于查明已经减少的固定资产是否已做适当的会计处理。具体包括：

(1) 结合固定资产清理科目，抽查固定资产账面转销额是否正确。

(2) 检查出售、盘亏、转让、报废或毁损的固定资产是否经授权批准，会计处理是否正确。

(3) 检查因修理、更新改造而停止使用的固定资产的会计处理是否正确。

(4) 检查投资转出固定资产的会计处理是否正确。

(5) 检查债务重组或非货币性资产交换转出固定资产的会计处理是否正确。

(6) 检查转出的投资性房地产账面价值及会计处理是否正确。

(7) 检查其他减少固定资产的会计处理是否正确。

**(五) 实地检查重要固定资产**

实施实地检查审计程序时，注册会计师可以以固定资产明细分类账为起点，进行实地追查，以证明会计记录中所列固定资产确实存在，并了解其目前的使用状况；也可以以实地为起点，追查至固定资产明细分类账，以获取实际存在的固定资产均已入账的证据。

注册会计师实地检查的重点是本期新增加的重要固定资产。有时，检查范围也会扩展到以前期间增加的重要固定资产。检查范围的确定需要依据客户内部控制的强弱、固定资产的重要性和注册会计师的经验来判断。如为首次接受审计，则应适当扩大检查范围。

**(六) 检查固定资产的所有权或控制权**

对各类固定资产，注册会计师应获取、收集不同的证据以确定其是否确归客户所有具体包括：

(1) 对外购的机器设备等固定资产，应审核采购发票、采购合同等证明文件；对于房地产类固定资产，应查阅有关的合同、产权证明、财产税单、抵押借款的还款凭据、保险单等书面文件。

(2) 对融资租入的固定资产，应验证有关融资租赁合同，证实其并非经营租赁。

(3) 对汽车等运输设备，应验证有关运营证件等。

(4) 对受留置权限制的固定资产，还应审核客户的有关负债项目等。

**(七) 检查固定资产的后续支出**

确定固定资产有关的后续支出是否满足资产确认条件；如不满足，该支出是否在该后续支出发生时计入当期损益。

在具体实务中，对于固定资产发生的下列各项后续支出，通常的处理方法为：

(1) 固定资产修理费用，应当直接计入当期费用。

(2) 固定资产改良支出,应当计入固定资产账面价值,其增加后的金额不应超过该固定资产的可收回金额。

(3) 如果不能区分是固定资产修理还是固定资产改良,或固定资产修理和固定资产改良结合在一起,则企业应按上述原则进行判断,其发生的后续支出,分别计入固定资产价值或计入当期费用。

(4) 固定资产装修费用,符合上述原则可予资本化的,在两次装修期间与固定资产尚可使用年限两者中较短的期间内,采用合理的方法单独计提折旧。如果在下次装修时,该固定资产相关的固定资产装修项目仍有余额,应将该余额一次全部计入当期营业外支出。

**(八) 检查固定资产的租赁**

租赁包括租入和租出,一般分为经营租赁和融资租赁两种。对于经营性租入或租出的固定资产,检查要点为:

(1) 固定资产的租赁是否签订了合同、租约,手续是否完备,合同内容是否符合国家规定,是否经相关管理部门审批。

(2) 租入的固定资产是否确实必须,或出租的固定资产是否确属企业多余、闲置不用的,双方是否认真履行合同,其中是否存在不正当交易。

(3) 租金收取是否签有合同,有无多收、少收现象。

(4) 租入固定资产有无久占不用、浪费损坏的现象。租出的固定资产有无长期不收租金、无人过问,是否有变相馈送、转让等情况。

(5) 租入固定资产是否已登入备查账簿。

(6) 租入固定资产改良支出的核算是否符合规定。

**(九) 检查闲置的固定资产**

获取暂时闲置固定资产的相关证明文件,并观察其实际状况,检查是否已按规定计提折旧,相关的会计处理是否正确。企业闲置的固定资产,只要是尚未提足折旧的(单独作为固定资产入账的土地除外),应该继续提取折旧。

**(十) 检查固定资产的抵押、担保情况**

结合对银行借款等的检查,了解固定资产是否存在抵押、担保情况。如存在,应取证、记录,并提请被审计单位做必要披露。

**(十一) 检查有无与关联方之间的固定资产购售活动**

如果客户存在与关联方之间的固定资产购售活动,注册会计师应检查是否经适当授权,是否按正常交易价格进行交易。对于合并范围内的购售活动,记录应予合并抵销的金额。

**(十二) 检查固定资产列报的恰当性**

会计报表附注通常应说明固定资产的标准、分类、计价方法和折旧方法,各类固定资产的预计使用年限、预计净残值和折旧率,分类别披露固定资产在本期的增减变动情况,并应披露用在抵押、担保和本期从在建工程转入数、本期出售固定资产数、本期置换固定资产数等情况。

## 四、固定资产——累计折旧的实质性程序

**(一) 获取或编制累计折旧明细表**

如果由客户协助提供,注册会计师则应复核其加计是否正确,并与总账数和明细账合计

数核对，以检查是否相符。

**（二）实施实质性分析程序**

（1）对折旧计提的总体合理性进行复核，是测试折旧正确与否的一个有效方法。在不考虑固定资产减值准备的前提下，计算、复核的方法是用应计提折旧的固定资产原价乘以本期的折旧率。计算之前，注册会计师应对本期增加和减少固定资产、使用寿命长短不一的和折旧方法不同的固定资产做适当调整。如果总的计算结果与被审计单位的折旧总额相近，且固定资产及累计折旧的内部控制较健全时，就可以适当减少累计折旧和折旧费用的其他实质性程序工作量。

（2）计算本期计提折旧额占固定资产原值的比率，并与上期比较，分析本期折旧计提额的合理性和准确性。

（3）计算累计折旧占固定资产原值的比率，评估固定资产的老化程度，并估计因闲置、报废等原因可能发生的固定资产损失，结合固定资产减值准备，分析是否合理。

**（三）检查折旧政策和方法的正确性**

检查客户制定的折旧政策和方法是否符合相关会计准则的规定，确定其所采用的折旧方法能否在固定资产预计使用寿命内合理分摊其成本，前后期是否一致，预计使用寿命和净残值是否合理。

**（四）复核本期折旧费用的计提**

（1）已计提部分减值准备的固定资产，计提的折旧是否正确。按照《企业会计准则第4号——固定资产》的规定，已计提减值准备的固定资产的应计折旧额应当扣除已计提的固定资产减值准备累计金额，按照该固定资产的账面价值以及尚可使用寿命重新计算确定折旧率和折旧额。

（2）已全额计提减值准备的固定资产，是否已停止计提折旧。

（3）因更新改造而停止使用的固定资产是否已停止计提折旧，因大修理而停止使用的固定资产是否仍计提折旧。

（4）对按规定予以资本化的固定资产装修费用是否在两次装修期间与固定资产尚可使用年限两者中较短的期间内，采用合理的方法单独计提折旧，并在下次装修时将该项固定资产装修的余额一次全部计入了当期营业外支出。

（5）对融资租入固定资产发生的、按规定可予以资本化的固定资产装修费用，是否在两次装修期间、剩余租赁期与固定资产尚可使用年限三者中较短的期间内，采用合理的方法单独计提折旧。

（6）对采用经营租赁方式租入的固定资产发生的改良支出，是否在剩余租赁期与租赁资产尚可使用年限两者中较短的期间内，采用合理的方法单独计提折旧。

（7）未使用、不需用和暂时闲置的固定资产是否按规定计提折旧。

（8）持有待售的固定资产计提折旧是否符合规定。

**（五）检查折旧费用分配的正确性**

将“累计折旧”账户贷方的本期计提折旧额与相应的成本费用中的折旧费用明细账户的借方相比较，以查明所计提折旧金额是否已全部摊入本期产品成本或费用。一旦发现差异，应及时追查原因，并考虑是否应建议客户予以调整。

**(六) 检查累计折旧列报的恰当性**

如果客户是上市公司，还应检查在其财务报表附注中是否按固定资产类别分项列示累计折旧的期初余额、本期计提额、本期减少额及期末余额。

## 五、固定资产——固定资产减值准备的实质性程序

固定资产减值准备审计的实质性程序一般包括：

(1) 获取或编制固定资产减值准备明细表，复核加计正确，并与总账数和明细账合计数核对相符。

(2) 检查固定资产减值准备计提和核销的批准程序，取得书面报告等证明文件。

(3) 检查被审计单位计提固定资产减值准备的依据是否充分及会计处理是否正确。

(4) 检查资产组的认定是否恰当，计提固定资产减值准备的依据是否充分，会计处理是否正确。

(5) 实施分析程序，计算本期末固定资产减值准备与期末固定资产原值的比率，并与期初该比率比较，分析固定资产的质量状况。

(6) 检查被审计单位处置固定资产时原计提的减值准备是否同时结转，会计处理是否正确。

(7) 检查是否存在转回固定资产减值准备的情况。

《企业会计准则》规定，固定资产减值损失一经确认，在以后会计期间不得转回。

(8) 确定固定资产减值准备的披露是否恰当。

如果企业计提了固定资产减值准备，根据《企业会计准则第 8 号——资产减值》的规定，企业应当在财务报表附注中披露：当期确认的固定资产减值损失金额；企业提取的固定资产减值准备累计金额。如果发生重大固定资产减值损失的，还应当说明导致重大固定资产减值损失的原因，固定资产可收回金额的确定方法，以及当期确认的重大固定资产减值损失的金额。

## 六、预付账款的实质性程序

(1) 获取或编制预付账款明细表，复核加计正确，并与报表数、总账数和明细账合计数核对相符；同时请被审计单位协助，在预付账款明细表上标出截至审计日已收到货物并冲销预付账款的项目，抽查复核其真实性和正确性。

(2) 根据被审计单位的具体情况，选择以下方法对预付账款进行分析程序。

方法一，对期末预付账款余额与上期期末余额进行比较，分析其波动原因。

方法二，了解预付账款惯例及收回货物的平均天数，并分析预付账款的账龄；有确凿证据表明企业的预付账款不符合预付账款性质，或者因供货单位破产、撤销等原因已无望再收回所采购物的，是否将原计入预付账款的金额转入其他应收款项目。

方法三，计算预付账款与主营业务成本的比率，与以前各期末比较，分析异常变动的原因。

方法四，将预付账款余额的增减幅度与主营业务成本的增减幅度比较，分析异常变动的原因。

(3) 分析预付账款账龄及余额构成，根据审计策略选择大额或异常的预付账款重要项

目(包括零账户),函证其余额是否正确,并根据回函情况编制函证结果汇总表;回函金额不符的,要查明原因做出记录或建议做适当调整;未回函的,可再次函证,也可以采用替代审计程序进行检查,如检查该笔债权的相关凭证资料,或者抽查资产负债表日后预付账款明细账及存货明细账,核实是否已收到货物、转销预付账款,并根据替代检查结果判断其债权的真实性或出现坏账的可能性。对未发询证函的预付账款,应抽查有关原始凭证。

(4) 结合应付账款明细账,查核有无重复付款或将同一笔已付清的账款在预付账款和应付账款这两个项目同时挂账的情况。

(5) 分析明细账余额,对于出现贷方余额的项目,应查明原因,必要时建议做重分类调整。

(6) 检查预付账款是否已在资产负债表上恰当披露。

如果被审计单位是上市公司,应在其会计报表附注中按不同账龄段列示预付账款余额、各账龄段余额占预付账款总额的比例;说明账龄超过一年的预付账款未收回的原因,以及持有5%以上(含5%)表决权股份的股东单位账款等情况。

## 七、应付票据的实质性程序

应付票据是指企业因购买材料、商品和接受劳务等,因延期付款而开具并承兑的商业汇票,包括银行承兑汇票和商业承兑汇票。为核算商业票据的开出与承兑,企业一般开设应付票据账户(总账与明细账)。对应付票据的审计应结合购货与付款一并进行。具体包括:

(1) 获取或编制应付票据明细表,复核加计是否正确,并检查其与应付票据登记簿总数、总账数和明细账合计数是否相符。

(2) 采用函证法确定应付票据的真实性。选择应付票据的重要项目(包括零账户)函证其余额是否正确,并根据回函情况,编制与分析函证结果汇总表。

(3) 实施实质性分析程序,以证实应付票据的完整性和合理性及发现需要加以特别关注的方面。

(4) 审查应付票据备查簿。抽查若干重要原始凭证,确定其是否真实,会计处理是否正确。

(5) 审查应付票据的原始凭证,并核对有关会计记录。

(6) 复核带息应付票据利息是否足额计提,其会计处理是否正确。

(7) 审查逾期未兑付应付票据。查明逾期未兑付应付票据的原因,有无违规行为,确定是否存在抵押票据的情形,如有抵押的票据,应做出记录,并提请被审计单位做必要的披露。

(8) 对于用非记账本位币结算的应付票据,检查其采用的折算率是否正确,折算差额是否按规定进行会计处理。

(9) 通过审查确定应付票据是否已在资产负债表上恰当披露。

## 八、管理费用的实质性程序

(1) 取得或编制管理费用明细表,复核加计正确,与报表数、总账数及明细账合计数核对是否相符。

(2) 检查管理费用的核算内容及范围是否符合规定。

(3) 将本期、上期管理费用各明细账项目进行比较分析。对有重大波动和异常情况的项目应查明原因。

(4) 将管理费用中列支的职工薪酬、研究费用、折旧费，以及无形资产、长期待摊费用、其他长期资产的摊销额等项目与相关科目进行交叉勾稽，并做出相应记录。

(5) 选择管理费用中数额较大，以及本期与上期相比变化异常的项目追查至原始凭证。特别注意所有发生的费用有合理的原因、合法的凭据、正确的授权审批，对于不符合税法要求的不合理合法的费用、超限额的费用应提请纳税调整。

## 课后复习题

**思考题**

1. 购货与付款循环的关键内部控制有哪些？如何进行购货与付款循环的控制测试？
2. 如何进行购货与付款循环交易类别的实质性程序？
3. 比较应收账款函证与应付账款函证的异同点。
4. 应付账款审查的重点是什么？为此，注册会计师应实施哪些审计程序？
5. 固定资产的实质性程序的要点有哪些？
6. 如何对固定资产折旧进行审计？

# 第十一章　生产与存货循环审计

**知识导航**

- 生产与存货循环审计
  - 生产与存货循环概述
    - 生产与存货循环涉及的主要业务活动
    - 生产与存货循环涉及的主要凭证与会计记录
  - 生产与存货循环的内部控制及控制测试
    - 生产与存货循环的内部控制
    - 生产与存货循环的内部控制的了解和描述
    - 生产与存货循环内部控制的初步评价
    - 重大错报风险的识别与评估
    - 生产与存货循环的控制测试
    - 进一步评价内部控制
  - 存货的实质性程序
    - 存货的审计目标
    - 存货的特点
    - 存货监盘
    - 存货计价测试
    - 存货截止测试
  - 生产成本与营业成本的实质性程序
    - 生产成本的实质性程序
    - 营业成本的实质性程序
    - 应付职工薪酬的实质性程序

## 学习目标

通过本章学习，学生应了解生产与存货循环的主要业务活动和所涉及的主要会计凭证及会计记录；理解并掌握生产与存货循环的内部控制及其测试内容；理解并掌握生产与存货循环重大错报风险的识别和评估内容；理解并掌握存货、营业成本以及应付职工薪酬的实质性测试内容。

**引入案例**

### 瑞华所对振隆特产的存货审计失败案例

经查明，瑞华会计师事务所(以下简称瑞华所)对辽宁振隆特产股份有限公司(以下简称振隆特产)2012年、2013年及2014年财务报表进行审计并出具了标准无保留意见的审计报告。瑞华所在审计过程中未勤勉尽责，其所出具的审计报告存在虚假记载。具体违法事实如下：

（1）瑞华所对振隆特产2012—2014年与营业收入相关的项目进行审计时未勤勉尽责。2012年至2014年，振隆特产出口收入分别占各年主营业务收入的73.25%、84.4%、85.27%。经查，振隆特产以虚增出口销售单价方式虚增利润，虚增各年利润金额分别占当年利润总额的8.61%、20.81%、67.33%。

第一，瑞华所未保持应有的职业怀疑，未充分关注境外销售合同的异常情况。

第二，未对函证保持控制。

（2）瑞华所对振隆特产2012—2014年与存货相关的项目进行审计时未勤勉尽责。2012—2014年，振隆特产各年末存货余额分别占资产总额的44%、39%及26%。经查，振隆特产分别通过调节出成率、调低原材料采购单价以及未在账面确认已处理霉变存货损失的方式虚增利润和存货。虚增利润金额分别占当年利润总额的25.52%、32.85%及32.43%；虚增存货金额分别占各年末资产总额的3.11%、6.51%及7.26%。

第一，未按审计准则及其设计的舞弊风险应对措施、总体审计策略执行相应的审计程序。瑞华所对振隆特产2013年及2014年财务报表进行审计时，将存货评估为存在舞弊风险，将存货和营业成本评估为存在重大错报风险，并将存货评估为存在特别风险。在舞弊风险应对措施中提出，在观察存货盘点的过程中实施额外的审计程序，例如，更严格地检查包装箱中的货物、存货堆放方式等。但注册会计师在监盘过程中，在振隆特产的存货密集堆放，各垛物品间没预留可查看空间的情况下，只对顶层、侧面以及外围的存货进行抽样检查，未对垛中心存货进行检查。此外，瑞华所在总体审计策略中提出，核对库房进销存账与财务账是否一致，但实际未执行。

第二，未按审计准则及总体审计策略的要求，实施有效的抽盘程序。经查，2012年至2014年振隆特产虚增的以及存放于天津代工厂的存货金额分别占各年末存货金额的比例为24.84%、30.97%及41.49%，该部分存货于各年年末在振隆特产的自有库房中是无法盘点出来的，而瑞华所在审计底稿中记录2012年、2013年及2014年的抽盘比例分别是54.36%、67.85%及88.56%。且实际监盘时，瑞华所仅从每一垛存货中抽出部分存货进行称重或查看质量，进而认为整垛存货是经过抽盘的，故瑞华所实际抽盘的比例远低于审计底稿记载的比例。此外，2013年及2014年，瑞华所在总体审计策略中提出要加大抽盘的范围与数量，但实际也未执行。

资料来源：中国证监会行政处罚决定书[2017]22号。

在上述案例中，瑞华所为何未能发现振隆特产虚增存货？注册会计师应当如何正确实施存货审计程序？本章将为你揭开迷雾。

## 第一节　生产与存货循环概述

### 一、生产与存货循环涉及的主要业务活动

生产与存货循环的主要业务内容是按生产计划领用原材料投入生产过程，经过制造加工生产出产成品直至产品验收入库，又被称为制造交易循环。

生产与存货循环通常涉及生产计划部门、仓储部门、生产部门、人事部门、会计部门等。主要业务活动如下。

**（一）生产与存货循环的业务**

1. 计划和安排生产

生产计划部门应根据顾客订单或者对销售预测和存货需求的分析来决定生产授权。如果决定授权生产，则签发预先连续编号的生产通知单。此外，还应根据生产计划编制一份详细的生产各要素需求计划，列示所需要的材料、人工工时、零部件和机器台时等生产要素，通知相关部门准备就绪。

生产计划部门负责监督材料和人工的耗用，并跟踪控制生产通知单的加工进度，直到完工转入产成品库。在履行这些职责时，生产计划部门必须复核每日生产活动报告和已完工生产报告。

2. 发出原材料

仓储部门根据从生产部门收到的领料单发出原材料。领料单通常一式三联，每张领料凭证上必须列示生产通知单的号码、所需的材料数量和种类，以及领料部门的名称。尽管可以在一张领料凭证中登记所需领用的多种材料，但通常是一料一单。仓库发料后，将其中的一联连同材料交领料部门，一联自留以登记材料明细账，一联交会计部门作为材料收发核算和成本核算的依据。每张领料凭证必须经主管人员或者经授权的生产人员签字，他们所编制的每日材料耗用汇总表是计划和控制生产所使用的每日生产活动报告的组成部分。

3. 生产产品

生产部门根据生产通知单，在领取原材料后，组织产品生产，将检验合格的产成品或半成品办理入库手续或移交下一生产步骤做进一步加工。在某个部门已完成生产通知单的工作，其产品也通过检验时，应将产品按照转移单的授权转移到下一个部门。转移单必须由接收部门签字。

4. 核算产品成本

为了正确地核算产品成本，对产品进行有效控制，必须建立健全成本会计制度，将生产控制和成本核算有机结合在一起，主要工作包括：①将直接材料和直接人工计入生产成本。②归集制造费用并分配到生产成本。③结转各生产部门之间的成本。④转出完工产品成本。分配制造费用可采用实际成本法或标准成本法。如使用标准成本，则需经过管理层批准，另外，还需直接向适当层次管理人员及时报告差异，以便调查和追踪控制。

5. 存储产成品

仓库部门应对入库产成品在点验后签收并及时通知会计部门，根据产成品的品质特征分类存放并填制标签，实施存货的定期盘点。

6. 发出产成品

产成品的发出须由独立的发运部门持有经核准的发运通知单进行产成品装运，并据此编制出库单，出库单至少一式四联：一联交仓库部门；一联交发运部门；一联送交顾客；一联作为给顾客开发票的依据。

**（二）职工薪酬业务**

（1）雇用员工。人事部门负责员工雇用，控制的重点首先是将新员工的招募时间、工资标准的确定和变动、员工的雇用日期等情况及时通知考勤部门和工资部门；其次，应对新员工的能力和忠诚性进行适当的考察。

(2) 编制出勤和计时资料。

(3) 编制工资计算表。工资部门根据计时卡、记工单和人事授权表资料，计算每位员工的工资总额，编制工资计算单和人工成本分配汇总表，确保工薪分配到正确的账户中，防止通过工薪分配来影响存货估价。应设置内部核查人员进行独立的核查。

(4) 记录工资。会计部门根据工资部门送来的人工成本分配汇总表登记有关账簿。

(5) 支付工资。

(6) 编制工薪税申报表及缴纳税款。制定一套完善的政策，仔细说明每种工薪税申报单必须在何时填写，并由一名称职的人员独立进行核对，以防止税款错计。

## 二、生产与存货循环涉及的主要凭证与会计记录

### (一) 存货与生产循环涉及的凭证和记录

以制造业为例，生产与存货循环涉及的会计凭证和会计记录主要包括以下方面。

(1) 生产指令。生产指令又称生产任务通知单，是企业下达制造产品等生产任务的书面文件，用以通知生产车间组织产品制造、供应部门组织材料发放、会计部门组织费用归集和成本计算。

(2) 领发料凭证。领发料凭证是企业为控制材料发出所采用的各种凭证，如材料发出汇总表、领料单、限额领料单、领料登记簿、退料单等。

(3) 产量和工时记录。产量和工时记录是登记工人或生产班组在出勤内完成产品数量、质量和生产这些产品所耗费工时数量的原始记录。常见的产量和工时记录主要有工作通知单、工序进程单、工作班产量报告、产量通知单、产量明细表、废品通知单等。

(4) 工资汇总表及人工费用分配表。工资汇总表是为了反映企业全部工资的结算情况，并据以进行工资结算总分类核算和汇总整个企业工资费用而编制的是指企业进行工资费用分配的依据。人工费用分配表反映了各生产车间各产品应负担的生产工人工资及福利费。

(5) 材料费用分配表。材料费用分配表是用来汇总反映各车间各产品所耗费的材料费用的原始记录。

(6) 制造费用分配汇总表。制造费用分配汇总表是用来汇总反映各生产车间各产品所应负担的制造费用的原始记录。

(7) 成本计算单。成本计算单是用来归集某一成本计算对象所应承担的生产费用，计算成本计算对象的总成本和单位成本的记录。

(8) 存货明细账。存货明细账是用来反映各种存货增减变动情况和期末库存数量及相关成本信息的会计记录。

### (二) 职工薪酬涉及的凭证和记录

工薪循环涉及的主要凭证和会计记录主要包括以下方面。

(1) 人事授权表是人事部门为工资目的而签发的、表明新员工雇用和老员工职位变动情况的书面通知。

(2) 计时卡是用以记录每位员工在一个工资支付期内每日工作小时数的表格，通常使用打卡钟在卡片上记录时间。

(3) 工作通知单是通知雇员在给定时间内在某岗位上工作情况的记录。通常在雇员调换岗位或调换部门时才使用。

(4) 记工单是记录每位员工完成一项特定工作所耗费的小时数，通常使用打卡钟在卡片上记录时间。

(5) 工资计算表是列示每一工资支付期内每位员工的姓名、工资总额、代扣工资、支付净额和支付日期等资料的表格，是支付员工工资与记录工资的依据。工资计算表中的全体雇员的工资收入应等于有关总分类账户中工资总额的余额之和。

## 第二节 生产与存货循环的内部控制及控制测试

### 一、生产与存货循环的内部控制

从存货与生产循环的主要业务活动可以看出，该循环涉及的内部控制主要包括存货的内部控制、成本会计制度的内部控制和工薪的内部控制三项内容。

#### (一) 存货的内部控制

(1) 采购。购货订单应当预先连续编号；事先确定采购价格并获得批准；还应当定期清点购货订单。内部控制目标是所有交易都已获得适当的授权与批准。

(2) 验收。被审计单位应当设置独立的部门负责验收货物；内部控制目标是所有收到的货物都已得到记录。

(3) 仓储。被审计单位应当采取实物控制措施，使用适当的存储设施，以使存货免受意外损毁、盗窃或破坏。内部控制确保与存货实物的接触必须得到管理层的指示和批准。

(4) 领用。对存货领用单，应当定期进行清点。内部控制目标是所有存货的领用均应得到批准和记录。

(5) 加工(生产)。在生产报告中，应当对产品质量缺陷和零部件使用及报废情况及时做出说明。内部控制目标是对所有的生产过程做出适当的记录。

(6) 装运出库。发运凭证应当预先编号，定期进行清点，并作为日后开具收款账单的依据。内部控制目标是所有的装运都得到了记录。

(7) 存货的盘存制度。被审计单位每年至少应对存货进行一次全面盘点。制定合理的存货盘点计划，确定合理的存货盘点程序，配备相应的监督人员，对存货进行独立的内部验证，将盘点结果与永续存货记录进行独立的调节，对盘点表和盘点标签进行充分控制。

#### (二) 成本会计制度的内部控制

(1) 授权审批控制。生产任务经过适当的审核和批准确认；领料单经过适当的授权批准；工资经过适当的授权批准。

(2) 成本核算以经过审核的生产通知单、领发料凭证、产量和工时记录、人工费用分配表、材料费用分配表、制造费用分配表为依据。

(3) 生产通知单、领发料凭证、产量和工时记录、人工费用分配表、材料费用分配表、制造费用分配表均事先连续编号并已登记入账。

(4) 采用适当的成本核算方法、费用分配方法，并且前后各期一致。采用适当的成本核算流程和账务处理流程。

(5) 存货保管人员与记录人员职务相分离。

(6) 定期进行存货盘点。

**(三) 职工薪酬的内部控制**

(1) 授权控制。批准的工作时间,特别是加班时间;工资、薪金和佣金标准;代扣款项;工资结算表和工资汇总表等5个关键点应经过适当的审核。内部控制目标是工薪账项均经正确批准(发生)。

(2) 工时卡经领班核准,用考勤钟等方式记录工时。内部控制目标是记录的工薪为真实而非虚构(发生)。

## 二、生产与存货循环的内部控制的了解和描述

了解被审计单位生产与存货循环的内部控制是评价重大错报风险的基础,注册会计师主要凭借以往与客户交往的经验,并通过运用询问、观察、检查凭证和查阅文件等程序,来了解被审计单位内部控制的情况。生产与存货循环的内部控制调查表如表11-1所示。

**表11-1　　生产与存货循环内部控制调查表**

编制人:　　审计日期:　　被审计单位:

复核人:　　复核日期:　　截止日或期间:

| 主要业务活动 | 提出问题 | 是 | 否 | 不适用 | 备注 |
|---|---|---|---|---|---|
| 计划和安排生产 | (1) 生产单是否经过生产计划和控制部门批准<br>(2) 是否使用和控制预先连续编号的生产单<br>(3) 每日生产活动报告和已完成生产报告是否经过生产计划和控制部门复核 | | | | |
| 发出原材料 | (1) 仓库发出材料是否要求有已签字的发料单<br>(2) 材料耗用汇总表是否包括在生产活动报告里 | | | | |
| 加工生产产品 | (1) 是否使用记工单来记录生产产品所耗用的人工工时<br>(2) 人工耗用汇总表是否包括在生产活动报告里 | | | | |
| 转移已完工产品到产成品库 | (1) 最后的转移单是否由产成品仓库人员在收到已完工产品时签字 | | | | |
| 储存产成品 | (1) 是否限制只有经过授权的人员才能接近原材料和产成品存货<br>(2) 是否使用签字的移动单控制在产品在生产过程中的实物移动<br>(3) 付款凭单是否经过批准 | | | | |
| 确定和记录制造成本 | (1) 制造费用分配率和标准成本是否经管理层批准<br>(2) 差异是否及时向有关生产管理人员报告,以便调查和跟踪控制<br>(3) 编制分配制造费用到生产成本的分录所使用的资料是否与"每日生产活动报告"里的质量相调节<br>(4) 编制结转已完工产成品成本到产成品的分录所使用的资料是否与"完工生产报告"里的资料相调节 | | | | |
| 保持存货余额的准确性 | (1) 是否定期独立检查制造性存货明细账与总账余额的一致性<br>(2) 是否定期独立盘点制造性存货,并将实际盘点数量与账面数量相比较 | | | | |

## 三、生产与存货循环内部控制的初步评价

注册会计师对生产与存货循环的内部控制了解后，应根据所收集的审计证据做出初步评价。注册会计师对生产与存货循环相关内部控制的设计有效性和是否得到执行两方面进行评价。评价的主要内容包括：存货与仓储循环内部控制是否健全完善；存货与仓储循环内部控制是否得到有效执行；存货与仓储循环内部控制的整体强弱及各个部分的强弱存货与仓储循环内部控制可信赖性及内部控制风险的大小。注册会计师对内部控制了评价后，只对那些拟信赖的内部控制实施控制测试。

## 四、重大错报风险的识别与评估

注册会计师应在了解被审计单位及其环境的过程中，识别和评估生产与存货循环中的重大错报风险。影响生产与存货循环的风险有很多来源，具体包括：

(1) 管理层舞弊风险。虚增存货数量和价值是该循环中常见的管理层舞弊手法。管理层的薪酬纯粹与财务业绩挂钩，为保证净资产账面金额的增加，不仅虚构存货，而且对于存货的减值准备不充分计提；同时不正确地结转主营业务成本，导致利润虚增。

(2) 员工舞弊风险。员工长期在某一岗位工作，利用内部控制缺陷，任意处置存货给关联人员、侵占存货资产，为自身谋取私利。有部分原因是企业提供给员工的工资缺乏竞争力，为了改善个人经济状况而进行员工舞弊。

(3) 流程失效风险。在生产过程中，由于生产计划的制订失误、生产操作不当、信息传递与沟通不畅、生产员工没有必要的培训导致产品质量下降和废品激增、成本会计制度不健全使得不能正确计算成本等风险，导致重大错报的出现。

(4) 会计政策风险。在生产与存货循环中，容易出现存货计价不符合会计准则，而且任意改变发出存货的计价方法的会计政策风险，也会出现成本计算方法不符合生产流程导致成本计算不正确。

(5) 会计估计风险。存货是否存在贬值、存货减值准备计提金额的多少，要管理层根据现实状况进行充分估计。因为资产减值的计提会影响企业利润，在利润的压力之下，管理层都有可能倾向较少计提存货减值准备。

(6) 信息处理风险。业务流程都有相应的目标，而业务流程需要不同的部门通力合作才能完成。在不同部门的合作当中，信息的沟通显得非常重要，一旦信息不对称出现，就会导致后续流程出现错误。在该循环中，由于生产计划不当导致生产指令有误，以及不恰当领料、人员和生产时间安排不合理、成本会计制度不能及时追踪生产情况而导致一系列的信息处理风险。

(7) 披露风险。生产与存货循环的披露风险是指财务报表中发出存货与主营业务成本的数字勾稽关系不合常规，成本计算方法披露不透明等。

## 五、生产与存货循环的控制测试

### (一) 成本会计制度相关的控制测试

成本会计制度相关的控制测试包括：直接材料成本的测试、直接人工成本的测试、制造费用的测试、生产成本在当期完工产品与在产品之间分配的测试。

1. 直接材料成本测试

(1) 按实际成本核算的直接材料成本的控制测试要点。对于采用实际成本核算的,注册会计师应该获取成本计算单、材料成本分配汇总表、材料发出汇总表、材料明细账中各直接材料的单位成本等资料,并做如下检查:①检查成本计算单中直接材料成本与材料成本分配汇总表中相关的直接材料成本是否相符,分配的标准是否合理。②抽取材料发出汇总表中若干直接材料的发出总量,将其与实际单位成本相乘,并与材料成本分配汇总表中该种材料总成本进行比较,注意领料单是否经过授权批准,材料发出汇总表是否经复核,材料单位成本计价方法是否恰当、有无变更。

(2) 按定额成本计算的直接材料成本的控制测试要点。对于采用定额成本核算的,注册会计师主要应抽查某种产品的生产通知单或产量统计记录及其直接材料单位消耗定额,根据材料明细账中各该直接材料的实际单位成本,计算直接材料总消耗和总成本,与有关成本计算单中耗用直接材料成本核对,并注意生产通知单是否经过授权批准,单位消耗定额和材料成本计价方法是否恰当、有无变更。

(3) 按标准成本核算的直接材料成本的控制测试要点。对于采用标准成本核算的,注册会计师应该抽取生产通知单或产量统计记录、直接材料单位标准用量、直接材料标准单价及发出材料汇总表,并做如下检查:①根据产量、直接材料单位标准用量及标准单价计算的标准成本,与成本计算单中的直接材料成本核对是否相符。②直接材料成本差异的计算及其会计处理是否正确,前后各期是否一致,有无利用材料成本差异调节材料成本。

2. 直接人工成本测试

(1) 计时工资制下直接人工成本的控制测试要点。对于采用计时工资制计算确定直接人工成本的,注册会计师应该取得实际工时统计记录、职工工资分类表及人工费用分配汇总表等资料,并做如下检查:①从成本计算单中抽取样本核对直接人工成本与人工费用分配汇总表中相应的实际工资费用是否相符。②核对实际工时统计记录与人工费用分配汇总表中相应的实际工时是否相符。③抽取并核对生产部门若干期间的工时台账与实际工时统计记录是否相符。④当没有实际工时统计记录时,根据职工工资分类表,计算复核人工费用分配汇总表中相应的直接人工费用是否合理。

(2) 计件工资下直接人工成本的控制测试要点。对于采用计件工资制计算确定直接人工成本的,注册会计师应该抽取产量统计报告、个人(小组)的产量记录,并依据经批准的单位工资标准或计件工资制度着重进行如下两方面工作:①核对按统计产量和单位工资标准计算的人工费用与成本计算单中直接人工成本是否相符。②抽取若干直接生产个人(小组)的产量记录,检查是否被汇总计入产量统计报告。

(3) 标准成本法下直接人工成本的控制测试要点。对于采用标准成本法计算直接人工成本的,注册会计师应该抽取生产通知单或产量统计报告、工时统计报告和经批准的单位标准工时、标准工时工资率、直接人工的工资汇总表等资料,并做如下工作:①根据产量和单位标准工时计算标准工时总量,再乘以标准工时工资率,以检查其是否与成本计算单中直接人工成本相符。②直接人工成本差异的计算与账务处理是否正确,直接人工的标准成本在年度内有无重大变更。

3. 制造费用控制测试

在对制造费用进行控制测试时,应抽取制造费用分配汇总表、按项目分列的制造费用明细账、与制造费用分配标准有关的统计报告及其相关原始记录相核对，并进行以下工作。

(1) 在制造费用分配汇总表中，选择一种或若干种产品，核对其分摊的制造费用与相应的成本计算单的制造费用是否相符。

(2) 核对制造费用分配汇总表中的合计数与相关的制造费用明细账合计数是否相符。

(3) 制造费用分配汇总表选择的分配标准(机器工时数、直接人工工资、直接人工工时数、产量等)与相关的统计报告或原始记录是否相符，并对费用分配标准的合理性做出评价。

(4) 如果企业采用预计费用分配率分配制造费用，则应针对制造费用分配过多或过少的差额，检查其是否做了适当的账务处理。

(5) 如果企业采用标准成本法，则应检查标准制造费用的确定是否合理，计入成本计算单的数额是否正确、制造费用差异的计算与账务处理是否正确，在年度内有无重大变更。

4. 生产成本在当期完工产品与在产品之间分配的测试

检查成本计算单中在产品数量与生产统计报告或在产品盘存表中的数量是否一致；检查在产品约当产量计算或其他分配标准是否合理；计算与复核样本的总成本和单位成本。

**(二) 职工薪酬内部控制测试**

选择若干月份的工薪汇总表，做如下检查：计算复核每份工薪汇总表；检查每份工薪汇总表是否有授权批准；检查工薪总额与人工费用分配汇总表中的合计数是否相符；检查代扣款项账务处理是否正确；检查实发工薪总额与银行付款凭单及银行对账单是否相符；

从工资单中选取若干样本，检查员工工薪卡或人事档案，确保工薪的发放有依据；检查工资率与工薪的计算；检查工时记录与员工个人钟点卡是否相符；检查员工的工薪签发证明；实地抽查部分员工，证明其确在本单位工作。

## 六、进一步评价内部控制

注册会计师在完成上述程序之后，应根据所收集的证据，结合专业分析与职业判断，对生产与存货循环内部控制进行再次评价，根据控制测试结果，对上述初步评估的控制风险水平进行修正，并以此确定存货与仓储循环的实质性的性质、时间安排和范围。一般来说，生产与存货循环内部控制较强，则相应的实质性程序的审计程序可以适当简化；反之，如果测试结果表明，生产与存货循环内部控制较弱，则控制风险较大，注册会计师为了将审计风险降低到可接受水平，必须扩大实质性程序的审计程序。

**【例 11-1】** 注册会计师赵某于 2020 年 10 月 26 日对希尔有限公司的内部控制进行了解，并在审计工作底稿中做了记录，部分内容摘录如下：

(1) 会计部门职员根据收到的生产通知单、领料单、工时记录和产成品入库单等资料，编制材料费用、人工费用和制造费用分配表以及产品与在产品成本分配表，经本部门的复核人员复核后，据以登记成本明细账和存货明细账。

(2) 仓库职员根据收到的领料单发出原材料，将领料单的一联连同材料交给生产部门，并在登记材料明细账后将另外两联传递给会计部门进行实物流转记录和成本会计核算。

(3) 希尔有限公司要求每半年进行一次全面的存货盘点，并编制盘点表。会计部门与仓库核对结存数量后，向管理层报告差异情况及其形成原因，并经批准后进行处理。

(4) 仓库部门职员在发现存货毁损、变质或过期的情况后，直接向部门主管报告，由仓储经理负责处置，并报财务部门进行账务处理。

(5) 仓库引进先进的红外线监控系统，实行24小时不间断的全自动无人监控，以避免监守自盗。保安人员每天上班后调阅前一天的监控录像，以确定是否发生异常。

**问题**：针对以上各项，假定不考虑其他条件，请逐项判断希尔有限公司的内部控制在设计上是否存在缺陷，并简要说明理由，提出改进建议。

**解答**：

事项(1)：所述的内部控制程序不存在缺陷。

事项(2)：所述的内部控制存在缺陷：仓库部门没有保留领料单，无法定期进行账、证核对难以发现材料明细账中存在的错误。建议仓库部门除了将领料单的两联分别交给生产部门和会计部门外，保留领料单的一联作为登记材料明细账的原始凭证。

事项(3)：所述的内部控制程序不存在缺陷。

事项(4)：所述的内部控制存在缺陷：存货毁损、变质、或过期情况的报告和处置均由仓储部门负责，不利于存货的安全和完整。建议存货的处置由仓储与验收部门、会计部门共同负责。

事项(5)：所述的内部控制程序存在缺陷：全自动无人监控无法防止监控系统发生异常时存货的丢失或毁损。保安人员事后调阅录像无助于及时发现相关事项的发生。建议仓库实行全自动监控与人工监控相结合的监控措施。

# 第三节 存货的实质性程序

## 一、存货的审计目标

存货的审计目标包括：确定存货是否存在；确定存货是否归被审计单位所有；确定存货和存货跌价准备增减变动的记录是否完整；确定存货的计价方法是否恰当；确定存货的品质状况；存货跌价损失是否真实、完整，存货跌价准备的计提方法是否合理；确定存货和存货跌价准备的期末余额是否正确；确定存货和存货跌价准备的披露是否恰当。

## 二、存货的特点

存货审计，特别是测试存货的年末余额，通常是审计中最复杂也最费时的工作。其原因在于：

(1) 存货通常是资产负债表中的一个主要项目，而且通常是构成营运资本的最大项目。

(2) 存货存放于不同的地点，这使得对它的实物控制和盘点都很困难 。

(3) 存货项目的多样性也给审计带来了困难。

(4) 存货本身的陈旧以及存货成本的分配也使得存货的估价出现困难。

(5) 不同企业采用的存货计价方法存在的多样性。

审计准则指出，如果存货对财务报表是重要的，注册会计师应当实施下列审计程序，以对存货的存在和状况获取充分、适当的审计证据：①在存货盘点现场实施监盘(除非不可行)。②对期末存货记录实施审计程序，以确定其是否准确反映实际的存货盘点结果。

## 三、存货监盘

### (一) 存货监盘的含义与目标

存货监盘是指注册会计师现场观察被审计单位存货的盘点，并对已盘点的存货进行适当检查。存货监盘有两层含义：一是注册会计师应亲临现场观察被审计单位存货的盘点；二是在此基础上，注册会计师应根据需要抽查已盘点的存货。

注册会计师监盘存货的目标在于获取有关存货的数量和状况的审计证据，以确定被审计单位记录的存货确实存在，同时也有助于实现存货完整性认定、权利和义务认定等审计目标，当然，后两者审计目标的实现还可能需要实施其他审计程序。存货监盘主要包括制定监盘计划和实施监盘程序两个环节。

**（二）存货监盘计划**

（1）存货监盘计划的含义。存货监盘计划是注册会计师对存货监盘程序做出的合理性规划。注册会计师应当根据被审计单位存货的特点、盘存制度和存货内部控制的有效性等情况，在评价被审计单位存货盘点计划的基础上，编制存货监盘计划，对存货监盘做出合理安排。

（2）编制存货监盘计划应实施的工作。注册会计师在进行监盘之前应当根据被审计单位存货的特点、盘存制度和存货内部控制的有效性等情况，在评价被审计单位存货盘点计划的基础上，编制存货监盘计划，对存货监盘做出合理安排。在编制存货监盘计划时，注册会计师应当实施下列审计程序：①了解存货的内容、性质、各存货项目的重要程度及存放场所。②了解与存货相关的内部控制。③评估与存货相关的重大错报风险和重要性。④查阅以前年度的存货监盘工作底稿。⑤考虑实地察看存货的存放场所，特别是金额较大或性质特殊的存货。⑥考虑是否需要利用专家的工作或其他注册会计师的工作。⑦复核或与管理层讨论其存货盘点计划。

（3）存货监盘计划的内容。存货监盘计划应当包括下列主要内容：①存货监盘的目标、范围及时间安排。②存货监盘的要点及关注事项。③参加存货监盘人员的分工。④检查存货的范围（区分和确认不属于被审计单位的存货）。

存货监盘的时间要根据被审计单位存货系统及其内部控制的有效性来决定。

在定期盘点制下，存货数量通过实地盘点而确定，所有的盘点都在某一特定日期进行。该日期应是资产负债表日或者是接近资产负债表日的某一天。注册会计师在这一天通常应该在场。

在永续盘存制下，实地盘点可以在期中进行，并将实地盘点数与存货记录相核对。如果被审计单位永续盘存记录保持良好，并定期与实地盘点结果比较，注册会计师则可到场只观察代表性样本存货的实地盘点。在这种情况下，该项审计程序既可能在被审计期间内执行，也可能在该期间结束之后进行。如果在被审计期间内执行，则还应对盘存日至期末的永续记录加以测试；如果在被审计期间结束之后的时间执行，应尽量使盘点的时期接近会计期末，并编制从盘点日至期末的存货余额调节表，以验证会计期末存货余额的正确性。

**（三）存货监盘程序**

审计准则规定，在存货盘点现场实施监盘时，注册会计师应当实施四项审计程序。

1. 观察程序

在被审计单位盘点存货前，注册会计师应当观察盘点现场，确定应纳入盘点范围的存货是否已经适当整理和排列，并附有盘点标志，防止遗漏或重复盘点；对未纳入盘点范围的存货，注册会计师应当查明未纳入的原因。

对所有权不属于被审计单位的存货，注册会计师应当取得其规格、数量等有关资料，并确定这些存货是否已分别存放、标明，且未被纳入盘点范围。

注册会计师在实施存货监盘过程中，应当跟随被审计单位安排的存货盘点人员，注意观察被审计单位事先制定的存货盘点计划是否得到了贯彻执行，盘点人员是否准确无误地记录了被盘点存货的数量和状况。

观察管理层制定的盘点程序的实施情况，有助于注册会计师获取有关管理层指令和程序是否得到适当设计和执行的审计证据；此外，通过观察管理层制定的盘点程序的执行情况，注册会计师还可以获取有关截止性信息（如存货移动的具体情况）的复印件，有助于日后对存货移动的会计处理实施审计程序。

2. 检查程序

注册会计师应当对已盘点的存货进行适当检查，将检查结果与被审计单位盘点记录相核对，并形成相应记录。抽查的目的既可以是为了确证被审计单位的盘点计划得到适当的执行（控制测试），也可以是为了证实被审计单位的存货实物总额（实质性程序）。如果观察程序能够表明被审计单位的组织管理得当，并存在充分有效的盘点、监督及复核程序，那么注册会计师可决定减少所需抽查的存货项目。

抽查盘点的范围确定，部分取决于被审计单位职员执行存货盘点时的谨慎程度和存货的性质及其构成。通常情况下，注册会计师是将存货分层，将价值高的存货全部盘点，对于其他存货项目则选取代表性样本进行盘点，但一般不低于存货总数的10%。注册会计师可利用永续盘存记录来确认价值高的存货项目和选取测试项目。

抽查的范围通常包括所有盘点工作小组的盘点内容及难以盘点或隐蔽性较强的存货。如果注册会计师对被审计单位的有关程序不满意，或者注册会计师未能观察到相当比重的存货盘点项目，注册会计师应当实施实质性的盘点程序。需要特别说明的是，注册会计师应尽可能地避免被审计单位了解自己将抽查的存货项目。

在抽查已盘点的存货时，注册会计师应当从存货盘点记录中选取项目追查至存货实物，以测试盘点记录的准确性；注册会计师还应当从存货实物中选取项目追查至存货盘点记录，以测试存货盘点记录的完整性。如果检查时发现差异，注册会计师应当查明原因，及时提请被审计单位更正。如果差异较大，注册会计师应当扩大检查范围或提请被审计单位重新盘点。

3. 存货监盘结束时的工作

在被审计单位存货盘点结束前，注册会计师应当实施下列审计程序。

(1) 再次观察盘点现场，以确定所有应纳入盘点范围的存货是否均已盘点。

(2) 取得并检查已填用、作废及未使用盘点表单的号码记录，确定其是否连续编号，查明已发放的表单是否均已收回，并与存货盘点的汇总记录进行核对。

(3) 注册会计师应当根据自己在存货监盘过程中获取的信息对被审计单位最终的存货盘点结果汇总记录进行复核，并评估其是否正确地反映了实际盘点结果。

(4) 如果存货盘点日不是资产负债表日，注册会计师应当实施适当的审计程序，确定盘点日与资产负债表日之间存货的变动是否已做出正确的记录。

(5) 如果被审计单位采用永续盘存制核算存货，注册会计师应当关注永续盘存制下的期末存货记录与存货盘点结果之间是否一致。如果这两者之间存在重大差异，注册会计师应当实施追加的审计程序查明原因，并检查永续盘存记录是否已做出适当的调整。如果认为被审计单位的盘点方式及其结果无效，注册会计师应当提请被审计单位重新盘点。

4. 特殊情况的处理

(1) 如果由于被审计单位存货的性质或位置等原因导致无法实施存货监盘，注册会计师应当考虑能否实施替代审计程序，获取有关期末存货数量和状况的充分、适当的审计证据。注册会计师实施的替代审计程序主要包括检查进货交易凭证或生产记录及其他相关资料、检查资产负债表日后发生的销货交易凭证、向顾客或供应商函证。

(2) 如果因不可预见的因素导致无法在预定日期实施存货监盘或接受委托时被审计单位的期末存货盘点已经完成，注册会计师应当评估与存货相关的内部控制的有效性，对存货进行适当检查或提请被审计单位另择日期重新盘点；同时测试在该期间发生的存货交易，以获取有关期末存货数量和状况的充分、适当的审计证据。

(3) 对被审计单位委托其他单位保管的或已做质押的存货，注册会计师应当向保管人或债权人函证。如果此类存货的金额占流动资产或总资产的比例较大，注册会计师还应当考虑实施存货监盘或利用其他注册会计师的工作。

(4) 当首次接受委托未能对上期期末存货实施监盘，且该存货对本期财务报表存在重大影响时，如果已获取有关本期期末存货余额的充分、适当的审计证据，注册会计师应当实施下列一项或多项审计程序，以获取有关本期期初存货余额的充分、适当的审计证据：①查阅前任注册会计师工作底稿。②复核上期存货盘点记录及文件。③检查上期存货交易记录。④运用毛利百分比法等进行分析。

**(四) 存货监盘结果对审计报告的影响**

注册会计师应当根据已获取的审计证据，形成有关期末存货数量和状况的审计结论，并确定对审计报告的影响。

如果无法实施存货监盘，也无法实施替代审计程序以获取有关期末存货数量和状况的充分、适当的审计证据，注册会计师应当考虑出具保留意见或无法表示意见的审计报告。

如果通过实施存货监盘发现被审计单位财务报表存在重大错报，且被审计单位拒绝调整，注册会计师应当考虑出具保留意见或否定意见的审计报告。

如果首次接受委托，未能获取有关本期期初存货余额的充分、适当的审计证据，注册会计师应当考虑出具保留意见或无法表示意见的审计报告。

**【例 11-2】** 注册会计师对希尔有限公司存货实施监盘时，发现如下事项：

(1) 了解到原材料 A 为辐射性化学物品。

(2) 了解到产品 A 存放在全国 38 个城市的零售连锁商店。

(3) 了解到希尔有限公司对废品与毁损品不进行盘点，以财务部门和仓库部门的账面记录为准。

(4) 注册会计师抽点 A 仓库，发现盘点严重有误。

(5) 希尔有限公司的存货储存在 Y 公司的车库，并已经被质押。

(6) 了解到部分存货为贵金属。

**问题：**注册会计师在了解以上事项后，还应进一步完成哪些工作？

**解答：**

事项(1)：在评价内部控制值得信赖的基础上，注册会计师应当了解和观察储存原材料 A 的设备；审计购货、生产和销售记录，必要时应获取检查被审计单位对其生产、使用和处置的正式报告；向能够接触到相关存货项目的第三方检查人员做出询证。

事项(2)：在评价全国38个城市的零售连锁商店的内部控制的前提下，选择一定数目的连锁商店进行监盘。

事项(3)：注册会计师应建议希尔公司对废品和毁损品进行盘点，并关注其品质状态，把所有毁损、陈旧，以及残次存货的详细情况记录下来，以便事后追查以及编制存货减值准备明细表。

事项(4)：注册会计师应建议希尔公司重新盘点A仓库的存货，并记录相关情况。同时测试抽查日或重新盘点日至报表日之间发生的存货交易。

事项(5)：注册会计师应当获取委托存货的书面确认函，如果存货已被质押，注册会计师应向债权人询证有关的内容，如果此类存货主要，注册会计师可考虑与被审计单位讨论其为委托代管或已做质押存货的控制程序，必要时对此类存货实施监盘。

事项(6)：选择样品进行化验与分析，必要时利用专家的工作。

延伸阅读

### 麦克森·罗宾斯公司案与存货盘点

1938年之前，注册会计师在执行独立审计时并不对应收账款和存货进行函证或盘点，这种情形直到麦克森·罗宾斯案发生之后才得以改变。

美国的麦克森·罗宾斯公司(Mckesson&Robbins)曾经是一家在纽约证券交易所上市的大型化学和医药公司，1937年其对外报告的资产额接近1亿美元，这在当时来说算是非常大的企业了。它的审计师是当时最大且最具影响力的会计师事务所——普赖斯·沃特豪斯会计师事务所。1938年12月，纽约证券交易所为协助法院的案件调查而暂时停止了麦克森·罗宾斯公司股票的交易。其后，SEC经调查发现，麦克森·罗宾斯公司有近2 000万美元的存货和应收账款是虚构的——也就是说，有近20%的资产是根本不存在的，这在当时的经济萧条时期是一个巨大的数字，从而引起强烈的震动。

根据调查结果以及报道显示，麦克森·罗宾斯案是由冒名顶替总裁的菲利浦·穆西卡(Philip Musica)和他的三个兄弟操纵的一起诈骗案。菲利浦·穆西卡以化名参与公司经营，其曾因商业欺诈罪被判刑。会计师事务所在接受该公司作为客户的时候，没有对公司高层人士的背景进行任何调查。麦克森·罗宾斯公司通过虚构一个根本不存在的加拿大供应商来虚增采购业务，通过虚构一个根本不存在的采用供应商直接装船送货方式进行运输的机构——史密斯有限公司(W. W. Smith and Company, Inc.)来虚构销售业务。虚构的收款是以麦克森·罗宾斯公司的名义从一个冒充的蒙特利尔银行(Bank of Montreal)那里得到的。在对麦克森·罗宾斯公司审计时，会计师事务所既没有直接向顾客确认应收账款的余额，也没有对实物存货的发出进行盘查，这样的做法虽然符合当时广为接受的审计实务标准，但很显然，如果他们实施了上述审计程序的话，就可以使这一欺诈案件曝光。此外，审计师对内部控制的调查也没有充分地考虑到公司内部职责划在分不清所带来的影响。

会计职业界很快就对该案件做出了反应。证券交易委员会尚未结束听证及提交报告之前，美国会计师协会已经成立了一个专门委员会，该委员会发布了一份题为“扩展审计程序”的报告。在该报告中，要求在评价存货时，除了验看有关账单外，还要进行实物盘查。这一报告成为1939年发布的与此同名的《审计程序公告第1号》的基础。从此,独立审计实务进入了以财务报告审计准则为依据的现代时期。

## 四、存货计价测试

监盘程序只能对存货的结存数量予以确认。为验证会计报表上存货余额的真实性,还必须对存货的计价进行测试。这项实质性测试包括以下两个步骤:①确定被审计单位存货计价(成本计算)的适当性和一致性。②验证被审计单位所使用的单位成本至支持性凭证。这项测试所取得的证据主要与计价和分摊认定有关。具体包括:

(1) 选择测试样本。计价审计的样本,应从存货数量已经盘点、单价和总金额已经计入存货汇总表的结存存货中选择。选择样本时应着重选择结存余额较大且价格变化比较频繁的项目,同时考虑所选样本的代表性。

(2) 审查计价方法。存货的计价方法多种多样,企业可结合国家法规要求选择符合自身特点的方法。注册会计师除应了解掌握企业的存货计价方法外,还应对这种计价方法的合理性与一贯性予以关注,没有足够理由,计价方法在同一会计年度内不得变动。

(3) 测试计价情况。进行计价审计时,注册会计师首先应对存货价格的组成内容予以审核,然后按照所了解的计价方法对所选择的存货样本进行计价审计。审计时,应排除企业已有计算程序和结果的影响,进行独立审计。待审计结果出来后,应与企业账面记录对比,编制对比分析表,分析形成差异的原因。如果差异过大,应扩大范围继续审计,并根据审计结果做出审计调整。

另外,存货计价测试还包括复核过时和损坏商品的计价,以保证其计价不超过财务报表日的净变现价值。支持单位成本的证据随存货的性质不同而不同。

在存货计价测试中,被审计单位期末采用成本与可变现净值孰低法计价时,注册会计师必须同时验证其成本和可变现净值并验证存货跌价准备的正确性。存货计价审计表如表11-2所示。

**表11-2　　存货计价审计表**

| 日期 | 品名及规格 | 购入 | | | 发出 | | | 余额 | | |
|---|---|---|---|---|---|---|---|---|---|---|
| | | 数量 | 单价 | 金　额 | 数量 | 单价 | 金额 | 数量 | 单价 | 金额 |
| | | | | | | | | | | |
| | | | | | | | | | | |
| | | | | | | | | | | |
| | | | | | | | | | | |

1. 计价方法说明
2. 情况说明及审计结论

**【例11-3】** 注册会计师审查希尔有限公司在产品成本,收集到有关资料如下:该企业采用约当产量法计算在产品成本,甲产品本月完工180件,月末在产品90件;甲在产品的投料率为80%,完工率为50%。生产成本明细账如表11-3所示。

表 11-3　　产品名称:甲产品　生产成本明细账　　单位:元

| 2019 年 | | 摘要 | 直接材料 | 直接人工 | 制造费用 | 合计 |
|---|---|---|---|---|---|---|
| 月 | 日 | | | | | |
| 3 | 1 | 月初在产品成本 | 18 000 | 4 500 | 6 750 | 29 250 |
| | 31 | 本月生产费用 | 82 800 | 11 250 | 29 250 | 123 300 |
| | 31 | 生产费用合计 | 100 800 | 15 750 | 36 000 | 152 550 |
| | 31 | 结转完工产品成本 | 57 000 | 10 500 | 25 800 | 93 300 |
| | 31 | 月末在产品成本 | 43 800 | 5 250 | 10 200 | 59 250 |

**问题**:根据上述材料,指出企业存在的问题并提出改进建议。

**解答**:

注册会计师抽查有关会计凭证,并与产品成本明细账核对,账证数额相符,盘点在产品实物数量符合实际,验证投料率和完工率也符合实际情况,根据成本计算单,验证在产品成本为:

直接材料=100 800÷(180+90×80%)×90×80%=28 800(元)

直接人工=15 750÷(180+90×50%)×90×50%=3 150(元)

制造费用=36 000÷(180+90×50%)×90×50%=7 200(元)

在产品成本合计=28 800+3 150+7 200=39 150(元)

在产品多留材料费=43 800-28 800=15 000(元)

在产品多留人工费=5 250-3 150=2 100(元)

在产品多留制造费用=10 200-7 200=3 000(元)

多留在产品成本合计=15 000+2 100+3 000=20 100(元)

验算结果表明,该企业多留在产品成本,少转完工产品成本 20 100 元,注册会计师向有关会计人员询问,证实是因计算失误而发生的差错,建议企业补转少转的完工产品成本,并调整有关账簿记录。

**【例 11-4】**　红星公司结转发出产品成本采用先进先出法,注册会计师从产成品明细账发现:年初结存产品 1 000 件,单价 100 元,当年第一批完工入库 1 000 件,单价 110 元,第二批入库 2 500 件,单价 120 元,第三批入库 1 500 件,单价 105 元,第四批入库 2 500 件,单价 110 元,共销售 6 200 件,结转成本 712 500 元,截至审计日结存 2 300 件,保留成本 230 000 元。

**问题**:分析产成品明细账有无问题,并指出所存在的问题。

**解答**:

注册会计师应采用先进先出法对发出产品进行复核,经复核发现发出产品计价存在错误,企业最后库存产品 2 300 件,结存成本为 230 000 元,单价为 100 元,其结存数量小于最后一批入库产品的数量 2 500 件,库存产品单价本应与最后一批入库产品单价 110 元一致,但实际却为 100 元,从而使库存产品成本少计 23 000 元,结转的发出产品销售成本多计了 23 000 元。其结果虚增了产品销售成本,虚减利润,构成少交所得税,同时使库存产品计价偏低。对此注册会计师应建议被审计单位加以调整。

## 五、存货截止测试

存货截止测试是指截至12月31日，购入并已包括在12月31日存货盘点范围内的存货。在会计上，就是检查存货及其对应的会计科目是否一并记入当年会计报表内。存货正确截止的关键在于存货实物纳入盘点范围的时间与存货引起的借贷双方会计科目的入账时间都处于同一会计期间。如果当年12月31日购入货物，并已包括在当年12月31日的实物盘点范围内，而购货发票是次年1月2日才收到，并已记入次年1月份账内，当年12月份账上并无进货和对应的负债记录，这就少记了存货和应付账款；相反，如果在当年12月31日就收到一张购货发票，并计入当年12月份账内，而这张发票所对应的存货实物却在次年1月2日才收到，未包括在当年年底的盘点范围内，这样就有可能虚减本年的利润。

按照存货正确截止的基本要求，若未将年终在途货物列入当年存货盘点范围内，只要相应的负债也应同时记入次年账内，对会计报表的影响就并不重要。

存货截止审计的主要方法是抽查存货盘点日期前后的购货发票与验收报告（或入库单），档案中的每张发票均附有验收报告（或入库单）。12月底入账的发票如果附有12月31日或之前的验收报告（或入库单），则货物肯定已经入库，并包括在本年的实地盘点存货范围内；如果验收报告日期为1月份的日期，则货物不会列入年底实地盘点存货范围内；反之，如果仅有验收报告（或入库单）而并无购货发票，则应认真审核每一验收报告单上面是否加盖暂估入库印章，并以暂估价记入当年存货账内，待次年年初以红字冲销。

存货截止审计的另一种方法是审阅验收部门的业务记录，凡是接近年底（包括次年年初）购入的货物，必须查明其相应的购货发票是否在同期入账，对未收到购货发票的入库存货，是否将入库单分开存放并暂估入账。

在确定截止审计样本时，一般以截止日为界限，分别向前倒推或向后顺推若干日，按顺序选取较大金额购货业务的发票或验收报告做审计样本。截止审计完成后，对于发现的错误，应提请被审计单位做必要的账务调整。

# 第四节 生产成本与营业成本的实质性程序

## 一、生产成本的实质性程序

### （一）直接材料成本的实质性程序

直接材料成本的实质性程序一般应从审阅材料和生产成本明细账入手，抽查有关的费用凭证，验证企业产品直接耗用材料的数量、计价和材料费用分配是否真实、合理。其具体包括：

（1）抽查产品成本计算单，检查直接材料成本的计算是否正确；材料费用的分配标准与计算方法是否合理和适当；是否与材料费用分配汇总表中该产品分摊的直接材料费用相符。

（2）检查直接材料耗用数量的真实性，有无将非生产用材料计入直接材料费用。

（3）分析比较同一产品前后各年度的直接材料成本，如有重大波动应查明原因。

（4）抽查材料发出及领用的原始凭证，检查领料单的签发是否经过授权；材料发出汇总表是否经过适当的人员复核；材料单位成本计价方法是否适当；是否正确及时入账。

（5）对采用定额成本或标准成本的企业，应检查直接材料成本差异的计算、分配与会计处理是否正确，并查明直接材料的定额成本、标准成本在本年度内有无重大变更。

**【例 11-5】** 注册会计师在审查红星公司材料发出业务时发现，12 月份该企业生产领用 A 材料的计划成本 8 000 000 元，车间领用 4 000 000 元，本月份材料成本差异率为－2%。

有关账务处理如下：

结转发出材料计划成本时：

借：生产成本　　8 000 000

　　制造费用　　4 000 000

　　贷：原材料　　12 000 000

结转发出材料成本差异时：

借：生产成本　　240 000

　　贷：材料成本差异　　240 000

**问题：**

（1）指出上述记录存在的问题。

（2）对被审计单位的当期账项提出调整建议。

**解答：**

材料成本差异应是节约差，该企业按超支差结转使成本提高 480 000 元；另外成本差异的结转未按材料的领用去向结转。注册会计师应建议被审计单位做如下账务调整（括号内的数字代表红字冲销，下同）。

借：生产成本　　[240 000]

　　贷：材料成本差异　　[240 000]

同时

借：制造费用　　[80 000]

　　生产成本　　[160 000]

　　贷：材料成本差异　　[240 000]

**（二）直接人工成本的实质性程序**

（1）抽查产品成本计算单，检查直接人工成本计算是否正确；人工费用的分配标准与计算方法是否合理和适当；是否与人工费用分配汇总表中该产品分摊的直接人工费用相符。

（2）将本年度直接人工成本与前期进行比较，查明异常波动的原因。

（3）分析比较本年度各个月份的人工费用发生额，如有异常波动，应查明原因。

（4）结合应付工资的检查，抽查人工费用会计记录及会计处理是否正确。

（5）对采用标准成本法的企业，应抽查直接人工成本差异的计算、分配与会计处理是否正确，并查明直接人工的标准成本在本年度内有无重大变更。

**（三）制造费用的实质性程序**

（1）获取或编制制造费用汇总表，并与明细账、总账核对相符，抽查制造费用中的重大数额项目及例外项目是否合理。

(2) 审阅制造费用明细账,检查其核算内容及范围是否正确,并应注意是否存在异常会计事项,如有,则应追查至记账凭证及原始凭证,重点查明被审计单位有无将不应列入成本费用的支出(如投资支出、被没收的财物、支付的罚款、违约金、技术改造支出等)计入制造费用。

(3) 必要时,对制造费用实施截止测试,即检查资产负债表日前后若干天的制造费用明细账及其凭证,确定有无跨期入账的情况。

(4) 检查制造费用的分配是否合理。重点查明制造费用的分配方法是否符合被审计单位自身的生产技术条件,是否体现受益原则;分配方法一经确定,是否在相当期间内保持稳定,有无随意变更的情况;分配率和分配额的计算是否正确,有无以人为估计数代替分配数的情况。对按预定分配率分配费用的被审计单位,还应查明计划与实际差异是否及时调整。

(5) 对于采用标准成本法的被审计单位,应抽查标准制造费用的确定是否合理;计入成本计算单的数额是否正确;制造费用的计算、分配与会计处理是否正确,并查明标准制造费用在本年度内有无重大变动。

## 二、营业成本的实质性程序

营业成本审计又包括主营业务成本审计和其他业务成本审计,考虑到其他业务成本审计发生得相对较少,在此重点介绍前者。营业成本的实质性测试,应结合主营业务收入明细账、产成品明细账和有关的原始凭证和记账凭证进行。其程序如下:

(1) 获取或编制主营业务成本明细表,与明细账和总账核对相符。

(2) 编制生产成本及主营业务成本倒轧表,如表 11-4 所示,与总账核对相符。

**表 11-4　生产成本及主营业务成本倒轧表**

| 项　目 | 未审数 | 调整分录 | | 重分类分录 | | 审定数 |
|---|---|---|---|---|---|---|
| | | 借 | 贷 | 借 | 贷 | |
| 原材料期初余额 | | | | | | |
| 加:本期购进 | | | | | | |
| 减:原材料期末余额 | | | | | | |
| 　其他发出额 | | | | | | |
| 直接材料成本 | | | | | | |
| 加:直接人工成本 | | | | | | |
| 　制造费用 | | | | | | |
| 生产成本 | | | | | | |
| 加:在产品期初余额 | | | | | | |
| 减:在产品期末余额 | | | | | | |
| 产品生产成本 | | | | | | |
| 加:产成品期初余额 | | | | | | |
| 减:产成品期末余额 | | | | | | |
| 主营业务成本 | | | | | | |

(3) 检查主营业务成本的内容和计算方法是否符合规定,是否保持一致性。

(4) 分析比较本年度与上年度主营业务成本总额,以及本年度各月份的主营业务成本金额,如有重大波动和异常情况,应查明原因。

(5) 结合生产成本和销售收入明细账的审计,抽查确定主营业务成本转入和转出数额的正确性;并检查其是否与主营业务收入配比。

(6) 检查主营业务成本账户中重大调整事项(如销售退回等)是否有其充分理由。

(7) 在采用计划成本、定额成本、标准成本或售价核算存货的情况下,检查产品成本差异或商品进销差价的计算、分配和会计处理是否正确

(8) 确定主营业务成本在利润表中是否已恰当披露。

### 三、应付职工薪酬的实质性程序

(1) 获取或编制应付职工薪酬明细表,复核加计正确,并与报表数、总账数和明细账合计数核对是否相符。

(2) 对应付职工薪酬进行实质性分析程序:①检查各月职工薪酬的发生额是否存在异常波动,查明异常波动的原因并予以记录。②将本期职工薪酬总额与上期相比较,要求被审计单位解释大幅增减变动的原因,并获取被审计单位管理层关于职工薪酬标准的决议。③计算本期职工人均薪酬,与上期相比较,或同行业进行比较。

(3) 检查应付职工薪酬的核算内容是否合规,是否包括相关法规规定的所有项目。

(4) 检查职工薪酬的计提是否正确,分配方法是否合理,是否与上期一致。分配计入各项目的金额占全部职工薪酬的比例与上期比较是否有重大差异。

(5) 检查应付职工薪酬的计量和确认是否正确,是否符合国家规定的标准。

(6) 审阅应付职工薪酬明细账,抽查应付职工薪酬各明细项目的支付和使用情况是否合规,是否履行了审批程序。

(7) 检查应付职工薪酬期末余额是否存在拖欠性质的职工薪酬,了解拖欠的原因。

(8) 确定应付职工薪酬的披露是否恰当。

## 课后复习题

### 一、思考题

1. 生产循环审计中的重大错报风险表现在什么地方?

2. 如何制定存货监盘计划,其内容是什么?

3. 如何对存货实施分析程序?

### 二、名词解释

1. 存货监盘

2. 存货截止测试

# 第十二章　筹资与投资循环审计

**知识导航**

- 筹资与投资循环审计
  - 筹资与投资循环概述
    - 筹资与投资循环涉及的主要业务活动
    - 筹资与投资循环涉及的主要凭证与会计记录
    - 筹资与投资循环的审计目标
    - 筹资与投资循环的重要性、审计风险及审计方案
  - 筹资与投资循环的内部控制及控制测试
    - 筹资与投资循环的内部控制
    - 筹资与投资循环内部控制的了解和描述
    - 筹资与投资循环内部控制的初步评价
    - 重大错报风险的识别与评估
    - 筹资与投资循环的控制测试
    - 筹资与投资循环内部控制的进一步评价
  - 筹资的实质性程序
    - 短期借款的实质性程序
    - 长期借款的实质性程序
    - 财务费用的实质性程序
    - 应付债券的实质性程序
    - 所有者权益的实质性程序
  - 投资的实质性程序
    - 交易性金融资产的实质性程序
    - 以公允价值计量价值变动记入其他综合收益的金融资产的实质性程序
    - 以摊余成本计量的金融资产的实质性程序
    - 长期股权投资的实质性程序
    - 投资收益的实质性程序

## 学习目标

通过本章学习，学生应了解筹资与投资循环的主要业务活动及其主要凭证和会计记录；理解掌握筹资与投资循环内部控制及其测试；掌握筹资与投资重大错报风险的识别与评估内容；掌握筹资与投资循环主要账户的实质性测试程序。

## 引入案例

### 安然公司利用复杂实体隐瞒债务

2001 年，美国第七大能源公司——安然公司宣告破产。安然公司是美国能源业巨头，

成立于1930年，于1985年以24亿美金收购了另外一家公司，并改名为安然公司。该公司曾是世界上最大的天然气交易商和最大的电力交易商，鼎盛时期其年收入达1 000亿美元，雇用了2万多员工，其业务遍布欧洲、亚洲和世界其他地区。安然公司1996年的收入是133亿美元，到2000年时总收入是1 008亿美元，几乎是美国收入最多的公司，曾连续四年获《财富》杂志"美国最具创新精神的公司"称号。但好景不长，2001年年底，安然在经营方面存在的问题终于暴露出来，其主要问题是利用复杂的财务合伙形式虚报盈余，掩盖巨额债务。安然的股票原为每股85美元，后来却不到1美元。在破产清算时，众多投资者遭受惨重损失。

安然公司造假的手段之一就是通过财务手段隐藏债务。具体做法是利用信托基金，第一步安然把一些资产委托出去，以资产及资产的收入作为抵押发行债券，发行所得交由安然公司使用。但在财务上，这不算安然的债务。因为在这个过程中，安然用自己的资产进行了抵押，于是发行所得可以看成安然用出售资产换来的，就不被看成安然的债务。

信托基金发行债券后，尽管有抵押，但买者还是不放心，要求安然做进一步的担保，即在债券到期时或到期前，用来做抵押的资产的价值不够时，安然必须补现金，或者增发股票，安然又使用股票作为担保。它们签订的合约还有下面的条件：一是安然的股票价格不能低于一定的价位，如果低于这个门槛，安然必须买回这些债务；二是安然的债信评级必须满足要求，如果安然的债信被评到垃圾级以下时，安然必须把这些发行的债券按发行价买回。

通过上述案例，为什么注册会计师查不出安然公司的债务？面对日益复杂的金融资产、金融负债的融资与投资，注册会计师应当如何实施审计程序？本章将予以讲述。

## 第一节 筹资与投资循环概述

### 一、筹资与投资循环涉及的主要业务活动

筹资与投资循环由筹资活动和投资活动的交易事项构成。筹资活动主要由借款和股东权益交易组成。投资活动主要由权益性投资交易和债权性投资交易组成。

**（一）筹资所涉及的主要业务活动**

（1）审批授权，企业通过借款筹集资金须经管理层的审批，其中债券的发行每次均要由董事会授权；企业发行股票必须依据国家有关法规或企业章程的规定，报经企业最高权力机构（如董事会）及国家有关管理部门批准。

（2）签订合同或协议，向银行或其他金融机构融资须签订借款合同，发行债券须签订债券契约和债券承销或包销合同。

（3）取得资金，企业实际取得银行或金融机构划入的款项或债券、股票的融入资金。

（4）计算利息或股利，企业应按有关合同或协议的规定，及时计算利息或股利。

（5）偿还本息或发放股利，银行借款或发行债券应按有关合同或协议的规定偿还本息，融入的股本根据股东大会的决定发放股利。

**（二）投资所涉及的主要业务活动**

（1）审批授权，投资业务应由企业的高层管理机构进行审批。

(2) 取得证券或其他投资,企业可以通过购买股票或债券进行投资,也可以通过与其他单位联合形成投资。

(3) 取得投资收益,企业可以取得股权投资的股利收入、债券投资的利息收入和其他投资收益。

(4) 转让证券或收回其他投资,企业可以通过转让证券实现投资的收回;其他投资一经投出,除联营合同期满,或者由于其他特殊原因联营企业解散外,一般不得抽回投资。

## 二、筹资与投资循环涉及的主要凭证与会计记录

### (一) 筹资活动的凭证和会计记录

1. 原始凭证

原始凭证主要包括:

(1) 债券,即具有发行资格的企业依据法定程序发行、约定在一定期间内还本付息的有价证券。

(2) 股票,即具有发行资格的企业签发的、证明股东所持股份的凭证。

(3) 债券契约,即一张明确债券持有人与发行企业双方所拥有的权利和义务的法律性文件。其内容一般包括:债券发行的标准;债券的明确表述;利息或利息率;受托管理人证书;登记和背书;如系抵押债券,应说明所担保的财产;债券发生拖欠应如何处理:对偿债基金、利息支付、本金偿还等的处理。

(4) 公司债券存根簿。发行记名公司债券的应记载内容包括:债券持有人的姓名或者名称以及住所;债券持有人取得债券的日期以及债券的编号;债券总额、票面金额、利率、还本付息的期限和方式;债券的发行日期等。发行无记名债券的应当在公司的债券存根簿上记载债券总额、利率、偿还期限和方式、发行日期和债券编号。

2. 记账凭证

相关的记账凭证主要包括收款记账凭证、付款记账凭证和转账记账凭证。

3. 明细账和序时账

相关的明细账和序时账主要包括债券持有人明细账、股东明细账、应付债券明细账以及现金和银行存款日记账等。

4. 总账

相关的总账类账户主要包括“短期借款”“长期借款”“应付债券”“应付票据”“应付利息”“应付股利”“股本(或实收资本)”“资本公积”“利润分配”“财务费用”“库存现金”或“银行存款”等。

### (二) 投资活动的凭证和会计记录

1. 原始凭证

相关的原始凭证主要包括股票或债券、债券契约、支票存根以及经纪商通知。经纪商通知是由经纪商发出的说明投资交易的交易价格的凭证,是记录投资交易的证据,可为计价和分摊等认定提供证据。

2. 记账凭证

相关的记账凭证主要包括收款记账凭证、付款记账凭证和转账记账凭证。

3. 明细账和序时账

相关的明细账和序时账主要包括投资收益明细账、现金和银行存款日记账。

4. 总账

相关的总账类账户主要包括“交易性金融资产”“债权投资”“其他债权投资”“其他权益工具投资”“长期股权投资”“长期投资减值准备”“应收股利”“应收利息”“投资收益”“其他综合收益”“公允价值变动损益”“库存现金”或“银行存款”等。

## 三、筹资与投资循环的审计目标

### （一）筹资循环的审计目标

（1）确定各股东权益项目及借款业务的增减变动是否存在，是否符合法律法规和合同、章程的规定，全部交易是否已得到授权批准，记录是否完整。

（2）确定与筹资相关的全部交易是否均已得到授权批准，并予以适当的会计处理。

（3）验证发行在外的股份数额、库藏股份数额及已缴股本数额的正确性。

（4）验证资本公积、盈余公积、未分配利润计算的正确性。

（5）验证股利和利息支出的适当性。

（6）确定股东权益和借款事项在资产负债表上的表述是否公允、适当。

### （二）投资循环的审计目标

（1）确认投资是否存在。

（2）确认投资是否归被审计单位所有。

（3）确认投资的增减变动及其收益（或损失）的记录是否完整。

（4）确认投资的计价方法（成本法或权益法）是否正确。

（5）确认投资的年末余额是否正确。

（6）确认投资在会计报表上的披露是否恰当。

## 四、筹资与投资循环的重要性、审计风险及审计方案

### （一）筹资循环的重要性、风险及审计方案

执行和记录筹资循环交易出现错报的风险一般很小。在很多公司，这些交易并不是经常发生。尽管股利和利息的支付次数稍多一些，但公司通常是委托外界代理机构代为处理股利和利息的支付。此外，绝大多数交易，都要求经过董事会授权，并由公司主管参与执行。因此，注册会计师往往预期筹资循环交易和余额的审计风险保持在一个较低的水平。

筹资循环的审计方案主要取决于交易量的多少。筹资循环交易并不经常发生，因此注册会计师采用实质性方案进行审计比较合算。特别是在公司利用外界独立代理机构代为支付公司债利息和股利时，使用实质性方案就更加经济高效。

### （二）投资循环的重要性、风险及审计方案

作为短期投资持有的有价证券对公司的短期清偿能力可能有重要的影响，但是这种投资的收入对公司经营成果的影响通常不大。而作为长期投资持有的证券对资产负债表、利润表的影响则比较大。由于投资交易较少发生，其错报的风险往往很低。另外，因被审计单位一般都派有一位或多位公司主管参加投资交易的执行和有价证券的保管，所以投资交易的内部控制大多是有效的。

投资循环的审计方案，主要取决于投资交易发生次数的多少。在被审计单位的投资交易比较少时，注册会计师宜采用实质性方案；相反，在被审计单位的投资交易比较多时，注册

会计师采用综合性方案可能更加合算。

## 第二节 筹资与投资循环的内部控制及控制测试

### 一、筹资与投资循环的内部控制

#### (一) 筹资活动的内部控制

筹资活动主要由借款交易和股东权益交易组成。企业为有效开展筹资业务活动,应合理确定筹资规模和筹资结构,选择筹资方式,降低资金成本,防范和控制财务风险。无论是否依赖内部控制,注册会计师均应对筹资活动的内部控制获得足够的了解,以识别错误的类型、方式及发生的可能性。筹资活动的内部控制系统一般包括下列内容。

(1) 授权审批控制。企业通过借款筹集资金需经管理当局的审批,其中债券的发行每次均要由董事会授权;企业发行股票必须依据国家有关法规或企业章程的规定,报经企业最高权力机构(如董事会)及国家有关管理部门批准。

(2) 职责分离控制。筹资业务中应分离的职务包括:①筹资计划编制人与审批人适当分离,以利于审批人独立地评价计划的优劣。②经办人员不能接触会计记录,通常由独立的机构代理发行债券。③会计记录人员同负责收、付款的人员相分离,有条件的应聘请独立的机构负责支付业务。④证券保管人员同会计记录人员分离。⑤借款业务的明细账和总账的登记分离。

(3) 合同或契约控制。每种筹资都必须签订合同或契约,并由专人保管。

(4) 收入和支出款项的控制。为了防止以筹资业务为名进行不正当活动或以伪造会计记录来掩盖不正当活动的事项发生,企业最好委托独立的代理机构筹资。

支出方面,企业可开出单张支票,委托有关代理机构代发,降低舞弊可能。另外,还应定期核对利息支付清单和开出支票总额。股利发放,要以董事会有关发放股利的决议文件为依据。

(5) 实物保管的控制。债券和股票都应设立相应的登记簿,详细登记已核准发行的债券和股票有关事项,如签发日期、到期日期、支付方式、支付利率、当时市场利率、金额等。

(6) 会计记录的控制。企业应及时地按正确的金额、合理的方法,在适当的账户和合理的会计期间予以正确记录。

#### (二) 投资活动的内部控制

投资活动的内部控制应该包括以下几个方面。

(1) 审批授权控制。投资必须编制投资计划,详细说明投资的对象、目的、影响投资收益的风险。投资计划在执行前必须严格审核,审查的内容主要有证券市场的估计是否合理,投资收益的估算是否正确,投资的理由是否恰当,计划购入证券能否达到投资目的等。所有投资计划及其审批应当用书面文件予以记录。

(2) 职责分离控制。合法的投资业务应在业务的授权、执行、会计记录及资产的保管等方面都有明确分工,任何一项投资业务的全过程或过程中的某一重要环节不得由一人或一个机构独立负责,形成相互牵制机制,有利于避免或减少投资业务中发生错误或舞弊的可能性,并且一旦发生,也能及时发现,从而将企业的损失控制到最低限度。

(3) 资产安全控制。企业对投资资产(股票和债券)一般有两种保管方式:一是由独立的专门机构保管,这些机构拥有专门的保存和防护措施,可以防止各种证券及单据的失窃或毁损,并且由于他们与投资业务的会计记录工作是完全分离的,可以大大降低舞弊的可能性;二是由企业自行保管,在这种方式下,必须建立严格的相互牵制制度,即至少要由两名以上人员共同控制,不得一人单独接触证券。对于任何证券的存入和取出,要将证券名称、数量、价值及存取的日期、数量等详细记录于证券登记簿内,并由在场经手人员签名。

(4) 会计记录控制。对于股票或债券类投资,无论企业拥有还是由他人保管,都要进行完整的会计记录,并对其增减变动及投资收益的实现情况进行相关会计核算。具体而言,应对每种股票或债券分别设立明细分类账,并详细记录其名称、面值、证书编号、数量、取得日期、经纪人或证券名称、购入成本、收取的股息或利息等。

(5) 严格的记名登记制度。

(6) 完善的实物盘点制度。

## 二、筹资与投资循环内部控制的了解和描述

注册会计师可以从以下几个方面了解筹资与投资循环业务。

(1) 了解审计年度内筹资与投资循环的交易数量及每笔交易的金额。

(2) 了解企业有无漏记或不恰当会计处理,有无导致重大错误,从而对企业会计报表的公允反映产生较大的影响。

(3) 了解企业筹资与投资循环交易是否遵守国家法律法规和相关契约的规定。

(4) 了解和描述内部控制。

注册会计师应通过查阅被审计单位的有关规章制度和文件资料,向有关人员口头查询和现场观察等方式,了解被审计单位销售与收款循环的特点和相关的内部控制,并采用适当的方法进行描述,列入审计工作底稿。对该循环内部控制的了解,包括内部控制的设计有效性和是否得到执行两方面。注册会计师一般利用调查表来描述内部控制的情况。筹资与投资循环内部控制调查如表 12-1 所示。

**表 12-1　　筹资与投资循环内部控制调查表**

| 提出问题 | 是 | 否 | 不适应 | 备注 |
|---|---|---|---|---|
| 1. 是否建立了投资管理制度和方法,并设置独立的投资管理部门 | | | | |
| 2. 投资活动是否经董事会、经理办公会或类似机构批准和财务部门核准 | | | | |
| 3. 公司债券、股票、期货和外汇交易是否均经决策机构授权人处理 | | | | |
| 4. 是否与被投资人签订投资合同、协议 | | | | |
| 5. 是否委托独立机构代办、保管投资证券 | | | | |
| 6. 如果自行保管,所有投资凭证是否均放在保管箱内 | | | | |
| 7. 是否定期盘点所有投资证券并将实存数与账面数核对 | | | | |
| 8. 投资业务是否根据投资情况采取不同的核算办法 | | | | |

（续表）

| 提出问题 | 是 | 否 | 不适应 | 备注 |
| --- | --- | --- | --- | --- |
| 9. 所有投资收益的会计处理是否恰当 | | | | |
| 10. 对投资的期末计价是否采用市价与成本孰低法进行核算 | | | | |
| 11. 重大借款和筹资行为是否经董事会批准 | | | | |
| 12. 融资借款是否均签订借款合同 | | | | |
| 13. 抵押担保是否获得批准 | | | | |
| 14. 利息支出是否按期入账，并划清资本性支出与收益性支出 | | | | |
| 15. 实收资本是否已经注册会计师验证 | | | | |

## 三、筹资与投资循环内部控制的初步评价

对采购与付款交易进行初步评价，其目的在于注册会计师对其进行实质性程序前确定对采购交易内部控制的可依赖程度。

注册会计师可通过下列措施来完成初步评价：①确定该项认定可能发生哪些潜在的错报或漏报。②确认哪些控制可以防止或发现更正这些错报或漏报。

注册会计师通过比较必要的控制和现有控制，初步评价计划依赖的采购交易的内部控制。如果被审计单位没有建立注册会计师认为的必要控制，或者现有控制不足以防止或检查错报或漏报，那么注册会计师应该考虑控制缺陷对审计的影响，如扩大采购交易实质性程序的范围。初步评价的结果应记录在工作底稿之中。

## 四、重大错报风险的识别与评估

### （一）重大错报风险的识别

注册会计师应在了解被审计单位及其环境的过程中，识别和评估融资与投资循环中的重大错报风险。通过研究被审计单位的行业状况、法律环境与监管环境及其他外部因素，了解被审计单位的性质、目标及相关经营风险，初步评价了相关内部控制后，在融资与投资审计中，影响融资与投资的风险有很多来源，其重大错报风险征兆或具体行为如表12-2所示。

**表 12-2　　融资与投资循环的重大错报风险征兆**

| 风险来源 | 报表影响 | 风险征兆或具体行为 | 相关认定 |
| --- | --- | --- | --- |
| 管理层舞弊风险 | 虚减负债 | 董事会已批准的贷款未在会计记录中记录 | 完整性 |
| | | 银行回函证实的贷款没有在会计记录中反映 | |
| | | 有租金支出，但没有记录相应的租赁负债 | |
| | | 企业与关联方的资金往来频繁，委托付款或委托收款现象突出 | |
| | | 企业设立了众多特殊目的实体且资金往来频繁 | |

（续表）

| 风险来源 | 报表影响 | 风险征兆或具体行为 | 相关认定 |
| --- | --- | --- | --- |
| | 虚增投资收益 | 大额的投资收益来自企业所持有的自己的股票 | 发生 |
| | | 收购前被收购企业巨亏，收购后即有高额利润 | |
| 员工舞弊风险 | | 随意处置投资，并侵占投资收益 | |
| | | 直接侵占有价证券 | |
| 流程失效风险 | | 资金计划和预算无效 | 计价与分摊 |
| | | 企业未遵守大额长期贷款的限制性条款、利息偿付和到期未还贷款，产生贷款违约导致的可持续经营问题 | |
| | | 资本结构没有达到最优化 | |
| | | 投资交易未经正确授权 | |
| | | 筹资交易未经正确授权 | |
| | | 投资与筹资或现金流之间不平衡 | |
| 会计政策会计估计风险 | 虚列投资、增加利润 | 金融资产的分类不适当 | |
| | | 金融资产的计价不适当 | |
| | | 任意改变金融资产的计价方法 | |
| | | 借款、应付债券的计价不恰当 | |
| | | 任意改变长期股权投资的计价方法 | |
| 信息处理风险 | | 财务预测的资金未能及时融资 | 完整性<br>计价和分摊 |
| | | 未严格按照计划使用资金 | |
| | | 未能完成资金计划 | |
| | | 筹措资金未及时投入项目中 | |
| | | 会计记录未及时反映投资状况 | |
| | | 利息、股息计算不正确 | |
| 财务披露风险 | | 数字错误或前后不一致 | |
| | | 金融资产的分类不透明 | |

**（二）重大错报风险的评估**

影响筹资交易和余额的重大错报风险可能包括：

（1）在筹资计划环节常见的问题是预算失误，造成资金流量短缺或冗余，不能满足生产的需要或增加了筹资的成本。

（2）在筹资作业环节要特别注意的问题是不经授权或批准非法筹资。

（3）在现金流入环节应注意当筹资款项流入时，是否存在已回收的筹资凭证不及时进行注销，造成被多次使用的风险。

（4）在现金流出环节应注意当有关筹资的现金流出时，是否存在虚增筹资费用，形成账外资金的风险。

(5) 在会计记录环节应注意容易产生筹资记录不真实反映的风险。

(6) 借款费用的会计处理不恰当,将应费用化的借款费用资本化,虚减当期费用,虚增资产。

(7) 所筹集的资金未按规定用途使用。借款的抵押与担保情况未充分披露。

考虑到严格的监管环境和董事会针对筹资活动设计的严格控制,除非注册会计师对管理层的诚信产生疑虑,否则重大错报风险一般应评估为低水平。

影响投资交易和余额的重大错报风险可能包括:

(1) 管理层错误表述投资业务或衍生金融工具业务的偏见和动机。

(2) 所取得资产的性质和复杂程度可能导致确认和计量的错误。

(3) 所持有投资的公允价值可能难以计量。

(4) 确定持有待售资产或以摊余成本计量的金融资产公允价值的困难性可能最终影响到资产负债表上投资和衍生金融工具的账面价值。

(5) 管理层凌驾于控制之上,可能导致投资交易未经授权。

(6) 如果对有价证券的控制不充分,权益性有价证券的舞弊和盗窃风险可能很高,从而影响投资的存在性。

(7) 关于资产的所有权以及相关权利与义务的审计证据可能难以获得。

(8) 如果每年发生的交易数量有限,并且会计人员不能确定在相关的购置或处置业务以及损益的调整中的分配时,固定资产交易的记录可能会发生错误。

(9) 如果负责记录投资处置业务的人员没有意识到某项投资已经卖出,则对投资的处置业务可能未记录。这种处置业务只能通过在期末进行实物检查来发现。

## 五、筹资与投资循环的控制测试

由于企业在一个会计年度内发生的筹资和对外投资交易的次数少,每笔金额大,漏记或错记一笔都会对财务报表的真实、公允反映产生重大影响,所以企业必须健全相关的部控制。筹资活动和对外投资活动的内部控制及其测试一览表,如表 12-3 和表 12-4 所示。

**表 12-3　　筹资活动内部控制及其测试**

| 内部控制目标 | 可能的错报 | 关键内部控制 | 必要的控制测试 |
|---|---|---|---|
| 存在与发生(投资账面余额在报表日确实存在,投资损失和收益是实际发生的投资交易和事项引起的) | 借款或发行股票未经授权批准;借款或发行股票缺乏相关有效的法律文件 | 借款或发行债券、股票经过授权审批;签订借款合同、债券契约、承销或包销协议等相关法律文件 | 索取借款或发行债券股票的授权审批文件,审查授权是否恰当,手续是否齐全,索取借款合同、债券契约、承销或包销协议。审查条款的完备性 |
| 完整性(投资增减变动及其收益和损失均已登记入账) | 与筹资业务相关的授权、执行、会计记录等活动分工不明确;有关合同谢意未妥善保管 | 筹资业务的会计记录与授权、执行等方面的职责明确分工;借款合同或协议由专人保管,保存债券持有人的明显资料,应同总分类账核对相符,如由外部机构保存,需定期与外部机构核对 | 观察并描述筹资业务的职责分工;了解债券持有人明细资料的保管制度,检查是否与总账或外部核对 |

（续表）

| 内部控制目标 | 可能的错报 | 关键内部控制 | 必要的控制测试 |
| --- | --- | --- | --- |
| 权利与义务（投资均为被审计单位所拥有） | 股东未按合同协议、章程约定时间支付出资额 | | |
| 计价与分摊（投资计价正确，期末余额正确） | 未在适当时间计算应付利息数额 | 建立严密完善的账簿体系和记录制度<br>按会计准则和会计制度规定进行核算 | 从明细账抽取部分会计分录，按原始凭证到明细账总账的顺序核对有关数据情况，判断其会计处理过程是否合规、完整 |
| 列报（借款和所有者权益在资产负债表上的披露恰当） | 筹资业务明细账与总账的登记职责未分开 | 筹资业务明细账与总账的登记职责分离<br>筹资披露符合会计准则和会计制度的要求 | 观察职责是否分离 |

**表 12-4　　投资活动的内部控制及其测试**

| 内部控制目标 | 可能的错报 | 关键内部控制 | 必要的控制测试 |
| --- | --- | --- | --- |
| 存在与发生（借款和所有者权益账面余额在报表日确实存在，借款利息费用和支付的股利是审计发生的交易和事项引起的） | 投资业务未经授权批准 | 对外投资业务经过授权审批；<br>与被投资单位签订投资合同或协议，并获取被投资单位出具的投资证明等相关法律文件 | 索取投资的授权审批文件，审查授权是否恰当，手续是否齐全；<br>索取投资合同、协议及其投资证明，检查其是否合理、有效 |
| 完整性（借款和所有者权益的增减变动及其利息和股利均已登记入账） | 投资业务记录不完整 | 投资业务的会计记录与授权、执行和保管等方面的职责明确分工；<br>健全证券资产的保管制度，或者委托外部机构保存；或者在内部建立至少两人以上人员的联合控制制度，证券的存取均需详细的记录和签名 | 观察并描述投资业务的职责分工；了解证券资产的保管制度，检查被审计单位自行保管时，存取证券是否有进行详细的记录并经所有经办人员签字，以及是否与总账或外部进行核对 |
| 权利与义务（借款与应付债券均为被审计单位承担的债务，所有者权益代表所有者的法定求索权） | 投资资产不属于被审计单位所有 | 由内部注册会计师或其他不参与投资业务的人员定期盘点证券投资资产，检查是否为企业实际拥有 | 了解企业是否定期进行证券投资资产的盘点；审阅盘点报告；检查盘点方法是否恰当、盘点结果与会计记录核对情况，以及出现差异的处理是否合规 |
| 计价与分摊（借款和所有者权益的期末余额正确） | 投资的计价方法、期末余额不正确 | 建立严密完善的账簿体系和记录制度<br>按会计准则和会计制度规定进行核算 | 从明细账抽取部分会计分录，按原始凭证到明细账、总账的顺序核对有关数据情况，判断其会计处理过程是否合规、完整 |
| 列报（投资在资产负债表上的披露恰当） | 投资业务明细账与总账的登记职责未分开 | 筹资业务明细账与总账的登记职责分离<br>筹资披露符合会计准则和会计制度的要求 | 观察职责是否分离 |

### （一）筹资与投资循环的控制测试

1. 筹资活动的控制测试

(1) 筹资活动是否经过授权批准。测试授权审批控制，可以直接向管理层询问，并查看有关记录。例如，对于长期借款，审查企业高层管理机构是否制定举债政策及审批程序，是否审慎做出举债决策，是否制定合理的借还款计划，并按规定程序报经审批。

(2) 筹资活动的授权、执行、记录和实物保管等是否严格分工。对职务分离控制的控制测试可以采取跟踪业务的方法，实时调查各有关方面的情况；对收入和偿还款项控制的控制测试可以结合货币资金业务的内部控制测试进行；对实物保管控制的控制测试可以采取实地调查的方法。

(3) 筹资活动是否建立了严密的账簿体系和记录制度，并定期检查。此项测试应采取账务追索收集证据的方法。例如，对于长期借款取得、使用和偿还情况，会计记录是否能及时、完整地反映；会计人员是否对明细账和总账进行了全面登记，并定期检查和核对其是否相符。

2. 投资活动的控制测试

(1) 投资项目是否经授权批准。对于投资计划的审批授权控制，主要通过查阅有关计划资料、文件或直接向管理层询问来进行审查。例如，通过查阅企业最高管理层的会议纪要、证券投资的各类权益证明文书、联营投资中的投资协议、合同和章程等，来了解投资循环授权批准制度的执行情况。

(2) 投资项目的授权、执行、保管和记录是否严格分工。对于此项测试，注册会计师可以采取实地调查、跟踪业务的方法来进行。

(3) 有无健全的有价证券保管制度。注册会计师应审阅内部相关人员对有价证券进行定期盘点的报告，重点审阅盘点方法是否适当，盘点结果与会计记录相核对情况，以及出现差异的处理是否合规等。

(4) 投资活动的核算方式是否符合有关财务制度的规定，相关投资收益的会计处理是否正确。注册会计师可从各类投资业务的明细账中抽取部分会计分录，按“原始凭证—明细账—总账”顺序核对有关数据和情况，判断其会计处理过程是否合规完整，并据以核实上述了解的有关内部控制是否健全，是否得到有效的执行。

(5) 对投资收益的监控是否适当。对此可以采取查阅分析报告或资料的方法进行测试。

注册会计师在完成工作后，取得了有关内部控制是否健全、有效的证据，并在工作底稿中表明筹资、投资活动的内部控制制度的强弱点，对其内部控制进行总体评价，确认对其内部控制的可依赖程度，进而确定实质性程序的程序和重点。

## 六、筹资与投资循环内部控制的进一步评价

注册会计师通过实施上述测试工作后，取得了被审计单位内部控制是否健全有效的证据，并将内部控制的强点和弱点记录于审计工作底稿中，以此可以确定对被审计单位内部控制制度的可信赖程度，评价其控制风险，进而将较高控制风险涉及的业务领域作为实质性测试的范围和重点。

**【例 12-1】** 今明会计师事务所接受委托对华兴公司 2013 年度的财务报表进行审计。

华兴公司尚未采用计算机记账。审计组于2013年11月对华兴公司的内部控制进行了了解和测试，并在相关审计工作底稿中记录了了解和测试的投资与筹资循环的相关事项，摘录如下：

(1) 华兴公司股东大会批准董事会的投资权限为1亿元以下。董事会决定由总经理负责实施。总经理决定由证券部负责总额1亿元以下的股票买卖。华兴公司规定：公司划入营业部的款项由证券部申请，会计部审核，总经理批准后划入公司在营业部开立的资金账户。经总经理批准，证券部直接从营业部资金账户支取款项。证券部买卖、资金存取的会计记录由会计部处理。审计组了解和测试投资的内部控制制度后发现：证券部在某营业部开户的有关协议及补充协议未经会计部或其他部门审核。根据总经理的批准，会计部已经将8 000万元汇入该户。证券部处理证券买卖的会计记录，月底将证券买卖清单交给会计部，会计部据以汇总记账。

(2) 华兴公司控股股东的法定代表人同时兼任华兴公司的法定代表人，总经理是聘任的。在公司章程及相关决议中未具体载明股东大会、董事会、经营班子的融资权限和批准程序。经了解华兴公司由财务部负责融资，2013年根据总经理的批示向工商银行借入了1亿元的贷款。

(3) 华兴公司无形资产管理明确规定了专家论证、集团决策以及谈判签约等流程的控制措施。审计组了解到2013年3月总经理李发在考察美国某高科技公司时，得知该公司资金周转困难，急于融资。由于该公司拥有华兴公司急需的核心专利技术，李发当即与对方进行谈判，对方愿意以1 500万美元出让华兴公司急需的专利技术，总经理李发认为机会难得，机不可失，在电话请示董事长后，当即与对方签订了引进。2013年7月华兴公司支付全款后获取专利技术全部资料，但由于该项专利技术需要专业技术人员操作和运用，因签约时缺乏要求对方给培训中方技术人员等约束条款，至11月华兴公司的技术人员尚在探索使用，无法在生产中运用专利技术创造价值。

(4) 华兴公司下属的分公司2013年3月决定兴建一座总投资额为5 500万元的仓库，由于时间紧，分公司一边向华兴公司报批，在等待华兴公司批复过程中，委托设计单位设计，通过邀请投标方式决定施工单位，于4月份正式开工建设，6月中旬华兴公司正式批复，该项目1月底完工。华兴公司虽认为分公司有不当之处，但考虑工期紧，分公司向来经营情况较好，项目建设符合发展需要，未追究相关人员的责任。

**问题：**事项(1)～(4)中，审计组的工作是否存在缺陷，并说明理由。

**解答：**

事项(1)，投资控制设计和运行都存在缺陷：①由证券部直接支取款项使授权与执行职务未分离，损害款项安全。应建议华兴公司从资金账户支取款项时，由会计部审核和记录，由证券部办理。②与证券投资有关的活动要由两个以上部门控制。有关的协议未经独立的部门审核，会使有关条款未全部在协议中载明，可能存在协议外约定。建议华兴公司与营业部协议应经会计部或法律部审查。证券部自己办理证券买卖的会计处理，业务的执行与记录不相容职务未分开，并且未得到适当的授权和批准。月末会计部门汇总登记投资记录，未及时按每一种证券分别核算设立明细账详细核算。

事项(2)，融资控制设计和运行都存在缺陷，借款应得到适当的授权或批准。建议华兴公司在公司章程或协议中具体规定股东大会、董事会、经营班子的有关筹资的权限和批准程序。

事项(3),投资控制运行存在缺陷:①从国外引进专利技术这种重大活动应该经过专家论证和集体决策。②重大合同的签订应当对关键条款认真推敲和斟酌,并由律师和相关专家组成的团队与对方谈判。

事项(4),对分公司管理控制存在缺陷:①分公司不能独立在项目尚未批准前就边设计边招标施工。②应该建立对重大经济活动违规运作的处罚制度。

# 第三节 筹资的实质性程序

## 一、短期借款的实质性程序

### (一) 短期借款的审计目标

短期借款的审计目标一般包括:确定期末短期借款是否存在;确定期末短期借款是否为被审计单位应履行的偿还义务;确定短期借款的借入、偿还及计息的记录是否完整;确定短期借款的期末余额是否正确;确定短期借款的披露是否恰当。

### (二) 短期借款的实质性程序

(1) 获取或编制短期借款明细表。注册会计师应首先获取或编制短期借款明细表,复核其加计数是否正确,并与明细账和总账核对相符。

(2) 函证短期借款的实有数。注册会计师应在期末对短期借款向银行或其他债权人函证短期借款。

(3) 检查短期借款的增减。对年度内增加的短期借款,应检查借款合同和授权批准,了解借款的数额、条件、日期、还款期限、借款利率,并与相关会计记录相核对;对年度内减少的短期借款,应检查相关记录和原始凭证,核实还款数额。

(4) 检查有无到期未偿还的短期借款。注册会计师应检查相关记录和原始凭证,检查被审计单位有无到期未偿还的短期借款,如有,则应查明是否已向银行提出申请并经同意后办理延期手续。

(5) 复核短期借款利息。注册会计师应根据短期借款的利率和期限,复核被审单位短期借款的利息计算是否正确,有无多算或少算利息的情况,如有,应做出记录,必要时进行调整。

(6) 检查外币借款的折算。如果被审计单位有外币短期借款,应检查外币短期借款的增减变动是否按业务发生时的市场汇率或期初市场汇率折合为记账本位币金额,期末是否按市场汇率将外币短期借款余额折合为记账本位币金额,折算差额是否按规定进行会计处理,折算方法是否前后期一致。

(7) 检查短期借款在资产负债表上的反映是否恰当。企业的短期借款在资产负债表上通常设"短期借款"项目单独列示,对于因抵押而取得的短期借款,应在资产负债表附注中揭示,注册会计师应注意被审单位对短期借款项目的反映是否充分。

## 二、长期借款的实质性程序

### (一) 长期借款的审计目标

长期借款的审计目标一般包括:确定期末长期借款是否存在;确定期末长期借款是否为

被审计单位应履行的偿还义务；确定长期借款的借入、偿还及利息的记录是否完整；确定长期借款的期末余额是否正确；确定长期借款的披露是否恰当。

**(二) 长期借款的实质性程序**

(1) 获取或编制长期借款明细表，复核其加计数是否正确，并与明细账和总账核对相符。

(2) 了解金融机构对被审计单位的授信情况以及被审计单位的信用等级评估情况，了解被审计单位获得短期借款和长期借款的抵押和担保情况，评估被审计单位的信誉和融资能力。

(3) 对年度内增加的长期借款，应检查借款合同和授权批准，了解借款的数额、条件、日期、利率、还款期限，并与相关会计记录相核对。

(4) 检查长期借款的使用是否符合借款合同的规定，重点检查长期借款使用的合理性。

(5) 向银行或其他债权人函证长期借款。

(6) 对年度内减少的长期借款，应检查相关记录和原始凭证，核实还款数额。

(7) 检查年末有无到期未偿还的借款，逾期借款是否办理了延期手续，分析计算逾期贷款的金额、比率和期限，判断被审单位的资信程度和偿债能力。

(8) 检查一年内到期的长期借款是否已转列为流动负债。

(9) 计算短期借款、长期借款在各个月份的平均余额，选取适用的利率匡算利息支出总额，并与财务费用的相关记录核对，判断被审单位是否高估或低估利息支出，必要时进行适当调整。

(10) 检查非记账本位币折合记账本位币采用的折算汇率，折算差额是否按规定进行会计处理。

(11) 检查借款费用的会计处理是否正确。予以资本化的借款费用是否符合企业会计准则规定的可以予以资本化的条件。借款费用的披露是否恰当。

(12) 检查企业抵押长期借款的抵押资产的所有权是否属于企业，其价值和实现状况是否与抵押契约中的规定相一致。

(13) 检查长期借款是否已在资产负债表上充分披露。

注册会计师应根据审计结果，确定被审计单位长期借款在资产负债表上的列示是否充分，长期借款的抵押和担保是否已在会计报表附注中做了充分披露。

## 三、财务费用的实质性程序

**(一) 财务费用的审计目标**

财务费用的审计目标一般包括：确定记录的财务费用是否已发生，且与被审计单位有关；确定财务费用记录是否完整；确定与财务费用有关的金额及其他数据是否已恰当记录，确定财务费用是否记录于正确的会计期间；确定财务费用的内容是否正确；确定财务费用的披露是否恰当。

**(二) 财务费用的实质性程序**

财务费用的实质性程序通常包括：

(1) 获取或编制财务费用明细表，复核加计是否正确，与报表数、总账数和明细账合计数核对是否相符。

(2) 将本期、上期财务费用各明细项目进行比较分析,必要时比较本期各月的财务费用,如有重大波动和异常情况,应查明原因,扩大审计范围或增加测试量。

(3) 检查利息支出明细账,确认利息支出的真实性及正确性,检查各项借款期末应计利息有无预计入账,注意检查现金折扣的会计处理是否正确。

(4) 检查汇兑损失明细账,检查汇兑损益计算方法是否正确,核对所用汇率是否正确,前后期是否一致。

(5) 检查"财务费用——其他"明细账,注意检查大额金融机构手续费的真实性与正确性。

(6) 审阅下期期初的财务费用明细账,检查财务费用各项目有无跨期入账的现象,对于重大跨期项目,应进行必要调整。

(7) 检查从其他企业或非银行金融机构取得的利息收入是否按规定计缴增值税。

(8) 检查财务费用的披露是否恰当。

## 四、应付债券的实质性程序

### (一) 应付债券的审计目标

长期应付债券的审计目标一般包括:确定长期应付债券期末是否存在;确定期末长期应付债券是否为被审计单位应履行的偿还义务;确定长期应付债券的发行、偿还及利息的记录是否完整;确定长期应付债券的期末余额是否正确;确定长期应付债券的披露是否恰当。

### (二) 应付债券的实质性程序

(1) 取得或编制应付债券明细表。注册会计师应首先取得或编制应付债券明细表,并同有关的明细分类账和总分类账核对相符。

(2) 检查债券交易的有关原始凭证。检查债券交易的各项原始凭证,是确定应付债券金额及其合法性的重要程序,注册会计师应做好以下工作:①检查企业现有债券副本,确定其发行是否合法,各项内容是否同相关的会计记录相一致。②检查企业发行债券所收入现金的收据、汇款通知单、送款登记簿及相关的银行对账单。③检查用以偿还债券的支票存根,并检查利息费用的计算。④检查已偿还债券数额同应付债券借方发生额是否相符。⑤如果企业发行债券时已作抵押或担保,还应检查相关契约的履行情况。

(3) 检查应计利息、债券折(溢)价利息调整及其会计处理是否正确。此项工作一般可通过检查债券利息、利息调整等账户分析表进行。对附有赎回选择权的可转换公司债券,还应关注其在赎回日可能支付的利息补偿金的会计处理是否正确。

(4) 函证期末余额。向债权人及债券的承销人或包销人进行函证。函证内容应包括应付债券的名称、发行日、到期日、利率、已付利息期间、年内偿还的债券、资产负债表日尚未偿还的债权及其他注册会计师认为应包括的其他重要事项。

(5) 检查到期债券的偿还。对到期债券的偿还,注册会计师应检查相关会计记录,检查其会计处理是否正确。对可转换公司债券持有人将其持有的债券转换为股票,则应检查其转股的会计处理是否正确。

(6) 检查应付债券是否已在资产负债表上充分披露。注册会计师应根据审计结果,确定被审计单位应付债券在会计报表上的反映是否充分,有关应付债券的类别是否已在会计报表注释中做了充分的说明。

## 五、所有者权益的实质性程序

### （一）股本(实收资本)的实质性程序

1. 实收资本(股本)的审计目标

实收资本(股本)的审计目标一般包括：确定实收资本(股本)是否存在；确定实收资本(股本)的增减变动是否符合法律法规和合同、章程的规定，记录是否完整；确定实收资本(股本)期末余额是否正确；确定实收资本(股本)的披露是否恰当。

2. 实收资本(股本)的实质性程序

实收资本(股本)的实质性程序通常包括：

(1) 获取或编制实收资本(股本)增减变动情况明细表，复核加计是否正确。与报表数、总账数和明细账合计数核对相符。

(2) 查阅公司章程、股东大会、董事会会议记录中有关实收资本(股本)的规定。收集与实收资本(股本)变动有关的董事会会议纪要、合同、协议、公司章程及营业执照。公司设立批文、验资报告等法律性文件，并更新永久性档案。

(3) 检查实收资本(股本)增减变动的原因，查阅其是否与董事会纪要、补充合同、协议及其他有关法律性文件的规定一致，逐笔追查至原始凭证，检查其会计处理是否正确。注意有无抽资或变相抽资的情况，如有，应取证核实，作恰当处理。对首次接受委托的客户，除取得验资报告外，还应检查并复印记账凭证及进账单。

(4) 对于以资本公积、盈余公积和未分配利润转增资本的，应取得股东(大)会等资料，并审核是否符合国家有关规定。

(5) 以权益结算的股份支付，取得相关资料，检查是否符合相关规定。

(6) 中外合作企业根据合同规定在合作期间归还投资的，检查以下内容：如系直接归还投资，检查是否符合有关的决议与公司章程和投资协议的规定，款项是否已付出，会计处理是否正确；如系以利润归还投资，还需检查是否与利润分配的决议相符，并检查与利润分配有关会计处理是否正确。

(7) 根据证券登记公司提供的股东名录，检查被审计单位及其子公司、合营企业与联营企业是否有违反规定的持股情况。

(8) 以非记账本位币出资的，检查其折算汇率是否符合规定。

(9) 检查认股权证及其有关交易，确定委托人及认股人是否遵守认股合约或认股权证中的有关规定。

(10) 确定实收资本(股本)的披露是否恰当。

### （二）资本公积的实质性程序

1. 资本公积的审计目标

资本公积是非经营性因素形成的不能计入实收资本的所有者权益，主要包括投资者实际缴付的出资额超过其资本份额的差额(如股本溢价、资本溢价)和其他资本公积等。资本公积的审计目标一般包括：确定资本公积是否存在；确定资本公积的增减变动是否符合法律、法规和合同、章程的规定，记录是否完整；确定资本公积期末余额是否正确；确定资本公积的披露是否恰当。

2. 资本公积的实质性程序

资本公积的实质性程序通常包括以下内容：

(1) 获取或编制资本公积明细表，复核加计是否正确，并与报表数、总账数和明细账合计数核对相符。

(2) 收集与资本公积变动有关的股东(大)会决议，董事会会议纪要、资产评估报告等文件资料，更新永久性档案。首次接受委托的，应检查期初资本公积的原始发生依据。

(3) 根据资本公积明细账，对股本溢价、其他资本公积各明细的发生额逐项进行审查。

(4) 对股本溢价，应取得董事会会议纪要、股东(大)会决议、有关合同、政府批文，追查至银行收款等原始凭证，结合相关科目的审计，检查会计处理是否正确，注意发行股票溢价收入的计算是否已扣除股票发行费用。

(5) 检查以权益法核算的被投资单位除净损益、其他综合收益及利润分配以外的所有者权益变动，被审计单位是否已按其享有的份额入账，会计处理是否正确。处置该项投资时，应注意是否已转销与其相关的资本公积。

(6) 对拨款转入，审阅有关的拨款批文，检查拨款项目的完成情况，结合专项应付款的审计，检查会计处理是否正确。

(7) 以权益结算的股份支付，取得相关资料，检查在权益工具授予日期和行权日的会计处理是否正确。

(8) 若有同一控制下企业合并，应结合长期股权投资科目，检查被审计单位(合并方)取得的被合并方所有者权益账面价值的份额与支付的合并对价账面价值的差额计算是否正确，是否依次调整本科目、盈余公积和未分配利润。

(9) 被审计单位将回购的本单位股票予以注销、用于奖励职工或转让，其会计处理是否正确。

(10) 对于在资产负债表日，满足运用套期会计方法条件的现金流量套期和境外经营净投资套期产生的利得和损失是否进行了正确的会计处理。

(11) 对资本公积转增资本，应取得股东(大)会决议、董事会会议纪要和政府批文等，检查资本公积转增资本是否符合有关规定，会计处理是否正确。

(12) 记录资本公积中不能转增资本的项目。

(13) 确定资本公积的披露是否恰当。

**(三) 盈余公积的实质性程序**

1. 盈余公积的审计目标

盈余公积是企业按照规定从税后利润中提取的积累资金，是具有特定用途的留存收益，主要用于弥补亏损和转增资本，也可以按规定用于分配股利。盈余公积包括法定盈余公积和任意盈余公积。盈余公积的审计目标一般包括：确定期末盈余公积是否存在；确定盈余公积的增减变动是否符合法律法规和合同、章程的规定，记录是否完整；确定盈余公积期末余额是否正确；确定盈余公积的披露是否恰当。

2. 盈余公积的实质性程序

盈余公积的实质性程序通常包括：

(1) 取得或编制盈余公积明细表，复核加计是否正确，并与报表数、总账数和明细账合计数核对相符。

（2）收集与盈余公积变动有关的董事会会议纪要、股东（大）会决议以及政府主管部门、财政部门批复等文件资料，进行审阅，并更新永久性档案。

（3）对法定盈余公积和任意盈余公积的发生额逐项审查至原始凭证，审查法定盈余公积和任意盈余公积的计提顺序、计提基数、计提比例是否符合有关规定，会计处理是否正确；审查盈余公积的减少是否符合有关规定，取得董事会会议纪要、股东（大）会决议，予以核实，检查有关会计处理是否正确。

（4）如系外商投资企业，应对储备基金、企业发展基金的发生额逐项审查至原始凭证。

（5）如系中外合作经营企业，应对利润归还投资的发生额审查至原始凭证，并与"实收资本——已归还投资"科目的发生金额核对。

（6）确定盈余公积的披露是否恰当。企业的法定盈余公积、任意盈余公积、公益金应合并在盈余公积中并在资产负债表中列示，股份有限公司盈余公积和公益金项目则在资产负债表中分项列示，同时还应在会计报表附注中说明各项盈余公积的期末余额及其期初至期末间的重要变化。注册会计师对此应加以检查。

**（四）未分配利润的实质性程序**

1. 未分配利润的审计目标

未分配利润是指未做分配的净利润，即这部分利润没有分配给投资者，也未指定用途。

未分配利润的审计目标包括：确定期末未分配利润是否存在；确定未分配利润增减变动的记录是否完整；确定未分配利润期末余额是否正确；确定未分配利润的披露是否恰当。

2. 未分配利润的实质性程序

未分配利润的实质性程序通常包括：

（1）获取或编制利润分配明细表。复核加计是否正确，与报表数、总账数及明细账合计数核对相符。

（2）检查未分配利润期初数与上期审定数是否相符，涉及损益的上期审计调整是否正确入账。

（3）收集和检查与利润分配有关的董事会会议纪要、股东（大）会决议、政府部门批文及有关合同、协议、公司章程等文件资料更新永久性档案。

（4）检查本期未分配利润变动除净利润转入以外的全部相关凭证，结合所获取的文件资料，确定其会计处理是否正确。

（5）了解本年利润弥补以前年度亏损的情况，如果已超过弥补期限，且已因为抵扣亏损而确认递延所得税资产的，应当进行调整。

（6）结合以前年度损益调整科目的审计检查以前年度损益调整的内容是否真实、合理，注意对以前年度所得税的影响。对重大调整事项应逐项核实其发生原因、依据和有关资料、复核数据的正确性。

（7）确定未分配利润的披露是否恰当。

**（五）应付股利的实质性程序**

1. 应付股利的审计目标

应付股利的审计目标一般包括：确定期末应付股利是否存在；确定期末应付股利是否为被审计单位应履行的支付义务；确定应付股利的记录是否完整；确定应付股利的期末余额是否正确；确定应付股利的披露是否恰当。

2. 应付股利的实质性程序

应付股利的实质性程序通常包括：

(1) 获取或编制应付股利明细表，复核加计是否正确，并与报表数、总账数和明细账合计数核对相符。

(2) 审阅公司章程和股东(大)会决议中有关股利的规定，了解股利分配标准和发放方式是否符合有关规定并经法定程序批准。若被审计单位董事会或类似机构通过利润分配方案拟分配现金股利或利润的注意是否披露。

(3) 检查应付股利的发生额。

(4) 检查股利支付的原始凭证的内容、金额和会计处理是否正确。

(5) 现金股利是否按公告规定的时间、金额予以发放和结算，零星股东股利有否采用适当方法结算，对无法结算及委托发放而长期未结的股利是否做出适当处理。

(6) 确定应付股利的披露是否恰当。

## 第四节 投资的实质性程序

### 一、交易性金融资产的实质性程序

#### (一) 交易性金融资产的审计目标

交易性金融资产是指企业为了近期出售而持有的金融资产。

交易性金融资产的审计目标一般包括：确定交易性金融资产是否存在；确定交易性金融资产是否归被审计单位所有；确定交易性金融资产的增减变动及其损益的记录是否完整；确定交易性金融资产的计价是否正确；确定交易性金融资产期末余额是否正确；确定交易性金融资产的披露是否恰当。

#### (二) 交易性金融资产的实质性程序

交易性金融资产的实质性程序通常包括：

(1) 获取或编制交易性金融资产明细表，复核加计是否正确，并与报表数、总账数和明细账合计数核对相符。

(2) 对期末结存的相关交易性金融资产，向被审计单位核实其持有目的，检查本科目核算范围是否恰当。

(3) 获取股票、债券及基金等交易流水单及被审计单位证券投资部门的交易记录，与明细账核对，检查会计记录是否完整、会计处理是否正确。

(4) 监盘库存交易性金融资产，并与相关账户余额进行核对，如有差异，应查明原因，并做出记录或进行适当调整。

(5) 向相关金融机构发函询证交易性金融资产期末数量以及是否存在变现限制，并记录函证过程。取得回函时应检查相关签章是否符合要求。

(6) 抽取交易性金融资产增减变动的相关凭证，检查其原始凭证是否完整合法，会计处理是否正确，注意出售交易性金融资产时其成本结转是否正确。原计入的公允价值变动损益有无调整至投资收益。

(7) 复核与交易性金融资产相关的损益计算是否准确，并与公允价值变动损益及投资收益等有关数据核对。

(8) 复核股票、债券及基金等交易性金融资产的期末公允价值是否合理，相关会计处理是否正确。

(9) 关注交易性金融资产是否存在重大的变现限制。

(10) 确定交易性金融资产的披露是否恰当。

## 二、以公允价值计量价值变动记入其他综合收益的金融资产的实质性程序

### (一) 以公允价值计量价值变动记入其他综合收益的金融资产的审计目标

以公允价值计量价值变动记入其他综合收益的金融资产的审计目标一般包括：

(1) 确定以公允价值计量价值变动记入其他综合收益的金融资产是否存在。

(2) 确定以公允价值计量价值变动记入其他综合收益的金融资产是否归被审计单位所有。

(3) 确定以公允价值计量价值变动记入其他综合收益的金融资产的增减变动及其损益的记录是否完整。

(4) 确定以公允价值计量价值变动记入其他综合收益的金融资产的计价是否正确。

(5) 确定以公允价值计量价值变动记入其他综合收益的金融资产减值准备的计提方法是否恰当，计提是否充分。

(6) 确定以公允价值计量价值变动记入其他综合收益的金融资产减值准备的增减变动记录是否完整。

(7) 确定以公允价值计量价值变动记入其他综合收益的金融资产及其减值准备期末余额是否正确。

(8) 确定交易性金融资产及其减值准备的披露是否恰当。

### (二) 以公允价值计量价值变动记入其他综合收益的金融资产的实质性程序

以公允价值计量价值变动记入其他综合收益的金融资产的实质性程序通常包括：

(1) 获取或编制以公允价值计量价值变动记入其他综合收益的金融资产明细表，复核加计是否正确，并与报表数、总账数和明细账合计数核对相符。

(2) 获取以公允价值计量价值变动记入其他综合收益的金融资产对账单，与明细账核对，并检查其会计处理是否正确。

(3) 检查库存以公允价值计量价值变动记入其他综合收益的金融资产，并与相关账户余额进行核对，如有差异，应查明原因，并做出记录或进行适当调整。

(4) 向相关金融机构发函询证以公允价值计量价值变动记入其他综合收益的金融资产期末数量，并记录函证过程。取得回函时应检查相关签章是否符合要求。

(5) 对期末结存的以公允价值计量价值变动记入其他综合收益的金融资产，向被审计单位核实其持有目的。检查本科目核算范围是否恰当。

(6) 抽取以公允价值计量价值变动记入其他综合收益的金融资产增减变动的相关凭证，检查其原始凭证是否完整合法，会计处理是否正确；抽取以公允价值计量价值变动记入其他综合收益的金融资产增加的记账凭证，注意其原始凭证是否完整合法，成本、交易费用和相关利息或股利的会计处理是否符合规定；抽取以公允价值计量价值变动记入其他综合收益的金融资产减少的记账凭证，检查其原始凭证是否完整合法，会计分录是否正确。

（7）复核以公允价值计量价值变动记入其他综合收益的金融资产的期末公允价值是否合理，检查会计处理是否正确。

（8）如果以公允价值计量价值变动记入其他综合收益的金融资产的公允价值发生较大幅度下降，并且预期这种下降趋势属于非暂时性的，应当检查被审计单位是否计提资产减值准备，计提金额和相关会计处理是否正确。

（9）已确认减值损失的以公允价值计量价值变动记入其他综合收益的金融资产。当公允价值回升时应检查其相关会计处理是否正确。

（10）若债券等债务工具类以公允价值计量价值变动记入其他综合收益的金融资产发生减值，检查相关利息的计算和会计处理是否正确。

（11）检查以公允价值计量价值变动记入其他综合收益的金融资产出售时，其相关损益计算及会计处理是否正确，已计入其他综合收益的公允价值累计变动额是否转入投资收益科目。

（12）复核以公允价值计量价值变动记入其他综合收益的金融资产划转为以摊余成本计量的金融资产的依据是否充分，会计处理是否正确。

（13）检查债券投资计入损益的利息收入计算所采用的利率是否正确。

（14）结合银行借款等科目，了解是否存在已用于债务担保的以公允价值计量价值变动记入其他综合收益的金融资产。如有，则应取证并作相应的记录。同时提请被审计单位作恰当披露。

（15）确定以公允价值计量价值变动记入其他综合收益的金融资产的披露是否恰当。

## 三、以摊余成本计量的金融资产的实质性程序

### （一）以摊余成本计量的金融资产的审计目标

以摊余成本计量的金融资产是指到期日固定、回收金额固定或可确定，且企业有明确意图和能力持有至到期的非衍生金融资产。以摊余成本计量的金融资产的审计目标一般包括：确定以摊余成本计量的金融资产是否存在；确定以摊余成本计量的金融资产是否归被审计单位所有；确定以摊余成本计量的金融资产的增减变动及其损益的记录是否完整；确定以摊余成本计量的金融资产的计价是否正确；确定以摊余成本计量的金融资产减值准备的计提方法是否恰当，计提是否充分；确定以摊余成本计量的金融资产减值准备的增减变动的记录是否完整；确定以摊余成本计量的金融资产及其减值准备期末余额是否正确；确定以摊余成本计量的金融资产及其减值准备的披露是否恰当。

### （二）以摊余成本计量的金融资产的实质性程序

以摊余成本计量的金融资产的实质性程序通常包括：

（1）获取或编制以摊余成本计量的金融资产明细表，复核加计是否正确，并与总账数和明细账合计数核对相符。

（2）获取以摊余成本计量的金融资产对账单，与明细账核对，并检查其会计处理是否正确。

（3）检查库存以摊余成本计量的金融资产，并与账面余额进行核对，如有差异，应查明原因，并做出记录或进行适当调整。

（4）向相关金融机构发函询证以摊余成本计量的金融资产期末数量，并记录函证过程。

取得回函时应检查相关签章是否符合要求。

(5) 对期末结存的以摊余成本计量的金融资产，核实被审计单位持有的目的和能力检查本科目核算范围是否恰当。

(6) 抽取以摊余成本计量的金融资产增加的记账凭证，注意其原始凭证是否完整合法，成本、交易费用和相关利息的会计处理是否符合规定。

(7) 抽取以摊余成本计量的金融资产减少的记账凭证，检查其原始凭证是否完整合法。会计处理是否正确。

(8) 根据相关资料，确定债券投资的计息类型。结合投资收益科目，复核计算利息采用的利率是否恰当，相关会计处理是否正确，检查以摊余成本计量的金融资产持有期间收到的利息会计处理是否正确。检查债券投资票面利率和实际利率有较大差异时，被审计单位采用的利率及其计算方法是否正确。

(9) 结合投资收益科目，复核处置以摊余成本计量的金融资产的损益计算是否准确，已计提的减值准备是否同时结转。

(10) 检查当持有目的改变时，以摊余成本计量的金融资产划转为以公允价值计量价值变动记入其他综合收益的金融资产的会计处理是否正确。

(11) 结合银行借款等科目，了解是否存在已用于债务担保的以摊余成本计量的金融资产。如有，则应取证并作相应的记录，同时提请被审计单位作恰当披露。

(12) 当有客观证据表明以摊余成本计量的金融资产发生减值的，应当复核相关资产项目的预计未来现金流量现值，并与其账面价值进行比较，检查相关准备计提是否充分。

(13) 若发生减值，检查相关利息的计算及处理是否正确。

(14) 确定以摊余成本计量的金融资产的披露是否恰当，注意一年内到期的以摊余成本计量的金融资产是否已重分类。

## 四、长期股权投资的实质性程序

### (一) 长期股权投资的审计目标

长期股权投资的审计目标一般包括：确定长期股权投资是否存在；确定长期股权投资是否归被审计单位所有；确定长期股权投资的增减变动及投资损益的记录是否完整；确定长期股权投资的核算方法是否正确；确定长期股权投资减值准备的计提方法是否恰当；确定长期股权投资减值准备增减变动的记录是否完整；确定长期股权投资及其减值准备的期末余额是否正确；确定长期股权投资及其减值准备的披露是否恰当。

### (二) 长期股权投资的实质性程序

长期股权投资的实质性程序通常包括：

(1) 获取或编制长期股权投资明细表，复核加计是否正确，并与总账数和明细账合计数核对相符；结合长期股权投资减值准备科目与报表数核对相符。

(2) 根据有关合同和文件，确认股权投资的股权比例和持有时间，检查股权投资核算方法是否正确。

(3) 对于重大的投资，向被投资单位函证被审计单位的投资额、持股比例及被投资单位发放股利等情况。

(4) 对于应采用权益法核算的长期股权投资，获取被投资单位已经注册会计师审计的年度财务报表，如果未经注册会计师审计，则应考虑对被投资单位的财务报表实施适当的审计或审阅程序。

(5) 对于采用成本法核算的长期股权投资，检查股利分配的原始凭证及分配决议等资料确定会计处理是否正确；对被审计单位实施控制而采用成本法核算的长期股权投资，比照权益法编制变动明细表，以备合并报表使用。

(6) 对于成本法和权益法相互转换的，检查其投资成本的确定是否正确。

(7) 确定长期股权投资的增减变动记录是否完整。包括检查本期增加的长期股权投资，追查至原始凭证及相关的文件或决议及被投资单位验资报告或财务资料等，确认长期股权投资是否符合投资合同、协议的规定，并已确实投资，会计处理是否正确；检查本期减少的长期股权投资，追查至原始凭证，确认长期股权投资的收回有合理的理由及授权批准手续，并已确实收回投资，会计处理是否正确。

(8) 期末对长期股权投资进行逐项检查，以确定长期股权投资是否已经发生减值，计提是否充分，是否得到适当批准。减值损失一经确认，在以后会计期间不得转回。

(9) 结合银行借款等的检查，了解长期股权投资是否存在质押、担保情况。如有，则应详细记录，并提请被审计单位进行充分披露。

(10) 确定长期股权投资在资产负债表上已恰当列报。与被审计单位人员讨论确定是否存在被投资单位由于所在国家和地区及其他方面的影响，其向被审计单位转移资金的能力受到限制的情况，如存在，应详细记录受限情况，并提请被审计单位进行充分披露。

## 五、投资收益的实质性程序

### (一) 投资收益的审计目标

投资收益的审计目标一般包括：确定记录的投资收益是否已发生，且与被审计单位有关；确定投资收益记录是否完整；确定与投资收益有关的金额及其他数据是否已恰当记录；确定投资收益是否已记录于正确的会计期间；确定投资收益的内容是否正确；确定投资收益的披露是否恰当。

### (二) 投资收益的实质性程序

投资收益的实质性程序通常包括：

(1) 获取或编制投资收益分类明细表，复核加计是否正确，并与总账数和明细账合计数核对相符，与报表数核对相符。

(2) 与以前年度投资收益比较，结合投资本期的变动情况，分析本期投资收益是否存在异常现象。如有，应查明原因，并进行适当的调整。

(3) 与长期股权投资、交易性金融资产、交易性金融负债、以公允价值计量价值变动记入其他综合收益的金融资产、持有到期投资等相关项目的审计结合，验证确定投资收益的记录是否正确，确定投资收益被计入正确的会计期间。

(4) 确定投资收益已恰当列报。检查投资协议等文件，确定国外投资收益汇回是否存在重大限制，若存在重大限制，应说明原因，并进行恰当披露。

## 课后复习题

### 思考题

1. 审查短期借款时应注意把握哪些要点?
2. 审查长期借款业务的合法性与合规性时,注册会计师应采取哪些审计程序?
3. 所有者权益审计主要包括哪些内容?其审计程序有哪些?
4. 怎样审查资本公积、盈余公积?
5. 简述长期股权投资内部控制制度的要点。

# 第十三章　货币资金审计

**知识导航**

- 货币资金审计
  - 货币资金与业务循环
    - 货币资金与交易循环的关系
    - 货币资金涉及的主要凭证和会计记录
  - 货币资金的内部控制与重大错报风险评估
    - 货币资金的内部控制
    - 货币资金内部控制的了解和描述
    - 货币资金内部控制的初步评价
    - 重大错报风险的识别和评估
  - 货币资金的控制测试
    - 货币资金的控制测试
    - 货币资金内部控制的进一步评价
  - 货币资金的实质性程序
    - 库存现金的实质性程序
    - 银行存款的实质性程序
    - 其他货币资金的实质性程序

## 学习目标

通过本章学习，学生应理解货币资金与各业务循环的关系；了解货币资金涉及的主要会计凭证及会计记录；理解并掌握货币资金的内部控制与重大错报风险的识别和评估内容；理解并掌握货币资金控制测试内容；掌握货币资金的实质性程序。

## 引入案例

### 150 亿元的现金去哪里了

一家手握 150 亿元巨额现金的公司，竟然偿还不起 15 亿元的短期债务，这似乎是天方夜谭。康得新公司 2019 年 1 月发布的一则公告让此离奇的故事成真。据公司公告称，公司无法偿还 15 亿元短期债券，已构成实质性违约。但是，根据 2018 年年报显示，公司账面货币资金高达 153.16 亿元，其中 122.1 亿元存放在北京银行西单支行(以下简称支行)。这不禁令投资者感到疑惑：存在北京银行的现金是真是假?

深圳证券交易所很快发出了问询函，要求康得新公司自证 122.1 亿元资金的真实性。随着康得新公司回函的公开，康得投资集团与北京银行西单支行的《现金管理合作协议》浮出水面。原来，根据这份协议，康得新公司股东可以实时从康得新公司账上划转资金，使本该属于康得新公司的 122.1 亿元现金被控股股东占用，公司的账上显示早就没有钱了！支行对瑞华会计师事务所(以下简称瑞华所)函证的回复显示：银行存款账户余额为 0 元，该账户在我行有联动账户业务,银行归集资金额为 122.1 亿元。根据上述协议,康得新公司的账户余额按照零余额管理,即康得新公司账上的钱会自动划到康得投资集团账户上去,康得新公司没有自主支配的权力。本来,集团公司对资金进行集中管理无可厚非,但是问题在于:康得新公司的账户作为子公司账户被纳入康得投资集团的资金池中,对审计而言事情就有了质的变化。根据我国《上市公司治理准则》规定,控股股东与上市公司应实行财务分开,独立核算。换句话说,即便是联动账户里有钱,那也不能看作是上市公司的钱。

2019 年 4 月 29 日,瑞华所对康得新公司 2018 年财务报表出具了无法表示意见。但是,在此以前的 2015—2017 年年度审计报告中,瑞华所均出具了无保留意见。面对公众的质疑,瑞华所 2019 年 7 月 28 日予以回应:本所对康得新公司的重大错报风险项目执行了审计机构能够执行的应有审计程序,并根据实施的审计程序,获得的审计证据出具了审计报告。

货币资金,通常很难造假。然而本案却出现了 122.1 亿元的亏空。问题出在哪里?为什么注册会计师没有发现其中的猫腻?在对货币资金的审计过程中,应该注意哪些问题?本章将予以详细介绍。

## 第一节 货币资金与业务循环

货币资金是企业流动性最强的资产,包括库存现金、银行存款和其他货币资金。任何企业进行生产经营活动都必须持有货币资金,它在企业的会计核算中占有重要的位置。由于企业发生的舞弊事件大多与货币资金有关,且货币资金交易的审计有助于注册会计师确定企业会计报表中其他项目的真实性公允性,所以货币资金审计非常重要。

### 一、货币资金与交易循环的关系

#### (一) 与货币资金有关的经济业务发生频繁

由于企业的全部经营活动是将各种资源转换成货币资金,并以货币资金支付各种费用和债务,所以,在资产负债表日,货币资金的余额可能并不大,甚至很可能低于注册会计师确定的重要性水平。但是货币资金与各业务循环直接相关,如图 13-1 所示。

需要说明的是,图 13-1 仅选取各业务循环中具有代表性的科目予以图示,并未包括各业务循环中与货币资金有关的全部会计科目。

#### (二) 企业发生的舞弊事件大多与货币资金有关

货币资金是企业进行经营活动必不可少的资产,其流动性强,具有支付手段和流通手段等职能。由于货币资金的收付较频繁,比较容易出现错误、遗漏等情况,也比其他资产更容易被盗窃、挪用和贪污,它往往成为不法分子进行舞弊的首选对象,企业发生的各种舞弊现象也主要涉及货币资金。所以,无论在资产负债表日货币资金的余额是否庞大,注册会计师都应重视对货币资金的审计。

### 二、货币资金涉及的凭证和会计记录

货币资金涉及的凭证和会计记录主要有:

(1) 原始凭证。与货币资金余额有关的原始凭证包括收款单据、收款结算单据、进账

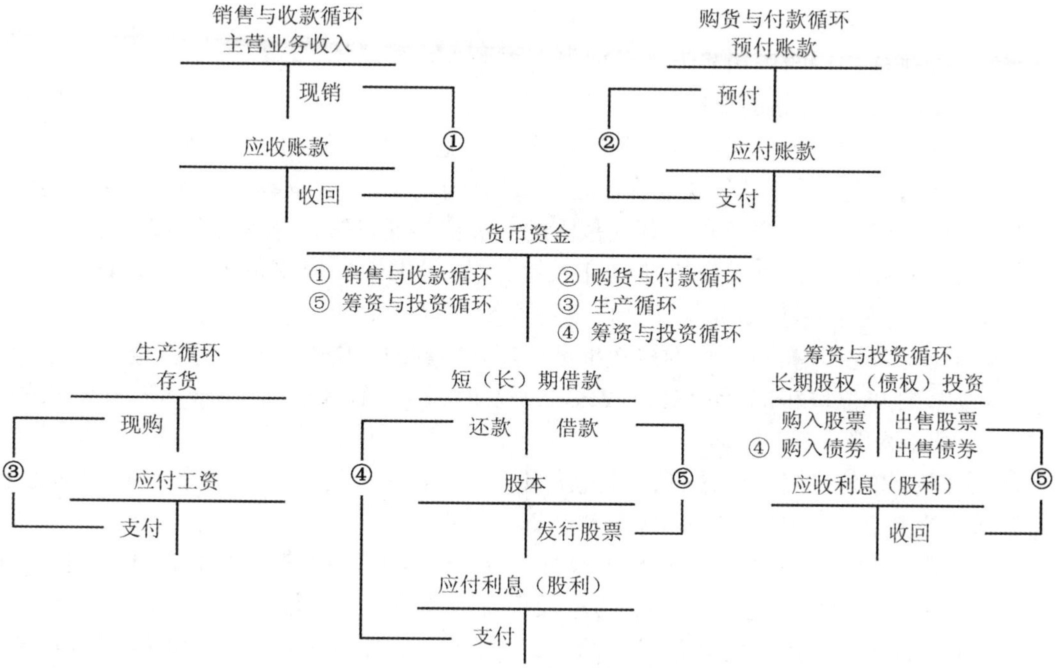


**图 13-1　货币资金与业务循环的关系**

单、收款单据、付款结算单据和票据、交款单、借支单、支出和报销单据、库存现金日报表、现金盘点表、银行对账单、银行存款余额调节表等。

(2) 记账凭证。与货币资金有关的记账凭证包括现金、银行存款的收款和付款凭证。

(3) 账簿。与货币资金有关的账户包括库存现金日记账和总账、银行存款日记账和总账，其他货币资金明细账及其总账等。

## 第二节　货币资金的内部控制与重大错报风险评估

### 一、货币资金的内部控制

#### (一) 职责分离与授权审批

(1) 被审计单位应当建立货币资金业务的岗位责任制，明确相关部门和岗位的职责权限，确保办理货币资金业务的不相容岗位相互分离、制约和监督。出纳人员不得兼任稽核、会计档案保管和收入、支出、费用、债权债务账目的登记工作。单位不得由一人办理货币资金业务的全过程。

(2) 被审计单位应当对货币资金业务建立严格的授权批准制度，明确审批人对货币资金业务的授权批准方式、权限、程序、责任和相关控制措施，规定经办人办理货币资金业务的职责范围和工作要求。

(3) 被审计单位应当按照规定的程序办理货币资金支付业务：支付申请、支付审批、支付复核和办理支付。

(4) 被审计单位对于重要货币资金支付业务，应当实行集体决策和审批，并建立责任追究制度，防范贪污、侵占、挪用货币资金等行为。

(5) 严禁未经授权的机构或人员办理货币资金业务或直接接触货币资金。

**(二) 现金和银行存款的管理**

(1) 被审计单位应当加强现金库存限额的管理，超过库存限额的现金应及时存入银行。

(2) 被审计单位必须根据《现金管理暂行条例》的规定，结合本单位的实际情况，确定本单位现金的开支范围。不属于现金开支范围的业务应当通过银行办理转账结算。

(3) 被审计单位现金收入应当及时存入银行，不得用于直接支付单位自身的支出。因特殊情况需坐支现金的，应事先报经开户银行审查批准。

单位借出款项必须执行严格的授权批准程序，严禁擅自挪用、借出货币资金。

(4) 被审计单位取得的货币资金收入必须及时入账，不得私设"小金库"，不得账外设账，严禁收款不入账。

(5) 被审计单位应当严格按照《支付结算办法》等国家有关规定，加强银行账户的管理，严格按照规定开立账户，办理存款、取款和结算。

(6) 被审计单位应当定期检查、清理银行账户的开立及使用情况，发现问题，及时处理。单位应当加强对银行结算凭证的填制、传递及保管等环节的管理与控制。

(7) 被审计单位应当严格遵守银行结算纪律，不准签发没有资金保证的票据或远期支票，套取银行信用；不准签发、取得和转让没有真实交易和债权债务的票据，套取银行和他人资金；不准无理拒绝付款，任意占用他人资金；不准违反规定开立和使用银行账户。

(8) 被审计单位应当指定专人定期核对银行账户，每月至少核对一次，编制银行存款余额调节表，使银行存款账面余额与银行对账单调节相符。如调节不符，应查明原因，及时处理。

(9) 被审计单位应当定期和不定期地进行现金盘点，确保现金账面余额与实际库存相符。发现不符，及时查明原因，进行处理。

**(三) 票据及有关印章的管理**

(1) 被审计单位应当加强与货币资金相关的票据的管理，明确各种票据的购买、保管、领用、背书转让、注销等环节的职责权限和程序，并专设登记簿进行记录，防止空白票据的遗失和被盗用。

(2) 被审计单位应当加强银行预留印鉴的管理。财务专用章应由专人保管，个人名章必须由本人或其授权人员保管。严禁一人保管支付款项所需的全部印章。

按规定需要有关负责人签字或盖章的经济业务，必须严格履行签字或盖章手续。

**(四) 监督检查**

(1) 被审计单位应当建立对货币资金业务的监督检查制度，明确监督检查机构或人员的职责权限，定期和不定期地进行检查。

(2) 货币资金监督检查的内容主要包括：①货币资金业务相关岗位及人员的设置情况。重点检查是否存在货币资金业务不相容职务混岗的现象。②货币资金授权批准制度的执行情况。重点检查货币资金支出的授权批准手续是否健全，是否存在越权审批行为。③支付款项印章的保管情况。重点检查是否存在办理付款业务所需的全部印章交由一人保管的现象。④票据的保管情况。重点检查票据的购买、领用、保管手续是否健全，票据保管是否存在漏洞。

## 二、货币资金内部控制的了解和描述

注册会计师一般利用调查表来描述内部控制的情况。常见的货币资金内部控制调查如表 13-1 所示。

表 13-1　货币资金内部控制调查表

| 提出问题 | 是 | 否 | 不适应 |
|---|---|---|---|
| 一、收入货币资金 | | | |
| 1. 收款凭证是否由复核人员和记录人员核对 | | | |
| 2. 收到支票后是否立即送到出纳人员入账 | | | |
| 3. 收到的现金或支票是否当日或次日存入银行 | | | |
| 4. 是否存在坐支现象 | | | |
| 5. 收款凭证收款后是否加盖“收讫”印章表明已收 | | | |
| 6. 收到客户货款是否及时与客户欠款核对相符 | | | |
| 7. 货币资金收入职责是否与银行存款余额调节表编制和批准的职责相分离 | | | |
| 二、支出货币资金 | | | |
| 1. 款项和支付是否事先经过审核、批准 | | | |
| 2. 付款凭证付款是否加盖“付讫”章表明已付 | | | |
| 3. 现金支付是否有用途和限额控制 | | | |
| 4. 支票是否由出纳和有关主管人员共同签发 | | | |
| 5. 作废支票及他银行票据是否加盖“作废”戳记，并与存根联保存在一起 | | | |
| 6. 批准支付和编制申请的职责是否分离 | | | |
| 7. 收款凭证收款后是否加盖“收讫”印章表明已收 | | | |
| 8. 收到客户货款是否及时与客户欠款核对相符 | | | |
| 9. 货币资金收入职责是否与银行存款余额调节表编制和批准的职责相分离 | | | |
| 三、记录货币资金 | | | |
| 1. 现金和银行存款日记账是否逐笔序时登记 | | | |
| 2. 现金和银行存款日记账与总账是否每月末核对相符 | | | |
| 3. 货币资金收付的出纳、审核是否与会计记录适当分离 | | | |
| 4. 编制银行存款余额调节表的人员是否不兼管现金保管和记录现金日记账和银行存款日记账 | | | |
| 5. 货币资金收付记账是否根据经审核后的收付凭证登记入账 | | | |
| 6. 所有收付的货币资金是否均及时完整地记录于会计账内 | | | |
| 四、管理货币资金 | | | |
| 1. 所有银行存款的开立是否都经过批准 | | | |
| 2. 是否对各银行存款账户按月编制银行存款调节表，未达账项是否已经检查 | | | |

（续表）

| 提出问题 | 是 | 否 | 不适应 |
|---|---|---|---|
| 3. 管理者是否定期审查现金流量，及时了解和解决资金短缺和溢余 | | | |
| 4. 是否对现金进行不定期盘点，并与日记账核对 | | | |
| 5. 现金及其相关记录是否保存安全的地方 | | | |

## 三、货币资金内部控制的初步评价

通过对货币资金内部控制的了解，注册会计师应对货币资金的内部控制是否健全进行评价，对货币资金的控制风险做出初步评估时，其标准是货币资金的各项内部控制方法和程序是否符合内部控制的基本原则，对关键控制点是否进行了控制，所有的控制目标是否达到。

注册会计师在对被审计单位的货币资金内部控制系统的健全性进行评审后，若被审计单位内部控制系统比较健全，则应进一步对内部控制进行控制测试，以获取被审计单位内部控制是否有效地发挥其功能的证据。

## 四、重大错报风险的识别和评估

货币资金认定层次的重大错报风险可能包括：

（1）虚假的余额或交易导致银行存款余额的存在性或交易的发生存在重大错报风险。

（2）因未采用正确的折算汇率导致外币交易计价错误。

（3）期末银行存款收支存在大额的截止性错误（截止）。例如，银行已付企业未付、企业已收银行未收等。

（4）未按规定对货币资金做出恰当披露。例如，未披露限制使用的大额银行存款。

在实施货币资金审计的过程中，如果被审计单位存在以下事项或情形，注册会计师需要保持警觉：

（1）被审计单位的现金交易比例较高，与其所在的行业常用的结算模式不同。

（2）库存现金规模明显超过业务周转所需资金。

（3）银行账户开立数量与企业实际的务规模不匹配。

（4）在没有经营业务的地区开立银行账户。

（5）企业资金存放于管理层或员工个人账户。

（6）货币资金收支额与现流量表不匹配。

（7）不能提供银行对账单或存款余额调节表。

（8）存在长期或大量银行未达账项。

（9）银行存款明细账存在非正常转账的“一借一贷”。

（10）违反货币资金存放和使用规定（如上市公司未经批准开立账户转移募集资金、未经许可将募集资金作其他用途等）。

（11）存在大额外币收付记录，而被审计单位并不涉足外贸业务。

（12）被审计单位以各种理由不配合注册会计师实施银行函证。

除上述与货币资金项目直接相关的事项或情形外，注册会计师在审计其他财务报表项目时,还可能关注到其他一些亦需要保持警觉的事项或情形,当被审计单位存在以下事项或情形时,可能表明存在舞弊风险。

(1) 存在没有具体业务支持或与交易不相匹配的大额资金往来。

(2) 长期挂账的大额预付款项。

(3) 存在大额自有资金的同时,向银行高额举债。

(4) 付款方账户名称与销售客户名称不一致、收款方账户名称 与供应商名称不一致。

(5) 开具的银行承兑汇票没有银行承兑协议支持。

(6) 银行承兑票据保证金余额与应付票据比例不合理。

## 第三节 货币资金的控制测试

### 一、货币资金的控制测试

#### (一) 观察货币资金的处理

观察被审计单位的现金保管和总账的登记是否由相同的人员进行,观察是否存在未入账的收入。

#### (二) 抽取并审查收款凭证

为测试货币资金收款的内部控制,注册会计师应选取适当的样本量,做如下的检查。

(1) 检查收款凭证与存入银行账户的日期和金额是否相符。

(2) 核对库存现金、银行存款日记账的收入金额是否正确。

(3) 核对收款凭证与银行对账单的日期和金额是否相符。

(4) 核对收款凭证与应收账款等相关明细账的有关记录是否相符。

(5) 核对实收金额与销售发票所列金额是否一致。

#### (三) 抽取并审查付款凭证

为测试货币资金付款内部控制,注册会计师应选取适当的样本量,做如下检查。

(1) 检查付款的授权批准手续是否符合规定。

(2) 核对库存现金银行存款日记账的付出金额是否正确。

(3) 核对付款凭证与应付账款明细账的记录是否一致。

(4) 核对实付金额与购货发票是否相符等。

(5) 核对付款凭证与银行对账单是否一致。

#### (四) 抽取一定期间的库存现金、银行存款日记账与总账核对

注册会计师应抽取一定期间的库存现金、银行存款日记账,检查其有无计算错误,加总是否正确无误,库存现金日记账是否与总分类账核对相符。

注册会计师应根据日记账提供的线索,核对总账中的库存现金、银行存款、应收账款、应付账款等有关账户记录。

#### (五) 检查外币资金的折算方法是否符合有关规定,是否与上年度一致

对于有外币现金、银行存款的被审计单位,注册会计师应检查外币现金日记账、银行存款日记账及“财务费用”“在建工程”等账户的记录,确定企业有关外币现金的增减变动是否按业务发生时的市场汇率或业务发生当期期初的市场汇率折合为记账本位币,选用方法是

否前后期保持一致；检查企业的外币现金的余额是否按期末市场汇率折合为记账本位币金额，有关汇兑损益的计算和记录是否正确。

**(六) 检查一定期间的银行存款余额调节表，是否按月正确编制并经复核**

为证实银行存款记录的正确性，注册会计师必须抽取一定期间的银行存款余额调节表，将其同银行对账单、银行存款日记账及总账进行核对，确定被审计单位是否按月正确编制并复核银行存款余额调节表。

### 二、货币资金内部控制的进一步评价

注册会计师在完成了上述程序之后，即可对库存现金的内部控制制度进行评价。评价时，注册会计师应首先确定库存现金内部控制制度可信赖的程度以及存在的薄弱环节和缺点，其次据以确定库存现金实质性程序的性质、时间安排和范围，如对哪些环节可以适当减少审计程序，哪些环节应增加审计程序，做重点审查，以减少审计风险。

## 第四节 货币资金的实质性程序

### 一、库存现金的实质性程序

**(一) 库存现金的审计目标**

库存现金的审计目标一般应包括：

(1) 确定被审计单位资产负债表的货币资金项目中的库存现金在资产负债表日是否确实存在，是否为被审计单位所拥有。

(2) 确定被审计单位在特定期间内发生的现金收支业务是否均记录完毕，有无遗漏。

(3) 确定库存现金余额是否正确。

(4) 确定库存现金在财务报表上的披露是否恰当。

**(二) 库存现金的实质性程序**

1. 核对库存现金日记账与总账的余额是否相符

注册会计师测试库存现金余额的起点，是核对库存现金日记账与总账的余额是否相符。如果不相符，应查明原因，并做出记录或适当调整。

2. 盘点库存现金

盘点库存现金是证实资产负债表所列现金是否存在的一项重要程序。

盘点库存现金，通常包括对已收到但未存入银行的现金、零用金、找换金等的盘点。盘点库存现金时间和人员应视被审计单位的具体情况而定。但必须有被审计单位出纳员和会计主管人员参加，并由注册会计师参加进行盘点。盘点库存现金的步骤和方法如下。

(1) 制定库存现金盘点程序，实施突击性的检查，时间最好选择在上午上班前或下午下班时进行，盘点的范围一般包括企业各部门经管的现金。在进行现金盘点前，应由出纳员将现金集中起来存入保险柜，必要时可加以封存，然后由出纳员把已办妥现金收付手续的收付款凭证登入库存现金日记账。如企业现金存放部门有两处或两处以上者，应同时进行盘点。

(2) 审阅库存现金日记账并同时与现金收付凭证相核对。一方面检查日记账的记录与

凭证的内容和金额是否相符，另一方面了解凭证日期与日记账日期是否相符或接近。

(3) 由出纳员根据库存现金日记账加计数额结出库存现金结余额。

(4) 盘点保险柜的库存现金实存数，同时编制“库存现金盘点表”，分币种、面值列示盘点金额，如表 13-2 所示。

(5) 资产负债表日后进行盘点时，应调整至资产负债表日的金额。

(6) 盘点金额与库存现金日记账余额进行核对，如有差异，应查明原因，并做出记录或适当调查。

(7) 若有冲抵库存现金的借条、未提现支票、未做报销的原始凭证，应在“库存现金盘点表”中注明或做出必要的调整。

**表 13-2** **库存现金盘点表**

客户名称： 编制人： 日期： 索引号：
项目名称： 复核人： 日期： 页　次：
盘点日期：　年　月　日

<table>
<tr><th colspan="6">检　查　核　对　记　录</th><th colspan="7">实有现金盘点记录</th></tr>
<tr><th colspan="2" rowspan="2">项　　目</th><th rowspan="2">行次</th><th rowspan="2">人民币</th><th rowspan="2">港币</th><th rowspan="2">美元</th><th rowspan="2">面额</th><th colspan="2">人民币</th><th colspan="2">港　币</th><th colspan="2">美　元</th></tr>
<tr><th>张数</th><th>金额</th><th>张数</th><th>金额</th><th>张数</th><th>金额</th></tr>
<tr><td colspan="2">上一日账面库存余额</td><td>1</td><td></td><td></td><td></td><td>1 000 元</td><td></td><td></td><td></td><td></td><td></td><td></td></tr>
<tr><td colspan="2">盘点日未记账传票收入金额</td><td>2</td><td></td><td></td><td></td><td>500 元</td><td></td><td></td><td></td><td></td><td></td><td></td></tr>
<tr><td colspan="2">盘点日未记账付款付出金额</td><td>3</td><td></td><td></td><td></td><td>100 元</td><td></td><td></td><td></td><td></td><td></td><td></td></tr>
<tr><td colspan="2">盘点日账面应有金额</td><td>4=1+2−3</td><td></td><td></td><td></td><td>50 元</td><td></td><td></td><td></td><td></td><td></td><td></td></tr>
<tr><td colspan="2">盘点实有现金数额</td><td>5</td><td></td><td></td><td></td><td>10 元</td><td></td><td></td><td></td><td></td><td></td><td></td></tr>
<tr><td colspan="2">盘点日应有与实际金额差异</td><td>6=4−5</td><td></td><td></td><td></td><td>5 元</td><td></td><td></td><td></td><td></td><td></td><td></td></tr>
<tr><td rowspan="6">差异原因分析</td><td>白条抵库(张)</td><td></td><td></td><td></td><td></td><td>2 元</td><td></td><td></td><td></td><td></td><td></td><td></td></tr>
<tr><td></td><td></td><td></td><td></td><td></td><td>1 元</td><td></td><td></td><td></td><td></td><td></td><td></td></tr>
<tr><td></td><td></td><td></td><td></td><td></td><td>0.5 元</td><td></td><td></td><td></td><td></td><td></td><td></td></tr>
<tr><td></td><td></td><td></td><td></td><td></td><td>0.2 元</td><td></td><td></td><td></td><td></td><td></td><td></td></tr>
<tr><td></td><td></td><td></td><td></td><td></td><td>0.1 元</td><td></td><td></td><td></td><td></td><td></td><td></td></tr>
<tr><td></td><td></td><td></td><td></td><td></td><td>0.05 元</td><td></td><td></td><td></td><td></td><td></td><td></td></tr>
<tr><td rowspan="5">追溯调整账面余额</td><td colspan="2">报表日至查账日现金付出总额(+)</td><td></td><td></td><td></td><td>0.02 元</td><td></td><td></td><td></td><td></td><td></td><td></td></tr>
<tr><td colspan="2">报表日至查账日现金收入总额(−)</td><td></td><td></td><td></td><td>0.01 元</td><td></td><td></td><td></td><td></td><td></td><td></td></tr>
<tr><td colspan="2">报表日库存现金应有金额</td><td></td><td></td><td></td><td>合　计</td><td></td><td></td><td></td><td></td><td></td><td></td></tr>
<tr><td colspan="2">报表日账面汇率</td><td></td><td></td><td></td><td colspan="7" rowspan="3">情况说明及审计结论：</td></tr>
<tr><td colspan="2">报表日余额折合本位币金额</td><td></td><td></td><td></td></tr>
<tr><td colspan="3">本位币合计</td><td></td><td></td><td></td></tr>
</table>

出纳： 盘点人： 监盘人： 复核人：

注：报表日应有金额=盘点日应有金额+期后付出总额−期后收入总额。

**（三）抽查大额现金收支**

注册会计师应抽查大额现金收支的原始凭证审查其内容是否完整，有无授权批准，并核对相关账户的进账情况，如有与被审计单位生产经营业务无关的收支事项，应查明原因，并做相应的记录。

**（四）审查现金收支的正确截止日期**

被审计单位资产负债表上的现金数额，应以结账日实有数额为准。因此，注册会计师必须验证现金收支的截止日期。在实施截止测试时，通常注册会计师可以对结账日前后一段时期内现金收支凭证进行审计，以确定是否存在跨期事项。

**（五）审查外币现金的折算是否正确**

对于有外币现金的被审计单位，注册会计师应审查被审计单位对外币现金的收支是否按所规定的汇率折合为记账本位币金额，外币现金期末余额是否按期末市场汇率折合为记账本位币金额，外币折合差额是否按规定记入相关账户。

**（六）确定库存现金是否在资产负债表上恰当披露**

根据有关会计准则的规定，库存现金在资产负债表上“货币资金”项下反映，注册会计师应在实施上述审计程序后，确定库存现金账户的期末余额是否恰当，据以确定货币资金是否在资产负债表上恰当披露。

**【例 13-1】** 华兴公司 2020 年 2 月 4 日账面库存现金余额为 6 832 元，2 月 5 日发生的现金收支全部未登记入账，其中收入金额为 5 580 元，支出金额为 2 000 元。注册会计师于 2 月 5 日下午 5 时对华兴公司库存现金进行监盘，发现以下情况：

(1) 保险柜里现金盘点实有数 5 108.70 元(50 张 100 元，2 张 50 元，8 张 1 元，1 张 5 角，2 张 1 角)，另外单独包封的未领工资 1 480，没有包括在盘点实有数内。

(2) 下列凭证已付款尚未制凭证入账。

职工朱敏 1 月 25 日借差旅费 643.3 元，已经领到批准。

职工王琳 1 月 10 日借款 600 元，未经批准。

(3) 华兴公司下属门市部送来当天零售现金 2 580 元(25 张 100 元，8 张 10 元)，附发票副本 16 张，未送存银行，不包括在盘点实有数内，也没有入账，放在出纳办公桌抽屉里。

(4) 银行核定的库存现金限额 5 000 元。

**解答：**

(1) 库存现金盘点应关注的事项有：①实施突击性的检查。②盘点时间最好选择在上午上班前和下午下班后进行。③现金盘点的范围一般包括企业存在所有地方的现金。在进行盘点前，应由出纳员将现金集中起来存入保险柜。必要时可加以封存，然后由出纳员把已办妥现金收付手续的收付款凭证登记入账。如有库存现金存放部门有两处或以上的，应同时进行盘点。④若有冲抵库存现金的借条、未提现支票、未做报销的原始凭证，应在“库存现金盘点表”中注明或做出必要的调整。

(2) 如果 2020 年 1 月 1 日至 2 月 4 日现金收入总额为 165 200 元，现金支出总额为 165 500 元，根据盘点结果，编制库存现金盘点表如表 13-3 所示。

(3) 华兴公司现金存在的问题及处理意见：

第一，职工朱敏借差旅费 643.3 元，没有及时制单入账，应及时制单入账；职工王林借款 600 元，未经批准，也未说明用途，应及时收回或履行核准报销手续。

**表 13-3** **库存现金监盘表**

被审计单位：华兴公司　　　　索引号：略

项目：库存现金　　　　报表截止日/期间：2020.12.31

编制人：李浩　　　　复核人：张明

日期：2021.03.08　　　　日期：2021.03.08

| 检查盘点记录 | | | | | | 实有现金盘点记录 | | | | | | |
|---|---|---|---|---|---|---|---|---|---|---|---|---|
| 项目 | | 项次 | 人民币 | 美元 | 外币 | 面额（元） | 人民币 | | 美元 | | 外币 | |
| | | | | | | | 张 | 金额 | 张 | 金额 | 张 | 金额 |
| 上一日账面库存余额 | | ① | 6 832 | | | 1 000 | | | | | | |
| 盘点日未记账传票收入金额 | | ② | 5 580 | | | 500 | | | | | | |
| 盘点日未记账传票支出金额 | | ③ | 2 000 | | | 100 | 85 | 8 500 | | | | |
| 盘点日账面应有金额 | | ④=①+②-③ | 10 412 | | | 50 | 10 | 500 | | | | |
| 盘点实有库存现金数额 | | ⑤ | 9 168.7 | | | 10 | 16 | 160 | | | | |
| 盘点日应有与实有差异 | | ⑥=④-⑤ | 1 243.3 | | | 5 | | | | | | |
| 差异原因分析 | 白条抵库 | | 1 243.3 | | | 2 | | | | | | |
| | | | | | | 1 | 8 | 8 | | | | |
| | | | | | | 0.5 | 1 | 0.5 | | | | |
| | | | | | | 0.2 | | | | | | |
| | | | | | | 0.1 | 2 | 0.2 | | | | |
| | | | | | | 合计 | | 9 168.7 | | | | |
| 追溯调整 | 报表日至审计日库存现金付出总额 | | 167 500 | | | | | | | | | |
| | 报表日至审计日库存现金收入总额 | | 170 780 | | | | | | | | | |
| | 报表日至审计日库存现金应有余额 | | 7 132 | | | | | | | | | |
| 追溯调整 | 报表日账面汇率 | | | | | | | | | | | |
| | 报表日余额折合本位币金额 | | | | | | | | | | | |
| 本位币合计 | | | | | | | | 9 168.7 | | | | |

出纳员：李梅　　会计主管：赵新　　监盘人：李浩　　检查日期：2020.03.08

审计说明：2020 年 3 月 8 日下午 5 时由注册会计师李浩，出纳员李梅，会计主管赵新共同参与盘点。华兴公司库存现金管理存在严重缺陷。

第二，当天营业部上交的零售货款 2 580 元未及时入账，存放在出纳的办公桌抽屉内，库存现金安全性存在问题，应及时入账，并把现金放入保险柜或存入银行。

第三，库存现金盘点范围有误，应当把存放在不同地方的当天营业部上交的零售货款 2 580 元、单独包封的未领工资 1 480 元全部纳入盘点范围。

第四，现金账实不符，短缺 1 243.3 元，查明属于白条抵库，应及时收回或做会计处理。

第五，库存现金超限额，超出限额 4 168.7 元，应及时送存银行。

## 二、银行存款的实质性程序

银行存款就是企业存放在银行或其他金融机构的货币资金。按照国家有关规定，凡是独立核算的企业都必须在当地银行开设账户。企业在银行开设账户以后，除按核定的限额保留库存现金外，超过限额的现金必须存入银行。除了在规定的范围内可以用现金直接支付的款项外，在经营过程中所发生的一切货币收支业务，都必须通过银行转账进行结算。银行存款的审计目标主要包括以下方面。

(1) 确定被审计单位资产负债表中的银行存款在财务报表日是否确实存在，是否为被审计单位所拥有。

(2) 确定被审计单位在特定期间内发生的银行存款收支业务是否均已记录完毕，有无遗漏。

(3) 确定银行存款的余额是否正确。

(4) 确定银行存款在财务报表中的披露是否恰当。

1. 核对银行存款日记账与总账的余额是否相符

注册会计师测试银行存款余额的起点，是核对银行存款日记账与总账的余额是否相符。如果不相符，应查明原因，并做出记录或适当调整。

2. 执行分析性复核程序

计算定期存款占银行存款的比例，了解被审计单位是否存在高息资金拆借。如存在高息资金拆借，应进一步分析拆出资金的安全性，检查高额利差的入账情况；计算存放于非银行金融机构的存款占银行存款的比例，分析这些资金的安全性。

3. 取得并审查银行存款余额调节表

审查银行存款余额调节表是证实资产负债表所列银行存款是否存在的重要程序。银行存款余额调节表通常应由被审计单位根据不同的银行账户及货币种类分别编制，其格式如表 13-4 所示。如果经调节后的银行存款余额存在差异，注册会计师应查明原因，并做出记录或适当的调整。

取得银行存款余额调节表后，注册会计师应检查调节表中未达账项的真实性，以及资产负债表日后的进账情况，如果存在应于资产负债表日之前进账的则应做相应的调整。其程序一般如下。

(1) 验算调节表的数字计算。

(2) 对于金额较大的未提现支票、可提现的未提现支票及注册会计师认为重要的未提现支票，列示未提现支票清单，注明开票日期和收票人姓名或单位。

(3) 追查截止日期银行对账单上的在途存款，并在银行账户调节表上注明存款日期。

(4) 审查截止日仍未提现的大额支票和其他已签发一个月以上的未提现支票。

(5) 追查截止日期银行对账单已收、企业未收的款项性质及款项来源。

(6) 核对银行存款总账余额和银行对账单加总金额。

**表 13-4** 银行存款余额调节表

被审单位：　编制人：　日期：　索引号：

开 户 行：　复核人：　日期：　页　次：

账　　号：　币　别：

| 项目 | 金额 | 调节项目说明 |
|---|---|---|
| 银行对账单余额 | | |
| 加:企业已收,银行尚未入账合计金额 | | |
| 减:企业已付,银行尚未入账合计金额 | | |
| 调整后银行对账单金额 | | |
| 企业银行存款日记账余额 | | |
| 加:银行已收,企业尚未入账合计金额 | | |
| 减:银行已付,企业尚未入账合计金额 | | |
| 调整后企业银行存款日记账余额 | | |

经办人员(签字)：　会计主管(签字)：

4. 函证银行存款余额

银行函证及回函,是注册会计师在获取被审计单位授权后,直接向银行业金融机构发出询证函,银行业金融机构针对所收到的询证函,查询、核对相关信息并直接提供书面回函的过程。财政部发布的《关于进一步规范银行函证及回函工作的通知》(财会〔2020〕12 号)要求银行业金融机构应当自收到符合规定的询证函之日起 10 个工作日内,按照要求将回函直接回复会计师事务所或交付跟函注册会计师。注册会计师应当按照中国注册会计师审计准则的要求实施银行函证程序,根据具体业务的需要,从《银行函证及回函工作操作指引》中选择适当的银行询证函格式,并严格按照操作指引的要求操作、填写。

函证银行存款余额是证实资产负债表所列银行存款是否存在的重要程序。通过向往来银行的函证,注册会计师不仅可了解企业资产的存在,同时,函证还可用于发现企业未登记的银行借款,以及应披露的或有负债等。函证时,注册会计师应向被审计单位在本年存过款(含外埠存款、银行汇票存款、银行本票存款、信用证存款)的所有银行发函,其中包括企业存款账户已结清的银行,因为有可能存款账户已结清,但仍有银行借款或其他负债存在。同时,虽然注册会计师已直接从某一银行取得了银行对账单和所有已付支票,但仍应向这一银行进行函证。财政部、中国人民银行制定的用于审计的银行询证函参考格式如下所示。

## 审计业务银行询证函

编号：第________号

____________________（银行）：

本公司聘请的××会计师事务所正在对本公司××年度的财务报表进行审计，按照中国注册会计师审计准则的要求，应当询证本公司与贵行的相关信息。下列第1～第14信息出自本公司记录：

（1）如与贵行记录相符，请在本函"结论"部分签字签章。

（2）如有不符，请在本函"结论"部分列明不符项目及具体内容，并签字签章。

本公司谨授权贵行将回函请直接寄至××会计师事务所。

通信地址：

邮　　编：　　　　　　　　传真：

截至　　　年　　　月　　　日止，本公司银行存款、借款账户余额等列示如下：

1. 银行存款

| 账户名称 | 银行账号 | 币种 | 利率 | 余　　额 |
|---|---|---|---|---|
| | | | | |
| | | | | |
| | | | | |
| | | | | |
| | | | | |

2. 银行借款

| 银行账号 | 币种 | 余　　额 | 借款日期 | 还款日期 | 利率 | 借款条件 |
|---|---|---|---|---|---|---|
| | | | | | | |
| | | | | | | |
| | | | | | | |
| | | | | | | |
| | | | | | | |
| | | | | | | |
| | | | | | | |

3. 其他事项

结论：

（1）经本行核对，所函证项目与本行记载信息相符。

（2）经本行核对，存在以下不符之处。

（公司签章）______年____月____日

（银行签章）______年____月____日

5. 审查一年以上定期存款或限定用途存款

一年以上的定期存款或限定用途的银行存款，不属于企业的流动资产，应列于其他资产类下。对此，注册会计师应查明情况，做出相应的记录。

6. 抽查大额银行存款的收支

注册会计师应抽查大额银行存款(含外埠存款、银行汇票存款、银行本票存款、信用证存款)收支的原始凭证内容是否完整，有无授权批准，并核对相关账户的进账情况，如有与被审计单位生产经营业务无关的收支事项，应查明原因，并做相应的记录。

7. 审查银行存款收支的正确截止日期

被审计单位资产负债表上的银行存款数额，应以结账日实有数额为准。因此，注册会计师必须验证银行存款收支的截止日期。通常，注册会计师可以对结账日前后一段时期内银行存款收支凭证进行审计，以确定是否存在跨期事项。

企业资产负债表上银行存款数字应当包括当年最后一天收到的所有存放于银行的款项，而不得包括其后收到的款项；同样，企业年终前开出的支票，不得在年后入账。为了确保银行存款收付的正确截止，注册会计师应当在清点支票及支票存根时，确定各银行账户最后一张支票的号码，同时查实该号码之前的所有支票均已开出。在结账日未开出的支票及其后开出的支票，均不得作为结账日的存款收付入账。

8. 审查外币银行存款的折算是否正确

对于有外币银行存款的被审计单位，注册会计师应审查被审计单位对外币银行存款的收支是否按所规定的汇率折合为记账本位币金额；外币银行存款期末余额是否按期末市场汇率折合为记账本位币金额；外币折合差额是否按规定记入相关账户。

9. 确定银行存款是否在资产负债表上被恰当披露

根据有关会计准则的规定，企业的银行存款在资产负债表上“货币资金”项目下反映。所以，注册会计师应在实施上述审计程序后，确定银行存款账户的期末余额是否恰当，从而确定资产负债表上“货币资金”项目中的数字是否被恰当披露。一般而言，银行存款属于不受限制可自由提取的资产，故凡是受限制的部分，包括定期存款、各种保证金、押金等，均不得在“货币资金”项目下的银行存款列示。

## 三、其他货币资金的实质性程序

其他货币资金包括企业到外地进行临时或零星采购而汇往采购地银行开立采购专户的款项所形成的外埠存款，企业为取得银行汇票按照规定存入银行的款项所形成的银行汇票存款，企业为取得银行本票按照规定存入银行的款项而形成的银行本票存款，在途货币资金和信用证存款等。一般而言，企业的其他货币资金业务较少，注册会计师可以直接进行其他货币资金的实质性程序。

其他货币资金的审计目标主要包括以下内容：

(1) 确定被审计单位资产负债表中的其他货币资金在财务报表日是否确实存在，是否为被审计单位所拥有。

(2) 确定被审计单位在特定期间内发生的其他货币资金收支业务是否均已记录完毕，有无遗漏。

(3) 确定其他货币资金的余额是否正确。

(4) 确定其他货币资金在财务报表上的披露是否恰当。

其他货币资金实质性程序包括:

(1) 核对外埠存款、银行汇票存款、银行本票存款、在途货币资金等各明细账期末合计数与总账数是否相符。

(2) 函证外埠存款户、银行汇票存款户、银行本票存款户期末余额。

(3) 对于非记账本位币的其他货币资金,检查其折算汇率是否正确。

(4) 抽查一定样本量的原始凭证进行测试,检查其经济内容是否完整,有无适当的审批授权,并核对相关账户的进账情况。

(5) 抽取资产负债表日后的大额收支凭证进行截止测试,如有跨期收支事项,应做适当调整。

(6) 检查其他货币资金的披露是否恰当。

## 课后复习题

### 思考题

1. 分析货币资金业务的基本特点。
2. 简要描述库存现金盘点的主要目的和程序。
3. 列举银行存款审计的实质性程序主要有哪些内容?
4. 银行存款为零时为什么也必须函证?

# 第十四章　终结审计与审计报告

**知识导航**

- 终结审计与审计报告
  - 终结审计工作
    - 评价审计中的重大发现
    - 评价审计中发现的错报
    - 汇总审计差异并评价审计结果
    - 与被审计单位治理层的沟通
    - 评价独立性和道德问题
    - 完成质量管理复核
    - 期后事项审计
    - 获取管理层声明书
  - 审计报告概述
    - 审计报告的概念
    - 审计报告的种类
    - 对财务报表形成审计意见时的要求
    - 审计报告的基本要素
  - 在审计报告中沟通关键审计事项
    - 关键审计事项的概念及其确定标准
    - 关键审计事项的确定
    - 在审计报告中沟通关键审计事项
  - 审计报告的基本类型
    - 标准审计报告
    - 非无保留意见审计报告
  - 带强调事项段或其他事项段的审计报告
    - 在审计报告中增加强调事项段
    - 在审计报告中增加其他事项段
  - 考虑持续经营的影响
    - 持续经营假设可能无法成立的情况
    - 持续经营相关的审计工作
    - 针对持续经营的审计结论
    - 持续经营的审计结论对审计报告的影响

## 学习目标

通过本章学习，学生应掌握评价审计中重大发现和错报的内容；掌握编制审计差异调整表与试算平衡表；了解期后事项对审计报告日期的影响；掌握期后事项的审计程序；了解与治理层的沟通程序；掌握审计差异调整表和试算平衡表的编制；掌握财务报表和审计底稿进行复核的内容；熟悉对审计结果进行评价的内容；了解针对书面声明所采取的措施；掌握出具不同审计报告的条件和要求;熟悉增加带强调事项段和其他事项段的条件。

## 引入案例

### 又是一年报告时,几家欢喜几家愁

每年的三四月份是我国上市公司较为集中披露年度财务报告及其审计报告的时候。中国证监会发布的《2021年度证券审计市场分析报告》显示:截至2022年4月底,上市公司年报审计市场中,除吉林化纤等11家(截至2022年6月底,吉林化纤等8家公司已披露审计报告,*ST邦讯等3家公司已退市未披露审计报告)公司外,4 805家上市公司披露了审计报告,其中主板3 155家(包括B股12家)、创业板1 140家、科创板420家、北交所90家。

从审计意见看,4 663份审计报告为无保留意见(其中带有解释性说明的无保留意见:带持续经营重大不确定性段、强调事项段及其他信息段中包含其他信息未更正重大错报说明的无保留意见合称为"带有解释性说明的无保留意见"108份)、98份为保留意见、43份为无法表示意见、1份为否定意见,分别占比97.0%、2.1%、0.9%和0%;非标意见总计250份,占比5.2%。非标事项主要包括持续经营存疑、往来款项的可收回性、重大交易真实性及商业合理性、诉讼或立案调查结果存在重大不确定性、关联方资金占用及违规担保、长期资产减值、审计范围受限等,114份非标报告涉及持续经营相关问题,较上年下降19份,其中49份为带持续经营重大不确定性段落的无保留意见,34份为保留意见,30份为无法表示意见,1份为否定意见,持续经营事项仍为数量最多的非标事项。

从关键审计事项看。4 805份审计报告共包含9 477项关键审计事项,其中收入确认4 121项、资产减值4 006项、资产确认380项、企业合并及长期股权投资194项、公允价值计量160项,分别占比43.5%、42.3%、4.0%、2.0%及1.7%。关键审计事项主要领域仍为收入确认和资产减值;资产减值事项中,金融资产减值为1 942项、商誉减值为879项、存货减值为874项、非流动资产减值为311项,占比分别为48.5%、21.9%、21.8%及7.8%,金融资产减值为最主要的资产减值事项。

2023年5月10日,中国注册会计师协会(以下简称中注协)发布上市公司2022年年报审计情况快报(第十期),会计师事务所出具上市公司年报审计报告总体情况为:截至2023年4月30日,57家会计师事务所共为5 170家上市公司出具了财务报表审计报告,其中,沪市主板1 685家,深市主板1 522家,创业板1 255家,科创板517家,北交所191家。从审计报告意见类型看,5 039家被出具了无保留意见审计报告(其中55家被出具带强调事项段的无保留意见,49家被出具带持续经营事项段的无保留意见),94家被出具了保留意见审计报告,37家被出具了无法表示意见审计报告。

上述案例对中国证监会和中注协统计的2021、2022年度上市公司财务报表审计报告的情况,按审计报告的意见类型进行了分门别类的分析。那么,审计报告究竟什么样?形成审计报告前需要考虑哪些因素?无保留意见、保留意见、无法表示意见、否定意见是什么意思?如何区分与判断?带强调事项段及其他事项段的意见意味着什么?本章将逐一介绍。

注册会计师完成各业务循环的审计测试后,进入终结审计阶段,在该阶段中,注册会计师会进行更具综合性的审计工作,包括编制审计差异调整表和试算平衡表、获取管理层声明和律师声明、执行分析程序、实行质量管理复核、与被审计单位沟通等。在此基础上，确定审计报告的意见类型和措辞，进而编制并致送审计报告，完成审计工作。

# 第一节 终结审计工作

## 一、评价审计中的重大发现

在完成审计工作阶段后，项目合伙人和项目组需要考虑审计过程中的重大发现与事项。具体包括：

(1) 涉及会计政策的选择、运用和一贯性的重大事项，包括相关披露。

(2) 就识别出的重大风险，对审计策略和计划的审计程序所作的重大修正。

(3) 在与管理层和其他人员讨论重大发现和事项时得到的信息。

(4) 与注册会计师最终审计结论相矛盾或不一致的信息。

(5) 期中复核中的重大发现及其对审计方法的影响。

对上述重大发现进行评价，可能全部或部分地揭示出以下事项：

(1) 为实现审计目标，是否有必要对重要性进行修改。

(2) 对审计策略、具体审计计划的重大修正，包括对重大错报风险评估结果的重要变动。

(3) 财务报表中存在的重大错报；对审计方法有重要影响的值得关注的内部控制缺陷和其他缺陷。

(4) 在实施审计程序时遇到的重大困难。

(5) 项目组成员内部，或项目组与项目质量复核人员或提供咨询的其他人员之间，就重大会计和审计事项达成最终结论所存在的意见分歧。

(6) 与管理层或其他人员就重大发现以及与注册会计师的最终审计结论相矛盾或不一致的信息进行的讨论。

(7) 向事务所内部有经验的专业人士或外部专业顾问咨询的事项。

## 二、评价审计中发现的错报

### (一) 错报的沟通和更正

除非法律法规禁止，注册会计师应当及时将审计过程中累积的所有错报与适当层级的管理层进行沟通。

注册会计师还应当要求管理层更正这些错报。管理层更正所有错报(包括注册会计师通报的错报)，能够保持会计账簿和记录的准确性，降低与本期相关的、非重大的且尚未更正的错报的累积影响导致未来期间财务报表出现重大错报的风险。如果管理层拒绝更正沟通的部分或全部错报，注册会计师应当了解管理层不更正错报的理由，并在评价财务报表整体是否不存在重大错报时考虑该理由。

### (二) 评价未更正错报的影响

未更正错报是指注册会计师在审计过程中累积的且被审计单位未予更正的错报。注册会计师应当确定未更正错报单独或汇总起来是否重大。在确定时，注册会计师应当考虑：相对特定类别的交易、账户余额或披露以及财务报表整体而言，错报的金额和性质以及错报发生的特定环境；与以前期间相关的未更正错报对相关类别的交易、账户余额或披露以及财务报表整体的影响。

在评价过程中，涉及如下应关注的事项和概念。

1. 对重要性的修改

在评价未更正错报的影响前，应当重新评估在计划和执行阶段确定的重要性，以根据被审计单位的实际财务结果确认其是否仍然适当。如果注册会计师对重要性水平或重要性水平进行的重新评价导致需要确定较低的金额，则应重新考虑实际执行的重要性以及进一步重新的性质、时间安排和范围的适当性，以获取充分适当的审计证据作为发布审计意见的基础。

2. 单项错报

注册会计师需要考虑每一项与金额相关的错报以及定性披露中的单项错报。

如果注册会计师认为某一单项错报是重大的，则该项错报不太可能被其他错报抵销。对于同一账户余额或同一类别的交易内部的错报，这种抵销可能是适当的。然而，在得出抵销错报是适当的这一结论之前，需要考虑可能存在其他未被发现的错报的风险。

3. 分类错报

确定一项分类错报是否重大，需要进行定性评估。即使分类错报超过了在评价其他错报时运用的重要性水平，注册会计师也可能仍然认为该分类错报对财务报表整体不产生重大影响。

4. 评价未更正错报是否重大

在评价时，注册会计师需要从金额和披露两个方面进行考虑，并遵循以下规定：①相对特定类别的交易、账户余额或披露以及财务报表整体而言，错报的金额和性质以及错报发生的特定环境。②与以前期间相关的未更正错报对有关类别的交易、账户余额或披露以及财务报表整体的影响。即使某些错报低于财务报表整体的重要性，但因与这些错报相关的某些情况，在将其单独或连同在审计过程中累积的其他错报一并考虑时，注册会计师也可能将这些错报评价为重大错报。

5. 评价中对前期差错、舞弊的考虑

与以前期间相关的非重大未更正错报的累积影响，可能对本期财务报表产生重大影响。注册会计师需要运用职业怀疑考虑各类交易、账户余额及披露中存在的错报的影响。

6. 评价结果的沟通

除非法律法规禁止，注册会计师应当与治理层沟通未更正错报，以及这些错报单独或汇总起来可能对审计意见产生的影响。此外，注册会计师还应当与治理层沟通与以前期间相关的未更正错报对相关类别的交易、账户余额或披露以及财务报表整体的影响。

## 三、汇总审计差异并评价审计结果

在完成各业务循环的内部控制测试和实质性程序以及特殊项目的审计后，对审计项目组成员在审计中发现的被审计单位的会计处理方法与有关会计准则、会计制度的不一致，即审计差异内容，审计项目经理应根据审计重要性原则予以初步确定并汇总，并建议被审计单位进行调整，使经审计的财务报表所载信息能够公允反映被审计单位的财务状况、经营成果和现金流量。这一对审计差异内容的"初步确定并汇总"直至形成"经审计的财务报表"的过程，主要是通过编制审计差异调整表和试算平衡表得以完成的。

**(一) 编制审计差异调整表**

审计差异内容按是否需要调整账户记录可分为核算误差和重分类误差。

核算误差是因企业对经济业务进行了不正确的会计核算而引起的科目或金额的错误，用审计重要性原则来衡量每项核算误差，又可把这些核算误差区分为建议调整的不符事项和不建议调整的不符事项(即未调整不符事项)。建议调整的不符事项包括：①单笔核算误差超过所涉及财务报表项目(或账项)层次重要性水平的误差。②单笔核算误差低于所涉及财务报表项目(或账项)层次重要性水平，但性质重要的误差，比如舞弊与违法行为导致的核算误差、影响收益趋势的核算误差、股本项目等不期望出现的核算误差。③单笔核算误差低于财务报表项目(或账项)层次重要性水平并且性质不重要，但当若干项同类型未调整不符事项汇总数超过财务报表项目(或账项)层次重要性水平时，应从中选取几笔转为建议调整的不符事项，过入调整分录汇总表，使未调整不符事项汇总金额降至重要性水平之下。

重分类误差是因企业未按有关会计准则、会计制度规定编制财务报表而引起的报告项目的错误，例如，企业在应付账款项目中反映的预付账款、在应收账款项目中反映的预收账款等。无论建议调整的不符事项、未调整不符事项还是重分类误差，在审计工作底稿中通常都是以会计分录的形式反映的。由于审计中发现的误差往往不止一两项，为便于审计项目的各级负责人综合判断、分析和决策，也为了便于有效编制试算平衡表和代编经审计的财务报表，通常需要将这些建议调整的不符事项、重分类误差和未调整不符事项分别汇总至调整分录汇总表、重分类分录汇总表和未调整不符事项汇总表，其格式如表 14-1、表 14-2 和表 14-3 所示。

**表 14-1** **调整分录汇总表**

客户名称： 编制人： 日期： 索引号：

会计期间： 复核人： 日期： 页 次：

| 序号 | 索引号 | 调整原因 | 调整分录 | | 资产负债表 | | 利润表 | | 调整情况 |
|---|---|---|---|---|---|---|---|---|---|
| | | | | | | | | | |
| | | | | | | | | | |
| | | | | | | | | | |
| | | | | | | | | | |
| | | | | | | | | | |
| | | | | | | | | | |
| | | | | | | | | | |
| | | | | | | | | | |
| | | | | | | | | | |

**表 14-2　　重分类分录汇总表**

客户名称：　　编制人：　　日期：　　索引号：

会计期间：　　复核人：　　日期：　　页　次：

| 序号 | 索引号 | 调整原因 | 重分类分录 | | 资产负债表 | | 利润表 | | 调整情况 |
|---|---|---|---|---|---|---|---|---|---|
| | | | 借 | 贷 | 借 | 贷 | 借 | 贷 | |
| | | | | | | | | | |
| | | | | | | | | | |
| | | | | | | | | | |

**表 14-3　　未调整不符事项汇总表**

客户名称：　　编制人：　　日期：　　索引号：

会计期间：　　复核人：　　日期：　　页　次：

| 序号 | 索引号 | 未调整内容 | 未调整分录 | | 资产负债表 | | 利润表 | | 备注 |
|---|---|---|---|---|---|---|---|---|---|
| | | | 借 | 贷 | 借 | 贷 | 借 | 贷 | |
| | | | | | | | | | |
| | | | | | | | | | |

未予调整的影响：

项目　　金额　　百分比　　计划百分比

1. 净利润
2. 净资产
3. 资产总额
4. 主营业务收入

结论：

注册会计师确定了建议调整的不符事项和重分类误差后，应以书面方式及时征求被审计单位对需要调整财务报表事项的意见。若被审计单位予以采纳，应取得被审计单位同意调整的书面确认；若被审计单位不予采纳，应分析原因，并根据未调整不符事项的性质和重要程度，确定是否在审计报告中予以反映，以及如何反映。

本书案例中新欣公司 2019 年度经审计后的调整分录汇总表、重分类分录汇总表如表 14-4和表 14-5 所示。

**表 14-4　　调整分录汇总表**

客户名称：新欣公司　　编制人：章艺　　日期：2020 年 2 月 16 日　　索引号：Z9

会计期间：2019 年　　复核人：李明　　日期：2020 年 2 月 17 日　　页　次：

| 序号 | 索引号 | 调整原因 | 调整分录 | | 资产负债表 | | 利润表 | | 调整情况 |
|---|---|---|---|---|---|---|---|---|---|
| | | | 借 | 贷 | 借 | 贷 | 借 | 贷 | |
| 1 | A21-1-2 | 购货截止错误 | 原材料 | | 10 000 | | | | 调整账簿和报表 |
| | | | 应交税费 | | 1 700 | 11 700 | | | |
| | | | | 应付账款 | | | | | |

（续表）

| 序号 | 索引号 | 调整原因 | 调整分录 | | 资产负债表 | | 利润表 | | 调整情况 |
|---|---|---|---|---|---|---|---|---|---|
| | | | 借 | 贷 | 借 | 贷 | 借 | 贷 | |
| 2 | D1-3 | 销售截止错误 | 应收账款 | 主营业务收入 | 292 500 | | | 250 000 | 调整账簿和报表 |
| | | | | 应交税费 | | | | 42 500 | |
| | | | 主营业务成本 | 库存商品 | | 200 000 | 200 000 | | |
| | | | 主营业务收入 | 本年利润 | | | 250 000 | 250 000 | |
| | | | 本年利润 | 主营业务成本 | | | 200 000 | 200 000 | |
| | | | 所得税费用 | 应交税费 | | 12 500 | 12 500 | | |
| | | | 本年利润 | 所得税费用 | 12 500 | 12 500 | | | |
| | | | 本年利润 | 利润分配 | | 37 500 | 37 500 | | |
| | | | 利润分配 | 盈余公积 | 3 750 | 3 750 | | | |

**表 14-5　　重分类分录汇总表**

客户名称：新欣公司　编制人：章艺　日期：2020 年 2 月 16 日　索引号：Z9

会计期间：2019 年　复核人：李明　日期：2020 年 2 月 17 日　页　次

| 序号 | 索引号 | 调整原因 | 重分类分录 | | 资产负债表 | | 利润表 | | 调整情况 |
|---|---|---|---|---|---|---|---|---|---|
| | | | 借 | 贷 | 借 | 贷 | 借 | 贷 | |
| 11 | A21-1-3 | 应付账款明细账借方余额 | 预付账款 | 应付账款 | 20 000 | 20 000 | | | 调整报表 |
| | | | | | | | | | |
| | | | | | | | | | |

## （二）编制试算平衡表

试算平衡表是注册会计师在被审计单位提供未审财务报表的基础上，考虑调整分录、重分类分录等内容以确定已审数与报表披露数的表式。有关资产负债表和利润表的试算平衡表的参考格式分别如表 14-6 和表 14-7 所示。

**表 14-6　　资产负债表试算平衡表工作底稿**

客户名称：　编制人：　日期：　索引号：

会计期间：　复核人：　日期：　页　次：

| 资产类项目 | 审计前金额 | 调整金额 | | 审定金额 | 重分类金额 | | 报表反映数 | 负债及所有者权益类项目 | 审计前金额 | 调整金额 | | 审定金额 | 重分类金额 | | 报表反映数 |
|---|---|---|---|---|---|---|---|---|---|---|---|---|---|---|---|
| | | 借方 | 贷方 | | 借方 | 贷方 | | | | 借方 | 贷方 | | 借方 | 贷方 | |
| 货币资金 | | | | | | | | 短期借款 | | | | | | | |
| …… | | | | | | | | …… | | | | | | | |

（续表）

| 资产类项目 | 审计前金额 | 调整金额 | | 审定金额 | 重分类金额 | | 报表反映数 | 负债及所有者权益类项目 | 审计前金额 | 调整金额 | | 审定金额 | 重分类金额 | | 报表反映数 |
|---|---|---|---|---|---|---|---|---|---|---|---|---|---|---|---|
| | | 借方 | 贷方 | | 借方 | 贷方 | | | | 借方 | 贷方 | | 借方 | 贷方 | |
| …… | | | | | | | | 其他流动负债 | | | | | | | |
| 其他流动资产 | | | | | | | | 流动负债小计 | | | | | | | |
| 流动资产合计 | | | | | | | | 长期借款 | | | | | | | |
| 长期股权投资 | | | | | | | | …… | | | | | | | |
| 债权投资 | | | | | | | | 负债合计 | | | | | | | |
| 减:长期投资减值准备 | | | | | | | | 股本 | | | | | | | |
| …… | | | | | | | | …… | | | | | | | |
| 其他长期资产 | | | | | | | | …… | | | | | | | |
| 递延税款借项 | | | | | | | | 未分配利润 | | | | | | | |
| 长期资产合计 | | | | | | | | 所有者权益合计 | | | | | | | |
| 总计 | | | | | | | | 总计 | | | | | | | |

**表 14-7　　利润表试算平衡表工资底稿**

客户名称：　　编制人：　　日期：　　索引号：

会计期间：　　复核人：　　日期：　　页　次：

| 项目 | 审计前金额 | 调整金额 | | 审定金额 |
|---|---|---|---|---|
| | | 借方 | 贷方 | |
| 营业收入 | | | | |
| 减:营业成本 | | | | |
| 　税金及附加 | | | | |
| 　资产减值损失 | | | | |
| 　销售费用 | | | | |
| 　管理费用 | | | | |
| 　财务费用 | | | | |

（续表）

| 项目 | 审计前金额 | 调整金额 | | 审定金额 |
|---|---|---|---|---|
| | | 借方 | 贷方 | |
| 加：公允价值变动损益 | | | | |
| 投资收益 | | | | |
| 营业利润 | | | | |
| 加：营业外收入 | | | | |
| 减：营业外支出 | | | | |
| 利润总额 | | | | |
| 减：所得税 | | | | |
| 净利润 | | | | |

需要说明以下几点：

(1) 试算平衡表中的“审计前金额”栏，应根据被审计单位提供的未审计财务报表填列。

(2) 有些财务报表项目往往会在为调整这些审计差异所做的会计分录中多次出现，因此，在手工编制试算平衡表前，可先通过按财务报表项目设置的“丁”字形账户，区分调整分录与重分类分录分别进行汇总，再将按财务报表项目汇总后的借、贷方发生额分别过入试算平衡表中的“调整金额”和“重分类金额”栏内。

(3) 在编制完试算平衡表后，应注意核对相应的勾稽关系。例如，资产负债表试算平衡表左边的审计前金额、审定金额、报表反映数各栏合计数应分别等于其右边相应各栏合计数；资产负债表试算平衡表左边的调整金额栏中的借方合计数与贷方合计数之差应等于右边的调整金额栏中的贷方合计数与借方合计数之差；资产负债表试算平衡表左边的重分类调整栏中的借方合计数与贷方合计数之差应等于右边的重分类调整栏中的贷方合计数与借方合计数之差，等等。

本书案例中新欣公司 2019 年度经审计后注册会计师编制的资产负债表试算平衡表工作底稿和利润表试算平衡表如表 14-8 和表 14-9 所示。

经过上述调整和试算之后，新欣公司 2019 年 12 月 31 日经审计的资产负债表和 2019 年度利润表如表 14-10 和表 14-11 所示。

**(三) 对财务报表总体合理性实施分析程序**

在审计结束或临近结束时，注册会计师运用分析程序是强制要求。此时运用分析程序的目的是确定经审计调整后的财务报表是否与其被审计单位的了解一致。在运用分析程序进行总体复核时，如果识别出以前未识别的重大错报风险，注册会计师应当重新考虑对全部或部分各类交易、账户余额、披露评估的风险是否恰当，并在此基础上重新评价之前计划的审计程序是否充分，是否有必要追加审计程序。

**表 14-8**

## 资产负债表试算平衡表工作底稿

客户名称:新欣公司　　编制人:章艺　　日期:2020 年 2 月 11 日　　索引号:Z8-1

会计期间:2019 年　　复核人:李明　　日期:2020 年 2 月 20 日　　页　次:

| 资产类项目 | 审计前金额 | 调整金额 | | 重分类金额 | | 审定金额 | 负债及所有者权益类项目 | 审计前金额 | 调整金额 | | 重分类金额 | | 审定金额 |
|---|---|---|---|---|---|---|---|---|---|---|---|---|---|
| | | 借方 | 贷方 | 借方 | 贷方 | | | | 借方 | 贷方 | 借方 | 贷方 | |
| 货币资金 | 3 185 910.8 | | | | | 3 185 910.8 | 短期借款 | 4 000 000 | | | | | 4 000 000 |
| 交易性金融资产 | 50 000 | | | | | 50 000 | 应付账款 | 2 776 000 | | 11 700 | | 20 000 | 2 807 700 |
| 应收账款 | 3 030 500 | 292 500 | | | | 3 323 000 | 应交税费 | 1 941 970.8 | 1 700 | 55 000 | | | 1 995 270.8 |
| 预付账款 | | | | 20 000 | | 20 000 | 长期借款 | 13 000 000 | | | | | 13 000 000 |
| 存货 | 2 780 060 | | 190 000 | | | 2 590 060 | | | | | | | |
| 其他应收款 | 59 400 | | | | | 59 400 | 实收资本 | 50 000 000 | | | | | 50 000 000 |
| 可供出售金融资产 | 15 000 000 | | | | | 15 000 000 | 资本公积 | 531 000 | | | | | 531 000 |
| 长期股权投资 | 37 500 000 | | | | | 37 500 000 | 盈余公积 | 314 975 | | 3 750 | | | 318 725 |
| 固定资产 | 11 715 000 | | | | | 11 715 000 | 未分配利润 | 1 291 525 | | 33 750 | | | 1 325 275 |
| 总计 | 73 855 470.8 | | | | | 73 977 970.8 | 负债及所有者权益合计 | 3 855 470.8 | | | | | |

**表 14-9** **利润表试算平衡表工资底稿**

客户名称：新欣公司　编制人：章艺　日期:2020 年 2 月 11 日　索引号:Z8-2

会计期间：2019 年　复核人：　李明　日期:2020 年 2 月 20 日　页　次：

| 项目 | 审计前金额 | 调整金额 | | 审定金额 |
|---|---|---|---|---|
| | | 借方 | 贷方 | |
| 营业收入 | 12 375 000 | | 250 000 | 12 625 000 |
| 减:营业成本 | 9 510 000 | 200 000 | | 9 710 000 |
| 税金及附加 | 1 125 000 | | | 1 125 000 |
| 销售费用 | 265 000 | | | 265 000 |
| 管理费用 | 231 000 | | | 231 000 |
| 财务费用 | 745 000 | | | 745 000 |
| 资产减值损失 | 297 000 | | | 297 000 |
| 加:公允价值变动损益 | — | | | — |
| 投资收益 | 1 300 000 | | | 1 300 000 |
| 营业利润 | 1 502 000 | | | 1 552 000 |
| 加:营业外收入 | — | | | — |
| 减:营业外支出 | 6 000 | | | 6 000 |
| 利润总额 | 1 496 000 | | | 1 546 000 |
| 减:所得税费用 | 447 300 | 12 500 | | 459 800 |
| 净利润 | 10 480 700 | 37 500 | | 1 086 200 |
| 合计 | | 250 000 | 250 000 | |

**表 14-10** **新欣公司资产负债表**

2019 年 12 月 31 日

| 项目 | 期初数 | 期末数 | 项目 | 期初数 | 期末数 |
|---|---|---|---|---|---|
| 流动资产： | | | 流动负债： | | |
| 货币资金 | 6 200 000 | 3 185 910.8 | 短期借款 | — | 4 000 000 |
| 交易性金融资产 | 60 000 | 50 000 | 应付账款 | 3 090 000 | 2 807 700 |
| 应收账款 | 2 100 000 | 3 323 000 | 应交税费 | 1 200 000 | 1 995 270.8 |
| 预付账款 | — | 20 000 | 流动负债合计 | 4 290 000 | 8 802 970.8 |
| 其他应收款 | 500 000 | 594 000 | 长期负债： | | |
| 存货 | 1 000 000 | 2 590 060 | 长期负债合计 | 10 000 000 | 13 000 000 |
| 流动资产合计 | 9 860 000 | 9 762 970.8 | | | |
| | | | 负债合计 | 14 290 000 | 21 802 970.8 |

（续表）

| 项目 | 期初数 | 期末数 | 项目 | 期初数 | 期末数 |
|---|---|---|---|---|---|
| 非流动资产： | | | 所有者权益： | | |
| 可出售金融资产 | 10 000 000 | 15 000 000 | 实收资本 | 50 000 000 | 50 000 000 |
| 长期股权投资 | 35 000 000 | 37 500 000 | 资本公积 | 520 000 | 531 000 |
| 固定资产 | 11 100 000 | 11 715 000 | 盈余公积 | 230 000 | 318 725 |
| 非流动资产合计 | 56 100 000 | 64 215 000 | 未分配利润 | 920 000 | 1 325 275 |
| | | | 所有者权益合计 | 51 670 000 | 52 175 000 |
| 资产合计 | 65 960 000 | 73 977 970.8 | 负债及所有者权益合计 | 65 960 000 | 73 977 970.8 |

**表 14-11　　新欣公司利润表**

2019 年度

| 项目 | 上年数 | 本年数 |
|---|---|---|
| 营业收入 | 25 351 000 | 12 375 000 |
| 减：营业成本 | 17 912 000 | 9 710 000 |
| 税金及附加 | 2 268 000 | 1 125 000 |
| 销售费用 | 363 500 | 265 000 |
| 管理费用 | 252 000 | 231 000 |
| 财务费用 | 720 000 | 745 000 |
| 资产减值损失 | 258 000 | 297 000 |
| 投资收益 | 1 200 000 | 1 300 000 |
| 营业利润 | 4 777 500 | 1 552 000 |
| 加：营业外收入 | — | — |
| 减：营业外支出 | — | （6 000） |
| 利润总额 | 4 777 500 | 1 546 000 |
| 减：所得税费用 | 1 433 250 | 459 800 |
| 净利润 | 3 344 250 | 1 086 200 |

**（四）评价审计结果**

注册会计师评价审计结果，主要为了确定将要发表的审计意见的类型及在整个审计工作中是否遵循了审计准则。为此，注册会计师必须完成两项工作：一是对重要性和审计风险进行最终的评价；二是对已审计报表形成审计意见并草拟审计报告。

（1）对重要性和审计风险进行最终评价，是注册会计师决定发表何种类型审计意见的必要过程。该过程可通过以下两个步骤来完成。

第一，确定可能错报金额。按财务报表项目确定的可能的错报金额由三部分组成。通过交易和财务报表项目的实质性测试所确认的未更正错报，即“已知错报”。这部分“已知错报”既包含注册会计师考虑报表项目层次重要性水平而未建议被审计单位予以调整的未调整不符事项，也包括被审计单位拒绝按注册会计师的建议进行调整而形成的未调整不符事项；通过运用审计抽样技术所估计的未更正预计错报；通过运用分析性复核程序发现和运用其他审计程序所量化的其他估计错报。

第二，确定各财务报表项目可能的错报金额的汇总数（即可能错报总额）对财务报表层次重要性水平和其他与这些错报有关的财务报表总额（如流动资产或流动负债）的影响程度。应当注意的以下方面。

财务报表层次的重要性水平是指审计计划阶段确定的重要性水平，如果该重要性水平在审计过程中已修正，则应按修正后的财务报表层次重要性水平进行比较。

可能错报总额一般是指各财务报表项目可能的错报金额的汇总数，但也可能包括上一期间的任何未更正可能错报对本期财务报表的影响。如果注册会计师将上一期间的未更正可能错报包括进来，可能导致本期财务报表被严重错报的风险高到无法接受的程度，则注册会计师估计本期的可能错报总和时，就应包括上一期间的未更正可能错报。

注册会计师在审计计划阶段已确定了审计风险的可接受水平。随着可能错报总和的增加，财务报表可能被严重错报的风险也会增加。如果注册会计师得出结论，审计风险处在一个可接受的水平，则可以直接提出审计结果所支持的意见；如果注册会计师认为审计风险不能接受，则应追加实施额外的实质性测试或说服被审计单位做必要调整，以便将重要错报的风险降低到一个可接受的水平。否则，注册会计师应慎重考虑该审计风险对审计报告的影响。

(2) 对已审计报表形成审计意见并草拟审计报告。在审计过程中，要实施各种测试。这些测试通常是由参与本次审计工作的审计项目组成员来执行的，而每个成员所执行的测试可能只限于某几个领域或账项，所以，在每个领域或报表项目的测试都完成之后，审计项目经理应汇总所有成员的审计结果。

在完成审计工作阶段，为了对财务报表整体发表适当的意见，必须将这些分散的审计结果加以汇总和评价，综合考虑在审计过程中所收集到的全部证据。负责该审计项目的合伙人对这些工作负有最终的责任。在有些情况下，这些工作可以先由审计项目经理初步完成，再逐级交给合伙人或审计项目负责人认真复核。

在对审计意见形成最后决定之前，会计师事务所通常要与被审计单位召开沟通会。在会议上，注册会计师可口头报告本次审计所发现的问题，并说明建议被审计单位做必要调整或表外披露的理由。管理层也可以在会上申辩其立场。最后，通常会对需要被审计单位做出的改变达成协议。如达成了协议，注册会计师一般即可签发标准审计报告，否则，注册会计师则可能不得不发表其他类型的审计意见。

## 四、与被审计单位治理层的沟通

注册会计师与被审计单位的沟通，主要是指与被审计单位管理层和治理层的沟通。

管理层是指对被审计单位经营活动的执行负有管理责任的人员或组织。管理层负责编制财务报表，并受到治理层的监督。治理层是指对被审计单位战略方向及管理层履行经营管理责任负有监督责任的人员或组织。治理层的责任包括对财务报告编制过程的监督。

《中国注册会计师审计准则第1151号——与治理层的沟通》规定：注册会计师应当就与财务报表审计相关、且根据职业判断认为与管理层和治理层责任相关的重大事项，以适当的方式及时与被审计单位管理层和治理层沟通。

**（一）沟通的目的**

注册会计师与治理层沟通的主要目的是：

（1）就审计范围和时间以及注册会计师、治理层和管理层各方在财务报表审计和沟通中的责任，取得相互了解。

（2）及时向治理层告知审计中发现的与治理层责任相关的事项。

（3）共享有助于注册会计师获取审计证据和治理层履行责任的其他信息。

**（二）沟通的事项**

注册会计师应当直接与治理层沟通的事项包括：

1. 注册会计师的责任

注册会计师应当向治理层说明，注册会计师的责任是对管理层在治理层监督下编制的财务报表发表审计意见，对财务报表的审计并不能减轻管理层和治理层的责任。

2. 计划的审计范围和时间

注册会计师应当就计划的审计范围和时间安排的总体情况与治理层做简要沟通。当与治理层沟通计划的审计范围和时间时，注册会计师应当保持职业谨慎，以防止由于具体审计程序易于被治理层，尤其是承担管理责任的治理层所预见等原因而损害审计工作的有效性。

3. 审计工作中发现的问题

注册会计师应当就审计工作中发现的问题与治理层直接沟通下列事项：

（1）注册会计师对被审计单位会计实务（包括会计政策、会计估计和财务报表披露）重大方面的质量的看法。在适当的情况下，注册会计师应当向治理层解释为何某项在适用的财务报告编制基础下可以接受的重大会计实务，并不一定最适合被审计单位的具体情况。

（2）审计工作中遇到的重大困难。

（3）已与管理层讨论或需要书面沟通的审计中出现的重大事项，以及注册会计师要求提供的书面声明，除非治理层全部成员参与管理被审计单位。

（4）影响审计报告形式和内容的情形（如有）。

（5）审计中出现的、根据职业判断认为与监督财务报告过程相关的所有其他重大事项。

除非被审计单位治理层全部参与管理，不然注册会计师还应当与治理层直接沟通下列事项：

（1）根据职业判断认为需要提请治理层注意的管理层声明。

（2）已与管理层讨论或书面沟通的、审计中发现的重大事项。

4. 注册会计师的独立性

如果被审计单位是上市公司，注册会计师应当就独立性与治理层直接沟通下列内容：

（1）就审计项目组成员、会计师事务所其他相关人员以及会计师事务所按照法律法规和职业道德规范的规定保持的独立性做出声明。

（2）根据职业判断，注册会计师认为会计师事务所与被审计单位之间存在的可能影响独立性的所有关系和其他事项，其中包括会计师事务所在财务报表涵盖期间为被审计单位和受被审计单位控制的组成部分提供审计、非审计服务的收费总额。

(3) 为消除对独立性的威胁或将其降至可接受的水平,已经采取的相关防护措施。如果出现了违反与注册会计师独立性有关的职业道德规范的情形,注册会计师应当尽早就该情形及已经或拟采取的补救措施与治理层直接沟通。

5. 要求和商定沟通的其他事项

与治理层或管理层商定沟通的事项,可能与治理层对财务报告过程的监督责任相关,也可能与治理层的其他责任相关。在某些情况下,可能要求注册会计师实施额外程序识别这些事项;在其他情况下,可能仅要求注册会计师就财务报表审计中注意到的事项进行沟通。

## 五、评价独立性和道德问题

项目负责人应当考虑项目组成员是否已遵守职业道德规范。在整个审计过程中,项目负责人应当对项目组成员违反职业道德规范的迹象保持警惕。项目负责人应当就审计业务的独立性要求是否得到遵守形成结论。为此,项目负责人应当采取下列措施:

(1) 从会计师事务所获取相关信息,以识别、评价对独立性产生不利影响的情况和关系。

(2) 评价已识别的违反会计师事务所独立性政策和程序的情况,以确定是否对审计业务的独立性产生不利影响。

(3) 采取适当的防护措施以消除对独立性产生的不利影响,或将其降至可接受的水平;对未能解决的事项,项目负责人应当立即向会计师事务所报告,以便会计师事务所采取适当的行动。

(4) 记录与独立性有关的结论以及会计师事务所内部支持这一结论的讨论情况。

## 六、完成质量管理复核

审计机构应当建立完善的审计工作底稿分级复核制度。会计师事务所对审计工作底稿的复核可以分为两个层次:项目组内部复核和独立的项目质量复核。

最终复核是在完成审计工作、签发审计报告前所进行的复核。

对审计工作底稿进行最终复核这项工作,一般由会计师事务所的合伙人或审计项目负责人承担,是对整套审计工作底稿进行的原则性复核。

### (一) 项目组内部复核

审计项目经理在审计现场对审计工作底稿的一级复核目的是及时发现和解决问题,争取审计工作的主动。这级复核主要是评价已完成的审计工作、所获得的证据和工作底稿编制人员形成的结论。

在完成审计外勤工作时,由项目合伙人实施的二级复核既是对一级复核的再监督,也是对重要审计事项的重点把关。

### (二) 项目质量复核

项目质量复核是在报告日或报告日之前,项目质量复核人员对项目组做出的重大判断及据此得出的结论做出的客观评价。项目质量复核也称独立复核,属于第三级复核,也是重点复核。

项目质量复核人员可以来自会计师事务所内部,也可以是事务所委派的外部人员。项目质量复核人员的胜任能力应当至少与项目合伙人相当,且在面对来自项目合伙人或会计师事务所内部其他人员的压力时能够坚持原则。

为了实现该目标，会计师事务所应当制定政策和程序，对以下事项做出明确要求与规定：

（1）将委派项目质量复核人员的职责分配给会计师事务所内具有履行该职责所需的胜任能力及适当权威性的人员，并要求该人员在全所范围内统一委派项目质量复核人员。

（2）项目质量复核人员、为项目质量复核人员提供协助的人员不得作为项目组成员，且应当同时满足：具备适当的胜任能力（包括充足的时间、适当的权威性）、遵守相关职业道德要求（包括客观性、独立性、公正性）、遵守与任职资质要求相关的法律法规规定（如有）。

项目质量复核人员应当实施下列程序：

（1）阅读并了解与项目组就项目和客户的性质和具体情况进行沟通获取的信息、与会计师事务所就监控和整改程序进行沟通获取的信息。

（2）与项目合伙人及其他项目组成员讨论重大事项，以及在项目计划、实施和报告时做出的重大判断。

（3）基于从前两点中所获取的信息，选取部分与项目组做出的重大判断相关的业务工作底稿进行复核，并评价做出这些重大判断的依据、业务工作底稿能否支持得出的结论、得出的结论是否恰当。

（4）评价项目合伙人确定独立性要求已得到遵守的依据。

（5）评价是否已就疑难问题或争议事项、涉及意见分歧的事项进行适当咨询，并评价咨询得出的结论。

（6）评价项目合伙人对整个审计过程的参与程度是否充分适当、项目合伙人能否确定做出的重大判断和结论适合项目的性质和具体情况。

（7）复核被审计财务报表和审计报告，以及审计报告中对关键审计事项的描述。

项目质量复核是签署审计报告前的必需程序。注册会计师要考虑在审计过程与项目质量复核人员积极协调配合，使其能够及时实施项目质量复核，而非在出具审计报告前才实施复核。

## 七、期后事项审计

期后事项是指资产负债表日至审计报告日之间发生的事项以及审计报告日后知悉的事实。与期后事项相关日期包括：①财务报表日。是指财务报表涵盖的最近期间的截止日期。②审计报告日。是指注册会计师在对财务报表出具的审计报告上签署的日期。审计报告的日期向财务报表使用者表明，注册会计师已经考虑其知悉的、截至审计报告日发生的事项和交易的影响。③财务报表报出日。是指审计报告和已审计财务报表提供给第三方的日期。④财务报表批准日。是指构成整套财务报表的所有报表（包括相关附注）已编制完成，并且被审计单位的董事会、管理层或类似机构已经认可其对财务报表负责的日期。财务报表批准日不得晚于审计报告日，在实务中通常与审计报告日为同一天。图 14-1 反映了期后事项与这几个日期之间的关系。

根据期后事项上述定义，期后事项可以按时段划分为三个时段：

第一个时段是资产负债表日后至审计报告日，我们可以把在这一期间发生的事项称为“第一时段期后事项”。

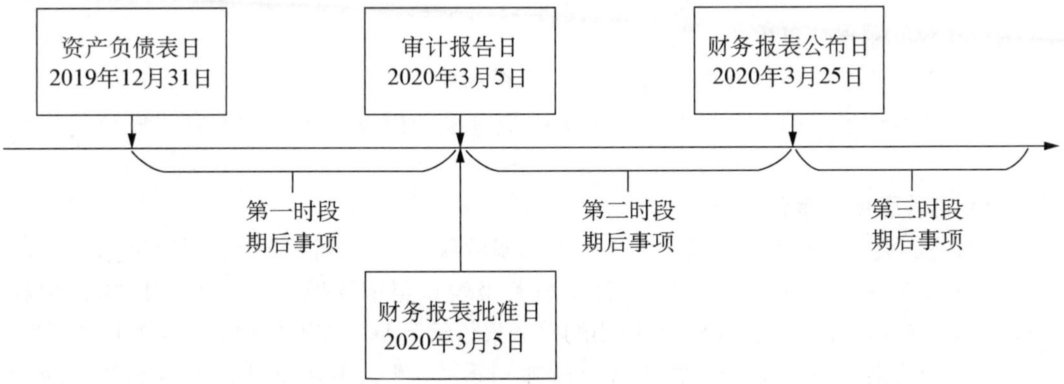


**图 14-1　期后事项分段图**

第二个时段是审计报告日后至财务报表报出日，我们可以把这一期间发现的事实称为“第二时段期后事项”。

第三个时段是财务报表报出日后，我们可以把这一期间发现的事实称为“第三时段期后事项”。

其中有两类期后事项需要被审计单位管理层考虑，并需要注册会计师审计资产负债表日后调整事项和资产负债表日后非调整事项。

1. 资产负债表日后调整事项

资产负债表日后调整事项是指为资产负债表日已经存在的情况提供了新的或进一步证据的事项。如果这类期后事项的金额重大，应提请被审计单位对本期财务报表及相关的账户金额进行调整。例如：

(1) 资产负债表日后诉讼案件结案，法院判决证实了被审计单位在资产负债表日已经存在现时义务，需要调整原先确认的与该诉讼案件相关的预计负债，或确认一项新负债。

(2) 资产负债表日后取得确凿证据，表明某项资产在资产负债表日发生了减值或者需要调整该项资产原先确认的减值金额。

(3) 资产负债表日后进一步确定了资产负债表日前购入资产的成本或售出资产的收入。

(4) 资产负债表日后发现了财务报表舞弊或差错等。

2. 资产负债表日后非调整事项

资产负债表日后非调整事项是指表明在资产负债日后发生的情况或事项。此类事项对已审计的财务报表没有影响，但可能对被审计单位的未来经营产生影响。因此，被审计单位不需调整财务报表，但应当在财务报表附注中予以披露，以提醒财务报表使用者关注。注册会计师的责任就是检查被审计单位是否已对此类事项的性质、内容及其对财务状况和经营成果的影响等方面做了披露，以及披露的程度是否恰当。例如：

(1) 资产负债表日后发生重大诉讼、仲裁、承诺。

(2) 资产负债表日后资产价格、税收政策、外汇汇率发生重大变化。

(3) 资产负债表日后因自然灾害导致资产发生重大损失。

(4) 资产负债表日后发行股票和债券以及其他巨额举债。

(5) 资产负债表日后资本公积转增资本。

(6) 资产负债表日后发生巨额亏损。

(7) 资产负债表日后发生企业合并或处置子公司。

(8) 资产负债表日后企业利润分配方案中拟分配的以及经审议批准宣告发放的股利或利润等。

**(一) 期后事项的审计目标**

《中国注册会计师审计准则第 1332 号——期后事项》指出，注册会计师的目标是：

(1) 获取充分、适当的审计证据，以确定财务报表日至审计报告日之间发生的、需要在财务报表中调整或披露的事项已经按照适用的财务报告编制基础在财务报表中得到恰当反映。

(2) 恰当应对在审计报告日后注册会计师知悉的，且如果在审计报告日知悉可能导致注册会计师修改审计报告的事实。

**(二) 财务报表日至审计报告日发生的事项**

1. 主动识别第一时段期后事项

注册会计师应当实施必要的审计程序，获取充分、适当的审计证据，以确定截止审计报告日发生的、需要在财务报表中调整或披露的事项是否均已得到识别。

资产负债表日至审计报告日之间发生的期后事项属于第一时段期后事项。对于这一时段的期后事项，注册会计师负有主动识别的义务，应当设计专门的审计程序来识别这些期后事项，并根据这些事项的性质判断其对财务报表的影响，进而确定是进行调整，还是披露。

2. 用以识别期后事项的审计程序

(1) 了解被审计单位管理层建立的用于确保识别期后事项的程序。

(2) 询问管理层和治理层(如适用)，确定是否已发生可能影响财务报表的期后事项。注册会计师可以询问根据初步或尚无定论的数据做出会计处理的项目的现状，以及是否已发生新的承诺、借款或担保，是否计划出售或购置资产等。

(3) 取得并审阅股东大会、董事会和管理层的会议记录以及涉及诉讼的相关文件等，查明识别资产负债表日后发生的对本期财务报表产生重大影响的调整事项和非调整事项。

(4) 在尽量接近审计报告日时，查阅股东会、董事会及其专门委员会在资产负债表日后举行的会议的纪要，并在不能获取会议纪要时询问会议讨论的事项。

(5) 在尽量接近审计报告日时，查阅最近的中期财务报表、主要会计科目、重要合同和会计凭证；如认为必要和适当，还应当查阅预算、现金流量预测及其他相关管理报告。

(6) 在尽量接近审计报告日时，查阅被审计单位与客户、供应商、监管部门等的往来信函。

(7) 在尽量接近审计报告日时，向被审计单位律师或法律顾问询问有关诉讼和索赔事项。

(8) 考虑是否有必要获取涵盖特定期后事项的书面声明以支持其他审计证据，从而获取充分、适当的审计证据。

3. 知悉对财务报表有重大影响的期后事项时的考虑

在实施了相应的审计程序后，如果知悉对财务报表有重大影响的期后事项，注册会计师应当考虑这些事项在财务报表中是否得到恰当的会计处理或予以充分披露。

如果所知悉的期后事项属于调整事项，注册会计师应当考虑被审计单位是否已对财务报表做出适当的调整。如果所知悉的期后事项属于非调整事项，注册会计师应当考虑被审计单位是否在财务报表附注中予以充分披露。

**（三）注册会计师在审计报告日后至财务报表报出日前知悉的事实**

1. 被动识别第二时段期后事项

在审计报告日后，注册会计师没有责任针对财务报表实施审计程序或进行专门查询。审计报告日后至财务报表报出日前发现的事实属于“第二时段期后事项”，注册会计师针对被审计单位的审计业务已经结束，要识别可能存在的期后事项比较困难，因而无法承担主动识别第二时段期后事项的审计责任。

但是，在这一阶段，被审计单位的财务报表并未报出，管理层有责任将发现的可能影响财务报表的事实告知注册会计师。

当然，注册会计师还可能从媒体报道、举报信或者证券监管部门告知等途径获悉影响财务报表的期后事项。

2. 知悉第二时段期后事项时的考虑

（1）管理层修改财务报表时的处理。如果管理层修改了财务报表，注册会计师需要获取充分、适当的审计证据，以验证管理层根据期后事项所做出的财务报表调整或披露是否符合企业会计准则和相关会计制度的规定。还要针对修改后的财务报表出具新的审计报告和索取新的管理层声明书，根据具体情况实施必要的审计程序，并将审计程序延伸至新的审计报告日。

（2）管理层不修改财务报表并且审计报告未提交时的处理。如果注册会计师认为应当修改财务报表但管理层没有修改，并且审计报告尚未提交给被审计单位，注册会计师应当按照审计准则的规定，出具非无保留意见的审计报告，然后再提交审计报告。

（3）管理层不修改财务报表且审计报告已提交时的处理。如果注册会计师认为应当修改财务报表但管理层没有修改，并且审计报告已提交给被审计单位，注册会计师应当通知治理层在财务报表做出必要修改前不要将财务报表和审计报告向第三方报出。

如果财务报表仍被报出，注册会计师应当采取措施防止财务报表使用者信赖该审计报告。

**（四）财务报表报出日后发现的事实**

1. 注册会计师没有义务识别第三时段的期后事项

在财务报表报出后，注册会计师没有义务针对财务报表做出查询。

2. 知悉第三时段期后事项时的考虑

在财务报表报出后，如果知悉在审计报告日已存在的、可能导致修改审计报告的事实，注册会计师应当考虑是否需要修改财务报表，并与管理层进行讨论。根据不同情况，采取不同措施。

第一种情况，管理层修改财务报告时的处理。

（1）管理层应当采取恰当措施，让所有收到原财务报表和审计报告的人士了解这一情况。

（2）注册会计师应当首先实施必要的审计程序，如查阅法院判决文件、复核会计处理或披露事项、确定管理层对财务报表的修改是否恰当以及复核管理层采取的措施能否确保所有收到原财务报表和审计报告的人士了解这一情况。

第二种情况，针对修改后的财务报表出具了新的审计报告。

(1) 新审计报告应当增加强调事项段，提请财务报表使用者注意财务报表附注中对修改原财务报表原因的详细说明。

(2) 新的审计报告日期不应早于董事会或类似机构批准修改后的财务报表的日期。

(3) 应当将用以识别期后事项的审计程序延伸至新的审计报告日，以避免重大遗漏。

第三种情况，管理层未采取任何行动时的处理。

注册会计师应当采取措施防止财务报表使用者信赖该审计报告，并将拟采取的措施通知治理层。

## 八、获取管理层声明书

书面声明是指管理层向注册会计师提供的书面陈述，用以确认某些事项或支持其他审计证据。书面声明不包括财务报表及其认定，以及支持性账簿和相关记录。

### (一) 书面声明的类型

书面声明是审计证据的重要来源，在很多情况下会要求管理层提供书面声明而非口头声明，可以促使管理层更加认真地考虑声明所涉及的事项，从而提高声明的质量。尽管如此，书面声明本身并不为所涉及的任何事项提供充分、适当的审计证据。管理层已提供可靠书面声明的事实，并不影响注册会计师就管理层责任履行情况或具体认定获取的其他审计证据的性质和范围。

1. 针对管理层责任的书面声明

(1) 针对财务报表的编制，注册会计师应当要求管理层提供书面声明，确认其根据审计业务约定条款，履行了按照适用的财务报告编制基础编制财务报表并使其实现公允反映(如适用)的责任。

(2) 针对提供的信息和交易的完整性，注册会计师应当要求管理层就下列事项提供书面声明：①按照审计业务约定条款，已向注册会计师提供所有相关信息，并允许注册会计师不受限制地接触所有相关信息以及被审计单位内部人员和其他相关人员。②所有交易均已记录并反映在财务报表中。

注册会计师应当要求管理层按照审计业务约定条款中对管理层责任的描述方式，在书面声明中对管理层责任进行描述，以再次确认其对自身责任的认可与理解。

2. 其他书面声明

如果注册会计师认为有必要获取一项或多项其他书面声明，以支持与财务报表或者一项或多项具体认定相关的其他审计证据，注册会计师应当要求管理层提供这些书面声明，包括：关于财务报表的额外书面声明，针对财务报表的额外书面声明可能是对基本书面声明的补充，但不构成其组成部分；与向注册会计师提供信息有关的额外书面声明，注册会计师可能认为有必要要求管理层提供书面声明，确认其已将注意到的所有内部控制缺陷向注册会计师通报；关于特定认定的书面声明，注册会计师可能认为有必要要求管理层提供有关财务报表特定认定的书面声明，尤其是支持注册会计师就管理层的判断或意图或者完整性认定从其他审计证据中获取的了解。

### (二) 书面声明的形式、日期及涵盖的期间

书面声明应当以声明书的形式致送注册会计师。

书面声明的日期应当尽量接近对财务报表出具审计报告的日期，但不得在审计报告日后。书面声明应当涵盖审计报告针对的所有财务报表和期间。由于书面声明是必要的审计证据，在管理层签署书面声明前，注册会计师不能发表审计意见，也不能签署审计报告。

**（三）针对书面声明所采取的措施**

1. 针对可靠性存在疑虑的书面声明所采取的措施

（1）对管理层的胜任能力、诚信、道德价值观或勤勉尽责存在疑虑，注册会计师应当确定这些疑虑对书面或口头声明和审计证据总体的可靠性可能产生的影响。

（2）书面声明与其他审计证据不一致，注册会计师应当实施审计程序以设法解决这些问题。如果问题仍未解决，注册会计师应当重新考虑对管理层的胜任能力、诚信、道德价值观或勤勉尽责的评估，或者重新考虑对管理层在这些方面的承诺或贯彻执行的评估，并确定书面声明与其他审计证据的不一致对书面或口头声明和审计证据总体的可靠性可能产生的影响。

（3）如果认为书面声明不可靠，注册会计师应当采取适当措施，包括确定其对审计意见可能产生的影响。

2. 针对管理层不提供要求的书面声明所采取的措施

如果管理层不提供符合要求的一项或多项书面声明，注册会计师应当：①与管理层讨论该事项。②重新评价管理层的诚信，并评价该事项对书面或口头声明和审计证据总体的可靠性可能产生的影响。③采取适当措施，包括确定该事项对审计意见可能产生的影响。

如果注册会计师认为有关这些事项的书面声明不可靠，或者管理层不提供有关这些事项的书面声明，则注册会计师无法获取充分、适当的审计证据，这对财务报表的影响可能是广泛的，并不局限于财务报表的特定要素、账户或项目。在这种情况下，注册会计师需要按照准则规定，对财务报表发表无法表示意见。

## 第二节 审计报告概述

### 一、审计报告的概念

审计报告是注册会计师根据审计准则的规定，在实施审计程序的基础上对被审计单位财务报表发表审计意见的书面文件。审计报告是注册会计师在完成审计工作后向委托人提交的最终成果，具有法定证明效力。

审计报告是注册会计师对财务报表合法性和公允性发表审计意见的书面文件，注册会计师应当将已审计的财务报表附于审计报告之后，以便于财务报表使用者正确理解和使用审计报告，并防止被审计单位替换、更改已审计的财务报表。

审计报告的特征，可以从以下几个方面加以理解。

（1）注册会计师应当按照审计准则的规定执行审计工作。

审计准则是用以规范注册会计师执行审计业务的标准，包括一般原则与责任，风险评估与应对、审计证据、利用其他主体的工作、审计结论与报告及特殊领域审计六个方面的内容，涵盖注册会计师执行审计业务的整个过程和各个环节。

（2）注册会计师在实施审计工作的基础上才能出具审计报告 。

注册会计师应当实施风险评估程序，以此作为评估财务报表层次和认定层次重大错报风险的基础。风险评估程序本身并不足以作为发表审计意见提供充分适当的审计证据，所以注册会计师还应当实施进一步审计程序，包括控制测试和实质性程序。注册会计师通过上述实施审计程序，获取充分适当的审计证据，得出合理的审计结论，作为形成审计意见的基础。

(3) 注册会计师通过对财务报表发表审计意见来表明审计业务约定书约定责任的履行情况。

财务报表审计的目标是注册会计师通过执行审计工作，对财务报表的合法性和公允性发表意见。因此，在实施审计工作的基础上，注册会计师需要对财务报表发表审计报告，并向委托人提交审计报告。

(4) 注册会计师应当以书面形式出具审计报告。

审计报告具有特定的要素和格式，注册会计师只有以书面形式出具审计报告才能清楚地表达对财务报表发表的审计意见。

## 二、审计报告的种类

### (一) 按格式和措辞的规范性分类

审计报告按其格式和措辞的规范性，可分为规范性审计报告和特殊性审计报告。

(1) 规范性审计报告是指格式和措辞基本统一的审计报告。审计职业界认为，为了避免混乱，有必要统一审计报告的格式和措辞，便于使用者准确理解其含义。规范性审计报告一般适用于对外公布。注册会计师出具的年度财务报表审计报告属于规范性审计报告。

(2) 特殊性审计报告是指格式和措辞不统一，可以根据具体审计项目的情况来决定的审计报告。特殊性审计报告一般不对外公布。

### (二) 按审计意见的类型分类

审计报告按其发表审计意见的类型，分为无保留意见审计报告和非无保留意见审计报告。

(1) 无保留意见是指当注册会计师认为财务报表在所有重大方面按照适用的财务报告编制基础编制并实现公允反映时发表的审计意见，其审计报告为无保留意见审计报告。

(2) 非无保留意见审计报告是指对财务报表发表保留意见、否定意见或无法表示意见的审计报告。

## 三、对财务报表形成审计意见时的要求

注册会计师应当就财务报表是否在所有重大方面按照适用的财务报告编制基础编制并实现公允反映形成审计意见。为此，注册会计师应当对财务报表整体是否不存在由于舞弊或错误导致的重大错报得出结论，确定是否已就此获取合理保证。在此过程中，注册会计师首先应当考虑下列方面：

首先，注册会计师应当考虑是否已获取充分、适当的审计证据；未更正错报单独或累计起来是否构成重大错报。

其次，注册会计师应当评价财务报表是否在所有重大方面按照适用的财务报告编制基础编制(合法)，尤其评价下列内容：

(1) 财务报表是否充分披露了选择和运用的重要会计政策。

(2) 选择和运用的会计政策是否符合适用的财务报告编制基础，并适合于被审计单位的具体情况。

(3) 管理层做出的会计估计是否合理。

(4) 财务报表列报的信息是否具有相关性、可靠性、可比性和可理解性。

(5) 财务报表是否做出充分披露，使财务报表预期使用者能够理解重大交易和事项对财务报表所传递的信息的影响。

(6) 财务报表使用的术语(包括每一份财务报表的标题)是否适当。

再次，上述评价还应当包括财务报表是否实现公允反映(公允)，具体包括：

(1) 财务报表的整体列报、结构和内容是否合理。

(2) 财务报表(包括相关附注)是否公允地反映了相关交易和事项。

最后，注册会计师应当评价财务报表是否恰当提及或说明适用的财务报告编制基础。

## 四、审计报告的基本要素

根据《中国注册会计师审计准则第 1501 号——对财务报表形成审计意见和出具审计报告》的规定，审计报告应当采用书面形式，具体可以纸质或电子方式存在。无保留审计意见的审计报告应当包括下列要素：标题、收件人、审计意见、形成审计意见的基础、管理层对财务报表的责任、注册会计师的责任、注册会计师的签名和盖章、会计师事务所的名称、地址及盖章、报告日期。

### (一) 审计报告标题

审计报告的标题应当统一规范为“审计报告”。

### (二) 审计报告收件人

审计报告收件人是指注册会计师按照业务约定书的要求致送审计报告的对象，一般是指审计业务的委托人。针对整套通用目的财务报表出具的审计报告，审计报告的致送对象通常为被审计单位的全体股东或治理层。审计报告应当载明收件人的全称，如“ABC 股份有限公司全体股东”或“ABC 有限责任公司董事会”。

### (三) 审计意见

审计意见包括两部分，一部分是指已审财务报表，另一部分是注册会计师发表的审计意见。

已审财务报表部分，具体包括：

(1) 指出被审计单位的名称。

(2) 说明财务报表已经审计。

(3) 指出构成整套财务报表的每一份财务报表的名称。

(4) 提及财务报表附注，包括重要会计政策概要和其他解释性信息。

(5) 指明构成整套财务报表的每一份财务报表的日期或涵盖的期间。

注册会计师发表的审计意见部分应当说明，财务报表是否在所有重大方面按照适用的财务报告编制基础(例如会计准则和相关会计制度)的规定编制，是否公允反映了被审计单位的财务状况、经营成果和现金流量。

如果对财务报表发表无保留意见，除非法律法规另有规定，审计意见应当使用“我们认为，后附的财务报表在所有重大方面按照[适用的财务报告编制基础]的规定编制，公允反映了[……]"的措辞。

如果在审计意见中提及的适用的财务报告编制基础不是企业会计准则，而是国际财务报告准则、国际公共部门会计准则或者其他国家或地区的财务报告准则，注册会计师应当在审计意见段中指明国际财务报告准则或国际公共部门会计准则，或者财务报告准则所属的国家或地区。

**(四) 形成审计意见的基础**

审计报告应当包括标题为"形成审计意见的基础"的部分。该部分应当紧接在审计意见部分之后。并包括下列方面：

(1) 说明注册会计师按照审计准则的规定执行了审计工作。

(2) 提及审计报告中用于描述审计准则规定的注册会计师责任的部分。

《中国注册会计师审计准则》要求我们遵守中国注册会计师职业道德守则，计划和执行审计工作以对财务报表是否不存在重大错报获取合理保证。

(3) 声明注册会计师按照与审计相关的职业道德要求独立于被审计单位，并履行了职业道德方面的其他责任。声明中应当指明适应用的职业道德要求，如中国注册会计师职业道德守则。

(4) 说明注册会计师是否相信获取的审计证据是充分、适当的，为发表审计意见提供了基础。

**(五) 管理层对财务报表的责任**

管理层对财务报表的责任部分应当说明管理层负责下列方面：

(1) 按照适用的财务报告编制基础的规定编制财务报表，使其实现公允反映，并设计、执行和维护必要的内部控制，以使财务报表不存在由于舞弊或错误导致的重大错报。

(2) 评估被审计单位的持续经营能力和使用持续经营假设是否适当，并披露与持续经营相关的事项(如适用)。对管理层评估责任的说明应当包括描述在何种情况下使用持续经营假设是适当的。

**(六) 注册会计师对财务报表审计的责任**

审计报告应当包括标题为"注册会计师对财务报表审计的责任"的部分。

首先说明下列内容：

(1) 说明注册会计师的目标是对财务报表整体是否不存在由于舞弊或错误导致的重大错报获取合理保证，并出具包含审计意见的审计报告。

(2) 说明合理保证是高水平的保证，但并不能保证按照审计准则执行的审计在某一重大错报存在时总能发现。

(3) 说明错报可能由于舞弊或错误导致。在说明错报可能由于舞弊或错误导致时，注册会计师应当从下列两种做法中选取一种：①描述如果合理预期错报单独或汇总起来可能影响财务报表使用者依据财务报表做出的经济决策，则通常认为错报是重大的。②根据适用的财务报告编制基础，提供关于重要性的定义或描述。

其次说明下列内容：

(1) 在执行审计工作的过程中，注册会计师运用职业判断，并保持职业怀疑。

(2) 描述审计工作，说明注册会计师在审计工作中的责任。具体内容包括：①识别和评估由于舞弊或错误导致的财务报表重大错报风险，设计和实施审计程序以应对这些风险，并获取充分、适当的审计证据，作为发表审计意见的基础。由于舞弊可能涉及串通、伪造、故意遗漏、虚假陈述或凌驾于内部控制之上，未能发现由于舞弊导致的重大错报的风险高于未能发现由于错误导致的重大错报的风险。②了解与审计相关的内部控制，以设计恰当的审计程序，但目的并非对内部控制的有效性发表意见。当注册会计师有责任在财务报表审计的同时对内部控制的有效性发表意见时，应当略去上述“目的并非对内部控制的有效性发表意见”的表述。③评价管理层选用会计政策的恰当性和做出会计估计及相关披露的合理性。④对管理层使用持续经营假设的恰当性得出结论。同时，根据获取的审计证据，就可能导致对被审计单位持续经营能力产生重大疑虑的事项或情况是否存在重大不确定性得出结论。如果注册会计师得出结论认为存在重大不确定性，审计准则要求注册会计师在审计报告中提请报表使用者关注财务报表中的相关披露；如果披露不充分，注册会计师应当发表非无保留意见。注册会计师的结论基于截至审计报告日可获得的信息。然而，未来的事项或情况可能导致被审计单位不能持续经营。⑤评价财务报表的总体列报（包括披露）、结构和内容，并评价财务报表是否公允反映相关交易和事项。

最后说明与治理层沟通的有关内容：

(1) 注册会计师与治理层就计划的审计范围、时间安排和重大审计发现等事项进行的沟通。

(2) 对于上市实体，指出注册会计师向治理层声明已遵守与独立性相关的职业道德，并与治理层沟通可能影响注册会计师独立性的所有关系和事项，以及相关的防范措施（如适用）。

(3) 对于上市实体，以及决定沟通关键审计事项的其他情况，说明注册会计师从“与治理层沟通过的事项”中确定哪些事项对本期财务报表审计最为重要，因而构成关键审计事项。

**（七）注册会计师的签名及盖章**

审计报告应当由项目合伙人和另一名负责该项目的注册会计师签名和盖章。注册会计师应当在对上市实体整套通用目的财务报表出具的审计报告中注明项目合伙人，这项内容有利于明确法律责任，增强审计报告的透明度。

**（八）会计师事务所的名称、地址及盖章**

审计报告应当载明会计师事务所的名称和地址，并加盖会计师事务所公章。

**（九）审计报告日期**

审计报告应当注明报告日期。审计报告日期是指注册会计师完成审计工作的日期，而不是资产负债表日。审计报告的日期不应早于注册会计师获取充分、适当的审计证据（包括管理层认可对财务报表的责任且已批准财务报表的证据），并在此基础上对财务报表形成审计意见的日期。

在确定审计报告日期时，注册会计师应当确信已获取下列两方面的审计证据：

(1) 构成整套财务报表的所有报表（包括相关附注）已编制完成。

(2) 被审计单位的董事会、管理层或类似机构已经认可其对财务报表负责。

在这种情况下，注册会计师需要在签署审计报告前获取财务报表已得到批准的证据。审计报告日不得早于财务报表的批准日期。

审计报告中可能包含的额外要素。在适用的情况下，注册会计师还应当在审计报告中对以下信息进行报告：关键审计事项；与持续经营相关的重大不确定性；按照相关法律法规的要求报告的事项；同时提及两套审计准则；年报中与财务报表一同披露的补充信息。

# 第三节 在审计报告中沟通关键审计事项

## 一、关键审计事项的概念及其确定标准

审计报告除包含上述基本要素外，《中国注册会计师审计准则第 1504 号——在审计报告中沟通关键审计事项》还适用于：①上市公司整套通用目的财务报表的审计。②注册会计师决定或委托方要求在审计报告中沟通关键审计事项。③法律法规要求时，应还在“形成审计意见的基础”部分后增加“关键审计事项”段，并在该部分使用恰当的标题逐项描述关键审计事项。在审计报告中沟通关键审计事项，可以提高已执行审计工作的透明度，从而提高审计报告的决策相关性和有用性；为财务报表使用者提供额外的信息，以帮助其了解被审计单位、已审计财务报表中涉及重大管理层判断的领域，以及关键审计事项；为报表使用者进一步与管理层和治理层沟通（与被审计单位、已审财务报表或已执行审计工作相关的事项）提供基础。

关键审计事项是指注册会计师根据职业判断，认为对当期财务报表审计最为重要的事项。注册会计师应当从与治理层沟通过的事项中确定在执行审计工作时重点关注过的事项。

## 二、关键审计事项的确定

在确定关键审计事项时，需要遵循以下决策框架：

首先，以“与治理层沟通的事项”为起点选择关键审计事项。

根据审计准则，注册会计师应当与客户治理层沟通审计过程中的重大发现，包括注册会计师对客户的重要会计政策、会计估计和财务报表披露等会计实务的看法，以及审计过程中遇到的重大困难等，以便于治理层履行其监督财务报告的职责，也便于注册会计师履行审计职责。因此，注册会计师应当从与治理层沟通过的事项中选取关键审计事项。

其次，从中选出“在执行审计工作时重点关注过的事项”。

根据风险导向审计的理念，注册会计师评估的重大错报风险越高，在计划和实施审计程序并评价审计程序的结果时涉及的判断就越多，就越需要获取有说服力的审计证据，包括需要增加的审计证据的数量，或者获取更有相关性或可靠性的证据，如更多地从第三方获取证据或从多个独立渠道获取相互印证的证据。因此，对注册会计师获取充分适当的审计证据或对财务报表形成审计意见构成挑战的事项，通常影响注册会计师的总体审计策略以及对这些事项分配的审计资源和审计力度，也更可能被注册会计师判断为对当期财务报表最为重要的事项。

注册会计师在确定哪些事项属于重点关注过的事项时，需特别考虑下列方面：

(1) 评估的重大错报风险较高的领域，或识别出的特别风险。

(2) 与财务报表中涉及重大管理层判断（包括被认为具有高度估计不确定性的会计估计）的领域相关的重大审计判断。

(3) 当期重大交易或事项对审计的影响。对总体审计策略产生重大影响。例如,重大关联方交易或超出被审计单位正常经营过程的重大交易。

最后,再从“在执行审计工作时重点关注过的事项”中选出“最为重要的事项”,从而构成关键审计事项。

注册会计师可能已就需要重点关注的事项与治理层进行了较多的互动。对于较为困难和复杂的事项,如重大会计政策的运用,注册会计师与治理层的互动可能更加深入、频繁或充分,这些事项就越重要。

在确定某一与治理层沟通过的事项的相对重要程度以及该事项是否构成关键审计事项时,下列考虑可能是相关的:

(1) 该事项对预期使用者理解财务报表整体的重要程度,尤其是对财务报表的重要性。

(2) 管理层在选择适当的会计政策时涉及的复杂程度或主观程度。

(3) 从定性和定量方面考虑,与该事项相关的由于舞弊或错误导致的已更正错报和累积未更正错报的性质和重要程度。

(4) 为应对该事项所需要付出的审计努力的性质和程度,包括应对该事项时是否需要以及在多大程度上需要特殊的知识或技能,就该事项在项目组之外进行咨询的性质。

(5) 在实施审计程序、评价审计程序的结果、获取相关和可靠的审计证据、发表审计意见时,注册会计师遇到的困难的性质和严重程度,尤其是当注册会计师的判断变得更加主观时。

(6) 识别出的与该事项相关的控制缺陷的严重程度。

(7) 该事项是否涉及多项可区分但又相互关联的审计考虑。例如,长期合同可能在收入确认、诉讼或其他或有事项等方面需要重点关注,并且可能影响其他会计估计。

## 三、在审计报告中沟通关键审计事项

### (一) 单设“关键审计事项”部分

注册会计师应当在审计报告中单设一部分,以“关键审计事项”为标题,并在该部分使用恰当的子标题逐项描述关键审计事项。

关键审计事项部分的引言应当同时说明下列事项:①关键审计事项是注册会计师根据职业判断,认为对本期财务报表审计最为重要的事项。②关键审计事项的应对以对财务报表整体进行审计并形成审计意见为背景,注册会计师不对关键审计事项单独发表意见。

需要注意的是,下列情形不需在审计报告中“关键审计事项”部分披露:

(1) 法律法规可能禁止管理层或注册会计师公开披露某一被确定为关键审计事项的事项。例如,公开披露某事项可能损害相关机构对某项违法行为或疑似违法行为的调查(如与洗钱相关的行为)。

(2) 在极少数情形下,合理预期在审计报告中沟通某事项给公众或被审计单位造成的负面后果超过益处,如可能对客户的商业谈判或竞争地位造成严重损害。

(3) 导致注册会计师应当发表非无保留意见的事项。

(4) 可能导致对被审计单位持续经营能力产生重大疑虑的事项或情况存在重大不确定性。

上述第(3)、第(4)项就其性质而言都属于关键审计事项。然而,这些事项只需在此部分提及即可,不做详细描述。在其他部分会报告这些事项。进一步说,在关键审计事项部分披露的事项必须是已经得到满意解决的事项，不存在审计范围受限，也不存在注册会计师与被审计单位管理层意见分歧的情况。

**（二）描述单一键审计事项**

注册会计师应在关键审计事项部分逐项描述单一关键审计事项，同时说明下列内容。①该事项被认定为审计中最为重要的事项之一，因而被确定为关键审计事项的原因。②该事项在审计中是如何应对的。

在审计报告中描述一项关键审计事项可以包括下列要素：①审计应对措施或审计方案中，与该事项最为相关或对评估的重大错报风险最有针对性的方面。②对已实施审计程序的简要概述。③实施审计程序的结果。④对该事项的主要看法。

为方便预期使用者的理解，注册会计师使用简明和方便理解的信息，尽量避免使用过于专业化的审计术语。在描述关键审计事项时，注册会计师需要避免不恰当地提供与被审计单位相关的原始信息。

原始信息是指与被审计单位相关、尚未由被审计单位公布的信息。如财务信息的初步公告或投资者简报。这些信息是被审计单位管理层和治理层的责任。

关键审计事项段描述需要注意的问题是：在一份审计报告中，有可能同时存在"关键审计事项"段、"与持续经营相关的重大不确定性"段、"强调事项"段和"其他事项"段。根据重要性程度，在排列顺序上，导致发表非无保留意见的事项和与持续经营相关的重大不确定性优先于关键审计事项，关键审计事项优先于强调事项和其他事项。

审计报告中关键审计事项的参考格式如例 14-1 所示。

**【例 14-1】** 关键审计事项

**审计报告**

……

**三、关键审计事项**

关键审计事项是我们根据职业判断，认为对本期财务报表审计最为重要的事项。这些事项的应对以对财务报表整体进行审计并形成审计意见为背景，我们不对这些事项单独发表意见。

（一）商誉的减值准备

相关信息披露详见财务报表附注——×××

1. 事项描述

截至 201×年 12 月 31 日，集团因收购 XYZ 公司而确认了×××万元的商誉。贵公司管理层于每年年末对商誉进行减值测试。本年度，XYZ 公司产生了经营损失，该商誉出现减值迹象。

报告期末，集团管理层对 XYZ 公司的商誉进行了减值测试，以评价该项商誉是否存在减值。管理层采用现金流预测模型来计算商誉的可收回金额，并将其与商誉的账面价值相比较。该模型所使用的折现率、预计现金流，特别是未来收入增长率等关键指标需要做出重大的管理层判断。通过测试，管理层得出商誉没有减值的结论。

2. 实施的审计程序

我们针对管理层减值测试所实施的审计程序包括：①对管理层的估值方法进行了评估。

②基于我们对相关行业的了解，我们质疑了管理层假设的合理性，如收入增长率、折现率等。
③检查录入数据与支持证据的一致性，例如，已批准的预算以及考虑这些预算的合理性。

3. 实施审计程序的结果

我们认为，基于目前所获取的信息，管理层在对商誉减值测试所使用的假设是合理的，相关信息在财务报表附注——××中所做出的披露是适当的。

（二）研发费用资本化

相关信息披露详见财务报表附注——××

1. 事项描述

公司开发了大量的系统运行软件以及业务相关技术，并正在进一步开发其他技术以提高效率和产能。本年度，公司资本化的研发费用为×××万元。

由于资本化的研发费用金额较大，且评估其是否达到企业会计准则规定的资本化标准涉及重大的管理层判断（特别是以下领域），因此该领域是关键审计事项。

（1）项目的技术可行性。

（2）项目产生足够未来经济利益的可能性。

我们尤其注意到公司目前正在投资开发新技术以满足其未来发展的需要，因此我们重点关注了这些在建项目的未来经济利益是否能够支撑资本化金额，这些项目包括：

（1）为提高公司开发、运营和拓展能力重建其技术平台的项目，如能够投入使用，其经济利益需要在较长的期限内实现，因此涉及更多判断。

（2）由于某些开发技术的创新性而使其未来经济利益涉及重大判断的项目。

鉴于新软件和系统的开发，我们也关注了已经资本化的现有软件及系统的账面余额是否发生减值。

2. 实施的审计程序及结果

我们获取了本年度资本化的研发费用的明细表，并将其调节至总账中记录的金额，未发现重大异常。

我们测试了资本化金额超过××万元的所有项目和剩余样本中抽取的金额较小的项目，具体如下：

（1）我们获取了管理层就这些项目进行资本化的原因做出的解释，包括项目的技术可行性以及项目产生足够未来经济利益的可能性等方面。我们还与负责各选定项目的项目开发经理进行访谈，以印证上述解释并了解具体项目，从而使我们能够独立评估这些项目是否满足企业会计准则规定的资本化条件。我们发现项目经理给出的解释与我们从管理层获得的解释，以及我们对业务发展的理解一致，并认可管理层得出的这些支出满足资本化条件的评价。

（2）我们询问了管理层及相关项目经理，新软件和系统的开发是否代替了资产负债表中任何现有资产或使其减值。除财务报表附注××所披露的YY万元的减值准备外，我们未发现进一步的减值迹象。我们还根据我们对于新建项目及现有项目的了解，考虑是否存在任何项目中的软件因受开发活动的影响而停止使用或减少使用年限。我们未发现重大异常。

（3）为确定支出是否可直接归属于各个项目，我们获取了单个项目耗用工时的清单，抽查了项目记录的某些工时数，并与相关项目经理讨论以了解项目，确认所测试的员工的确参与了项目，并确定这些员工所执行工作的性质。我们通过将耗用工时清单中某位员工的总工时与其标准费率相乘来确认记录的工时工资与资本化的金额一致。

(4) 我们还按照相当于公司技术开发小组平均工资的每小时费率对上述的标准小时费率进行了调节。我们认为所用费率能恰当反映内部开发员工的薪酬水平，未发现重大异常。

**(三) 就关键审计事项与治理层沟通**

注册会计师应当就下列事项与治理层沟通：①注册会计师确定的关键审计事项。②根据被审计单位和审计业务的具体事实和情况，注册会计师确定不存在需要在审计报告中沟通的关键审计事项(如适用)。

除非存在下列情形之一，注册会计师通常应当在审计报告中描述每项关键审计事项：①法律法规禁止公开披露某事项。②在极少数情形下，如果合理预期在审计报告中沟通某事项造成的负面后果超过在公众利益方面产生的益处，注册会计师确定不应在审计报告中沟通该事项。

## 第四节 审计报告的基本类型

审计报告分为标准审计报告和非标准审计报告。标准审计报告是指不含有说明段、强调事项段、其他事项段和其他任何修饰性用语的无保留意见的审计报告，非标准审计报告是指带强调事项段或其他事项段的无保留意见的审计报告和非无保留审计报告。

### 一、标准审计报告

**(一) 标准审计报告的概念**

标准审计报告也称标准的无保留审计报告，是指注册会计师对被审计单位财务报表发表不带强调事项段的无保留意见的审计报告。包含其他报告责任段，但不含有强调事项段或其他事项段的无保留意见的审计报告也被视为标准审计报告。

无保留意见是指注册会计师认为财务报表在所有重大方面按照适用的财务报告编制基础编制并实现公允反映时发表的审计意见。无保留意见是被审计单位最希望获得的审计意见，可以使审计报告的使用者对被审计单位的财务状况、经营成果和现金流量具有较高的信赖。

**(二) 标准审计报告的出具条件**

注册会计师经过审计后，如果认为财务报表符合下列所有条件，应当发表标准无保留意见的审计报告：

(1) 财务报表已经在所有重大方面按照适用的财务报告编制基础编制，公允反映了被审计单位的财务状况、经营成果和现金流量。

(2) 注册会计师已经按照中国注册会计师审计准则的规定计划和实施了审计工作，在审计过程中未受到限制。

(3) 没有必要在审计报告中增加强调事项段、其他事项段、其他信息段或与持续经营相关的重大不确定性段。

注册会计师应当依据适用的财务报告编制基础特别评价下列内容：

(1) 财务报表是否充分披露了选择和运用的重要会计政策。

(2) 选择和运用的会计政策是否符合适用的财务报告编制基础，并适合于被审计单位的具体情况。

(3) 管理层做出的会计估计是否合理。

(4) 财务报表列报的信息是否具有相关性、可靠性、可比性和可理解性。

(5) 财务报表是否做出充分披露，使财务报表预期使用者能够理解重大交易和事项对财务报表所传递的信息的影响。

(6) 财务报表使用的术语(包括每一份财务报表的标题)是否适当。

在评价财务报表是否实现公允反映时，注册会计师还应当考虑下列内容：

(1) 财务报表的整体列报、结构和内容是否合理。

(2) 财务报表(包括相关附注)是否公允地反映了相关交易和事项。

**(三) 标准审计报告的术语**

注册会计师出具无保留意见的审计报告时，应当以“我们认为”的术语作为意见段的开头，以表明本段内容为注册会计师提出的意见，并表示承担对该审计意见的责任。不能使用“我们保证”等字样，因为注册会计师发表的是自己的判断或意见，不能对财务报表的合法性和公允性做出绝对保证，以避免财务报表使用人产生误解，同时也可明确注册会计师仅仅承担审计责任，而并不减除被审计单位对财务报表所承担的会计责任。

在对财务报表的反映内容是否公允提出审计意见时，应使用“在所有重大方面”“公允反映了”的术语，因为人们已普遍认识到财务报表不可能做到完全正确和绝对公允，所以审计报告中不应使用“完全正确”“绝对公允”等词汇，但也不能使用“大致反映”“基本反映”等模糊不清、态度暧昧的术语。

标准(无保留)审计报告的格式如例 14-2 所示。

**【例 14-2】** 标准无保留意见审计报告

**审 计 报 告**

ABC 股份有限公司全体股东：

**一、审计意见**

我们审计了 ABC 股份有限公司(以下简称 ABC 公司)财务报表，包括 20×1 年 12 月 31 日的资产负债表，20×1 年度的利润表、股东权益变动表和现金流量表及财务报表附注。

我们认为，后附的财务报表在所有重大方面按照企业会计准则的规定编制，公允反映了 ABC 公司 20×1 年 12 月 31 日的财务状况以及 20×1 年度的经营成果和现金流量。

**二、形成审计意见的基础**

我们按照中国注册会计师审计准则的规定执行了审计工作。审计报告的“注册会计师对财务报表审计的责任”部分进一步阐述了我们在这些准则下的责任。按照中国注册会计师职业道德守则的规定，我们独立于 ABC 公司，并履行了职业道德方面的其他责任。我们相信，我们获取的审计证据是充分、适当的，为发表审计意见提供了基础。

**三、关键审计事项**

关键审计事项是我们根据职业判断，认为对本期财务报表审计最为重要的事项；这些事项是在对财务报表整体进行审计并形成审计意见背景下的处理，我们不对关键审计事项单独发表意见。

（一）事项描述

截至20×1年12月31日，ABC公司资产负债表中列示了×万元的递延所得税资产。其中，×万元的递延所得税资产与可抵扣亏损相关。在确认与可抵扣亏损相关的延所得税资产时，ABC公司管理层在很有可能有足够的应纳税利润来抵扣亏损的限度内，就所有未利用的税务亏损确认递延所得税资产，这需要ABC公司管理层运用大量的判断来估计未来应税利润发生的时间和金额，结合纳税筹划策略，以确定应确认的金额，评估递延所得税资产能否在未来期间得以实现需要管理层做出重大判断，并且管理层的估计和假设具有不确定性。

（二）实施的审计程序及结果

在审计相关税务事项时，我们的审计团队包含了税务专家。在税务专家的支持下，我们实施的审计程序主要包括：我们对ABC公司于税务事项相关的内部控制的设计与执行进行了评估；我们获取了与可抵扣亏损相关的所得税汇算清缴资料，并在税务专家协助下复核了可抵扣亏损金额；我们获取了经管理层批准的相关子公司未来期间的财务预测，评估其编制是否符合行业总体趋势及该子公司自身情况，是否考虑了特殊情况的影响，并对其可实现性进行了评估；我们复核了递延所得税资产的确认是否以未来期间很可能取得用来抵扣可抵扣亏损的应纳税所得额为限。

**四、其他信息**

ABC公司管理层对其他信息负责。其他信息包括年度报告中除财务报表和本审计报告以外的信息。

我们对财务报表发表的审计意见不涵盖其他信息，我们也不对其他信息发表任何形式的鉴证结论。

结合我们对财务报表的审计，我们的责任是阅读其他信息，在此过程中，考虑其他信息是否与财务报表或我们在审计过程中了解到的情况存在重大不一致或者似乎存在重大错报，我们应当报告该事实。在这方面，我们无任何事项需要报告。

**五、管理层和治理层对财务报表的责任**

编制和公允列报财务报表是ABC公司管理层的责任，这种责任包括：①按照企业会计准则的规定编制财务报表，并使其实现公允反映。②设计、执行和维护必要的内部控制，以使财务报表不存在由于舞弊或错误导致的重大错报。

在编制财务报表时，管理层负责评估ABC公司的持续经营能力，披露与持续经营相关的事项（如适应），并运用持续经营假设，除非管理层计划清算ABC公司、终止运营或别无其他现实的选择。

治理层负责监督ABC公司的财务报告过程。

**六、注册会计师对财务报表审计的责任**

我们的目标是对财务报表整体是否不存在由于舞弊或错误导致的重大错报获取合理保证，并出具包含审计意见的审计报告。合理保证是高水平的保证，但并不能保证按照审计准则执行的审计在某一重大错报存在时总能发现。错报可能由于舞弊或错误导致，如果合理预期错报单独或汇总起来可能影响财务报表使用者根据财务报表做出的决策，则通常认为是重大的。

在按照审计准则执行审计工作过程中，我们运用职业判断，并保持职业怀疑，我们同时：

（1）识别和评估由于舞弊或错误导致的财务报表重大错报风险，设计和实施审计程序以应对这些风险，并获取充分适当的审计证据，作为发表审计意见的基础。由于舞弊可能涉及串通、伪造、故意遗漏、虚假陈述或凌驾于内部控制之上，未能发现由于舞弊导致的重大错报的风险高于未能发现由于错误导致的重大错报的风险。

(2) 了解与审计相关的内部控制，以设计恰当的审计程序，但目的并非对内部控制的有效性发表意见。

(3) 评价管理层选用会计政策的恰当性和做出会计估计及相关披露的合理性。

(4) 对管理层使用持续经营假设的恰当性得出结论。同时，根据获取的审计证据，就可能导致对ABC持续经营能力产生重大疑虑的事项或情况是否存在重大不确定性得出结论。如果我们得出结论认为存在重大不确定性，审计准则要求我们在审计报告中提请报表使用者注意财务报表的相关披露；如果披露不充分，我们应当发表非无保留意见。我们的结论基于截止审计报告日可获得的信息。然而，未来的事项或情况可能导致ABC公司不能持续经营。

(5) 评价财务报表的总体列报(包括披露)、结构和内容，并评价财务报表是否公允反映相关交易和事项。

我们与治理层就计划的审计范围、时间安排和重大审计发现等事项进行沟通，包括沟通我们在审计中识别出的值得关注的内部控制缺陷。

我们还就已遵守与独立性相关的职业道德要求向治理层提供声明，并与治理层沟通可能被合理认为影响我们独立性的所有关系和其他事项，以及相关的防范措施(如适应)。

从与治理层沟通过的事项中，我们确定哪些事项对本期财务报表审计最为重要，因而构成关键审计事项。我们在审计报告职工描述这些事项，除非法律法规禁止公开披露这些事项，或在极少数情况下，如果合理预期在审计报告中沟通某事项造成的负面后果超过公众利益方面产生的益处，我们确定不应在审计报告中沟通这些事项。

**七、按照相关法律法规的要求报告的事项**

(本部分报告的格式和内容，取决于相关法律法规对其他报告责任的规定。)

××会计师事务所　　　　　　　　　　中国注册会计师：×××
(盖章)　　　　　　　　　　　　　　(签名并盖章)
　　　　　　　　　　　　　　　　　中国注册会计师：×××
　　　　　　　　　　　　　　　　　(签名并盖章)
中国××市　　　　　　　　　　　　　20×2年×月×日

## 二、非无保留意见审计报告

非无保留意见审计报告包括保留意见、否定意见和无法表示意见的审计报告。

### (一) 发表非无保留意见审计报告的情形

当存在下列情形之一时，注册会计师应当在审计报告中发表非无保留意见：

(1) 根据获取的审计证据，得出财务报表整体存在重大错报的结论。

为了形成审计意见，注册会计师应当对财务报表整体是否不存在由于舞弊或错误导致的重大错报得出结论，确定是否已就此获取合理保证。在得出结论时，注册会计师需要评价未更正错报对财务报表的影响。财务报表的重大错报可能源于：①选择的会计政策的恰当性。②对所选择的会计政策的运用。③财务报表披露的恰当性或充分性。

(2) 无法获取充分、适当的审计证据，不能得出财务报表整体不存在重大错报的结论。

下列情形可能导致注册会计师无法获取充分、适当的审计证据(审计范围受限)：①超出被审计单位控制的情形。例如被审计单位的会计记录已经毁坏;重要组成部分的会计记录被政府有关机构无限期查封。②与注册会计师工作的性质或时间安排相关的情形。例如,被审计单位需要运用权益法核对联营企业进行核算,但注册会计师无法获取有关联营企业财务信息的充分适当的审计证据以评价是否恰当运用了权益法;注册会计师接受审计委托的时间安排,使得注册会计师无法实施存货监盘;注册会计师确定仅实施实质性程序是不充分的,但被审计单位的控制是无效的。③管理层施加限制的情形。例如,管理层阻止注册会计师实施存货监盘;管理层阻止对特定账户余额实施函证;管理层阻止注册会计师接触某位员工。

**(二)确定非无保留意见的类型**

由于非无保留意见具体又包括保留意见、否定意见和无法表示意见三种类型,在影响程度上这三种意见之间存在很大差异。在判断和选择具体非无保留意见的类型时,取决于以下事项:①导致非无保留意见的事项的性质,是财务报表存在重大错报,还是在无法获取充分、适当的审计证据的情况下,财务报表可能存在重大错报。②注册会计师就导致非无保留意见的事项对财务报表产生或可能产生影响的广泛性做出的判断。

广泛性,是描述错报影响的术语,用以说明错报对财务报表的影响,或者由于无法获取充分、适当的审计证据而未发现的错报(如存在)对财务报表可能产生的影响。

根据注册会计师的判断,对财务报表的影响具有广泛性的情形包括:①不限于对财务报表的特定要素、账户或项目产生影响。②虽然仅对财务报表的特定要素、账户或项目产生影响,但这些要素、账户或项目是或可能是财务报表的主要组成部分。③当与披露相关时,产生的影响对财务报表使用者理解财务报表至关重要。

表14-12列示了注册会计师对导致发表非无保留意见的事项的性质和这些事项对财务报表产生或可能产生影响的广泛性做出的判断,以及注册会计师的判断对审计意见类型的影响。

导致发表非无保留意见的事项段。如果对财务报表发表非无保留意见,注册会计师应当将原“形成审计意见的基础”这一标题修改为恰当的标题,如“形成保留意见的基础”“形成否定意见的基础”或“形成无法表示意见的基础”,说明导致发表非无保留意见的事项。

**表14-12　　事项影响的广泛性及对审计意见类型的影响**

| 导致发表非无保留意见的事项性质 | 事项对财务报表产生或可能产生的影响广泛性 | |
|---|---|---|
| | 重大但不具有广泛性 | 重大且具有广泛性 |
| 财务报表存在重大错报 | 保留意见 | 否定意见 |
| 无法获取充分适当的证据 | 保留意见 | 无法表示意见 |

**(三)保留意见审计报告**

1. 出具保留意见审计报告的条件

存在下列情形之一,注册会计师应当出具保留意见的审计报告:

(1)在获取充分、适当的审计证据后,注册会计师认为错报单独或汇总起来对财务报表影响重大,但不具有广泛性。

注册会计师在获取充分、适当的审计证据后,只有认为财务报表就总体是公允的,但存在对财务报表产生重大影响的错报时,才发表保留意见。

(2)注册会计师无法获取充分、适当的审计证据以作为形成审计意见的基础,但认为未发现的错报(如存在)对财务报表可能产生的影响重大,但不具有广泛性。

注册会计师因审计范围受到限制而发表保留意见还是无法表示意见,取决于无法获取的审计证据对形成审计意见的重要性。在判断重要性时,应当考虑有关事项潜在影响的性质和范围以及在财务报表中的重要性。只有当未发现的错报(如存在)对财务报表的影响重大但不具有广泛性时,才能发表保留意见。

2. 保留意见审计报告的专业术语及格式要求

当出具保留意见的审计报告时,首先,注册会计师应当对审计意见段使用恰当的标题"保留意见"。当由于财务报表存在重大错报而发表保留意见时,注册会计师应当根据适用的财务报表编制基础在保留意见段中说明:我们认为,除"形成保留意见的基础"部分所述事项外,财务报表在所有重大方面按照适用的财务报表编制基础编制,并实现公允反映等措辞;当无法获取的审计证据而发表保留意见时,应在意见段中说明:我们认为,除"形成保留意见的基础"部分所述事项可能产生的影响外,财务报表所有重大方面按照适用的财务报表编制基础编制,并实现公允反映等措辞。

其次,注册会计师应当直接在随后的"形成保留意见的基础"段增加一个段落说明导致发表保留意见的事项(通常称为事项段)。当涉及重大错报时,事项段通常要描述被审计单位错误的会计处理、会计准则规定的正确处理方法等内容,如果财务报表中存在与具体金额相关的重大错报,注册会计师应当在事项段中说明并量化错报的影响。

如果具体金额(包括定量披露)相关的重大错报无法量化财务影响,注册会计师应当在该部分说明这一情况。

如果财务报表中存在与定性披露相关的重大错报,注册会计师应当在形成审计意见的基础部分解释该错报错在何处。

如果财务报表中存在与应披露而未披露信息相关的重大错报,注册会计师应当:①与治理层讨论未披露信息的情况。②在形成审计意见的基础部分描述未披露信息的性质。③如果可行并且已针对未披露信息获取了充分、适当的审计证据,在形成审计意见的基础部分包含对未披露信息的披露,除非法律法规禁止。

如果因无法获取充分、适当的审计证据而导致发表非无保留意见,注册会计师应当在形成审计意见的基础部分说明无法获取审计证据的原因。

因财务报表存在重大错报而出具保留意见审计报告的格式如例 14-3 所示。因无法获取充分、适当的审计证据而出具保留意见的审计报告的格式如例 14-4 所示。

**【例 14-3】** 由于财务报表存在重大错报而发表保留意见的审计报告

**审 计 报 告**

ABC 股份有限公司全体股东:

**一、保留意见**

我们审计了后附的 ABC 股份有限公司(以下简称 ABC 公司)财务报表,包括 20×1 年 12 月 31 日的资产负债表,20×1 年度的利润表、股东权益变动表和现金流量表及财务报表附注。

我们认为,除"形成保留意见的基础"部分所述事项产生的影响外,ABC 公司财务报表在所有重大方面按照企业会计准则的规定编制,公允反映了 ABC 公司 20×1 年 12 月 31 日的财务状况以及 20×1 年度的经营成果和现金流量。

**二、形成保留意见的基础**

ABC公司20×1年12月31日资产负债表中存货的列示金额为×元。管理层根据成本对存货进行计量，而没有根据成本与可变现净值孰低的原则进行计量，这不符合企业会计准则的规定。公司的会计记录显示，如果管理层以成本与可变现净值孰低来计量存货，存货列示金额将减少×元。相应地，资产减值损失将增加×元，所得税、净利润和股东权益将分别减少×元、×元和×元。

我们按照《中国注册会计师审计准则》的规定执行了审计工作。审计报告的"注册会计师对财务报表审计的责任"部分进一步阐述了我们在这些准则下的责任。按照《中国注册会计师职业道德守则》的规定，我们独立于被审计单位，并履行了职业道德方面的其他责任。我们相信，我们获取的审计证据是充分、适当的，为发表审计意见提供了基础。

**三、关键审计事项**

关键审计事项是我们根据职业判断，认为对本期财务报表审计最为重要的事项。这些事项的应对以对财务报表整体进行审计并形成审计意见为背景，我们不对关键审计事项单独发表意见。除"形成审计意见的基础"部分所述事项外，我们确定下列事项是需要在审计报告中沟通的关键事项。

（按照《中国注册会计师审计准则第1504号——在审计报告中沟通关键审计事项》的规定描述每一关键审计事项，具体格式参考例14-1）

**四、其他信息**

（按照《中国注册会计师审计准则第1521号——注册会计师对其他信息的责任》的规定报告，具体格式参考例14-1）

**五、管理层和治理层对财务报表的责任**

（按照《中国注册会计师审计准则第1501号——对财务报表形成审计意见和出具审计报告》的规定报告，具体格式参考例14-2）

**六、注册会计师对财务报表审计的责任**

（按照《中国注册会计师审计准则第1501号——对财务报表形成审计意见和出具审计报告》的规定报告，具体格式参考例14-2）

××会计师事务所　　　　　　　　　　中国注册会计师：×××
（盖章）　　　　　　　　　　　　　　（签名并盖章）
　　　　　　　　　　　　　　　　　　中国注册会计师：×××
　　　　　　　　　　　　　　　　　　（签名并盖章）
中国××市　　　　　　　　　　　　　二〇×二年×月×日

**【例14-4】** 由于注册会计师无法获取充分、适当的审计证据而发表保留意见的审计报告

**审计报告**

ABC股份有限公司全体股东：

**一、保留意见**

我们审计了后附的ABC股份有限公司（以下简称ABC公司）财务报表，包括20×1年12月31日的资产负债表，21×1年度的利润表、现金流量表和股东权益变动表以及财务报表附注。

我们认为，除"形成保留意见的基础"部分所述事项可能产生的影响外，ABC公司财务

报表在所有重大方面按照企业会计准则的规定编制，公允反映了ABC公司20×1年12月31日的财务状况以及20×1年度的经营成果和现金流量。

**二、形成保留意见的基础**

如财务报表附注××所述，ABC公司于20×1年取得了XYZ公司30%的股权，因能够对XYZ公司施加重大影响，故采用权益法核算该项股权投资，于20×1年度确认对XYZ公司的投资收益×元，截至20×1年12月31日该项股权投资的账面价值为×元。由于我们未被允许接触X YZ公司的财务信息、管理层和执行XYZ公司审计的注册会计师，我们无法就该项股权投资的账面价值以及ABC公司确认的20×1年度对XYZ公司的投资收益获取充分、适当的审计证据，也无法确定是否有必要对这些金额进行调整。

我们按照《中国注册会计师审计准则》的规定执行了审计工作。审计报告的"注册会计师对财务报表审计的责任"部分进一步阐述了我们在这些准则下的责任。按照《中国注册会计师职业道德守则》的规定，我们独立于被审计单位，并履行了职业道德方面的其他责任。我们相信，我们获取的审计证据是充分、适当的，为发表审计意见提供了基础。

**三、关键审计事项**

关键审计事项是我们根据职业判断，认为对本期财务报表审计最为重要的事项。这些事项的应对以对财务报表整体进行审计并形成审计意见为背景，我们不对关键审计事项单独发表意见。除"形成审计意见的基础"部分所述事项外，我们确定下列事项是需要在审计报告中沟通的关键事项。

(按照《中国注册会计师审计准则第1504号——在审计报告中沟通关键审计事项》的规定描述每一关键审计事项，具体格式参考例14-2)

**四、其他信息**

(按照《中国注册会计师审计准则第1521号——注册会计师对其他信息的责任》的规定报告，具体格式参考例14-2)

**五、管理层和治理层对财务报表的责任**

(按照《中国注册会计师审计准则第1501号——对财务报表形成审计意见和出具审计报告》的规定报告，具体格式参考例14-2)

**六、注册会计师对财务报表审计的责任**

(按照《中国注册会计师审计准则第1501号——对财务报表形成审计意见和出具审计报告》的规定报告，具体格式参考例14-2)

××会计师事务所　　　　　　　　　　中国注册会计师：×××

（盖章）　　　　　　　　　　　　　　（签名并盖章）

中国注册会计师：×××

（签名并盖章）

中国××市　　　　　　　　　　　　　二〇×二年×月×日

**(四) 否定意见的审计报告**

所谓发表否定意见是指与无保留意见相反，提出否定财务报表编制合法、公允反映被审计单位财务状况、经营成果和现金流量的审计意见。否定意见说明被审计单位的财务报表不能信赖。

1. 出具否定意见审计报告的条件

在获取充分、适当的审计证据后，如果注册会计师认为错报单独或汇总起来对财务报表产生的影响重大且具有广泛性，则应发表否定意见。

2. 否定意见审计报告的专业术语及格式要求

首先，注册会计师应当对审计意见段使用恰当的标题“否定意见”。在否定意见段中说明：我们认为，由于“形成否定意见的基础”部分所述事项的重要性，财务报表没有在所有重大方面按照适用的财务报告编制基础的规定编制，未能公允反映等措辞。

其次，注册会计师应当直接在随后的“形成否定意见的基础”段中增加一个事项段落描述导致发表否定意见的事项，说明注意到的、导致发表否定意见的所有其他事项及量化错报的财务影响。

否定意见的审计报告的格式如例14-5所示。

**【例14-5】** 由于财务报表存在重大错报而发表否定意见的审计报告

## 审计报告

ABC股份有限公司全体股东：

**一、否定意见**

我们审计了ABC股份有限公司及其子公司(以下简称ABC集团)的合并财务报表，包括20×1年12月31日的合并资产负债表、20×1年度的合并利润表、合并现金流量表和合并股东权益变动表以及财务报表附注。

我们认为，由于“形成否定意见的基础”部分所述事项的重要性，后附的ABC集团合并财务报表没有在所有重大方面按照企业会计准则的规定编制，未能公允反映ABC集团20×1年12月31日的财务状况以及20×1年度的经营成果和现金流量。

**二、形成否定意见的基础**

如财务报表附注××所述，20×1年ABC集团通过非同一控制下的企业合并获得对XYZ公司的控制权，因未能取得购买日XYZ公司某些重要资产和负债的公允价值，故未将XYZ公司纳入合并财务报表的范围，而是按成本法核算对XYZ公司的股权投资。ABC公司的这项会计处理不符合企业会计准则的规定。如果将XYZ公司纳入合并财务报表的范围，ABC公司合并财务报表的多个报表项目将受到重大影响。但我们无法确定未将XYZ公司纳入合并范围对财务报表产生的影响。

我们按照《中国注册会计师审计准则》的规定执行了审计工作。审计报告的“注册会计师对财务报表审计的责任”部分进一步阐述了我们在这些准则下的责任。按照《中国注册会计师职业道德守则》的规定，我们独立于ABC集团，并履行了职业道德方面的其他责任。我们相信，我们获取的审计证据是充分、适当的，为发表审计意见提供了基础。

**三、关键审计事项**

关键审计事项是我们根据职业判断，认为对本期财务报表审计最为重要的事项。这些事项的应对以对财务报表整体进行审计并形成审计意见为背景，我们不对关键审计事项单独发表意见。除“形成审计意见的基础”部分所述事项外，我们确定下列事项是需要在审计报告中沟通的关键事项。

(按照《中国注册会计师审计准则第1504号——在审计报告中沟通关键审计事项》的规

定描述每一关键审计事项,具体格式参考例 14-2)

**四、其他信息**

(按照《中国注册会计师审计准则第 1521 号——注册会计师对其他信息的责任》的规定报告,具体格式参考例 14-2)

**五、管理层和治理层对财务报表的责任**

(按照《中国注册会计师审计准则第 1501 号——对财务报表形成审计意见和出具审计报告》的规定报告,具体格式参考例 14-2)

**六、注册会计师对财务报表审计的责任**

(按照《中国注册会计师审计准则第 1501 号——对财务报表形成审计意见和出具审计报告》的规定报告,具体格式参考例 14-2)

××会计师事务所　　　　　　　　　　　中国注册会计师:×××
（盖章）　　　　　　　　　　　　　　（签名并盖章）
　　　　　　　　　　　　　　　　　　中国注册会计师:×××
　　　　　　　　　　　　　　　　　　（签名并盖章）
中国××市　　　　　　　　　　　　　　二〇×二年×月×日

**(五) 无法表示意见的审计报告**

无法表示意见是指注册会计师对被审计单位的财务报表不能发表意见,即对财务报表不发表包括无保留、保留或否定的审计意见。

注册会计师出具无法表示意见的审计报告,不同于拒绝接受委托,是指注册会计师实施了必要的审计程序后发表审计意见的一种方式。注册会计师无法表示意见,不是注册会计师不愿意发表无保留、保留或否定的审计意见,而是由于一些重大限制使得注册会计师无法实施必要的审计程序,未能对一些重大事项获取充分适当的审计证据,从而不能对财务报表整体发表意见。

1. 无法表示意见审计报告的出具条件

如果无法获取充分、适当的审计证据以作为形成审计意见的基础,但认为未发现的错报(如存在)对财务报表可能产生的影响重大且具有广泛性,注册会计师应当发表无法表示意见。

在极其特殊的情况下,可能存在多个不确定事项,即使注册会计师对每个单独的不确定事项获取了充分、适当的审计证据,但由于不确定事项之间可能存在相互影响,以及可能对财务报表产生累积影响,注册会计师不可能对财务报表形成审计意见。

典型的审计范围受到限制的情况有:①未能对存货进行监盘。②未能对应收账款进行函证。③未能取得被投资企业的财务报告。④内部控制极度混乱,会计记录缺乏系统性与完整性等。

在承接审计业务后,如果注意到管理层对审计范围施加了限制,且认为这些限制可能导致对财务报表发表保留意见或无法表示意见,注册会计师应当要求管理层消除这些限制。除非治理层全部成员参与管理被审计单位,注册会计师应当就此事项与治理层沟通,并确定能否实施替代程序以获取充分、适当的审计证据。

如果无法获取充分、适当的审计证据,注册会计师应当通过下列方式确定其影响:

(1) 如果未发现的错报(如存在)可能对财务报表产生的影响重大,但不具有广泛性,注册会计师应当发表保留意见。

（2）如果未发现的错报（如存在）可能对财务报表产生的影响重大且具有广泛性，以至于发表保留意见不足以反映情况的严重性，注册会计师应当在可行时解除业务约定（除非法律法规禁止）；如果在出具审计报告之前解除业务约定被禁止或不可行，应当发表无法表示意见。如果能解除业务约定，注册会计师应当在解除业务约定前，与治理层沟通在审计过程中发现的、将会导致发表非无保留意见的所有错报事项。

如果认为有必要对财务报表整体发表否定意见或无法表示意见，注册会计师不应在同一审计报告中对按照相同财务报告编制基础编制的单一财务报表或者财务报表特定要素、账户或项目发表无保留意见。在同一审计报告中包含无保留意见，将会与对财务报表整体发表的否定意见或无法表示意见相矛盾。

2. 无法表示意见审计报告的专业术语及格式要求

当出具否定意见的审计报告时，首先，注册会计师应当对审计意见段使用恰当的标题“无法表示意见”。在无法表示意见段中说明：由于“形成无法表示意见的基础”部分所述事项的重要性，我们无法获取充分、适当的审计证据作为发表审计意见提供基础，因此，注册会计师不对财务报表发表审计意见。另外修改报表已经审计的说明，改为“我们接受委托，审计财务报表”。

其次，注册会计师应当直接在随后的“形成无法表示意见的基础”段中增加一个事项段落，在该部分包含对导致发表无法表示意见的事项的描述，说明注册会计师无法取得审计证据的原因，以及注意到的、将导致发表无法表示意见的所有其他事项及其原因。

当注册会计师对财务报表发表无法表示意见时，审计报告中不应当包含标准无保留审计报告中的下列要素：

（1）提及审计报告中用于描述注册会计师责任的部分。

（2）说明注册会计师是否已获取充分、适当的审计证据以作为形成审计意见的基础。无法获取充分、适当的审计证据而发表无法表示意见时，注册会计师应当对注册会计师责任做出的表述进行修改，仅包含下列内容：

（1）注册会计师的责任是按照中国注册会计师审计准则的规定，对被审计单位财务报表执行审计工作，以出具审计报告。

（2）但由于形成无法表示意见的基础部分所述的事项，注册会计师无法获取充分、适当的审计证据以作为发表审计意见的基础。

（3）关于注册会计师在独立性和职业道德方面的其他责任的声明。

（4）除非法律法规另有规定，当对财务报表发表无法表示意见时，注册会计师不得在审计报告中包含关键审计事项部分，也不得在审计报告中包含其他信息部分。

无法表示意见的审计报告的格式如例 14-6 所示。

**【例 14-6】** 由于注册会计师无法针对财务报表多个要素获取充分、适当的审计证据而发表无法表示意见的审计报告

**审计报告**

ABC 股份有限公司全体股东：

**一、无法表示意见**

我们接受委托，审计 ABC 股份有限公司及其子公司（以下简称 ABC 集团）合并财务报

表，包括20×1年12月31日的合并资产负债表，20×1年度的合并利润表、合并现金流量表和合并股东权益变动表以及相关合并财务报表附注。

我们不对后附的ABC集团合并财务报表发表意见。由于“形成无法表示意见的基础”部分所述事项的重要性，我们无法获取充分、适当的审计证据以作为对合并财务报表发表审计意见提供基础。

**二、形成无法表示意见的基础**

ABC集团对共同经营XYZ公司享有的利益份额在该集团合并资产负债表中的金额(资产扣除负债后的净利润)为×元，占集团20×1年12月31日净资产的90%以上。我们未被允许接触XYZ公司的管理层和注册会计师，包括XYZ公司注册会计师的审计工作底稿。因此我们无法确定是否有必要对XYZ公司资产中ABC集团共同经营控制的比例份额、XYZ公司负债中ABC集团共同承担的比例份额、XYZ公司收入和费用中ABC集团的比例份额，以及合并现金流量表和合并股东权益变动表中的要素做出调整。

**三、管理层和治理层对合并财务报表的责任**

(按照《中国注册会计师审计准则第1501号——对财务报表形成审计意见和出具审计报告》的规定报告，具体格式参考例14-2)

**四、注册会计师对合并财务报表审计的责任**

我们的责任是按照中国注册会计师审计准则的规定，对ABC集团的合并财务报表执行审计工作，以出具审计报告。但由于“形成无法表示意见的基础”部分所述的事项，我们无法获取充分、适当的审计证据以作为发表审计意见的基础。

按照中国注册会计师职业道德守则，我们独立于ABC集团，并履行了职业道德方面的其他责任。

××会计师事务所　　　　　　　　　　　　中国注册会计师：×××
（盖章）　　　　　　　　　　　　　　　　（签名并盖章）
　　　　　　　　　　　　　　　　　　　　中国注册会计师：×××
　　　　　　　　　　　　　　　　　　　　（签名并盖章）
中国××市　　　　　　　　　　　　　　　二〇×二年×月×日

**【例14-7】** 审计意见类型的判断

ABC会计师事务所的A注册会计师担任多家被审计单位2016年度财务报表审计的项目合伙人，遇到下列导致出具非标准审计报告的事项：

(1) 甲公司2016年初开始使用新的ERP系统，因系统缺陷导致2016年度成本核算混乱，审计项目组无法对营业成本、存货等项目实施审计程序。

(2) 2016年，因采用新发布的企业会计准则，乙公司对以前年度投资形成的部分长期股权投资改按公允价值计量，并确认了大额公允价值变动收益，未对比较数据进行追溯调整。

(3) 因丙公司严重亏损，董事会拟于2017年对其进行清算。管理层运用持续经营假设编制了2016年度财务报表，并在财务报表附注中充分披露了清算计划。

(4) 丁公司是金融机构，在风险管理中运用大量复杂金融工具。因风险管理负责人离职，人事部暂未招聘到合适的人员，管理层未能在财务报表附注中披露与金融工具相关的风险。

(5) 戊公司2015年度财务报表未经审计。管理层将一项应当在2016年度确认的大额长期资产减值损失作为前期差错,重述了比较数据。

**问题:**针对上述第(1)～(5)项,逐项指出A注册会计师应当出具何种类型的非标准审计报告,并简要说明理由。

**解答:**

(1) 保留意见/无法表示意见审计报告。无法获取充分、适当的审计证据,对财务报表影响重大/重大而广泛。

(2) 保留意见审计报告。比较数据存在重大错报但不广泛,当期数据存在重大错报但不广泛。

(3) 否定意见审计报告。被审计单位运用持续经营假设不适当。

(4) 保留意见审计报告。存在影响重大但不具有广泛性的披露错报。

(5) 带其他事项段的保留意见审计报告。应当在其他事项段中说明对应数据未经审计,且存在影响重大但不广泛的错报。

## 第五节 带强调事项段或其他事项段的审计报告

### 一、在审计报告中增加强调事项段

#### (一) 强调事项段的含义及其条件

强调事项段是指审计报告中含有的一个段落,该段落提及已在财务报表中恰当列报或披露的事项,根据注册会计师的职业判断,该事项对财务报表使用者理解财务报表至关重要。

如果认为有必要提醒财务报表使用者关注已在财务报表中列报或披露,且根据职业判断认为对财务报表使用者理解财务报表至关重要的事项,在同时满足下列条件时,注册会计师应当在审计报告中增加强调事项段:

(1) 该事项不会导致注册会计师发表非无保留意见。

(2) 该事项未被确定为在审计报告中沟通的关键审计事项。

#### (二) 在审计报告中增加强调事项段的情形

(1) 根据《中国注册会计师审计准则第1111号——就审计业务约定条款达成一致意见》的规定,如果相关部门要求采用的财务报告编制基础不适用于被审计单位的情况,管理层需要在财务报表中做出额外披露,以避免财务报表产生误导;注册会计师在审计报告中增加强调事项段,以提醒使用者关注额外披露。

(2)《中国注册会计师审计准则第1332号——期后事项》规定了下列两种情况:

第一种情况,在审计报告日后至财务报表报出日前,如果知悉了某事实,且若在审计报告日知悉可能导致修改审计报告。

在这种情况下注册会计师应当:①与管理层和治理层(如适用)讨论该事项。②确定财务报表是否需要修改。③如果需要修改,询问管理层将如何在财务报表中处理该事项。如果管理层修改财务报表,注册会计师应当:①根据具体情况对有关修改实施必要的审计程序。②将规定的审计程序延伸至新的审计报告日,并针对修改后的财务报表出具新的审计报告。新的审计报告日不应早于修改后的财务报表被批准的日期。

在有关法律法规或适用的财务报告编制基础未禁止的情况下，如果管理层对财务报表的修改仅限于反映导致修改的期后事项的影响，被审计单位的董事会、管理层或类似机构也仅对有关修改进行批准，注册会计师可以仅针对有关修改将规定的审计程序延伸至新的审计报告日。在这种情况下，注册会计师应当选用下列处理方式之一：①修改审计报告，针对财务报表修改部分增加补充报告日期，从而表明注册会计师对期后事项实施的审计程序仅限于财务报表相关附注所述的修改。②出具新的或经修改的审计报告，在强调事项段或其他事项段中说明注册会计师对期后事项实施的审计程序仅限于财务报表相关附注所述的修改。

第二种情况，在财务报表报出后，如果知悉了某事实，且若在审计报告日知悉可能导致修改审计报告。

在这种情况下注册会计师应当：①与管理层和治理层（如适用）讨论该事项。②确定财务报表是否需要修改。③如果需要修改，询问管理层将如何在财务报表中处理该事项。

如果管理层修改了财务报表，注册会计师应当：①根据具体情况对有关修改实施必要的审计程序。②复核管理层采取的措施能否确保所有收到原财务报表和审计报告的人士了解这一情况。③将规定的审计程序延伸至新的审计报告日，并针对修改后的财务报表出具新的审计报告，新的审计报告日不应早于修改后的财务报表被批准的日期。注册会计师应当在新的或经修改的审计报告中增加强调事项段或其他事项段，提醒财务报表使用者关注财务报表附注中有关修改原财务报表的详细原因和注册会计师提供的原审计报告。

(3) 根据《中国注册会计师审计准则第 1601 号——审计特殊目的财务报表的特殊考虑》的规定，注册会计师针对特殊目的财务报表出具的审计报告应当增加强调事项段，用以提醒审计报告使用者，财务报表是按照特殊目的编制基础编制的，不适用于其他目的。

**(三) 在审计报告中增加强调事项段时注册会计师应采取的措施**

如果在审计报告中增加强调事项段，注册会计师应当采取下列措施：

(1) 将强调事项段作为单独的一部分置于审计报告中，并使用包含“强调事项”这一术语的适当标题。

(2) 明确提及被强调事项以及相关披露的位置，以便能够在财务报表中找到对该事项的详细描述，强调事项段应当仅提及已在财务报表中列报或披露的信息。

(3) 指出审计意见没有因该强调事项而改变。

在审计报告中包含强调事项段既不能代替发表非无保留意见，也不能代替当可能导致对被审计单位持续经营能力产生重大疑虑的事项或情况存在重大不确定性时做出的报告。此外，如果拟在审计报告中增加强调事项段，注册会计师应当就该事项和拟使用的措辞与治理层沟通。

带强调事项段的审计报告的格式如例 14-8 所示。

**【例 14-8】** 带强调事项段的保留意见审计报告

## 审 计 报 告

ABC 股份有限公司全体股东：

**一、保留意见**

我们审计了后附的 ABC 股份有限公司(以下简称 ABC 公司)财务报表，包括 20×1 年

12月31日的资产负债表，20×1年度的利润表、股东权益变动表和现金流量表及财务报表附注。

我们认为，除"形成保留意见的基础"部分所述事项产生的影响外，ABC公司财务报表在所有重大方面按照企业会计准则的规定编制，公允反映了ABC公司20×1年12月31日的财务状况以及20×1年度的经营成果和现金流量。

**二、形成保留意见的基础**

ABC公司20×1年12月31日资产负债表中存货的列示金额为×元。管理层根据成本对存货进行计量，而没有根据成本与可变现净值孰低的原则进行计量，这不符合企业会计准则的规定。公司的会计记录显示，如果管理层以成本与可变现净值孰低来计量存货，存货列示金额将减少×元。相应地，资产减值损失将增加×元，所得税、净利润和股东权益将分别减少×元、×元和×元。

我们按照《中国注册会计师审计准则》的规定执行了审计工作。审计报告的"注册会计师对财务报表审计的责任"部分进一步阐述了我们在这些准则下的责任。按照《中国注册会计师职业道德守则》的规定，我们独立于被审计单位，并履行了职业道德方面的其他责任。我们相信，我们获取的审计证据是充分、适当的，为发表审计意见提供了基础。

**三、强调事项**

我们提醒财务报表使用者关注，财务报表附注××描述了火灾对ABC公司的生产设备造成的影响。本段内容不影响已发表的审计意见。

**四、关键审计事项**

关键审计事项是我们根据职业判断，认为对本期财务报表审计最为重要的事项；这些事项的应对以对财务报表整体进行审计并形成审计意见为背景，我们不对关键审计事项单独发表意见。除"形成审计意见的基础"部分所述事项外，我们确定下列事项是需要在审计报告中沟通的关键事项。

（按照《中国注册会计师审计准则第1504号——在审计报告中沟通关键审计事项》的规定描述每一关键审计事项，具体格式参考例14-1）

**五、其他信息**

（按照《中国注册会计师审计准则第1521号——注册会计师对其他信息的责任》的规定报告，具体格式参考例14-1）

**六、管理层和治理层对财务报表的责任**

（按照《中国注册会计师审计准则第1501号——对财务报表形成审计意见和出具审计报告》的规定报告，具体格式参考例14-1）

**七、注册会计师对财务报表审计的责任**

（按照《中国注册会计师审计准则第1501号——对财务报表形成审计意见和出具审计报告》的规定报告，具体格式参考例14-1）

××会计师事务所　　　　　　　　　　中国注册会计师：×××

（盖章）　　　　　　　　　　　　　　（签名并盖章）

中国注册会计师：×××

（签名并盖章）

中国××市　　　　　　　　　　　　　20×2年×月×日

## 二、在审计报告中增加其他事项段

### (一) 其他事项段的含义及其条件

其他事项段是指审计报告中含有的一个段落,该段落提及未在财务报表中列报或披露的事项,根据注册会计师的职业判断,该事项与财务报表使用者理解审计工作、注册会计师的责任或审计报告相关。

如果认为有必要沟通虽然未在财务报表中列报,但根据职业判断认为与财务报表使用者理解审计工作、注册会计师的责任或审计报告相关的事项,在同时满足下列条件时,注册会计师应当在审计报告中增加其他事项段:

(1) 未被法律法规禁止。

(2) 当《中国注册会计师审计准则第 1504 号——在审计报告中沟通关键审计事项》适用时,该事项未被确定为在审计报告中沟通的关键审计事项。

如果在审计报告中包含其他事项段,注册会计师应当将该段落作为单独的一部分,并使用“其他事项”或其他适当标题。其他事项段应置于关键审计事项段部分之后。如果其他事项段的内容与其他报告责任部分相关,这一段落也可以置于审计报告的其他位置。

如果拟在审计报告中包含强调事项段或其他事项段,注册会计师应当就该事项和拟使用的措辞与治理层沟通。

### (二) 增加其他事项段的情形

相关审计准则要求增加强调事项段的情况包括:

(1)《中国注册会计师审计准则第 1332 号——期后事项》规定的两种情况与增加强调事项段相同。

(2) 根据《中国注册会计师审计准则第 1511 号——比较信息:对应数据和比较财务报表》的规定:

如果上期财务报表已由前任注册会计师审计,除非前任注册会计师对上期财务报表出具的审计报告与财务报表一同对外提供,注册会计师除对本期财务报表发表意见外,还应当在其他事项段中说明:①上期财务报表已由前任注册会计师审计。②前任注册会计师发表的意见的类型(如果是非无保留意见,还应当说明发表非无保留意见的理由)。③前任注册会计师出具的审计报告的日期。

如果上期财务报表未经审计,注册会计师应当在其他事项段中说明比较财务报表未经审计。但这种说明并不减轻注册会计师获取充分、适当的审计证据,以确定期初余额不含有对本期财务报表产生重大影响的错报的责任。

当因本期审计而对上期财务报表发表审计意见时,如果对上期财务报表发表的意见与以前发表的意见不同,注册会计师应当在其他事项段中披露导致不同意见的实质性原因。

其他需要在审计报告中增加其他事项段的情形包括:

(1) 与使用者理解审计工作相关的情形。在极其特殊的情况下,即使管理层对审计范围施加的限制导致无法获取充分、适当的审计证据的可能影响具有广泛性,注册会计师也不能解除业务约定。此时,注册会计师可能增加其他事项段,解释为何不能解除业务约定。

(2) 与使用者理解注册会计师的责任或审计报告相关的情形。法律法规或行业惯例可能要求或允许注册会计师详细说明某些事项,以进一步解释注册会计师在财务报表审计中的责任或审计报告。

(3) 对两套以上财务报表出具审计报告的情形。被审计单位可能按照通用目的编制基础(如中国会计准则)编制一套财务报表,且按照另一个通用目的编制基础(如国际财务报告准则)编制另一套财务报表,并委托注册会计师同时对两套报表出具审计报告。

如果认为两个编制基础在各自情形下是可接受的,那么注册会计师可以在审计报告中增加其他事项段,说明该被审计单位根据另一编制基础(如国际财务报告准则)编制了另一套财务报表以及注册会计师对该报表已出具了审计报告。

(4) 限制审计报告分发和使用的情形。为特定目的编制的财务报表可能按通用目的编制基础编制,因为财务报表预期使用者确定这种通用目的财务报表能满足他们对财务信息的需求。

由于审计报告旨在提供给特定使用者,注册会计师可能认为这时需要增加其他事项段,说明审计报告只是提供给预期使用者,不应被分发给机构或人员,或者被其他机构或人员使用。

## 第六节 | 考虑持续经营的影响

持续经营假设是会计确认和计量的基本假设之一,通用目的的财务报表就是在此假设基础上编制的。注册会计师应当就管理层在编制财务报表时运用持续经营假设的适当性获取充分、适当的审计证据并得出结论,并根据获取的审计证据就被审计单位持续经营能力是否存在重大不确定性得出结论,并考虑对审计报告的影响。

### 一、持续经营假设可能无法成立的情况

持续经营假设是指被审计单位在编制财务报表时,假定其经营活动在可预见的将来会继续下去,不拟也不必终止经营或破产清算,可以在正常的经营过程中变现资产、清偿债务。可预见的将来,通常是指资产负债表日后 12 个月。可能导致对其持续经营能力产生疑虑的事项或情况包括以下几个方面:

(1) 财务方面,包括:①净资产为负或营运资金出现负数。②定期借款即将到期,但预期不能展期或偿还,或过度依赖短期借款为长期资产筹资。③存在债权人撤销财务支持的迹象。④历史财务报表或预测性财务报表表明经营活动产生的现金流量净额为负数。⑤关键财务比率不佳。⑥发生重大经营亏损或用以产生现金流量的资产的价值出现大幅下跌。⑦拖欠或停止发放股利。⑧在到期日无法偿还债务。⑨无法履行借款合同的条款。⑩与供应商由赊购变为货到付款。⑪无法获得开发必要的新产品或进行其他必要的投资所需的资金。

(2) 经营方面,包括:①管理层计划清算被审计单位或终止运营。②关键管理人员离职且无人替代。③失去主要市场、关键客户、特许权、执照或主要供应商。④出现用工困难问题。⑤重要供应短缺。⑥出现非常成功的竞争者。

(3) 其他方面,包括:①违反有关资本或其他法定或监管要求,如对金融机构的偿债能力或流动性要求。②未决诉讼或监管程序,可能导致其无法支付索赔金额。③法律法规或政府政策的变化预期会产生不利影响。④对发生的灾害未购买保险或保额不足。

## 二、持续经营相关的审计工作

注册会计师在审计全过程中应当充分关注与持续经营相关的事项或情况。

**(一)风险评估程序和相关活动**

在实施风险评估程序时,注册会计师应当考虑是否存在可能导致对被审计单位持续经营能力产生重大疑虑的事项或情况,并应当确定管理层是否已对被审计单位持续经营能力做出初步评估。

如果管理层已对持续经营能力做出初步评估,注册会计师应当与管理层进行讨论,并确定管理层是否已识别出单独或汇总起来可能导致对被审计单位持续经营能力产生重大疑虑的事项或情况;

如果管理层未对持续经营能力做出初步评估,注册会计师应当与管理层讨论其拟运用持续经营假设的基础。针对有关可能导致对被审计单位持续经营能力产生重大疑虑的事项或情况的审计证据,注册会计师应当在整个审计过程中保持警觉。

**(二) 评价管理层的评估**

注册会计师应当评价管理层对被审计单位持续经营能力做出的评估。在评价管理层对被审计单位持续经营能力做出评估时,应当注意和考虑以下情形:

(1) 注册会计师的评价期间是否与管理层按照适用的财务报告编制基础或法律法规的规定做出评估的涵盖期间相同,评估持续经营能力涵盖的期间至少为自财务报表日起的12 个月。

(2) 管理层做出的评估中是否已包括注册会计师在审计过程中注意到的所有相关信息。

**(三) 询问超出管理层评估期间的事项或情况**

注册会计师应当询问管理层是否知悉超出评估期间的、可能导致对被审计单位持续经营能力产生重大疑虑的事项或情况。

**(四) 识别出事项或情况时实施追加的审计程序**

当识别出可能导致对持续经营能力产生重大疑虑的事项或情况时,应实施下列进一步程序:①如果管理层尚未对被审计单位持续经营能力做出评估,提请其进行评估。②评价管理层与持续经营能力评估相关的未来应对计划。③评价用于编制现金流量预测的基础数据的可靠性,确定预测的假设是否有充分支持。④考虑自管理层做出评估后是否存在其他可获得的事实或信息。⑤要求管理层和治理层提供有关未来应对计划及其可行性的书面声明。

与《中国注册会计师审计准则第 1324 号——持续经营》(2016)第十五条的要求相关的审计程序可能包括:①与管理层分析和讨论现金流量、盈利及其他相关预测。②分析和讨论可获得的被审计单位最近的中期财务报表。③阅读公司债券和借款合同的条款并确定是否存在违约情况。④阅读股东、治理层及相关委员会会议有关财务困境的会议纪要。⑤向被审计单位的律师询问是否存在诉讼或索赔,管理层对诉讼或索赔结果的评估以及对其财务影响的估计是否合理。⑥向关联方或第三方确认提供或保持财务支持的协议的存在性、合法性和可执行性,并对其提供额外资金的能力做出评估。⑦评价被审计单位处理尚未完成的客户订单的计划。⑧针对期后事项实施审计程序,以识别那些能够改善或影响被审计单位持续经营能力的事项。⑨确认授信合同的存在性、条款和充分性。⑩获取并复核有关监管行动的报告。⑪对于拟处置的资产，确定支持证据的充分性。

## 三、针对持续经营的审计结论

注册会计师应当评价是否就管理层编制财务报表时运用持续经营假设的适当性获取了充分、适当的审计证据，运用职业判断，确定是否存在与事项或情况相关的重大不确定性，且这些事项或情况单独或汇总起来可能导致对被审计单位持续经营能力产生重大疑虑。

(1) 如果注册会计师根据职业判断认为，鉴于不确定性潜在影响的重要程度和发生的可能性，为了使财务报表实现公允反映，有必要适当披露该不确定性的性质和影响，则表明存在重大不确定性。

(2) 如果认为管理层运用持续经营假设成立，但存在重大不确定性，注册会计师应当确定：财务报表是否已充分披露可能导致对持续经营能力产生重大疑虑的主要事项或情况，以及管理层针对这些事项或情况的应对计划；财务报表是否已清楚披露存在与可能导致对持续经营能力产生重大疑虑的事项或情况相关的重大不确定性，并由此导致被审计单位可能无法在正常的经营过程中变现资产和清偿债务。

(3) 注册会计师应当根据适用的财务报告编制基础的规定，评价财务报表是否对这些事项或情况做出充分披露。

## 四、持续经营的审计结论对审计报告的影响

注册会计师应当评价是否已就管理层编制财务报表时运用持续经营假设的适当性获取了充分、适当的审计证据，并就运用持续经营假设的适当性得出结论。注册会计师应当根据获取的审计证据，运用职业判断，就单独或汇总起来可能导致对被审计单位持续经营能力产生重大疑虑的事项或情况是否存在重大不确定性得出结论。

具体包括以下几种情形：

(1) 如果财务报表已按照持续经营假设编制，但根据判断认为管理层在财务报表中运用持续经营假设是不适当的，注册会计师应当发表否定意见。参考格式如例 14-9 所示。

**【例 14-9】**

**审 计 报 告**

立信中联审字〔2020〕D－0468 号

上海至臻文化传媒股份有限公司全体股东：

**一、否定意见**

我们审计了上海至臻文化传媒股份有限公司(以下简称至臻传媒)财务报表，包括 2019 年 12 月 31 日的资产负债表，2019 年度利润表、现金流量表、股东权益变动表以及相关财务报表附注。

我们认为，由于“形成否定意见的基础”部分所述事项的重要性，后附的财务报表没有在所有重大方面按照企业会计准则的规定编制，未能公允反映至臻传媒 2019 年 12 月 31 日的财务状况以及 2019 年度的经营成果和现金流量。

**二、形成否定意见的基础**

如财务报表附注“二、财务报表的编制基础”所述，至臻传媒财务报表以持续经营假设为基础编制。目前至臻传媒已停止经营，无法清偿到期债务，且在可预见的未来不会复业，至臻传媒已不具备持续经营能力，因此我们认为至臻传媒按照持续经营假设编制的2019年度财务报表不恰当。我们按照中国注册会计师审计准则的规定执行了审计工作。审计报告的“注册会计师对财务报表审计的责任”部分进一步阐述了我们在这些准则下的责任。按照中国注册会计师职业道德守则，我们独立于至臻传媒，并履行了职业道德方面的其他责任。我们相信，我们获取的审计证据是充分、适当的，为发表否定意见提供了基础。

**三、其他信息（略）**

**四、管理层和治理层对财务报表的责任（略）**

**五、注册会计师对财务报表审计的责任（略）**

立信中联会计师事务所(特殊普通合伙)　　中国注册会计师：毕兴亮
（盖章）　　（签字并盖章）
中国天津　　中国注册会计师：朱兴伟
2020年4月28日　　（签字并盖章）

(2) 如果运用持续经营假设是适当的，但存在重大不确定性，且财务报表对重大不确定性已做出充分披露，注册会计师应当发表无保留意见，并在审计报告中增加以“与持续经营相关的重大不确定性”为标题的单独部分，以：(一)提醒财务报表使用者关注财务报表附注中对本准则第十八条所述事项的披露；(二)说明这些事项或情况表明存在可能导致对被审计单位持续经营能力产生重大疑虑的重大不确定性，并说明该事项并不影响发表的审计意见。参考格式如例14-10所示。

**【例14-10】**

**审计报告**

中审亚太审字〔2023〕004485号

贵州长征天成控股股份有限公司全体股东：

**一、审计意见**

我们审计了长征天成控股股份有限公司及其子公司（以下简称天成控股）合并财务报表，包括2022年12月31日的合并及公司资产负债表，2022年度的合并及公司利润表、合并及公司现金流量表、合并及公司股东权益变动表以及相关财务报表附注。

我们认为，后附的财务报表在所有重大方面按照企业会计准则的规定编制，公允反映了天成控股2022年12月31日的合并及公司财务状况以及2022年度的合并及公司经营成果和现金流量。

**二、形成审计意见的基础**

我们按照中国注册会计师审计准则的规定执行了审计工作。审计报告的“注册会计师对财务报表审计的责任”部分进一步阐述了我们在这些准则下的责任。按照中国注册会计师职业道德守则，我们独立于天成控股公司，并履行了职业道德方面的其他责任。我们相信，我们获取的审计证据是充分、适当的，为发表审计意见提供了基础。

**三、与持续经营相关的重大不确定性**

我们提醒财务报表使用者关注，如财务报表附注“2.2持续经营”所述，天成控股2022年度归属于母公司股东的净利润为−13 264.02万元，截至2022年12月31日，天成控股流动负债高于流动资产87 023.12万元，资产负债率91.62%，大量债务违约并涉及诉讼，多个银行账户被冻结，大部分资产被查封、冻结。天成控股已在财务报表附注“2.2持续经营”中披露了拟采取的改善措施，但可能导致对持续经营能力产生重大疑虑的事项或情况仍然存在重大不确定性。该事项不影响已发表的审计意见。

**四、强调事项**

我们提醒财务报表使用者关注，如财务报表附注11.6所述，截至2022年12月31日，原控股股东银河天成集团有限公司及其关联方非经营性资金占用余额26 314.51万元，截至本报告日，原控股股东银河天成集团有限公司及其关联方尚未归还上述款项，天成控股对此款项全额计提了坏账准备。本段内容不影响已发表的审计意见。

**五、关键审计事项（略）**

**六、其他信息（略）**

**七、管理层和治理层对财务报表的责任（略）**

**八、注册会计师对财务报表审计的责任（略）**

中审亚太会计师事务所（特殊普通合伙）　　中国注册会计师：周强（项目合伙人）

（盖章）　　（签字并盖章）

中国北京　　中国注册会计师：吴会兰

2023年4月27日　　（签字并盖章）

（3）如果运用持续经营假设是适当的，但存在重大不确定性，且财务报表对重大不确定性未做出充分披露，注册会计师应当按照《中国注册会计师审计准则第1502号——在审计报告中发表非无保留意见》的规定，恰当发表保留意见或否定意见。注册会计师应当在审计报告“形成保留（否定）意见的基础”部分说明，存在可能导致对被审计单位持续经营能力产生重大疑虑的重大不确定性，但财务报表未充分披露该事项。

1）当注册会计师确定存在重大不确定性，且财务报表由于未做出充分披露而存在重大错报时，发表保留意见的审计报告。参考格式如例14-11所示。

**【例14-11】**

## 审计报告

ABC股份有限公司全体股东：

**一、保留意见**

我们审计了ABC股份有限公司（以下简称ABC公司）财务报表，包括20×1年12月31日的资产负债表，20×1年度的利润表、现金流量表、股东权益变动表以及相关财务报表附注。

我们认为，除“形成保留意见的基础”部分所述事项产生的影响外，后附的财务报表在所有重大方面按照企业会计准则的规定编制，公允反映了ABC公司20×1年12月31日的财务状况以及20×1年度的经营成果和现金流量。

**二、形成保留意见的基础**

如财务报表附注×所述，ABC公司融资协议期满，且未偿付余额将于20×2年3月19日到期。ABC公司未能重新商定协议或获取替代性融资。这种情况表明存在可能导致对ABC公司持续经营能力产生重大疑虑的重大不确定性。财务报表对这一事项并未做出充分披露。

我们按照中国注册会计师审计准则的规定执行了审计工作。审计报告的“注册会计师对财务报表审计的责任”部分进一步阐述了我们在这些准则下的责任。按照中国注册会计师职业道德守则，我们独立于ABC公司，并履行了职业道德方面的其他责任。我们相信，我们获取的审计证据是充分、适当的，为发表保留意见提供了基础。

**三、关键审计事项(略)**

**四、其他信息(略)**

**五、管理层和治理层对财务报表的责任(略)**

**六、注册会计师对财务报表审计的责任(略)**

××会计师事务所　　中国注册会计师：×××(项目合伙人)
(签名并盖章)
中国注册会计师：×××
(签名并盖章)

中国××市　　20×2年××月××日

2）当注册会计师确定存在重大不确定性，但财务报表遗漏了与重大不确定性相关的必要披露时(该漏报对财务报表的影响重大且具有广泛性)发表否定意见的审计报告。参考格式如例14-12所示。

**【例14-12】**

## 审计报告

ABC股份有限公司全体股东：

**一、否定意见**

我们审计了ABC股份有限公司(以下简称ABC公司)财务报表，包括20×1年12月31日的资产负债表，20×1年度的利润表、现金流量表、股东权益变动表以及相关财务报表附注。我们认为，由于“形成否定意见的基础”部分所述事项的重要性，后附的财务报表没有在所有重大方面按照企业会计准则的规定编制，未能公允反映ABC公司20×1年12月31日的财务状况以及20×1年度的经营成果和现金流量。

**二、形成否定意见的基础**

ABC公司融资协议期满，且未偿付余额于20×1年12月31日到期。ABC公司未能重新商定协议或获取替代性融资，正考虑申请破产。这种情况表明存在可能导致对ABC公司持续经营能力产生重大疑虑的重大不确定性。财务报表对这一事项并未做出充分披露。我们按照中国注册会计师审计准则的规定执行了审计工作。审计报告的“注册会计师对财务报表审计的责任”部分进一步阐述了我们在这些准则下的责任。按照中国注册会计师职业道德守则，我们独立于ABC公司，并履行了职业道德方面的其他责任。我们相信，我们获取的审计证据是充分、适当的，为发表否定意见提供了基础。

**三、其他信息(略)**

**四、管理层和治理层对财务报表的责任(略)**

**五、注册会计师对财务报表审计的责任(略)**

××会计师事务所　　　　　　　　　　　　　　　　中国注册会计师:×××

（签名并盖章）

中国注册会计师:×××

（签名并盖章）

中国××市　　　　　　　　　　　　　　　　　　20×2 年××月××日

(4) 当存在多项对财务报表整体具有重要影响的重大不确定性时,在极少数情况下,注册会计师可能认为发表无法表示意见是适当的,而非在审计报告中增加以“与持续经营相关的重大不确定性”为标题的单独部分。

(5) 如果运用持续经营假设是适当的,但存在重大不确定性,且管理层不愿按照注册会计师的要求做出评估或延长评估期间,注册会计师应当考虑这一情况对审计报告的影响。

## 课后复习题

### 思考题

1. 注册会计师在划分建议调整的不符事项与未调整不符事项时,应当考虑哪些因素?
2. 注册会计师签发的审计报告主要具有哪些作用?
3. 注册会计师在什么情况下可以发表标准审计报告?
4. 注册会计师在什么情况下可以发表保留意见的审计报告?
5. 注册会计师确定关键审计事项时应该考虑什么?
6. 什么情况下需要在审计报告中加入强调事项段或其他事项段?
7. 什么是期后事项? 期后事项的会计处理如何? 注册会计师应当采用哪些审计程序对期后事项进行审计?
8. 注册会计师应当就哪些问题与公司治理层沟通?

# 参 考 文 献


[1] 孟宪胜,冀锋昌.审计学:案例与实务[M].北京:中国财政经济出版社,2016.
[2] 刘勇.审计学[M].3版.大连:东北财经大学出版社,2019.
[3] 杨明增.审计学[M].3版.北京:清华大学出版社,2021.
[4] 刘明辉,史德刚.审计[M].8版.大连:东北财经大学出版社,2022.
[5] 李晓惠.审计学:实务与案例[M].5版.北京:中国人民大学出版社,2021.
[6] 陈汉文.审计[M].5版.北京:中国人民大学出版社,2022.
[7] 郝振平.审计学[M].2版.北京:北京大学出版社,2016.
[8] 王英姿.审计原理与实务[M].2版.上海:上海财经大学出版社,2016.
[9] 阿尔文·A.阿伦斯,兰德尔·J.埃尔德,马克·S.比斯利.审计学:一种整合方法[M].14版.谢盛纹,译.北京:中国人民大学出版社,2013.
[10] 邓川.审计[M].4版.大连:东北财经大学出版社,2017.
[11] 戴德明.财务会计学[M].13版.北京:中国人民大学出版社,2022.

潘序伦先生诞生130周年

# 大智云移时代会计人才核心素养培养研究

## ——重温潘序伦会计思想

在当今大智云移时代下,会计人才核心素养的培养已成为会计教育的新问题。《中国学生发展核心素养》(以下简称《核心素养》)将核心素养分为文化基础、自主发展、社会参与三个方面,综合表现为人文底蕴、科学精神、学会学习、健康生活、责任担当、实践创新六大素养。"核心素养"以素质教育为本,融入大智云移时代特征,无疑为会计教育提供了目标框架。潘序伦老先生是20世纪杰出的会计学家、会计教育家和会计实业家,他促进了现代会计的复式记账理论及方法在中国的广泛传播,指明了我国现代会计学的发展方向,其代表作《立信会计丛书》《高级商业簿记教科书》等对我国会计教育事业影响深远。潘序伦先生创办了立信会计事务所,开启了我国会计行业"产、学、研"相结合的先河。

斯人已去三十载。历久弥新,追忆并研究会计之父潘序伦先生的思想,继承并创新潘序伦会计思想,使其与时代特征相结合,以期为会计人才核心素养的研究提供有益借鉴。

### 一、潘序伦会计思想对会计人才核心素养培养的启示

#### (一) 培养诚信人才

《核心素养》指出文化是人存在的"根"和"魂",重在强调培养学生的涵养及内在精神。"人而无信,不知其可也"。潘序伦先生一贯坚信培养会计人才首先要培养有道德、有诚信的人。早在1928年他就以"民无信不立"之意将潘序伦事务所更名为"立信"会计师事务所,要求以"诚信"为旗帜,树立中国会计师事务所的标杆,将"以信立业"思想发扬光大。在立信产、学、研相结合的会计事业中,潘序伦始终坚持着诚信立学、诚信立业的原则。

21世纪以来,国内外上市公司的会计舞弊案件层出不穷,治理会计舞弊已成为"会计第五大难题"。会计人员是会计信息的制造者,因此在当今的会计学历和继续教育中,应开设会计职业道德与商业伦理方面的课程,强化会计伦理教育和职业道德素养,使会计人员的职业精神和道德操守得以升华,学习潘序伦先生以"立信"为核心的思想,倡导诚信道德、追求真理的优秀品质。

#### (二) 培养创新人才

《核心素养》强调科学精神与实践创新,要求学生不仅能够学习、理解、运用科学知识和技能,还应具有批判质疑、发现问题、勇于探究、解决问题等能力。

潘序伦先生要求"簿记及格标准不是六七十分,而是一百分"。他始终明确让学生明白会计学习的各种原理和方法,以使他们能够有扎实的会计功底。潘序伦在《会计修习法》阐明,修习会计的人,不是单纯学习会计这一门学科,与会计相关的学科也要连带学习,以便应

用;在《中国之会计职业中》提出,"因会计师所行使之职务,并不限于会计一部分,实无往而不与商业全体有关也。"

会计人才不仅要掌握会计知识,更要了解商业环境和公司运营,熟悉国家法律法规,根据环境变化学习新的知识、产生新的方法,解决实际问题。在知识储备基础上,把知识真正内化为自己的职业判断,会计人才要具备适应新环境的能力、解决新问题的能力、参与管理决策的能力,并将之应用于实际,方能不禁锢于传统的惯性思维。

目前仍有很多学校和教师过分强调对会计准则制度的学习,而不是引导学生研究会计准则背后的内在要求和会计理论,致使学生只会照抄照搬、死记硬背,没有怀疑精神,缺少思辨意识和创新思维,不懂得学以致用、实践创新。随着我国现代经济和商业环境的不断发展,企业对会计人才的能力需求也在逐渐发生变化,照本宣科的会计教学方法会限制学生的自由思维、学习的空间,以及创新能力。现今的会计创新型人才培养一方面是培养能够追根溯源、促进会计创新发展的人,为其提供自由发展的空间,而不是"模块化"制造,培养出较为保守、缺乏创造力的人;另一方面,人的全面发展是创新人才产生的基础,培养创新人才更是要培养综合型人才。因此,学校和教师应当借鉴潘序伦先生"三位一体"实业组合链的会计发展经验,实施"产、学、研"结合的策略,鼓励学生参与创新创业活动,为其搭建创新创业桥梁,促进会计人才培养模式的创新。

**(三) 培养国际化人才**

《核心素养》提出的"国际理解"是指学生要培养全球意识和开放的心态,不仅要了解世界的发展动态,也要尊重世界文化多样性、积极参与跨文化交流。

潘序伦早年在海外求学时就接触到了先进的会计思想与会计方法,国际化思想日趋成熟。20世纪初,面对民族资本主义经济飞速发展,潘序伦发表了《为讨论"改良中式簿记"致徐永祚君书》,主张全面推行科学性较强的西式簿记,并提出原理相通、适应趋势、世界趋同等真知灼见。改革开放后,经济业务中产生了诸多新问题,潘序伦强调要将"总结经验与学习引进相结合,研究我国自己的管理会计"。踏着第三次科技革命的巨大浪潮,潘序伦高瞻远瞩地提出努力学习、洋为中用的观点。

大智云移时代为我国会计专业人才国际化提供了重要的发展机会。当前我国国际化会计人才培养暴露出诸多问题。首先是培养目标不够明确。在国际化背景下,掌握国际会计知识与实践技能成为刚需。英国特许公认会计师(ACCA)和美国管理会计师(CMA)等资格证书的含金量越来越高,亦成为学校开班展示教学成果的终极目标。然而,大多数学校并没有处理好人才培养和应试教育之间的关系,一味追逐分数与通过率,忽视真正国际化人才需要的素养培养。其次是课程设置淡化素养。国内高校基本采取基础会计、中级财务会计、高级财务会计这条主线配以财务管理基础、审计学等方面构成课程体系,过度注重会计人员的专业知识和技能,而淡化了国际上所需的职业判断能力和相关专业素质,不利于学生国际视野的培养。培养国际化会计人才,首先在教学意识上,应不再简单地以分数论、证书论作为培养学生的终极目标,而是将会计人才核心素养的培养由职业导向向能力导向过渡,转变传统的教育理念。其次,在教学载体上,应加大教学资源的研究投入,鼓励会计教育界针对性地结合国际形势,研制相应的教学资源,以弥补国际化会计人才培养的空白。在师资建设上,应构建具备国际化视野的师资中坚力量,重视增加会计专业教师自身对海外地区会计法律、社会文化、宗教信仰等方面的知识储备。最后,在课程体系上,应构建多样化课程体系。

为了打造国际视野开阔、专业能力突出的高端会计人才，必须着手构建多样化多层次的课程供学生选择修读。

**（四）培养管理人才**

早在1982年，潘序伦就认识到管理会计的重要性，他指出中国会计的发展不能仅仅依靠过去的经验，虽然像资金定额管理、仓库物资管理经验仍然有效，可是却不能停滞于此。当下每一个企业都应当根据自己的管理模式，摸索出适合自己的几条经验出来，“在企业的管理当局制定决策所需借助的信息系统中，‘会计’占有极其重要的地位”“经营管理亦是生产力，会计人员就是产生生产力的‘参谋长’”。潘序伦的这些思想冲击了传统意义上的会计职能，提出会计亦可通过一系列的程序和方法对经济交易事项进行决策和评估，以此为公司决策者提供有效的管理信息。潘序伦先后翻译了“收益论”“量本利分析”，为以后的管理会计学习和研究提供了宝贵的资料。

随着人工智能、互联网＋、云计算、物联网等一系列新生技术的涌现，传统的管理会计模式渐渐脱离了时代发展，如何让管理会计和现代信息技术融合在一起成为巨大的挑战，先进的管理人才也成为管理会计发展的重点。《核心素养》强调终身学习的能力与理念，并且在信息化时代下提出学生应主动适应“互联网＋”等社会信息化发展趋势。我国的管理会计和成本管理应从以下几个方面考虑：

管理会计的首要目标是帮助企业实施战略。教学首先不能脱离企业及其管理活动，必须通过案例教学等方式，让学生在掌握学科基础知识后，了解企业管理层运营企业的经济战略目标，根据目标对财务进行结构化处理，改善短期绩效、增强长期竞争优势，有效服务内部经营管理。其次要让学生深刻认识到管理会计的永恒主题在于价值的创造，以“价值链”全过程精益管控为核心，全面渗透到企业的经营管理过程中，从成本到运营、绩效评估进行全方位的检测管控。同时也要着重于风险监测，任何的生产经营活动都是风险与机遇并存的，根据内部环境与外部环境适时调整才能实现目标的利益最大化。最后由于管理会计体系对企业有着重大意义，教师应要求学生学习潘序伦先生勇于创新、敢于实践的精神，学习现代成本管理方法，进而培养出善于学习、善于管理的人才。

## 二、结语

潘序伦老先生虽已逝世三十多年，时隔甚远，但其会计教育思想并不过时，对现在会计人才核心素养培养的研究有着重要的启示，值得我们发扬光大。随着人才强国战略的提出与建设，会计人才核心素养的培养成为教育领域内的关注重点，培养有能力、敢创新、知管理、通国际的会计人才之路，依旧值得我们花费时间与精力去探索。

（山东建筑大学商学院冀锋昌；山东省地质科学研究院陈文芳）